美作 誕生寺古記録集成

誕生寺三十四世
證誉徳題

緒　言

當寺は浄土宗宗祖・法然上人が誕生された地に建久四年（一一九三）熊谷直実（法力房蓮生法師）によって創建された寺院であり、永い歴史と広大な伽藍を有し、併せて日鑑等の記録は相当現存しておりますが、永い間それらは解読される事はありませんでした。

はじめて當寺に伝わる古文書の整理解読を、私の父で先代住職の正徳和上の代より出入していた郷土史研究の北山敏雄先生が手掛けていました誕生寺史の一部を整理され『郷土の法然上人と誕生寺今昔物語』という一冊の本として北山先生なりに纏められたのであります。発刊当時が昭和五十一年ですので、当時まだ三十代であった私も、今では七十代に足を踏み入れましたので、四十数年という時の流れを改めて感じますが、毎日、寺に出入され作業にあたられていた北山先生のお姿が大変懐かしく昨日の事の様に思い出されます。

しかし、先生が纏められた本も郷土史的な要素と當寺の史実を整理編集されたもので、一切の古文書解読研究の上では残念ながら専門書にはいたっていませんでした。私の代で現存している日鑑、古文書など何とか一つの形として後世に残そうとは思っておりましたが、法務に追われる中で只々時だけが過ぎていきました。

今回の當寺に伝わる古文書の解読出版のお話しを頂戴したのは、平成二十三年頃と記憶をしておりますが、あたかも、法然上人八百年大遠忌の頃だったかと思います。東海学園大学学長・理事長でもありました袖山榮眞先生（袖山先生のご自坊十念寺は當山第二十二世の正道和上も住職につかれた寺であります）ならびに東海学園大学学監の田中祥雄

先生の両師が来寺された折、専門家ではない私に両師より、古文書の史料価値についての丁寧な説明いただきました。両先生の後押しとご協力を得る事で、その甲斐もあって無事今回の発刊にいたる事ができました。両先生には改めて感謝申しあげます。

さて、本書で取り扱っている中で一番古い史料でも元禄七年に纏められた『見聞雑書記』がありますが、創建年度から逆算すると「もう少し古い史料も現存されていないか」と思われますが、天正年間（一五七〇年頃）に當寺は岡山城主・宇喜多直家の焼き討ちに遭っている経緯から、元禄年間以前の史料が全く残っていないのであります。誠に大変残念な事ではありますが、集録されている古文書の内容は大変意義深いものであります。

特に、現在の御影堂が元禄八年（一六九五）に本堂として三度目の再建を果たす際に尽力された第十五世・中興通誉上人。そして、「奉律」を築いた第二十一世松仙和上と第二十二世正道和上など動向が克明に記されています。今、改めて完成した書物には、當寺を護るため東西奔走された歴代住職の血の滲む様な努力には頭が下がります。

最後に今回の出版に際し尽力いただいた田中祥雄先生、袖山榮眞先生、また、最初に出版に声掛け下さつた当時東京のテレビ関係の仕事をされておりました田中松子女史、出版に際し、快く引き受けてくださった山喜房佛書林の浅地康平社長に深謝いたします。

平成二十九年仏歓喜日

誕生寺三十四世　現住　漆間徳然

凡例

一　本書は、岡山県久米郡久米南町里方誕生寺所蔵の『見聞雑書記』、『見聞雑記』、『誕生寺略記』、『明見変治』、『鐘鋳日鑑』、『宝暦十年之江戸開帳撮要記録』、『松仙和上転住之砌入訳書記』、『誕生寺諸記録』其一、『槶社記』其二、『槶社記』其三、『槶社記』其四、『槶社記』其五、『日鑑』（正道）の十三種の原本を校訂し収める。

一　校訂については、傍注・編注には（　）、文字の補足には〔　〕を用い校訂注とし、変体かな異体字等については、適宜通用文字を使用した。ただし、〆（シテ）、ホ（等）、𪜈（とも）、ゟ（より）、早（畢）、刕・刄（州）、𦬇（菩薩）などはそのままとした。破損・墨損などについては、□とした。

一　適宜、頭注を付し便宜に供した。頭注の〈　〉については参考である。『丁改めの』等は校訂者が付した。

目次

美作誕生寺古記録集成

誕生寺第十五世通誉一求学琛の備忘記録なり、

元禄七年（一六九四）五月御影堂建立始む、棟梁保田長兵衛、工事を振捨て茂兵衛に引渡し津山に帰る、

娘吟の夢

老僧より櫛、お守を受く、

一、見聞雑書記（元禄七年）

（表紙）

見聞雑書記

誕生寺　通　誉

（元禄七年）

（折本　縦二九糎×横一一、九糎）

當寺御影〔堂〕建立ニ付、不思識（議カ）之覚

一、元禄七甲戌壬五月中旬内、棟梁保田長兵衛、去ル子細有テ材木等改メ請取、棟梁ノ茂兵衛ニ引渡シ普請振リ捨テ皈ニル津山ニ一、娘メ吟十四歳、立チ向イ告テ云、吾レ昨夜不思識（議カ）之夢ヲ見タリ、宿トモ寺トモ不レ覚、誕生寺之隠居願誉（寿笛）和尚トテ一人之老僧来テ、櫛一具ト御守トヲ手ツカラ予（吟）ニ給フ、取リテ戴キ老僧去テ後チ、守リヲ開キ見ルニ、唯タ一首ノ歌ノミアリ、其歌ニ云、一心ノ九

一首の和歌

毎夜、僧の夢

御影堂、七月二十八日棟上

夢中の僧、第十三世願誉寿笛と同じと吟云ふ、

通誉、元禄七年秋、関東に下向す、

回向院出開帳報謝金にて材木を購入し、三月十六日に起工、七月二十八日に棟上を行ふ、

津山の太布屋、宮殿の寄進を欲す、

大工源右衛門、肝煎福渡村瀬徳左衛門なり、

曜ノ星モ数ストナル唯タ一筋ニ心ロタカエナ、トノ哥ナリ、是レイカナル哥ノ心ロソヤ、又未タ願誉《(寿笛)》和尚ニ對面セサルカ如レ此ノ僧形カヤ、吾レ毎夜夢メ見ルト云ヘトモ覚エタル叓ナシ、哥ヲワスレヌモフシキト語ル、父長兵衛甘《(感カ)》心シテ御影之普請載許ニ被ルレ頼ニヨリ、先ツ為二メ菩提一ノ、且ツハ』末代マテ名ヲ残サンタメト思ヒケル一心カ供養ノ数ソト云叓ナランカシ、定メテ上人《(法然上人)》之御告ケナルヘシ、淺間敷モ心ロタカエタル物カナ、南無阿弥陀佛ト申テ、頓而戻リ普請一心ニ被二晴《(精)》出一タ叓ト成テ、七月廿八日ニ棟上ケス、余人其ノ心ヲ不レ知居ケリ、棟上ケノ日、吟参詣シテ始メテ隠居願誉壽笛ニ逢ヒ見ルニ、夢ミル時ノ形像ニ毛頭不ルレ遠ハト、語リケリ、其後長兵衛隠居、并ニ予通誉《(学寮)》ニ懺悔ス、故ニ筆記シ畢ヌ、

一、元禄七暮秋初二、予通譽、津山ヲ立テ関東ニ下向ス、故ハ元禄六酉春上人《(法然上人)》之尊像、江府ノ開帳依二御勉《(勤)》一、下総領本所於二回向〔院〕ニ一開帳、御影無レ恙御皈寺、殊更報謝金依レ残ルニ、同年極月十七日ニ大坂材木求メニ』遣シ、正月十七日ヨリ木寄セヲ始メ、三月十六日ニ釿始メシテ、七月廿八日ニ棟上ケス、彼是為御礼下リ畢ヌ、其跡ニテ津山太布屋六郎左衛門殿、上人《(法然上人)》之宮殿欲寄進、實心ト相ヒ究ム内、棟梁保田長兵衛津山エ出テ、工積〆入札ヲ取リ、森對馬守《(長継)》御大工源右衛門ト云仁へ、宮殿ヲ渡シマス時ノ肝煎福渡町村瀬徳左衛門也、請

請負、返す、

夢中の老僧

僧、夢中に垂木短きを告ぐ、

取テ後、源右衛門中間ノ大工ニ物語ス、中間之大工積リヲ聞テ、不ㇾ可ㇾ然、定テ是レ有ラントㇾ損ト云、是ニ驚テ極月十五夜ニ返替エセント議定〆、十六〔日〕朝未明ニ肝煎徳左衛門処へ来テ返替ス、于時徳左衛門十五〔夜〕ノ暁天ニ夢ミラク、何國共ナク老僧一人、若キ僧一人、實心ト三人連レテ徳左衛門居タル処へ来ル、徳左衛門大塔ヲ建立ストテ、ヤネニ攀登リ□（破損）』ㇾ下リ見居タリ、老僧ハ表テニ立テ、内ニ向ヒ笑ム、若キ僧内ニ入ル、實心モ共ニ入テ肩ヲタキアツテトテ、垢離スト見テ覚メヌ、村瀬不思識（議カ）ナル夢哉ト思フ処へ、源右衛門来テ返替ス、徳左尤トモト請テ思案ス、吾レ番匠ヲ厭ヒ、去ル叓十有五年也、雖ㇾ然ツボカネ于ㇾ今不ㇾ〆失レ、國中ノ工匠ニ指南ス、吾レ既ニ齢ヒ六十二歳也、先ツハ後記ノタメ、又ハ往生極楽ノ行法念佛ニ可シトㇾ同ス思ヒ、定メテ長兵衛ニ由ヲ語ル、長兵衛悦テ右ノ入札ニテ渡ス、于時村瀬思案シテ指圖、繪圖ヲ究メテ、年明ケ十八〔日〕、五ヶ日越スト作リ初メント思フ内チ春ニ成リヌ、正月三日ノ夜、重テ夢見ラク、寝処へ黒衣ノ老僧一人来テ夢ノ内ニ夢ヲ驚〆、汝チカ宮殿ノ』積リニテハ垂木短キ也、能クカネ（曲尺）ヲ當テ見ヨト告ク、徳左衛門アツトウケテ心ニ思ヒケルハ、僧ノ身トシテ不ㇾ入指圖哉、吾レツホカネニ達〆、ハヤ定メ置ケルモノヲト思ヒ、ネ入リヌ、且ク有テ又来テ告ク、又指出テ者哉、何ニ寺ノ僧ナルヤト思ヒ、口ニウケテ心ニウケス、又ネ入

実に、垂木七分短かし、
夢中に三度現れし僧、法
然上人ならん、
正月五日作事始む、

大工保田長兵衛、誕生寺
への里程、念仏一遍一足
にて印す、

ル、且ク有テ又来リ告ク、時ニ目サメ不思識(議カ)ニモ三度迠僧ノ夢中ニ造ケルハ、自然ト寸ノチカイタルカトテ、夜ノ明クルヲ待兼、四日ノ朝カネヲ當テ見ルニ、果ソ垂木七歩短シ、三方合スレハ弐寸一歩短キ故ニ驚怖ソ、扨テハ元祖上人(法然上人)之三度迠御告マシ〱ケルトテ、念佛シ夢中ノ心念ヲ懺悔ソ、正月五日ヨリ作リ始メ、二月五日ニ誕生寺へ来リ、同十七日ヨリ御影當(堂カ)内ニテ小屋組ミヲハシム、』

』

』

津山ヨリ誕生寺江道法、念佛一遍一足ニテ定、　保田長兵衛

一、壹里貳町拾間二尺　廣瀬渡リ上リヨリ、高清水北之茶屋マテ、
　　間数　三千三百六拾六間貳尺
　　足数　壹万百足
一、五町三拾三間壹尺　高清水北ノ茶屋ヨリ南ノ茶屋マテ、
　　足数　千足
　　間数　三百三拾三間一尺』
一、壹里貳拾貳町三間一尺　高清水南茶屋ヨリ誕生寺石碑迠、
　　足数　壹万四百五拾足

間数からして一三、四八二kmとなる、

間数　三千四百八拾三間一尺
一、四町拾間　石碑ヨリ御影堂御拝前マテ、
足数　七百五拾足
間数　貳百五拾間
道法合、三里拾五町三拾六間四尺　』
足数　〆貳万二千二百五拾足
間数　〆七千四百拾六間二尺
町ニ〆　百貳拾三町卅六間四尺　以上、

元禄八年三月、印す、

元禄八乙亥天三月上旬、保田長兵衛尉壹人出津山誕生寺迠、以念珠令（佛カ）一念一足歩行、足間町數ヲ印依之書留之、
住持　通誉（学琛）（花押）　』

護身法

「帰呪記」に巧法円頭法・展転秘法、月氏帰呪といふ

震旦、巧行円頭法、番匠

番匠之大事可秘々々　先護身法如常
本来歸呪記云、巧行圓頭法ト云ヒ、或展轉秘法トモ云也、月氏ニハ帰呪ト云、震旦ニハ巧行圓頭法ト云、有本ニハ番匠ト云、是三國ノ異名也、

北ノ庄細田に口縄石あり、岩にて黒色なり、大石の相目、蛇住す、

一、久米南郡北ノ庄山手上村、是レ里トノ細《ホソ》田ト云所、誕生寺ヨリ西ニ當テ一里余アリ、彼ノホソタニ口縄石トテ、山際ハ南ニ附テ大石アリ、石ノ高サ八尺、

蛇、二百余年住す、鼠色なり、

さわりて煩あり、元禄八年八月三日のことなり、

神使・神形なり、『明義進行集』の引用
曼陀羅寺の東、大石の蛇の譬

念仏往生

横ノ長サ東西エ貳丈七尺ノ石也、地キワヨリ四尺二寸上リテ七八分』ホトノ合目横コニアリ、此合目ニホソキヘヒ、昔ヨリ住ミヌ、年数何ニ程ト云叓知リタル者ナシ、先二百年余以来《コノカタ》住ムヲ見タルト云傳アリ、冬ハ不ㇾ懸ㇾ心ロ故カ見タルト云者ナシ、石ノ色ハクロク山石也、ヘビノイロハ鼠色ニテ、白クネスミ色ロノ石タ、ミノカタアリ、ホソキ叓小指ノ如ク、若人少ニテモサワレハ大熱、或ハ瘧ヲ煩、予通誉近年人物語ヲ聞ク、千聞不如一見ト思ヒ、元禄八乙亥八月三日昼、彼コニ往テ見ルニ、人云ニ不ㇾ違、西ヨリ入テ頭東ノ方ニアリ、四五寸ホト前ニ兩ニ蛙ル居ス、石ノ合目ホソキ故カヘビトラントスル気色ナシ、十人余リ寺家ハ弟子小者トモ立チ并ヒ、立チ替リ石ニ目ヲ當テ見ルニ、更ニヲソレウコクコトナシ、予思フニ、定テ』是レ所ノ神使也、又ハ其神形也、又タハ大蛇ノ功ヲトケントスルノカ、驚カサル、是レ不思識(議カ)也、又ハ彼ノ、明義八、九丁云フ、角張ノ成阿房ノ父七郎政氏、観音寺ノ免田三町二反ヲ勘落シテ、若黨ノ給米トシケル科ニヨリテ、曼陀羅寺ノ東ノ方、大石ノ内ニ蛇ト生レ、上人知リ玉イテ石ヲワリテ出タサセ、念佛聴聞〆往生シケルコトクノタクヒ(比類)カトモ思ヒ、若神ナラハ威ヲ増シ徳ヲマシタマヘ、政氏ノ如クナラハ蛇身ヲ脱シテ往生ヲトケヨト十念シテ皈リヌ、不思識(議カ)ノヘヒ也、

』
』

一、見聞雑書記　（元禄七年）

知恩院記録

曇鸞・道綽・善導・懐感
正親町天皇毀破綸旨にか
かる通誉の記録なり、
後白河院、法然上人より
往生要集・円頓戒を受
け、香衣上人号を授く、
高倉・後鳥羽天皇も同
じ、
寛文十年の記録
後深草天皇、良忠上人か
ら浄土三経及び一乗戒を
受け、香衣上人号を授
く、
後宇多天皇、良忠上人よ
り一乗戒を受く、弘安十
七月逝去す、

聖光上人
綸旨の取継に浄華院、台
命に背く、

本山記録　』

後魏曇鸞和尚　玄閑菩薩　玄忠大師　唐道綽禪師　唐善導禪〔師〕光明大師　浄業大
和尚　千福寺懐感禪師大和尚　唐徳宗皇帝請浄土宗法照禪師賜国師号、
後白河法皇、請法然上人叡聞往生要集受圓頓佛戒、』即賜香衣而号上人也、
高倉院　後鳥羽院　上三代之天子於高座上、授圓頓佛戒傳記分明也、
自上人(法然上人)御入滅、建暦二年正月廿五日　至寛文十年四百六十一歳也、
土御門院、正治元己未年七月廿七日酉時、良忠御誕生也、』既至寛文十庚戌年四百
七十三歳也、後深草院、寶治二戊申年請良忠上人叡聞浄土三経、受一乗佛戒賜香
衣号上人也、
後宇多帝、建治二年請于良忠上人宮中而叡聞浄土宗義受、浄土宗本有真實一乗佛
戒、賜紫衣法具等云々、同弘安十年七月六日亥刻、如入禪定端座而逝云々、春秋
八十有九夏、臈七十四云々、自入寂至寛文十年三百八』十五年也、
了誉(聖冏)上人入滅時、應永二十七庚子年也、至寛文十年二百五十一歳也、
知恩院第八代賜如一(如空、百万遍第六世)國師号也、
浄土宗出世着香衣号上人者、元祖源空上人且有通明國師謚号也、
聖光上人、良忠記主禪師香衣紫衣祖師也、已上、
浄華院近年奉掠　綸命相背、御當家御條目猥御』綸旨取継、以万里小路雅房卿奉

板倉内膳正、伝奏にただす、

三通の書状

浄華院等熈の時、香衣・紫衣出世の綸旨、妄説なり、

出世の取継、正親町院の毀破綸旨、徳川家康の條目に背くものなり、

〈毀破綸旨〉紫衣又は香衣を着用し参内することを許されし勅許状が綸旨、執奏が乱れ、天正三年九月二十五日、浄土宗宗侶の香衣執奏は、知恩院のみとする旨の綸旨が知恩院に出された、これを毀破綸旨という（『知恩院文書』）、

執奏之由、甚以為越度之至故、不得止而啓執権板倉内膳正（重矩）殿使兩傳奏、問實否雅房卿無辞處、而竟以三通書付欲錺非訴訟於執権、其書之写到来、當山仍以考當院記録令破釈之畢、

右三通戊六月十日到来別冊写之

浄華院第十世等熈上人時代、自應永到長禄自熈出世、』至寛文十年未（戌カ）及三百歳、香衣紫衣遥未師也、然出世根元妄説也、

勅願所當山并末寺京都報恩寺、大雲院、大念寺等皆勅願所也、雖然御　綸旨可取継非證據也、浄華院号勅願所出世根元、而自分末寺出世取継者、奉掠　正親町院毀破御　綸旨相背東照大権現宮御條目者也、

右外彼寺自分末寺出世取継御　綸旨、又御當家御許可御證文有之候哉、已上、』

已上傳記之略一巻并破責之摎一巻、依為内證、無年号月日之文、亦無双方之名字謁執権相渡之、

寛文十年庚戌年七月九日也、

口上書

一、先年板倉周防守（勝政）殿御在城時分、浄華院住持信誉（良阿、第四十世）證文持参仕候、被成御覧無相

良阿、證文持参す、

公儀、板倉の書状なし、

知恩院末寺十四勅願所、綸旨取継なし、

一宗之総本山に浄華院属さず、

綸旨文言の校合
天正・慶長二通の綸旨

塔頭無量壽院末寺福井正覚寺
罪科により香衣脱却

遠可被罷帰候由、被仰候、別而書物者不被下候、増而御公儀之御書者無御座
候、已上、
彼既無　御公儀之御書、又板倉殿無書物、恣自分門下出世執奏、自由料簡僻事
顕然也、』
一、浄華院者勅願所格別之儀ニ御座候故、于今至迠別山ニ相立申候、已上、
勅願所儀者、知恩院末寺京都報恩寺、大雲院、浄福寺、浄教寺、山崎大念寺、
勢州観音寺、参州大樹寺、大恩寺、駿州宝臺院、関東鎌倉光明寺、江城増上
寺、傳通院、新田大光院、飯沼弘経寺皆是勅願所也、雖然　御綸旨取継無之
候、
一、又別山相立候者、物諸宗一同諸寺諸山者、各別相立無一寺』一山本末寺院者
也、然山者浄土一宗之惣本山故、不属浄華院自餘諸寺諸山者皆悉當院（知恩院）末山誰諍
之耶、
一、浄華院住持御　綸旨之文言、各別御座候、已上、
物御　綸旨之文言各別更非珎事也、各別故執奏證文助難成存候、雖然當院住持
御　綸旨文言与彼院御　綸旨文言相對御校合被成、勝劣者奉任御料簡候、
一、浄華院證文、天正及慶長年中二（衍ナラン）通御　綸旨也、』
一、浄華院裏之塔頭無量壽院一越前國末寺正覚寺也、此兩僧依有罪科香衣脱却旨

分明也、雖然彼自分手下出世執奏非御　綸言也、

年臘、両脈の伝、増上寺添帳になし、

一、浄華院無慥證文、只号勅願所手下末寺出世之執奏者、奉掠　正親町院毀破御
綸旨遂背　東照大権現宮條目不致糺明、学問之年臘宗戒兩脉之傳不無増上寺
添帖證文、猥自分門下出世取継事言語道断無双之僻事覚候也、

関東の出世僧、添帳増上寺に納置く、

一、如　権現様御掟、関東出世僧、其学問所能化之添帖者、為末代支證留置増上
寺、又増上寺添帖者當院納置文庫候者也、』

出世の僧、直末の寺号借用し、檀林能化添帳申請知恩院の執奏による、

一、惣餘寺餘山末寺出世僧、必知恩院直末之寺号借用仕、其檀林能化添帖申請、
本山持参仕、従當院奉執奏御　綸旨御奉書申下、則當山住持添帖相譜出世僧、
為致頂戴候也、

三カ小本寺の私執奏綸旨毀破す、

一、奉任　正親町院御　綸命并東照大権現宮御掟百万返(知恩寺)、黒(金戒光明寺)』谷、浄華院三箇小
本寺私執奏御　綸旨皆悉令毀破納置當院文庫候間、於御尋何時其證文一一可致
呈上候、仰願能時節御座候間、彼浄華院、百万反(遍)、黒谷三箇寺、右勅命并東照
大権現宮御掟旨趣、厳密被仰渡可被下候、已上、

寛文十庚戌年八月十日

知恩院
(第三十七世)玄誉知鑑　判　亀形ノ印判也、墨ニテ

玄誉知鑑

御奉行所』

慶長四年、増上寺紫衣綸旨

知恩院末寺増上寺住持着紫衣令参　内、宜奉祈　寳祚延長者、依天気執達如件、

慶長四年九月六日　頭右中辨（勧修寺光豊）

源誉（存應）上人　御房

慶長十一年、大樹寺紫衣綸旨

参河國大樹寺住持代々令聴着紫衣、奉祈　寳祚長久、不可混餘寺者、綸命如此、仍執達如件、』

慶長十一年九月七日　頭左中弁（広橋総光）

知恩院末寺

大樹寺暹誉（魯道）上人　御房

慶長十三年、増上寺永宣旨

〈永宣旨〉永例となすべき事柄を宣した勅命の文書

右のことくの文躰ニ被遊、慶長十三申ノ十一月十二日ニ武蔵国増上寺へ永　宣旨出申候也、書出ハ万里小路孝房也、此以前一代紫衣之綸旨増上寺へ出ル日付ハ、慶長四年九月六日也、勧修寺光豊也、

慶長十一年、大樹寺勅願所綸旨

参河國大樹寺為　勅願所、須開　真宗弘通之玄門、奉祈　寳祚無疆之丹棘者、綸命如此仍執達如件、

慶長十一年九月七日　頭左中弁（広橋総光）

知恩院末寺
大樹寺暹誉（魯道）上人御房

明応四年、鎌倉光明寺紫衣綸旨

鎌倉光明寺住持代々令聴 着紫衣、奉祈 寳祚長久不可混余寺者、綸命如此、仍執
達如件、』

明應四年五月二日　右中弁守門（広橋）
光明寺観誉（祐崇）上人御房

同、勅願所綸旨

當寺為御祈願所、須開真宗弘通之玄門、奉祈 寳祚無疆之丹棘者、綸命如此、仍
執達如件、

明應四年四月廿一日　右中辨守光（広橋）
光明寺観誉（祐崇）上人御房』

〈後藤大判〉慶長大判をいふ、

相州鎌倉光明寺次目為御礼罷上、仍而如前々の後藤大判之金子貳枚指上申候、御
前可然様ニ被成 御肝煎、早々参 内仕候様ニ奉頼候、已上、

元和三丁巳六月十三日　相州鎌倉光明寺（第三十世、源誉）随流 書判
本山知恩院御役者衆 参

浄土宗法華宗の宗論、法華宗果つ、法華宗の誓紙と一行案文

今度浄土宗与法花宗宗論之儀申付、即時相果候様躰者可聞及候、然者法花宗誓昏
并一行案文写遣候本文をハ一者本寺にて候間、知恩院へ遣し、一者我々方ニ置
候、此旨洛中洛外へ可相觸候、猶矢部善七郎、針阿弥可申也、』

五月廿八日　　　　　信長　御黒印

村井長門守《貞勝》殿

以上一巻記録畢、

一、見聞雑書記（元禄七年）

元和元年七月付、浄土宗諸法度
（　）内ルビ、法度原本
元和條目
原本三十五カ条のうち、四条を抽出
抽出の一条二条、原本は逆なり、
在家五重相伝の禁止
出世の為、老僧の意見を聞くべし、

本山格式　』

東照《徳川家康》大権現様御條目

一、不解事理縦横之深義、着相《著想》憑文之族、貧着《貧著》名利、不可致法談、縦又《亦》蒙尊宿許
可雖令勧化、空閣佛経祖釈、偏事狂言綺語、妄荘愚夫耳《之アリ》、剰自讃毀他、最《尤》是為
法衰之因、諍論縁堅制止事、

一、對在家之人、不可令相傳五重血脉事、

一、諸寺家之住持、任自己分別、背出世之法義《儀》者、為寺』中之老僧、兼而《白ク》可加異《意》
見、不然者可属同罪事、

一、末々諸寺家者、従其本寺可致仕置、若於《ナシ》有理不尽之沙汰者、可為本寺私曲

家綱條目

一宗の教法を知らざる者、住持すべからず、九州善導寺と熊本の末寺、伝法の争い、心光寺五智堂建立す、

五智一致

在家に五重血脈を授与す、教法になきこと、売法大悪僧なり、條目に背き正脈に背く、

結歸一行三昧

他門五智と別依の大教五智

事、

當公方様御條目

一、不存一宗法式之僧侶、不可為寺院住持事、附立新義不可談奇恠立法事、

依　仰九州善導寺与熊本門下諸長老出入、随分糺問仕愚案覚』

肥州熊本(熊本市)心光寺、真言宗本尊大日等五智五佛新造立、仕五智堂建立、無量壽経佛智不思議智等ノ五智、同経一向専念無量壽佛、観経九品来迎印相各別、是全真言法界躰性智平等智等之五智一致旨明鏡也、講談金紗道具衣着、在家衆生五重血脉授与候、是全不知一宗法式不解事理、縦横深義閣経論釈妙旨、賣法不浄説法無有慚愧、誠是堕獄業因也、是則以自己分別、背出世法儀立、新法奇恠説法前代未聞悪行、貪着名利大悪僧也、此僧奉背　東照大権現宮并　當君(徳川家綱)御條目又遠背、浄土宗門三経一論五部九帖』、三國傳灯正脉祖師釈業也、所謂吾宗義者、三経一論五部九帖、三佛歴祖師資相承密旨、廃立為正結歸一行三昧宗風故、一心一所一歸依十方三世佛一切諸井八萬諸聖教、皆是阿弥陀佛極楽泥洹無為境諸佛法王家也、無量三昧法王外何別立他門五智五佛耶、大経五智者、弥陀一佛権實惣別智徳故、更非大日等ノ五智證也、同経一向専念等者、雖有廃立、助正傍正三義、若依善導以初正故、捨廃諸餘万善万行、而唯一向専称弥陀佛名也、何云、大日等五智五佛證

弥陀一尊印相、真言宗の五智五仏證に非ず、

追放四カ寺

心光寺、五智堂を建立し、真言宗の五智と浄土宗の五智同説を説く、

條目及び宗門法式に背く旨諸見も承知せず、

乎、観経九品来迎弥陀印相各別故、大日等五智五如来證拠者、既云、九品来迎弥陀故、弥陀一尊印相』各別是亦非真言宗五智五佛證也、上来所引経文者、真言大日等五智五佛函蓋不相應、天地雲泥異門別鑰虚妄邪説也、本寺善導寺与心光寺見処、全一般同死同生也、熊本追放四箇寺ト忠言、却而逆耳對末寺理不尽沙汰相見也、

寛文十庚戌年八月廿六日　　知恩院丈室（第三十七世）亀形ノ知鑑印

愚案覚

一、心光寺新真言宗五智如来造立、御光廿五井造着臺座、浄土無量壽経佛智不思議智等五智書付、新五智堂建立仕、着金紗衣真言宗五智与我宗五智全同説法者當』公方様御條目云、不存一宗法式之僧侶、不可為寺院住持事、附立新義不説奇恠之法、已上、奉背此御掟候也、

一、熊本貳拾箇寺長老奉恐御　公儀御條目、又背宗門法式候故、加異見候得共、無承引故、所之啓太守本寺善導寺（久留米市）江心光寺新義新法御停止可有之旨、新　詔仕候事者、権現様御條目云、諸寺家之住持任自己之分別、背出世之法義者、為寺中之老僧、兼而可加異見、不然者可属同罪事、已上、諸門下長老申分契御掟

候也、

四カ寺追放

善導寺対末寺

一、本寺善導寺開山前為御報謝左右方共和睦之嗳、其上非義第一訴訟企徒黨候、号發黨人四箇寺追放仕候事者』御條目云、末々諸寺家者従其本寺可致仕置、若於有理不尽沙汰者可為本寺私曲事、已上、背出世法義候心光寺不致追放、却而介抱仕奉仰　御公儀掟存宗旨報謝候、四箇寺追院(放カ)者善導寺對末寺理不尽沙汰覚申候也、

聖光上人の正統性

心光寺新義邪法なり、

一、善導寺開山聖光上人前、為御報謝左右共、和融嗳別難心得存候、其所以者聖光上人者　元祖源空上人嫡傳祖師宗門三経一論五部九帖相傳、内證三國傳来血脉相承廃立為正結帰一行三昧行相自作之宗要集并授手印師資相承密旨顕然也、彼心光寺新義邪法悪僧荷擔嗳、』是開山前無報謝不過之覚候也、

具在前別紙云云

亀形印ニテ墨

寛文十庚戌年八月廿六日　　知恩院丈室　知鑑　印判

双方、知恩院に呼出し調べること、老中板倉重矩の仰せなり、

一筆致啓上候、内々被仰聞候肥州熊本善導寺末寺出入之事、双方當地へ御呼登於貴寺、急度被遂御詮議候之様ニ与板倉内膳正(重矩)殿被仰候間、左様可被成御心得候、為其如此御座候、恐惶謹言、

五月十三日　　　　　　　　　　　　雨宮對馬守

知恩院方丈　　　　　　　　　　　　正種　書判

役者御中　』

五智五如来

華華（厳カ）三昧経曰、三十七尊住心城

中　大日如来　法界躰智　東　阿閦佛　大圓鏡智　南　宝性佛　平等性智

西　無量壽佛　妙観察智　北　不空成就佛　成所作智　已上五知五如来也、

四婆羅蜜井

金剛婆羅蜜　宝婆羅蜜　法婆羅蜜　羯磨婆羅蜜

十六大井

介薩埵井　介王井　介愛井　介喜井　介宝井　介光井　介幢井　介嘆井　介法井

介利井』　介因井　介語井　介業井　介護井　介牙井　介拳井

八供養井

介嬉井　介鬘井　介歌井　介舞井　介香井　介華井　介燈井　介塗香井

四摂智井

金剛界三十七尊

介鈎井　介索井　介鏁井　介鈴井

已上金剛界三十七尊也　』

心光寺、五佛新造

浄土教五智、密家五智一致は邪説なり、

二十五菩薩

慶長二年浄土宗法度

無量壽経云、佛智、不思議智、不可稱智、大乗廣智、無等無倫最上勝智、已上、
一、心光寺大日阿閦等五佛新造立、御光極楽弥陀来迎二十五廾造着臺座、今経之佛智不思議智等五智書付、是全不弁浄土宗本尊亦是不知、真言宗金剛界五智五如来三十七尊住心城蜜(マヽ)意、而着金紗衣浄土経五智与蜜家五智全一致、邪説前代未聞珍事新義奇怪臆談也、誠是天魔所以、依之都鄙騒動宗門乱劇也、

廿五菩薩』

観世音廾　蓮臺　大勢至廾　合掌　薬王廾　幢幡　薬王廾　玉幡　普賢廾　幡蓋　文殊師利廾　花慢　日蔵廾　瓔珞　月蔵廾　太鼓　日照廾　鞨鼓　金蔵廾　香炉　介蔵廾　笛　法蔵廾　琴　衆宝王廾　琵琶　陀羅尼廾　舞　獅子吼廾　乱拍子　虚空蔵廾　腰鼓　山海會廾　和琴　宿王廾　洋弓　無辺身廾　尺八　花ム王廾　簫　日光廾　水瓶　月光廾　宝形　宝性　鐃　宝月廾　鈸　無尽意廾　伽陀

○関東浄土宗法度之儀、従本寺知恩院被相定条々、各不可有違背儀尤候也、

慶長二年九月廿五日　内大臣(徳川家康)判』

浄土宗法度之事

尊照、同日付にて鎌倉光明寺、江戸増上寺等檀林諸寺に発付す、

安心問答、念佛三毒滅不滅論

他流申請の綸旨を毀破す、

知恩院奏聞の綸旨正統なり、

本末は従前通り、

一、門家出世之儀、於他流申請御綸旨令毀破、自當院遂奏聞、為正御綸旨可令頂戴、向後以自餘之手次於申請輩者、永令擯出不可致参會事、
一、同時出世時、日之前後不可有相違之事、
一、従古来有由緒本末申、掠當院直末之望、禁制之事、
一、不至年臘而致出世事、并其所之門中江不届而致法談之儀、禁制之事、
一、従前々本末以當位之意趣不可背本寺之事、』
右條々、得　國主尊意相定処也、諸檀林可被得其意、若於違背者、可被處罪科者也、仍而如件、

慶長貳
酉九月廿五日　知恩院　満誉（尊照）
諸檀林御住持

滅不滅相論之時、従増上寺到来、其上包書付写

進上　知恩院　増上寺源誉（存應）
御役者衆御披露

写
急度奉啓上候、仍就安心問答仁、関東諸檀処知識衆、『三國傳来』安心之旨、殊経釈明文為證跡、記録雖指上候、遠境之際遅々申候處ニ、御　本寺以筆記落着假（段）、

存應、安心問答の落着を喜ぶ、
悪解人の追放、高札を出すべし、

知恩院、浄土宗総本寺なり、
知恩寺、浄華院、金戒光明寺三カ寺は小本寺なり、故に法度は知恩院より下す、
関東浄土宗諸法度、知恩院より増上寺に触ること
関東諸寺、本寺より仕置

誠以都鄙佛法一途相定候、此上者彼悪解之人等、六十余州擯出堅被仰付極候、左様ニ候者、右旨高札ヲ被為立可然候、且者為是非明白、且者為佛祖御報謝、被遂御塩(梅)味尤候、又於御油断者、関東中諸山違背儀、可有之間、為御心得申上候、已上、

(慶長三年カ)九月十一日　増上寺源誉(存応)　書判

進上　知恩院

御役者御披露』

覚

一、知恩院事、依為浄土宗惣本寺諸法度之御朱印(元和元年七月)被　成下候、

一、百万返(知恩寺)、浄華院、新黒谷(金戒光明寺)之儀、小本寺故、諸法度之儀、従　権現様(徳川家康)御直ニ不被　仰付、両　御所様(徳川家康・秀忠)自知恩院被　仰下候て候、其上ニ知恩院より右三ケ寺かたへ申渡候事、

一、関東浄土宗諸寺家諸法度之儀、知恩院より増上寺へ被申越相ふ(触)れられ候て、其状増上寺ニ被相留諸沙汰在之やうにと、　権現様知恩院へ御談合被遊、箱根山をかきり東國分如此御座候事、』

一、関東も又末寺諸寺家、其本寺ゟ可致仕置旨、両　御所様(徳川家康・秀忠)被仰出候、然共不相

一、見聞雑書記（元禄七年）

寺社奉行から山役者宗把宛

済者、増上寺へ申入、是ニテも済兼申候者、御奉行衆迄可及御沙汰候、

一、諸末寺着帳判形之儀、取候へ而知恩院上被申様ニ可仕候、已上、

右、正月十日ニ御書付、明四ッ時分ニ右京進殿（安藤重長）迄可参由、安藤右京進殿（重長）、松平出雲守殿（勝隆）、掘市正殿（利重）御兩三人之御名付ニ而（亮）、宗把（知恩院山役者）と御あて所被遊給候ニ（亮）付、十一日ニ参候処ニ、萬諸國仕置様躰御尋候間、右心持を口上ニ而申上候、其通御書付候、罷帰初中後を思案仕候て、十二日ニ右之條數覚書仕、右京進殿へ持参仕、書付右京進殿（亮）へ直ニ上申、弥口上ニて又申上候、右京進殿へ出雲守殿、掘市正殿（堀利重）へも参可申候と申候へハ、無』用ニ仕候へ、則可有御物語候之由ニて帰申候、

一、正月廿三日ニ又市正殿（堀利重）ニて申上候事、

一、増上寺仕置と申も知恩院より、

浄土二十五菩薩

浄土二十五井者、極楽界會阿弥陀如来、舊住眷属来迎引接歌舞井也、主伴具足廿六尊也、真言、金剛、大日、阿閦等五佛ノ眷属井、四婆羅密十六大井、八供養四摂三十二尊主、伴具足三十七尊也、然彼悪僧大日、阿閦、宝性、無量壽佛、不空成就佛新佛造立、弥陀如来眷属二十五井造着、則弥陀一尊之佛智不思議智等五智書付候事、龍頭蛇尾漢棚頭弄傀儡、賣法名聞利養人寄新義、奇恠振舞、誠任自己

分別背世出』法義明鏡也、云云、

知恩院開山忌導師次第
大永の鳳詔により御忌と称す、

浄土一宗之本寺知恩院開山忌（御忌）導師次第之事、
十九日　二十日　廿一日　廿二日　廿三日　廿四日　當日
右任先皇例所定如件、
十八日晩　開闢之法式　導師着座　御開帳　登高座　焼香　礼拝　四奉請　高
座上　弥陀経　高座上　初夜礼讃行道　引念佛　廻向　過去帳　十
念
十九日晨朝　法事如逮夜之次第　日中衆會堂着座』　本堂　焼香着座　伽陀　楽
禁裏楽人相勤之　御経讀誦　讃　伽陀　時之導師登高座　唄　散華
唱導　諷誦　法則　説談　願文　廻向　三念佛　十方恒沙佛云云
十念

台徳院殿法事
〈御逮夜〉一般的に忌日法会の前夜をいふ、

廿日　同前　廿一日　廿二日　廿三日　同前
廿四日　台徳院殿（徳川秀忠）御寶前ニテ御法事、一山之御斎
同晩　御逮夜、御非時一山
廿五日　當日法式　晨朝　讃　御供物大衆傳供　丈室手供』　高座上三礼
祭文　四奉請　弥陀経　後唄　引念佛　廻向　十念　衆會座ニテ御

斎一山
日中
衆會堂着座　本堂　焼香　楽　着座　讃　伽陀　時之導師登高座
唄　散花　梵音　錫杖　唱導　廻向　四奉請　弥陀経行導　後唄
焼香　念佛　廻向
右依　勅命所定如件、
勅命
』

二、見聞雑記（元禄九年）

（表紙）

見聞雑記

（元禄九年）

（折本　縦二九、三糎×横十二糎）

里方村
賀茂明神棟札　當山ニ而書之

賀茂大明神

宮造立之旨趣者、當國守護成御歳森内記守（長継）様奉行衆中、當郡ハ河崎勧左衛門、御下札ニ米御合力有之故、當村氏子初尾（穂）多少、其上六社之氏子衆之内も助力、山手村氏子衆助力、何も不残』相添此宮奉成就、願奉天下和順日月清明風雨以

賀茂明神造立
河崎勧左衛門合力米
六社氏子、山手村氏子助
力

時等全シテ三縁處有、諸天善神和國権者之諸神、守護請尽未来際
金《今歟》上皇帝ホ、将軍家等當國守護家内ホ、初テ（メカ）民ニ至迄天地人長久祈、
作刕久米南條郡稲岡北庄里方村　　神主大もり
　　　　　　　　　　　　　　　　　五郎右衛門
　　　　　　　　　　　　　　　大夫ハ北宮
　　當處きもいり役　　　　　　作大夫
　　　願主久右衛門　　　　　　大庄屋南荘村
　　　并中間衆　　　　　　　　　長右衛門
于時万治二己亥年三月廿日
　　　　　　　　　　大工　藤原朝臣
佛神力助給
とちこそ（栃社）
　誕生寺願誉（寿笛）（花押）書之、』
△人王七十五代崇徳院御宇、長承二年癸丑四月七日午剋、（法然上人）上人誕生之依奇瑞、時
國一宇建立メ名誕生寺、開山前浄土院、従長承二丑年、至元禄九子年迄五百六
十四年也、
△時國保延七永治ト改元ス辛酉年三月十五日生年、四十三異ニ四十ト歳ニメ、為明石源内定明
為被討、于時上人九歳、従保延七酉年、至元禄九子年迠五百五十六年也、
△上人九歳之時、父時國ニ後レ百ヶ日ノ追善、終テ任慈父之遺言、同年七月廿五日

法然上人履歴
長承二年（一一三三）四月七日法然上人誕生、奇瑞により誕生寺建立す、開山前、浄土院といふ、時国の生年、保延七年三月十五日なり、時国四十三歳にして、明石源内に討る、上人九歳にして、父時国死没、百ケ日追善終る、遺言により、菩提寺観覚の室に入る、

同國勝田北郡高圓村菩提寺観覚得業之室ニ入玉フ（給）、永治、康治、天養、久安迠
前後五年中三年、智鏡房之膝下ニテ御』学問、
△人皇七十六代近衛院治天、久安元年乙丑春十三歳ニテ叡山ヘ登リ給ヒ、西塔北谷
地宝坊源光ノ室ニ入玉フ、中年一年御修学、
△上人十五歳、久安三丁卯年功徳院肥後阿闍梨皇圓之成弟子剃髪、
△同年十一月十二日秦氏逝去、歳育四十二歳也、従久安三夘年、至元禄九子年迄
五百五十年也、
△上人十八歳、久安六庚午年黒谷ニ隠居相見叡空上人、
△上人二十四年《サイ》、保元元丙子年嵯峨清涼寺参籠ノ後、渡南都法相、三論等究奥旨
給、
従保元元子年、至元禄九子年迄五百四十一年也、』
△上人四十二歳、承安四甲午浄土宗興起シ給フ、年代記、
△人王八十代高倉院御宇、承安五安元改元年春四十三歳ニテ、一向ニ念佛門弘メ給フ、
其年自作真影當寺ェ下リ給、従承安五未年至元禄九子年迠五百二十二年也、
△人王八十四代順徳院治天、建暦二壬申年正月廿五日、上人満八十歳御遷化也、
従建暦二申年、至元禄九子年迠四百八十五年也、』

久安元年、十三歳にして叡山に登り、源光の室に入る、十五歳説あり、
同三年、十五歳にして皇円の弟子となり剃髪す、
同年十一月、秦氏四十二歳にして没す、誕生寺位牌、三十九歳なり（四七二頁）、
久安六年、十八歳黒谷の叡空に師す、同四年説あり、
保元元年、二十四歳嵯峨清涼寺参籠す、後、南都法相・三輪を究む、
承安四年、四十二歳にして浄土宗を興起す、
同五年、四十三歳にて一向念仏を弘め始む、
同年、自作の真影を誕生寺に下す、
建暦二年（一二一二）、八十歳にして遷化す、

大般若全巻二箱入

大谷村薬師堂
同大般若経、永享五年の
成立ならん、

常徳寺と同材

願主妙清

天文十五年施入ならん、
本山寺松本坊賢覚施入な
り、

弘治二年三月領主原田貞
佐、誕生寺に寺領百石寄
進す、
永禄十二年三月、御影堂
棟上
原田貞佐願主なり、

△大般若全部二箱入巻経　今ハ破失ス、残御影堂之天井ニ揚ケ置、十巻、什物箱
アリ、
作州稲岡北庄内大谷(里方)村薬師堂常住、従永享五丑年、至元禄九子年マテ二百六十
四年也、
永享五癸丑二月九日
一百九十七巻ロノ頭ニ常徳寺ト道材(同カ)ト二行ニアリ、
二百一百六ト二　巻奥書ニ、
作州稲岡北庄大谷村薬師堂　願主妙清　従永享五丑年従天文十五午前百十四
年メナリ、前般若紛失ノ故ニ後ニ足ス歟、
天文十五年丙午二月八日
本山寺松本坊権少僧都賢覚破棄施入トアリ、
△人王百三代後花園院ノ治天永享也、人王百六代後奈良院治天天文也、
従天文十五午年至元禄九子迠百五十一年也、』
△人王百六代後奈良院治天、弘治貳年丙辰三月原田三河守貞佐當山ェ寺領百石寄
附也、
従弘治二辰年至元禄九子年迠百四十一年也、
△人王百七代正親町院治天、永禄十二年己巳三月廿六日御影堂建立棟上アリ、願

光天祐玉

経典奉納、法印懐長
この経、なし、

第七世は光天上人祐玉ならん、
記録、誤記ならんか、

天正四年、御影堂建立す、
大工、番匠五百人工寄進の棟札あり、

主原田参河守菅原朝臣貞佐
○本願沙門住持比丘光天祐玉和尚
棟札并写在別記
従永禄十二巳年、至元禄九子年迠百二十八年也、
△ 十羅刹女 三十番神 奉納大乗妙典一國六部本願法印懐長 常州住呂 永禄拾貳己巳三月七日 小聖十八 白敬
右之経ハ無シ、同年之棟札ニ雑有之故ニ、爰書留、棟札ト共ニ御影堂之天井へ上ケ置ク也、
○當寺第七世中興源蓮社玉奥上人大和尚位
裏書ニ元龜元年十一月廿五日トアリ、
元龜元年ハ永禄十三ノ改元也、中興ト有之故、永禄十二巳年ノ棟上ケ之和尚（光天祐玉）、不然者暫住之故ニ、中興トハ不可書、若同人ナラハ祐玉ヲ玉公ト可ヲ書誤テ玉奥ト書ス歟、住古玉奥和尚ト書ス、此下ニ又古キ有リ、』
従元亀元庚午年、至元禄九子年迠百二十七年也、
△天正四丙子年御影堂建立在之、従永禄十二年巳至八年目也、大工新左衛門藤原秀家、番匠五百人寄進棟札アリ、元禄之棟札ト一所ニメ上ケ置也、裏書ニ、

前知恩寺岌州魯耕

岌州、知恩寺第三十世、天正十二年に百山を辞す、天正二十年没なり、

円頓戒の血脈板あり、

岌州魯耕、誕生寺第八世なり、

誕生寺天正期の住職、知恩寺の法系なり、

岌然、旭子と同人ならん、岌然、誕生寺第九世なり、

百万遍守護所

○前知恩寺團蓮社岌州魯耕叟トアリ、因茲京都百万遍(知恩寺)之血脈鈎ヲ過去帳ノ抄ヲ以見、従元祖上人當ニレリ岌州和尚ハ廿七代目ニ、又當山ニ円頓戒血脈板アリ、是以見ス、

源空上人　弁阿(弁長)上人　然阿(良忠)上人　性阿(性心)上人　持名上人』　唱名上人　良薫上人

良岌上人　岌傳上人　岌光上人　岌忠(知恩寺第廿七世)上人　岌翁(知恩寺第廿七世)上人　岌長(知恩寺第卅世)上人　岌州上人ト、従元祖上人十五代メ也、

又同裏板ニ、

右此戒者一切衆生成等正覚之直路也、

栃社山誕生寺住世旭子叟

于時

○岌然　然授者

岌然ト旭子ト同人歟、岌然和尚ハ岌州和尚之直弟也、』

又百万遍之板アリ、岌州和尚京都ヨリ持参之板歟、百万辺(遍)ノ不知時節、則是也、

(版刷り添付)(縦二五、五糎×横四糎)

奉唱阿弥陀宝号一百万返守護所

御影堂、外陳三間造作、
桜五郎右衛門寄進なり、

翁子、岌州なり、

天正十二年、法然上人真
影の宮殿、原田貞佐一族
十六人による寄進なり、

空山宗貞

天正十四年十二月、原田
貞佐没す、

貞佐の墓石
貞佐室
赤松則實
施主、連阿
願主、證壽

天正二十年四月、原田尚
佐没す、

△同天正四年四月七日之棟札ニ當堂面下(西カ)陳之三間、櫻五郎右衛門寄進ス、
同裏書ニ、
翁子頑魯叟トアリ、岌州魯耕和尚也、同年同時日棟札之裏書故ニ、』
従天正四子年、至元禄九子年迄百二十一年也、

△天正十二季甲申三月十五日、上人(法然上人)宮殿(御津町)原田三河守(貞佐)之一属(族)十六人建立之、本願沙門住持空山宗貞　生国ハ備前国伊田之出生也、
大工備前金川ノ津島、対馬歟、
従天正十二申年、元禄九子年マテ百十三年也、

△天正十四丙戌年十二月廿八日原田三河守逝去、戒名
田源(原)院前三刕太守月山道原大禅定門石塔以上高サ三尺六寸二分、臺座高サ五寸五分、横ハ、一尺一寸五分、升方高サ六寸二分、ワラヒ手高サ九寸、横ハ、一尺一寸九リン、高サ一尺二寸三分、廻リ一尺八寸五分、
墓所誕生椋之ソハ芝塚二郤ノ椋、則墓印也、并ノ五輪ハ貞佐室ノ石塔、同并ニ
赤坂(松)則實之五輪トテ有リ五輪之銘ニ、
　施主連阿右 願主證壽 左 應永卅三年九月六日　堂供養之石塔歟、
升方高サ八寸五分、横幅一尺四寸四分、丸ノ高サ一尺四寸三分、廻リ五尺一寸、ワラヒ手高サ一尺七分、横ハ』一尺三寸五分、九輪高サ一尺五分、廻リ二尺一寸、高サ四尺四寸也、
従應永卅三丙午、元禄九子年マテ二百七十一年也、

△天正廿年壬辰四月廿九日、三河守息原田三郎左衛〔門〕尉尚佐死去、

西方院岌巌宗徳大禅定門　墓所稲荷山(美咲町)西ノフモトニアリ、

○天正廿年壬辰十一月廿二日空山宗貞往生也、天正廿年ハ文禄ト改元ス、宗貞ハ天台宗、爰ニ来テ浄土宗ト成、祐玉和尚之弟子祐賢西堂内藤氏ノ故ニ内藤坊主ト云、

従天正廿辰年、元禄九子年マテ百二十《五年》一年也、

△文禄三甲午年七月六日之位牌アリ、

帰寂　光悦長春禅定門　裏書ニ、か丶ミ御志也、御石ハ様かミ(マヽ)おき、文禄三年七月六日事成、お竹様トアリ、

従文禄三午年、元禄九子年マテ百三年也、』

(以下に中国明期の銭銘等あるも略す、一帖分)

大光院殿贈鎮守大府将軍源義重方山西広大居士、建仁二年正月十四日、

(以下に中国の銭銘あるも略す、五帖分)

當寺大工新左衛門由来

中興通誉(学璨)上人旧記ヲカンカエテ、其先祖ノ者ニテ西三条殿ノ工匠也、然ルニ式部太郎源年公陽明門ニシテ、蔵人兼高ヲ殺セル咎ニヨリ、當国ニ配流セラレ給フ、依之工匠秀家カ先祖為見舞、當国ニ下リ止於帰京ノ思居住ス、夫ヨリ代々漆家の大工トナリ其末葉時國公ニ随身シテ、稲岡之内城ノ御所ノ側ニ搆於居宅、故ニ古来ノ棟札ニモ當寺大工ト有、』今其末葉屋敷ヲ賛ヱ、御手洗川ノ流レ門前ノ河端ニ

現に稲荷山に稲荷の地名あり、

天正二十年十一月誕生寺第十一世宗貞没す、宗貞、もと天台宗なり、

お竹

大工新左衛門

源年、兼高を殺し配流さる、

漆家の大工なり、時国に随身す、

誕生寺の大工なり、

二、見聞雑記（元禄九年）

天正四年、御影堂建立大工、新左衛門秀家なり、番匠五百人工寄進す、
断絶なるを通誉、継せしむ、
修法等、天台宗の影響あらん、
居ス、于今當山大工ナリ云云、上件ノ由緒ヲ以テ深誉（長源）上人之代、鐘擣（堂）當建立之棟
札ニモ大工所彦十郎ト有リ、然レハ天正年中ニ光天（第七世）祐玉御影堂建立ノ時、番匠五百
人當寺大工新左衛門尉藤原秀家寄進トアリ、此秀家ヨリ先ノ累祖ハ雖レ不二分明一
ナラスト以二年数ヲ一、相考レハ秀家子ハ、元和三丁巳深誉ノ代ノ彦十郎々々子ハ
清右衛門ト、慥ニ三代ハ家業ニ名ヲ得テ名工ト挙世調法ス、清右衛門歿ノ後、其遺跡概ニ為ニス断絶一セント、此時先師中興通誉上人』其素子ヲ勧メテ、當寺工匠
ノ系圖ハ不二餘ニ混一、イカニモ其跡ヲ可レシト継、新タメテ名新左衛門字ヲ通家ト
也、牌名ノ一字ヲユヅリ給フ、然レハ秀家ヨリ四代相続ノ時乎、正徳ノ今、新造

大門建立す、

表大門建立ノ時、肝煎棟梁トシテ其ノ名字ヲ験シ早ヌ、
（注、次いで宇賀神修法があり、その奥書に、）
「右此修法者相劦江之嶋辨財天御直傳也、可秘々々口傳有、」
（次いで以下の修法等を収録するも略す、）
略修法（辨財天宇賀神将十五童子）
辨財天秘法
吒枳尼天修法
社参神道大事
三宝大荒神拝下咒

十五童子例名次第

美作國久米南條稲岡庄里方村檷社山浄土院誕生寺

幡椋崛住持

通譽

三、欟社山浄土院誕生寺略記　（元禄九年）

（表紙）

欟社山浄土院誕生寺略記 （元禄九年）

（折本　縦二九、五糎×横一二糎）

（冒頭ノ表紙裏三行ハ備忘記事ナラン、編注）

正徳四年（一七一四）八月、日本橋渡初め、

正徳四甲午八月、江戸日本橋渡始、大隅州松木村（鹿児島県国分市）百姓、靏井源左衛門年百廿五、同人女百十三、子茂右衛門九十七、同人女九十二、次男源右衛門九十、同人女七十六、源左衛門弟源五郎九十六、同人女九十二、』

構文をたて、法然上人の履歴及び誕生寺の事歴を検討す、

當寺起立之由来

長承二年（一一三三）、法然上人誕生、その奇瑞により、父時国一字を建立す、

人王七十五代崇徳院御宇、長承二年癸丑四月七日午剋、（法然上人）上人誕生之時、数多之奇瑞依有之、時國幡降之椋ノ本ニ建立一宇、案（安）置本尊誕生寺云云、

同年、門前の浄土院を移し誕生寺開山となす、

開山移住

同年同時ニ門前之浄土院移住、誕生寺為開山ト、

従長承二丑年、至元禄九子年迨五百六十四年也、宝永七寅年迄五百七十八年ニナル也、』

保延七年（一一四一）三月、定明の夜討により父時国没す、四十三歳

時国逝去

保延七永治ト改元ス年辛酉三月十五日《三》、為明石源内定明被夜討《遭害》、同十五日中、生年四十三ニシテ、異云四十ト、

山王子宮に浄土院草創記あり、

浄土院、貞観年中（八五九～七六）慈覚大師の草創、天台の道場なり、天正六年（一五七八）兵火により滅す、

〈浮田直家〉宇喜多、享禄二年～天正九年（一五二九～一五八一）興家の子、天文十二年浦上宗景に仕ふ、勢力を延ばし、天正元年に岡山城の本城を築く、備前・美作の大半と播磨の一部を領す、同七年に秀吉に帰順す、秀家は子

山王子宮本地佛薬師如来、慈覚大師御作也、是里（久米南町北庄）虚空蔵菩薩、同作也、有古一紙ニ出タリ、光誉記之、』

浄土院ハ貞観年中、慈覚大師諸刕遍路時、此処必ス佛法流布ノ霊地タルベシ、一院草創シ玉モフ、天台ノ堂場ナリ、中コロ浄土宗トナル、天正六年浮田直家ノ為ニ兵乱ノ火災ニカ、リ（穏カ）院滅ス、本尊阿彌陀如来、慈覚大師作ナリ、深誉（長源）之常言ナリ、願誉（寿笛）物語ナリ、』

時国逝去

時国、明石定明の夜討にあひ、三月十五日没す、

上人九歳、父時國と死別し、百カ日追善を終へ、七月二十五日に菩提寺智鏡房観覚の室に入り内・外典を学ぶ、

上人十三歳にして比叡山に登る、諸本を上げ『隆寛記』などにも及ぶ、『決定往生秘密義』

智鏡房のはからひにより、西塔北谷持宝房源光の室に入る、修学三年に及ぶ、

十五歳、皇円の室に入り剃髪、円明房善弘といふ、選択の傳を受く、

保延七永治ト改元ス年辛酉三月十三夜、為明石源内定明遭害、生年四十三ニソ、異云四十ト、同十五日中ニ向西念佛薨、于時上人九歳、

従保延七酉年、至元禄九子年迠五百五十六年也、

上人同國菩提寺（脱文アラン）

保延ノ春、上人九歳ニソ父時國ニ後レ、百箇日ノ追善事終リ、任慈父ノ遺言、同季七月二十五日、同國勝田北郡柿高圓村菩提寺観覚得業之室ニ入給、永治、康治、天養、久安迠入出五年、智鏡房之膝下ニテ、内外ノ二典悉修学、

上人十三五之年叡峯登　十三歳ノ下、十六門記注、天養二年トアリ、隆寛記十三歳トアリ、直（勅カ）一ヿ廿五、古徳傳一ヿ四、明義一ヿ十七十五登山之下、決定五ヿ四十三、直（勅カ）一ヿ廿六、御傳一ヿ四、同見四、

人皇七十六代近衛院治天、久安元年乙丑春、文殊御前（法然上人）十三之御年、智鏡房之ハカライニ依テ叡山ニ登リ、西塔北谷之持宝房源光ノ室ニ入、（久安元、二、三）丑寅卯入出三季御学文之、

久安三年四月八日、皇円ノ室ニ入リ、同十一月八日花髪ヲソリ、号円明房善弘ト、選択之傳ヿ三、十四歳ニソ而、至持宝坊源光ノ許ニ北谷、同年十一月八日入室、于功徳院ノ皇円坊ニ西谷、其月登壇受戒、但シ決（決、『決定往生秘密義』ならん）ニ云、十六歳受戒

也、

上人十五之年御剃髪

人王七十六代近衛院御宇、久安三丁卯年功徳院肥後阿闍梨皇圓之成弟子、令剃髪、

秦氏御往生

同年丁卯十一月十二日、秦氏四十二歳ニテ御往生、時國逝去ヨリ當ル第七年ニ、『従久安三卯年、至元禄九子年迠五百五十年也、』

上人三大部御勤学

上人十六歳、久安四年戊辰春ヨリ、巳午三年(同五、六年)之間ニ、玄義・文句・止観之三大部文義共ニ暗シ玉フ、

上人本黒谷御隠居

上人十八歳、久安六庚午年九月十二日西塔黒谷ニ隠居テ、叡空《慈眼房》上人預指南給、圓頓戒脉ヲ相承シ、南嶽袈裟妙楽之十二門戒義等請取玉フ、

上人二十四之年

保元元丙子年嵯峨清涼寺ニ一七日参籠シ給、凡夫入報土之宗教ヲ祈リ、渡南都蔵俊法相、醍醐寛雅三論等ノ究奥旨後、叡山皈報恩蔵ニ』入、一切経論釈御高覧、

母秦氏、久安三年（一一四七）十一月十二日没す、四十二歳、誕生寺位牌三十九歳なり（四七二頁）、

上人十六歳、天台の三大部文義暗誦す、

上人十八歳、久安六年黒谷に隠居し叡空の指南を受く、円頓戒・十二門戒義相承す、

上人二十四歳、保元元年（一一五六）清涼寺に一七日参籠す、南都の法相、醍醐の三論等究め、黒谷報恩蔵に入り、一切経を閲す、

上人浄土宗興起

人王八十代高倉院治天、承安四甲午年浄土門興起シ給、

従保元子年、至元禄九年子年迠五百四十一年也、

上人四十三歳、承安四年（一一七四）春、念佛浄土門を興起す、

上人之真影誕生寺御下

承安五安元ト改元ス年春、上人四十三之御年、一向念佛門弘メ、自作《ウツシ》二リ真影ヲ一、熊谷入道供奉而三十日余逗留申伝、従京都誕生寺エ送リ下シ給、因茲別ニ釈迦堂ヲ建テ、移シ二本尊ヲ一、本堂エ御影尊奉二ル安シ一、于レ今無二断絶一御安坐也、

従承安五未年、至元禄子年迠五百二十二年也、』

翌年、四十三歳にして念仏門を弘む、

翌年、上人自ら真影を作り誕生寺に送る、熊谷供奉し、三十日の逗留をなす、

遷化まで記載無し、

誕生寺本堂に真影を安置す、

上人御遷化

人王八十四代順徳院御宇、建暦二年壬申正月二十五日、上人満八十歳、京都知恩教院ニテ御入寂《メツ》、

従建暦二申年、至元禄九年迠四百八十五年也、

上人八十歳、建暦二年（一二一二）正月二十五日遷化

私ニ曰、左ノ五輪ハ、山名伊豆守(持豊)之石塔歟、同郡豊楽寺(御津郡、真言宗)ノ古キ過去帳ヲ見ルニ、山名正壽院殿ト伊豆守殿ヿ也』

應永之五輪　有リ、時ノ筆者證ノ字ヲ正ト誤リ書歟、同過去帳ニ赤松上野守則實、法名季省宗

應永の五輪、山名正寿院の墓なり、

豊楽寺過去帳に赤松則實とあり、

勤大禅門トアリ、

法輪の法量

地輪高サ八寸五分、横幅一尺四寸四方、水《スイ》輪高サ一尺四寸三分、廻リ五尺一寸、ワラヒ手高サ一尺七分、横一尺三寸五分、空大高サ一尺五分、廻リ二尺一寸、高サ四尺四寸也、

五輪銘、願主證寿、施主連阿、応永三十三年（一四二六）九月六日の年号あり、

五輪銘  四方如常、右ニ願主證壽トアリ、中ニ施主連阿トアリ、左ニ應永卅三年九月六日トアリ、當寺昔建立之供養ノ石塔歟、

江村春軒の古跡改め、

江村春軒古跡改メ巡行之時、此石塔ヲ赤松則實之石塔カト被申由、實心物語アリ、(通誉)予入院之砌、誕生椋ノ前有リ、其後原田三河守(貞佐)基芝塚ニ并フ、

人王百一代後小松院治天、應永卅三丙午年ヨリ元禄九子年迄二百七十一年也、

『太平記』を引く、

太平記三十七巻五左云、赤松彦五郎範實《ノリサ子》ハ、養父則祐様々ニ誘ヘ宥メケルトアリ、

永享の大般若経揃ふ、奥書に薬師堂常住及び永享五年（一四三三）二月九日とあり、天文十五年（一五四六）二月、本山寺松本坊賢覚の施入、常徳寺大般若経と同材なり、

永享之大般若有リ、大般若全部ト小机アリ、

奥書ニ、作州稲岡北庄内大谷村(寿恵元、現里方)薬師堂常住、永享五癸丑二月九日トアリ、大方書ス、

百九十七巻之口頭ニ、常徳寺道(同カ)材トニ行ニアリ、二百一ト二百六巻ニ、作州稲岡北庄大谷村薬師堂常住、天文十五年丙午二月八日、願主妙清、本山寺松本坊権少僧都賢覚施入トアリ、

往古、大谷に薬師堂常徳寺といふ寺あり、

原田貞佐、弘治二年（一五五六）三月、寺領百石を寄進す、記事内容、『二、見聞雑記』と重複す、以下知恩寺の血脈版まで、

通誉、寄進文書二通を修復す、

従永享五丑年、至天文十五午年迠百十四年也、前ノ般若令紛失、後足経施入歟、稲岡七村トテ原田預所也、大谷トハ越尾ヨリ大戸エノ谷ト云、彼谷ニ往昔薬師堂常徳寺ト云寺有リケルガ、此般若令破失少有之、経箱ニ入御影堂之天井ニ揚ケ置ク、其内十巻為後見什物箱ニ入置也、

人王百三代後花園院治天、従永享五丑年至元禄九子年迠二百六十四年也、

弘治之寄付書

人王百六代後奈良院治天、弘治貳年丙辰三月、當郡之領主平朝臣原田三河守貞佐、依為旦那寺、領任先例、百石寄附在之、写堅紙、

御寺領如先年無相違（後筆、衍ナラン）二百石之都合立置候故、者寺僧中トシテ無懈怠様、可被相働事専要候、右旨趣如件、

弘治貳年三月吉日　平朝臣　原田三河守貞佐　判

誕生寺方丈

衆中

』

右寄付状于今アリ、予（通誉）入院之砌、令披見悉ク破損、依之此状ト森内記長継公誕生椋御用之由、被仰下御書ト二通、於京都令表具什物箱納置、

従弘治二辰年、至元禄九子年迠百四十一年也、

御影堂、永禄十二年（一五六九）建立す、三月二十六日棟上す、棟札あり、
原田貞佐
住持比丘光天祐玉

永禄之建立

人王百七代正親町院治天、永禄十二己巳年三月廿六日御影堂建立棟上アリ、奉加祝言棟札等委別紙記之、

願主原田三河守菅原朝臣貞佐、』本願沙門住持比丘光天（第七世）祐玉和尚トアリ、

従永禄十二巳年、至元禄九子年迨百二十八年也、

永禄十二年の棟札

『二、見聞雑記』と内容重複す

十羅刹女　常州住呂　小聖十人

奉納大乗妙典一國六部本願法印懐長
白敬

三十番神　永禄拾貳己巳三月七日

右之札、同年之棟札雑有之故、書留棟札ト共ニ御影堂ノ天井ヘ上ケ置也、

元亀の中興、中興玉奥、同元年十一月二十五日、裏書にあり、七世玉奥、永禄時の光天祐玉ならん、

元亀ノ中興

當寺第七世中興源蓮社玉奥和尚』

裏書ニ元亀元年十一月廿五日トアリ、

元亀元年ハ、永禄十三ノ改元也、中興有之故、永禄十二巳年之棟上ケ之、祐玉和上歟、尓者ハ玉公ト可ヲ書玉奥ト誤リ書ス歟、若祐玉ト異人ナラハ暫住之故

ニ不可中興トハ書ス、同人ナラハ、當寺第七世中興源蓮社光天上人祐玉大和尚ト可書歟、

通誉、中興光天祐玉と記すべきか、と、

従元亀元午年、至元禄九子年迨百二十七年也、

天正之造作

天正四年四月の造作

右志者為匠師道音并父浄音母妙泉各菩提也、

奉寄進番匠之員数及五百人處也、當寺大工新左衛門藤原秀家　白敬

五百人工の寄進

天正四丙子年四月七日』

裏書ニ、前知恩寺團蓮社岌州魯耕叟トアリ、因茲京都百万遍（知恩寺）之血脉鈎ヲ見ルニ、従元祖上人「廿七代目ニ岌州和尚アリ、又當寺ニ古キ円頓戒之血脉ノ板アリ、見ルニレ」之、

誕生寺八世魯耕（太翁）、京都知恩寺第三十世なり、天正の造作、魯耕によるものならん、知恩寺法系の誕生寺流入ならん、

源空上人　弁阿上人　然阿上人　性阿上人　持阿上人　持名上人　唱名上人　良薫上人　良岌上人　岌傳上人　岌光上人　岌忠上人　岌翁上人　岌長上人　岌刄上人ト十五代目ニ當レリ、則岌州和尚従二京都一、百万返（遍）之札持参有之、于今アリ、是也、位牌ニ書ハ、

円頓戒の血脈板

當寺第八世團蓮社岌州上人魯耕大和尚ト可書歟、

通誉、岌州を誕生寺八世と記すべし、と、

京都知恩寺岌州・岌善奥州下向の折、日蓮徒と法論、勅により召上らる、

綸旨に知恩寺前住岌州・現住岌善とあり、〈京都知恩寺歴代〉『同寺誌要』に、
第廿七世岌翁
第廿八世岌長
第廿九世岌善
第三十世岌州
第卅一世岌興
第卅二世岌傳とある、
浄土宗三祖良忠上人門下のうち、藤田流の系列なり、

血脈板の裏書、伝法授者用の紙型ならん、

禁断日蓮義一三十七丁云、百七代正親町院ノ御宇、天正三乙亥京洛浄土宗ノ百万遍知恩寺ノ住持岌州、岌善兩上人奥』州へ下向シ、日蓮黨ト法門對論ノ刻ニ、其処ノ所司代日蓮ノ檀那ナリシ故ニ、邪徒ヲ贔屓ソ早速ニ叓キレス、時ニ禁中御佛叓ノ砌ナルカ故ニ、勅宣ヲ下サレ、件ノ兩上人ヲ召上セ玉ヘリ、其宣旨ニ云、

就ニテ法門之儀一ニ、前住岌州上人并ニ當住岌善上人令メニ在国一、為レ可レ遂ニ一決一ソ、于今滞留ト云云、太タ不レ可レ然ル、殊ニ彼日蓮黨ノ叓ハ、為ルノニ宗外一上ハ、者雖トモニ一問(門カ)一非ニル本意一ニ者ノ也、所詮拠ニテ万障ヲ一、早ク有アリニ上洛一可ヘキ下令メニ参 内セ一給上之由、天気所レ候也、仍報達(達カ)如件、

天正三年十月二十五日　左中(右カ)辨(輝資)判

知恩寺(知恩寺の原本〔雑掌〕)とあり

是正ク、ウス、ミノ御綸旨也、今現ニ知恩寺ノ靈宝タリ、上包ニハ左中(右カ)弁輝資《テルスケ》トアリ、日野殿之御叓也、云云、

又血脈板之裏ニ、
右此戒者一切衆生成等正覚之直路也、

『二、見聞雑記』と重複記事あり（三二頁）、

通誉、岌然旭子とすべきか、と、

天正の造作

堂内外陣三間造作の寄進

翁子頑魯、岌州魯耕と同一人物か、

大工新左衛門、人工《にんく》の寄進（前出）

天正六年、日蓮徒不傳、御影堂法然上人真影を堂庭に投じ破損せしむ、

『光明院開基以八上人行状記』に宇喜田直家、僧侶数百人にして殿堂を破却す、とつくる、『作陽誌』も同じ、通誉の記述、不備あらんか、

岌然┐栃社山誕生寺旭子叟
└然授者

于時トアリ岌州上人之後住ト見ヘタリ位牌ニ、

當寺第九代岌然上人旭子大和尚ト可書歟、

同天正造作之棟札

右志者為母禅定尼也

奉寄進當堂面（西カ）卩（マヽ）□（脱アラン）三間櫻五郎右衛門　敬白　私云、面下（西カ）陳之三間歟、

天正四丙子四月七日

裏書ニ翁子頑魯叟トアリ、岌州魯耕和尚歟、同年同時棟札之裏書ナルカ故ニ、

右之奉加、永禄五壬戌年ヨリ始リ、天正四子年マテ十五年日ニ普請成就也、

従永禄十二巳年棟上、至元禄九子年迠百二十一年也、

大工新左衛門、戒名生善禅定門ト号ス、右二枚之棟札御影堂天井上ケ置ク、

天正六戊寅年五月廿六日日蓮之徒不傳、日下開山不傳上人ト板ニ書〆下僧ニ持セ、先ニ立テ悪徒ヲ随身〆誕生寺影堂ニ入、須弥壇之影尊ヲ見テ、何ニ』ソト問、法然之影像ト答、又練供養之弥陀如来ヲ指〆何ソト問、弥陀ト答、不傳聞

原田貞佐、御影の損部を玉泉坊に直さしむ、

翌天正七年五月十五日、安土宗論あり、法然上人の法罰なり、

稲岡の荒神、法然上人の胞塚なり、

不傳、荒神不浄なりと、

内藤房祐賢

宗貞、祐賢を押退し住職す、

終テ、何ソ弥陀ヲ脇ニシテ法然ヲ須弥ニ置ク乎ト云テ、御影ヲ抱出テ堂庭ニ投ク、三河守(原田貞佐)不傳来ルト聞テ、ハダ背馬ニ乗大勢連レテ来ル、不傳見レ之、原田孫八郎屋敷ノ後ロへ上ク、貞佐御影之損シ玉フヲ見テ、打穴(うたの、美咲町)ノ山臥(伏)玉泉坊ヲ召ソツカシム、玉泉ハ佛師也、兩山寺(真言寺)ノ薬師モ玉泉作也、不傳影像ヲナケ三河(貞佐)守、玉泉ニツカシムルノ叓板ニ書〆、古キ須弥ノ腰ニ打付置ケルヲ、深誉(長源)上人之弟子本覚寺住持嶺笛(壽苗)和尚後来見之、諸人信ヲサマサントテ、火中ニ投スト、願誉慥物語也、不傳、上人之真影ヲ投タル翌年、天正七夘五月十五日江州安土ニテ貞安』和尚ト浄日(日蓮宗)宗論之時、日之徒マケテ信長公頸ヲハネ給フ、法然上人罰カト諸人云ケルソ、可恐々々ト深誉(長源)之常言ナリト願誉(寿笛)物語ナリ、

従天正五夘(丑カ)年、元禄九子年マテ百二十年也、

又、傳説ニ不傳、稲岡之荒神行、是レ何ンソ、百姓答テ、是レハ稲岡ノ荒神トテ、上人之胞ヲ祝込タル社、在所挙テ産神ト崇ムト答、不傳聞、荒神不浄也、疾ク去々々三十番神ヲ勧請セント云ト否ヤ、土風忽ニ吹来リ、不傳カケタル脇五条ヲ何トモ不見者虚空ニツカミ去ル、不傳肝ヲ冷シ色ヲ失〆下山スト云傳スト、

天正年中祐賢(第十世)比丘在住有之、任姓氏内藤房ト云ケルカ、備前國宗貞来リ』祐賢

ヲ指ノケテ令住職、（第十一世）宗貞召連ノ下人ノ末、于今門前ニ居住ス、當寺第十代祐賢
比丘ト可書歟、私感ス、光天祐玉之弟子歟、祐字付与ニ、

天正十二年三月原田貞佐一族十六人、真影の宮殿を造立す、〈宮殿《くうでん》〉厨子のこと、

天正十二甲申季三月十五日原田之一属十六人、上人之宮殿令建立、棟札写、
作州久米郡稲岡之内、北庄栃社山誕生寺法然上人厨子造立之御人數之吏、
原田三郎（尚佐）左衛門尉　同名次郎左衛門尉　同名与七郎殿　同名孫八郎殿　同名又
三郎殿　同名左介殿　同名杢亮殿　同名弥介殿　三坂弥六殿　池上蔵之介殿
屋葺殿マツ木惣左エ門「小野田吉之丞殿』赤木八右衛門殿　石原彦三郎殿　馬
壹疋桜三郎右衛門　布子一部才信女
于時天正十二年甲申季三月十五日　以上
備前國伊田宗貞本願沙門
同　金川大工　津島トアリ、

宗貞、天台宗法則にて勤行行ふ、

十一代　當寺住世空山宗貞大徳
宗貞ハ元ト天台宗、誕生寺在住之内モ天台宗ノ勤行ト云傳、（長源）深誉ノ師也、
従天正十二申年元禄九子年迠（脱文アラン）

原田貞佐、天正十四年（一五八六）十二月二十八日没す、

天正十四丙戌年十二月廿八日原田三河守貞佐逝去、戒名、
田源（原）院前《権》三河守月山道原大禅定門　従弘治貳年、至天正十四年卅一年也、』

墓、境内誕生椋脇なり、

貞佐墓所、誕生椋之ソバ、芝塚ノ石塔是也、石塔以上之高サ三尺六寸二分、臺
石高サ五寸五分、地大高サ六寸二分、ワラヒ手高サ九寸、横ハ、一尺一寸、九
輪高サ一尺二寸三分、廻リ一尺八寸五分、卵（マヽ）塔入戒名不見、同塚之上南方ニ二
卻ノ椋アリ、貞佐室之墓塔破レテ戒名不知、
従天正十二申年、元禄九子年マテ百十三年也、

貞佐の子尚佐、天正二十年（一五九二）四月二十九日没す、墓所稲荷山なり、

天正廿年壬辰四月廿九日貞佐嫡子三郎左衛門尉尚佐死去、戒名、
西方院岩巌宗徳大禅定門、墓所稲荷山（美咲町）西之フモトニアリ、

現在、原田といふ地名なり、

第十一世宗貞、同十一月二十二日没す、

同年十一月廿二日宗貞往生
當寺第十一世空山宗貞大徳　墓所』
従天正廿（文禄ト改元ス）年、元禄九子年迠百五年也、

文禄三甲午年七月六日之位牌アリ、
歸寂　光悦長春禅定門　裏書ニ、か、ミ御志也、御名ハ様か（マヽ）ミおき、文禄三年

お竹

慶長九年（一六〇四）三月森忠政寺領寄進、三十五石
同年十一月、寺領寄進五十石に改む、

花押に違ひありと、

誕生寺、大坂の陣森忠政陣中に使僧・山伏を送る、連衆五人に本山寺も含む、
使僧、杉原（紙）を献上す、

七月六日事成、お竹様トアリ、御影堂天井ニアケヲク
也、

従文禄三午年、元禄九子年マテ百三年也、

慶長九年之折紙　従天正十五年、至慶長九年迠十八年也、
為當寺領敷　一行　地共参拾五石　一行　并山林有之右　一行　令寄附之状如件、
慶長九年三月十一日　　忠政（森）　判
誕生寺　」
為當寺領五拾石　一行　余敷地并山林共令寄附訖　一行　全可有領地之状如件、
慶長九年十一月二日　　忠政　判　　両紙之御判形少替ル、
従慶長九甲辰年、元禄九丙子年九十三年也、

大坂御陣之時、（冬の陣、慶長十九年十月）森中将忠政公御陣所へ使僧指上ル、其時之連衆、
本山寺住持真如院、真如院ハ紀州熊野出生、同寺家久保ノ坊、南ノ坊、誕生寺々家岡ノ坊之
文徹、下男一人（長源）以上五人、山臥（伏）ト成ル、何モ貝（法螺）ノ上手也、　」
誕生寺住持深誉ヨリ播磨杉原（播磨紙）ヲ指上ル御書ニ、
遠路為見廻　一行　使僧并杉原　一行　到来喜之　一行　至候、恐々謹言、

忠政礼状

五月七日　　　　　　　忠政　印

誕生寺

願誉、謙譲による諱替えにて深誉といふ、

元和三丁巳年三月吉日擣鐘建立、栃社山誕生寺源誉(長源)トアリ、
願誉ノ云、深誉上人ヲ源誉ト云、尓ルニ増上寺國師源誉(存応)上人ニ同号ヲ恐レ、深
誉ト改号スト、棟札別紙ニ写置也、
従元和三巳年、元禄九年マテ八十年也、

元和七年（一六二一）九月二十九日尚佐の息没す、墓所稲荷山なり、深誉（願誉）長源、森一族の出自、弥右御門の息なり、

元和七辛酉年九月廿九日尚佐息、原田弥右衛門死去、戒名、』
寂静院月窓浄教禅定門　墓所稲荷山ニアリ、願誉(壽笛)之慈父也、
思恭釈迦三尊　□渓(岌ナラン)和尚瀧見之観音　佛牙　右之三品高麗ヨリ取リ来テ寄附
當寺、
従元和七酉年、元禄九子年七十六年也、

深誉長源履歴
長源もと天台宗なり、十一世宗貞入寺に際し、弟子として入寺す、以八の弟子弁西の指南を受け浄僧となす、弁西の取持にて綸旨を受く、

元和八壬戌六月廿七日深誉(長源、十二世)綸旨頂戴、
深誉上人者、本原田長福寺之弟子ニテ天台宗也、空山宗貞誕生寺へ入寺シ弟子
無之故ニ、宗貞本宗天台ナルカ故ニ乞請、廿歳ニテ天正十年ニ入寺ス、然ルニ

〈以八〉天文元～慶長一八（一五三二～一六一三）、奥州山崎の生れ、袋中良定の実兄、大沢の円通寺・生実大巌寺貞把に学ぶ、名利を嫌い、諸方を行脚し念仏宣揚、安芸厳島光明院など開く、誕生寺の復興に助力す、

元和八年六月、長源香衣の綸旨を受く、知恩院末寺誕生寺

女房奉書

知恩院城誉の添状

浄法ノ勤行不知之故、以八上人之真弟雲誉弁西依指南成浄僧、同弁西京都本山向取持ニテ綸旨頂戴也、但居宦』深誉之弟孫十郎宦、銀三百拾目持登ル、雲誉取持ニテ綸旨相調、則正上人之綸文也、深誉六十歳ニテ頂戴之也、

綸文

着香衣令参　内、宜奉祈　寶祚延長、者依　天気執達如件、

元和八年六月廿七日　右中辨（正親町季俊）判

知恩院末寺誕生寺住持深誉上人御坊

奉書

御フミノヤウヒロウ申テ候へハ、知恩院末寺ミマサカクメナンテウノコホリイナヲカ北ノ庄タンシャウ寺住持シュツセノ叓、チヨツキヨニテメテタク候、カキ申タシハ右中弁ニテ候、かしく、

ちおゐんへ　』

添状

貴寺出世之叓遂　奏聞候處、忝　勅許被成下、則　綸旨　奉書調進之候、可有頂戴候、弥真俗繁栄珎重候、恐々謹言、

六月廿七日　城誉（法雲、知恩院第卅世）

誕生寺　東山

この時、名号を授与さるも、長源知らず、

雲誓

長源に授与と、名号左にあり、

元和十年、鰐口寄進あり、

押渕の彦左衛門

此時従城誉上人、御名号深誉(長源)へ被書遣処ニ、中留メ深誉且而不被知、然ルニ元禄七甲戌年其御名号京都之人令所持、予通誉(学璨)方へ来ル、従京都来ル時之状写、

其後ハ不得御意候、御無事ニ候半と存候、和尚様江戸へ御通候由、承候、』定而願御座候而之御事と存候、雲誓も無事ニ廻向申由、悦申候、其元弟子中江も御心得可被下候、一、此名号去ル法蔵ゟ出申候、願之尓ニ成申候半と遂上申候、國師(源誉存應)と旲巖之間、廿七代目之名号被下候、其同書之事も懸御心有之相召申候、表具被成住(什カ)物ニ可被成候、出所ハ重而御物語可申候、不及尋候、

恐惶、　十月十九日　実山摺

自然物

一、其元御代之内ニ、源誉上人御座候も表具被成候ハヽ、古キきれニテ法橋幸香所望被成候、右之御名号并状共ニ実山持参ニて方丈ニ納置、御名号脇書ニ名号之左ニ誕生寺住持深誉令授与之旱、

右ニ本山住世城誉(法雲)叟　判

従元和八戌年、至元禄九子年七十五年也、』

元和十甲子年寛永ト改元ス　御影堂之鰐口寄進銘曰、

奉寄進誕生寺、施主作州南条郡長岡押渕村(津山市)彦左衛門、為現世安穏也、大工藤原九郎左衛門孝次トアリ、

寛永四年四月十四日、森忠政養母没す、翌年十月十四日、霊屋建立す、

棟札

元和十年三月六日　　鰐口于今有

寛永四丁卯四月十四日、生光院殿逝去、同五年ニ霊屋御建立、

棟札板竪二尺四寸六分、横四寸六分也、

　御施主森美作守中将忠政

ヾ[梵字]奉建立、為生光院殿心誉祖栄大禅定尼御菩提也、

　于時寛永五年拾月十四日、大工摂州大坂住人勝右衛門

裏書ニ

誕生寺當時住持深誉（長源）上人　白敬　』

右、生光院殿御霊屋御代々葺替被仰付処也、

同又棟札之写、一枚之横板竪七寸貮分、横一尺八寸五分也、

卍[梵字]又講堂舎精堂　一行　生光院殿霊屋　一行　建立御施主　一行　森中将忠政公　一行　中臚森内記項公　一行　今臚森（忠光）伯耆守公　一行　于時延宝六戊午年　一行　仲秋吉日　一行

作吏奉行舟越四郎左衛門　一行　當時住持精誉（壽徳）　敬白

又棟札一枚打添置写表ニ、

ヾ大経曰、講堂精舎云云一行　生光院殿心誉祖栄大禅定尼　一行』御霊屋葺替　一行　惟時元禄七甲戌歳初冬中旬　一行　森美作守長成被仰付畢　一行　時之寺社奉行

取次頭書　奥田平左衛門尉　一行　奉行人御足軽小頭　葺師津山弥右衛門　一行

栃社山浄土院
誕生寺中興　圓蓮社通誉上人連阿（学琛）大和尚　敬白

同裏書ニ、

生光院殿の念持佛、同霊屋本尊となす、

右生光院殿者原田備中守（行佐）之御室　一行　當國太守森三位左中将忠政公之依為　一
行　御養母　寛永四丁卯天四月十四日逝去』之翌戊辰年　一行　従摂州大坂番匠被
召寄御霊屋一行　御建立在之、則生光院殿所持之御本尊　一行　立像之弥陀如来
一躰并位牌被為立置、因茲　一行　太守公御代々御葺替被仰付所也、一行

森家代々霊屋葺替

森中将忠政公御建立　寛永五戊辰十月十四日　西蓮社深誉（長源）上人代
森内記長継公　上葺　心蓮社願誉（寿笛）上人代
森伯耆守忠光公　上葺　延宝六戊午歳仲秋　進蓮社精誉（寿徳）上人代』
森美作守長成公　上葺　元禄七甲戌初冬中旬　圓蓮社通誉上人代
連阿一求学粲　判

寛永十一年十一月洪鐘を鋳る、

寛永十一年甲戌霜月下旬洪鐘鑄　深誉上人代　記銘別紙書
慶安元年稲岡（久米南町）観音再興

三、櫔社山浄土院誕生寺略記　（元禄九年）

稲岡観音
知西道心、奉加により二十五菩薩・練供養本尊を再造像す、

寛永寺護国院（台東区上野）の助力あり、同院僧正垪《はが》和の生れ、法然上人の類家なり、江戸衆、華蘊二対寄進す、

知西、観音像・華蘊二対を上野護国院に移す、

稲岡観音ハ元ト荒神ノフモトニ堂アリ、尓ルニ堂本尊共ニ及破壊、其節雲州ノ者ニテ、但馬國金山師、後ニ發心〆知西ト号ス、彼道心者當寺へ来リ、』當國近國ヲ奉加シテ、位牌堂ニ御座ス廿五井ヲ造立シ、并練供養之本尊阿弥陀堂之大如来再興ス、其後観音ノ御クシ計リヲ武州へ守リ下シ、東叡山ノ護国院僧正（台東区上野公園）護国院僧正ハ、當國垪和村之出生ニテ、元祖上人之類家也、ヲ頼ミ再興ス、其時江戸衆観音前エ華蘊四流寄附、其華蘊于今アリ、

華蘊壹對ニ　南無阿弥陀佛　慶安元年　光誉浄雲
　　　　　　極月十八日　専誉清運
裏ニ美作州楢（栃カ）社奉寄進
　誕生寺什物

同壹對　南無阿弥陀佛　慶安元年　光誉浄雲
　　　　極月十八日　専誉清運
裏ニ奉寄進美作州楢（栃カ）社誕生寺観世音
　什物トアリ、』

知西、観世音并華蘊四流ヲ持チ皈ル、稲岡観音屋敷田トナリ、杉木一本印ニアリ、依之誕生寺内佛壇御安座候ヲ、今御影堂脇佛壇ニスエ奉ル、華蘊同御影前ニ掛テアリ、知西還テ後チ観音之御身ヲ江戸護国院へ遣ス、僧正御クシヲ作リ足サセ、東叡山（通誉学璨）護国院ニ稲岡ノ観立（音カ）トテイマスヲ、増上寺大僧正貞誉（了也、第卅二世）上人御拝被成由、予ニ御物語被遊、

従慶安元戊子年、至元禄九子年四十九年也、

慶安四年八月一日、第十二世長源八十九歳にて没す、

慶安四辛卯年八月朔日申剋深誉(長源)遷化、』

第十二世長源履歴

二十歳にして大巌寺入寺、宗貞の弟子、三十三歳関東再還、三十五歳入寺す、

當寺第十二世西蓮社深誉正上人(脱アラン)長源大和尚ト可書也、

深誉上人ハ(衍)者、永禄六癸亥年ノ生レ、天正十壬午年廿歳ニテ、誕生寺エ入寺、天正廿壬辰年文禄ト改元ス三十歳之時、師匠空山宗貞法印ニ後レ、元和三丁巳年五十三歳之時擣鐘ヲ建立シ、元和八壬戌年六十歳ニテ綸旨頂戴、慶安四辛卯年八十九歳ニテ遷化也、

従慶安四年、至元禄九子年マテ四十六年也、

第十三世願誉寿笛履歴

當寺第十三世心蓮社願誉上人念阿壽笛大和尚ト可書也、

願誉上人者、元和元乙卯年ノ生、元和七辛酉年七歳ニテ誕生寺エ入寺、寛永四丁卯年十三歳ニテ剃髪成深誉弟子、寛永十六己卯年廿五歳ニテ』関東エ下リ、生實大巌寺エ入寺、正保二乙酉修学七年目、世壽三十一歳ニテ綸旨頂戴、添状増上寺業誉上人(還無、第廿一世)、正保四丁亥年三十三歳之時再還、慶安二己丑年皈國、三十五歳ニテ入院、慶安四辛卯三十七歳ニテ師匠深誉ニ後レ、延宝三乙卯年六十一歳ニテ隠居、元禄二己巳年七十六歳ニテ弟子精誉(壽徳)ニ別ル、

江戸番町より参詣、法華経施入あり、

神尾宗休・元勝、法華経施入す、
神尾氏、家康妻妾阿茶局の末葉なり、

寛文十年十一月、精誉寿徳綸旨受く、

元禄元年十一月、森長成寺領五十石余寄進す、

寛文十二壬子年五月八日、施主江戸番町櫻素顕持参詣
奉納法華経壹部八巻、誕生寺影前為妙良信女三十三回忌大丼也、
子ノ十月十六日ニアタル、

寛文三癸卯年
奉納法花経八軸壹箱、為照誉浄光信士五十回忌追善也、　神尾宗休　藤原元勝
四月廿六日
』

寛文十庚戌年十一月廿八日精誉（寿徳）上人綸旨頂戴、小石川傳通院相續傳通院宗閑和尚
之代、増上寺森誉（歴天・第廿六世）上人、知恩院知鑑（玄誉・第卅七世）上人之御代也、

元禄元年戊辰十一月之折紙
為当寺領高五拾　一行　壹石餘敷地并　一行　山林共任先規令　一行　寄附之訖、全不
有相違者也、
元禄元十一月朔　長成（津山森氏第四代）　判
誕生寺

清閑

第十四世精誉寿徳履歴

寿徳、元禄三年九月五十一歳にて没す、

元禄元年、森長政鐘楼堂建立す、

同二年弥陀堂建立、御影堂の内陣を使ふ、

神尾元勝十七回忌につき、三部経施入す、

奉納大乗妙典六十六部之内　現世安穏　清閑敬白　寛文九季酉霜月吉日　一部一』
後生善所　巻筒入、

元禄三庚午年

當寺第十四世進蓮社精誉上人壽徳大和尚ト可書歟、

九月十一日

精誉和尚ハ、寛文(永ナラン)十七庚辰年ノ生レ、明暦、(二字衍カ)寛文十庚戌年十一月廿八日三十一歳ニテ綸旨頂戴、延宝三乙卯年三十六歳ニテ入院、前後十六年在住、元禄三庚卯(午)年九月十一日朝、五十一歳ニテ遷化、

鐘樓堂元禄元年、関備前守長政公御建立、

弥陀堂元禄二年建立、永禄年中光天祐玉和尚御影堂建立之時ノ』内陣也、時之取持御郡奉行林太左衛門殿助力、露盤ハ通誉(学璨)置之、

當亡父神尾備前守元勝、法名大誉宗休居士十七回忌、印写三部経納之、六十六個國各一所仰冀依此経薫力令成菩提、

神尾元珍

天和三癸亥歳四月廿五日、従五位下行（衍ナラン）若狭守藤原朝臣元珎（珍） 已上、

深川正源寺（江東区永代）乗蓮、経典施入す、

元禄五年

奉納大乗妙典一部誕生寺御影□（脱アラン）願主江戸深川正源寺乗蓮

六月十四日　　白敬

』

神尾元清、三部経施入す、

元禄五壬申

奉納三部経壹部為考妣　孝子

仲呂（四月）廿五日　神尾氏元清通誉代　箱入、

深達罪福相　偏照於十方　微妙浄法身　具相三十二　以八十種好　用荘厳法身

天人所戴仰　龍神咸恭敬　一切衆生類　無不宗奉者　又聞成菩提　唯佛當證知

我闡大乗教　度脱苦衆生　為二親菩提

油紙ニ書之　　施主松壽院風巖智光大姉

心経奥書

心経一巻奥書ニ、

神尾元清主、欲追嚴帖恃覚霊報土被印寫、浄土三部経六十六部、而分附扶桑毎州練若也、我等願憑、茲善縁添入心経一部、於其』毎函、而資助我道西・妙爾二霊冥福幸辱主之許可、謹以伸卑孝也、仰冀依此功力速度苦海、乗船若船長開迷霊踞涅槃岸矣、

元禄壬申(五年)初夏廿五烏　英中

三

英房

元和四年六月、森重政二十六歳にて没す、

聞傳記第五御幼少之御名を御竹摺(マヽ)ト云、(この一行、書込み後筆なり)

森大膳大夫重政卿、元和四戊午年六月五日ニ、御行年廿六歳ニテ重政卿御逝去、号瑞應院殿前光禄桂林俊芳大禅定門、御葬地所ハ苫南郡香々美(現、鏡野)』真經村原谷口槙尾町ニ御墓、印 柊《ヒサヽキ》 植ヲ有リ、重政卿御病気ニ付、御皈國時ヨリ誕生寺へ御入御養生、

秦氏

『新撰姓氏録』引用

(　)内、文化九年浪華加賀屋発行版の同書と校合す、

秦氏、諸郡に分置く、

秦氏

新撰姓氏録下本 丁付百九 天孫第三帙　左京諸番上ノ處、

漢太秦公、宿祢

秦ノ始皇帝三世孝武之後也、男功満王仲哀ノ八年ニ来朝、男融通王一曰ニ弓月王一ト 應神天皇十四年ニ来朝ス、率メ二二十七縣ノ百姓ヲ一帰化《ヲモムケリ》、献スニ金銀玉帛等ノ物ヲ仁徳天皇御世ニ一、以テ二二百七十(百二十七)縣〱秦氏ヲ一、分ケ二置キ諸郡ニ一、即チ使メレ養

絹織て貢す、

ハレ蚕ヲ、織テレ絹ヲ貢ル之、天皇』詔メ曰、秦王ノ所レ献ル絲綿絹、朕服用ルニ柔軟温煖如次登、召スニ志公秦公ノ酒ヲ一、雄略天皇ノ御世ニ絲綿帛悉ク積テ如レ岳ノ、天皇喜玉テ之賜ニ禹都萬佐《ウツマサ》ヲ一、已上（コノ二字ナシ）、

同下本　廿五巻丁付 百三十丁　山城国諸番

漢秦忌寸《イミキ》

（大）太秦公ノ宿祢ノ同祖、秦始皇帝之後也、物智（王）弓月《ツユキ》王誉田《トンタ》天皇諡ハ應神十四年（来朝）上リレ表ヲ、更《マタ》帰テレ国ニ率メニ二十七（百二十七）縣ノ狛《コマノ》姓ヲ一皈化《ヲモムケリ》、并ニ献ニ金銀玉帛種々《キヌクサ》ノ宝ノ物等ヲ一、天皇嘉玉テ之賜ニ大和ノ朝津《アサツ》間腋上《ヤキノカンノ》地ヲ一居之焉男、（真）直徳王次普洞王ノ古記ニ曰ク、浦東君鷦鷯《サヽキ》ノ天皇諡仁徳御世ニ賜リテレ姓ヲ曰ニ波陀《ハダ》ト一、今ノ秦ノ字ノ訓也、次ハ雲師王次武良王ノ普洞王男、秦公ノ酒大泊瀬《サケヲホハツセ》稚武ノ天皇、諡ハ雄略ノ御世ニ秦稱普《ナハ》洞王、時ニ秦氏惋テ被ニレ却ケ畧ホ一、今見在ノ者十ニ不レ在レ一ヲ、請ニ遣勅使ヲ一検ヘ括リ招キ』集メント天皇遣ス使ヲ、小子部《チイサコ》ノ雷率メニ大隅阿多《アタ》ノ隼人等ヲ一、捜括鳩《キウ》集得テニ秦氏九十二部一萬八千六百七十人ヲ一遂ニ賜フニ於酒《サケ》ヲ一、爰ニ率テニ秦氏ヲ一養レ蚕ヲ織レ絹ヲ盛《イル》ニ諸ノ闕タル貢進ヿ如クレ丘ノ如レ山積畜ヲ、朝庭《ミカド》天皇嘉玉テ之（ヒ）特トニ降ニ寵命リヲ一賜テレ号ヲ曰ニ禹都《ウツ》萬佐ト一、是レ盈《ミ》積テ有ノニ利益一之義ナリ、役セテニ諸ノ秦氏一構テニ八丈《ヤツエ》大ノ蔵ヲ於宮側《ミアラカノ》ニ一納ニ其ノ貢物ヲ一故ニ名ヲニ其地ヲ一、曰ニ長谷《ハツセ》朝サ倉ノ宮ト一、是ノ時ニ始テ置ニ大蔵宮員ヲ一、以ヲレ酒ヲ為ニ

天平二十年

長宮《ツカサト》秦氏等カ一祖子孫、或ハ就二君住《キミトコロニ》一、或ハ依テ二行シ事《ワサニ》一別ニ為二数腹《ヤマタノハラト》一、天平二十年在二京畿《ミヤコニ》一者咸ク改賜二伊義吉《イキシノ》姓ヲ一、已上文

江戸宇田川神戸屋、舎利堂・舎利寄進す、

一、元禄十一年寅ノ極月、在江戸之節、武州宇田川町（港区）神戸屋七兵衛尉舎利堂三方扉ニ四天王ヲ番ク并白色之舎利一粒寄附、取次備中屋惣兵衛也、戒名添来ル、』

元禄十二年九月、新知行五十石安堵さる、増上寺役者同道

一、元禄十二夘年閏九月廿六日、寺社御奉行於永井伊賀守（直敬）殿宅、井上大和守（正岑）殿与御兩人ニ而新知五拾石被仰付、増上寺大僧正貞誉了也（第卅二世）上人之御役者見超和尚同道ニテ出御請申上ル、

十月十五日、御礼の登城、寺社奉行三人、取持増上寺役者見超なり、

一、同十月十五日、御本丸へ御礼ニ登城ス、獻上物壹束壱本於御城書院、香衣檀林同格式ニ御目見江申上ル、寺社御奉行永井伊賀守殿、阿部飛騨守（正喬）殿、青山播磨守（幸督）殿両三人、御取物（持）増上寺白玄（詮譽、第卅三世）上人之御代、役者見超和尚同道ニテ登城ス、

御礼、江戸城三の丸

献上物

一、同月廿三日、三之御丸様江御礼申上ル、献上物壹束壹本御水引千把箱入、并ニ福井殿、御龍殿、御貞殿、御かち殿へ水引弐百把宛、御比丘尼栄讃、清山、空知、理清四人へ鼻紙小杉三束宛、御菊殿へ大師（法然上人）彩色御影表具〆壹幅、御貞殿ノ清山へ明衣壹金百疋、さくら殿へ小杉弐束遣フ、御料理茶御菓子イタ、ク、』

拝領物

拝領物

結城弘経寺、尊光の名号寄進す、

鐘鼓

練供養二十五菩薩の面、地蔵面等寄進あり、

元禄十二年十二月、境内地免除地に、毘沙門天福引許可あり、

浄土三部経神尾元賢施入す、

神尾氏、三部経施入す、

年礼、江戸城三の丸

年礼、誕生寺ほか十二カ寺

一、白銀五枚　一、ツミ綿五把　一、加賀羽二重三疋　一、段子壹巻シユチン一巻　一、紅ウコンノ縐紗三巻　御貞様ゟ頭巾一　襟巻一　御菊様ゟ金百疋

御比丘尼衆四人ゟ金弐百疋

一、知門尊光様(知恩院宮第二世、延宝八年一月六日没)御筆弥陀三尊之御名号、結城(結城市)弘経寺方丈長巖上人(第二十一世、辨誉長岩)ゟ寄附也、裏書有之

一、鐘鼓一ツ甚左衛門町了清尼給ル、

一、元禄十二夘極月朔日、谷中之空無并善光寺両施主ニテ練供養之廿五井面地蔵面共ニ廿六并装束少添へ寄附、

一、同年極月九日、寺社御奉行阿部飛騨守(正喬)殿宅江御内寄合之時、永井伊賀守(直敬)殿仰渡、誕生寺境内御免除地ニ被仰付、并毘沙門天福引御聞濟有之、

一、意趣書、欽奉納浄土三部経四軸、右為亾祖考従五位前若州刺史、済禅院殿直誉要徹紹元大居士十有三回忌追善、寄附之于諸梵刹焉、于時元禄十二年己卯之冬十一月廾日、孝孫神尾氏元賢拝書、』

一、同年極月、神尾氏(広定)三部経壹被納、於江戸院納ス、同心経一巻添来ル、

一、元禄十三辰正月十七日、三之御丸様へ御年申上ル、獻上物壹束一本并福井殿、御龍殿、御貞殿へ水引二百把、金小ホンホリ二本宛、御比丘尼衆四人へ小杉三束ツヽ、

同日御年礼之衆

大巌寺祐天

二汁七菜

一汁五菜

拝領物

寺領所柳沢保明へ口上書出す、

願の通り寺領地仰付らる、

増上寺白玄上人(詮誉、第卅三世)ヨリ御使僧、役者見超和尚、浅草誓願寺龍岳和尚、役者一人、伴僧一人、生實大巌寺祐天和尚(第十五世、顕誉)、役者一人、伴僧一人、浅草安養寺、伴僧一人、誕生寺通誉(学璨)、伴僧一人、浅草正覚寺、誓願寺寺家花楽院、以上十三人、

一、御雑煮　一、二汁七菜并香物御料理塗木具、御酒并名酒、御吸物、御茶、御菓子、

一、壱汁五菜、御料理香物、御酒并名酒菊構、御吸物一後段ケイラン、御茶御菓子出ス、

一、御庭拝見ス、』

拝領物

一、縐紗三巻内二巻浅黄、一巻白　一、伴僧青銅弐百疋　一、さくら殿ゟ金百疋、頭巾一給ル、

同十八日朝、福井様、御龍様、御貞様、さくら様へ御斎上ル、

一、元禄十三辰正月廿八日八時、寺領所柳沢出羽守(保明)殿江以口上書願上ル、取次依田十助殿、

一、同二月四日四半時、於永井伊賀守(直敬)殿宅寺領場所願之通被仰付、同道増上寺役者見超和尚御礼廻所、

御老中　秋元但馬守(喬知)様』

御出頭　柳沢出羽守様　松平右京大夫様（輝貞）
寺社御奉〔行〕　永井伊賀守様　青山播磨守様（幸督）　阿部飛騨守様（正喬）　松平志摩守様（重頼）
増上寺方丈白玄上人様（詮誉、第卅三世）　御隠居大僧正貞誉了也上人様（第卅二世）　浅草誓願寺龍岳上人
生實大巌寺祐天上人
御城（脱文アラン）」

岌州太翁
京都知恩寺第三十世、同塔頭養春院開基、誕生寺第八世
御影堂造営に、諸国を勧進す、七十五歳、天正二十年十月没す、

智（知）恩寺三十世團蓮社岌州大（太カ）翁上人、自石州（極楽寺）住職、奥州（会津・野沢村）ノ産、於聖徳寺落髪授戒求法之、初遊歴東関、鑚仰累日究二一宗ノ淵源ヲ一、知行抜群、王城振レ化ヲ摂レ物利スレ生ヲ、天正中為二御影堂之造営勧化ノ一、下向二諸國ニ一伽藍建立碎キレ、骨ヲ報謝不レ浅、天正廿年十月十四日午刻六十八歳寂、知恩寺塔頭養春院ノ開基也、

津山遺迎院涅槃寺（後、泰安寺）信阿、元禄十四年（一七〇一）二月没す、
誕生寺通誉の門弟なり、
涅槃寺、元文四年（一七三九）泰安寺と改む、

呈相蓮社傳誉上人信阿大和尚
仲秋三五涅槃日　独示無常還本家　貴賤流洟群寺裏　奇哉化道洹河沙
二月廿日　術誉直至　拝

呈傳誉和尚碑前頌云、
傳老翁涅槃示相　挙死無常更難量　和水花香墳墓下　尚轉迷開悟去行
カネテユク道トハ　タレモシラ雲ノ　消ヘテノ後ノ名コソノコラン　傳ヘケン

誉テカエル子ハン哉

巳ノ仲春日　　　　　　　　　　即直 拝 』

作州津山覺王山遺迎院涅槃寺第六世中興相蓮社傳誉上人信阿祖璨大和尚、元禄十四辛巳春二月十五日入寂、世壽七十五歳

辞世

八旬ヲ霜テ稽テ棲二塵埃ニ一　屢々入鄽垂手ノ往来シ
多少ノ精霊ヲ導ク二安養ニ一　二尊迎摂メ信蓮開
吾情蹉跎タリ化縁盡ス　裝《カカツテ》二錦、衣ヲ一欲ス二古郷ヘ廻ラント一
曠却ノ嘉慶出離ヲ遂ク　直ニ宜クレ生二上品ノ金臺ニ一

追善　順誉
傳ヘケリ思ヒノマヽ
ニ古里ヘカエル誉ヲ
アトニ残サン

同　盛誉
アツサ弓ヒキワカレ
行親ト子ノ名残ノ鏡
ニ涙打ソフ

辞世

哥　二首

アルナキヲハナレテカエルフルサトエイタリテミレハモトノ目ツラゾ
ハルカナル西ヲ目當テノアヅチニハナムアミダブツハヅレ矢ハナシ 』

愚老往生無疑決定成佛之趣ヲ為知二ラセンカ弟子中ニ一、結テ二偈頌一ヲ尓云傳誉

弥陀ノ弘誓重ク無レ譬ヘ　称スレハ二十聲一滅スル二無數罪ヲ一

捨ラン二此穢身ヲ一成ル二法性ト一　如二諸蛇一脱メ皮ヲ楽テ遊フカ

六通具足メ廻ル二偏界ヲ一　摩尼無メレ思ヒ雨メレ宝ヲ勤メ

他方十方供養佛　弥陀現ニ在メ常ニ説法ニテ

諸上善人ノ入リ二會數ニ一　日々佛果令二増進一

歌

ケガレタル此身ヲステ、法リノ身トナリテ思ヒノマ、ニタノシム

追善　今町　三田屋久兵衛

大善知識涅槃寺ノ御老師（信阿）、衣更着十五日、シカモネハンニ相叶消サセ給フコソ、多ノ人々有カタク思ヒ、称名ノ声ヘ四方ニクワダツキ、予ハ常ノ御示ニアヒ奉ル縁フカケレハ、カシコクモ誹諧ノ一句ヲ佛前ニ』サ、ケ退テ、涙ノ鼻ヲ捶ヌ、　茎タチノ青ミモフカシ霊供哉、

追善　市場武兵衛

生レタル十万億ノ土ヲ越ヘテ至ルモ夢ノ今日ノ明ケホノ

同　市場茂右衛門

立チ帰ル道モマヨワズ傳ヘヲク法リノ誉レノ名コソナツカシ

同

辛巳（元禄十四年）二月十五日傳誉（信阿）尊師御逝去追善　和田屋彦兵衛

檀《マコト》ヲバ阿カラサマニテ入リ給フ涅ガフ余珠ノ槃キカス〳〵

カネテシルカクコソアラメ望月ノ涅槃ノ雲モニカクルベシトハ

　　後悔弟子　心誉道意

傳ヘテシ誉ヲ我レハウクレトモ信トナキ身ヲ阿ワレミタマヘ

浅カラズ師トナリ弟子トナルコトワ後ノ世カケテ猶ヤタノマン

我カ師、信阿弥陀佛心地悩シケレハ、御佛ノ大般涅槃ノ日ヲウラヤマシク思ヒ

給テ、而辛巳春二月十五日ノ明ボノニ、安養ノ古郷無為ノ都ヘカエリ給ヘバ、

釈迦モケフ我ガ師モ同シ般涅槃三チトセカケテ袖ヌラスナリ

』

久米郡下神目村薬王山豊楽寺（真言宗、ぶらくじ）ノ古過去帳写

赤松上野守則實（応永三十三年九月六日没）季省宗勤大禅定門

山名正壽院殿

為家臣菅左近将監漆家俊　同菅豊前守法名默翁保永庵主

漆家泰　秦義綱　原田左衛門トアリ、已上、

』

下神目（建部町）豊楽寺
古過去帳
〈赤松氏〉
中世、播磨の豪族、則村が足利尊氏に属し、新田義貞との戦いに勝利し守護になる、その後、備前・美作の守護になる、漆家泰、秦義綱

〈仕置衆〉
戦国期には主に軍事的な支配や秩序の維持であった、江戸期には、幕府や支配者の権力作用である仕置きの中、刑罰とその執行が中心

近習
江戸聞番
江戸留守居

宗旨奉行
寺社奉行

仕置衆

元禄四未ノ九月十一日仰付、　山口彦右衛門
元禄六酉二月廿九日仰付、　奥田江兵衛
貞享四夘六月十二日仰付、　玉置仁左衛門
元禄九子七月十九日　大洞十太右衛　伯耆守長武　對馬長後　大蔵長治

近習	江戸聞番	江戸留主居
大間十太兵衛	伴弥八兵衛	稲川久左兵衛
藤井頼左衛門	荒野小右衛門	長井甚左衛門
橋本藤左衛門	奥田平左衛門	斎藤為右衛門
石川文右衛門	福地清兵衛	

宗旨奉行	寺社奉行
奥田勘左衛門	池田安左衛門
田中弥兵衛	田中傳内

生光院殿御守
瑞應院殿御守（富田久右衛門
二階堂条内
齊木清左衛門）』

生光院殿、津山藩主森忠政の養母なり、瑞應院殿、忠政の長子大坂両陣に徳川方として出陣するも、陣中病気にて帰郷、元和四年六月五日没す、

地蔵像造立趣意書
本所回向院、京都長楽寺出開帳
開帳のおり、記名せし法名等の紙にて張子の地蔵をつくり彩色を施す、

地蔵尊功徳を述ぶ、

張子地蔵下板意趣書写

奉造立所ノ六道大導師地蔵大士張子ノ尊容者、元禄六癸酉歳春秋當山ノ本尊圓光（法然上人）大師、尊影、江戸本所（墨田区）回向院ト、與ニ京都東山長楽寺一、於于両所令開帳之節、参詣ノ貴賤群集男女志之戒名ヲ以テ御手絲付、又者御影前所レ備供物ニ寄附物添来之、法名悉取集當尊造二作メ土形ヲ一、而令造二立張子尊容一、調二備メ彩色持物座光等ヲ一、而奉レ安二置當山一者也、伏願者諸人志之萬霊近ハ預大師御利益、遠ハ蒙二菩薩ノ救護一、六道居在ノ諸聖霊自業自得ノ離二感報ヲ一令得二』同一平等佛果菩提一、若夫散失残碑之聖霊有之云共、不散不失徹二于願心一、令レ得二永離身心悩受楽常無間ノ歓楽ヲ一矣、

　一切聖霊生極楽　上品蓮臺成正覚
　菩提行願不退転　引導三有及法界

重乞造立尊像依二功徳一、尺未来際遁二火災一、殊ニハ一山僧徒焼香結縁諸聖霊、

棟札

令㆓安養世界引接㆒、南無六道大導師地蔵大菩薩助給救給、
慈父西岸院荷縁道教居士
南無阿弥陀佛三界萬霊六親眷属七世父母有無縁等
悲母西栖院教誉妙壽法尼』
于時元禄十丁丑歳極月念四日
栃社山浄土院誕生寺住持中興
円蓮社通誉上人連阿学璨一求大和尚　敬白　以上写、

三、欟社山浄土院誕生寺略記　（元禄九年）

誕生椋正観音施主ありて佛師、観音像を刻す、

元禄十一年九月、江戸大火のおり焼残る、

一、此誕生椋正観音、元禄六酉年元祖之御影、於江戸本所廻(回)向院令開帳之砌、予通(通誉)、旦那江戸甘正左衛門町(台東区)佐脇七郎衛門、法名清誉浄源士、室法名浄誉了清女、御影移ラセ給、同木ノ椋ニテ堀江町(中央区)ノ佛師新作ト云ニ、為作開帳ノ内七日間、大師ノ御厨子ノ内安置〆、予(通誉学璨)開眼ス、念頃ロニ奉拝、了清信女ニ渡ス、其後船町(新宿区)榎本三九郎手代勘兵衛所望ス、依之附属、勘兵衛信仰不浅処ニ、元禄十一寅九月六日南鍋町(中央区)ョリ出火〆、江戸三分二焼失ス、其時榎本道具手代小者本尊等數多土蔵ニ入置、其蔵火入蔵内不残焼失ス、唯此観音ノミ一躰為残給フ、町内奇異思ヲナシ、万㕝ヲ指置テ観世音ヲ拝ス、然後勘兵衛了清ニ預置、予又元禄十四辛巳春御朱印頂戴ノ御礼ニ江府下向後、物語ヲ聞、此観音ヲ拝ス、依之末代迠誕生寺ニ留置

誕生寺に安置す、

申タメニ所望ソ、當山ニ留置故カ（衍カ）、不可存疎略者也、南無大慈大悲正観世音菩

薩　毘沙門天福呪、

』

四、明見變治（元禄九年）

（表紙）

明見變治

（元禄九年）

（折本　縦二九、五糎×横一二糎）

上書ニ、永禄十二年己巳三月廿六日午剋、棟之祝言畢、

作州久米南条稲岡北庄誕生寺上人堂建立奉加帳之叓、

永禄十二年己巳三月二十六日庚午午時

本願、當寺住持比兵（丘）光天祐玉和上

願主、原田参河守菅原朝臣貞佐

」

永禄十二年三月二十六日、上人堂棟上す、現在、御影堂といふ、永禄の大普請未成就、天正四年に完成す、

上人堂建立奉加帳

第七世光天祐玉

願主、領主原田貞佐

倭文《しとり》庄
貞佐十貫文施入す、

施入十貫文　當國倭文庄(久米町)為仲四郎次郎、婦夫貞佐志
乗馬一疋貞佐嫡子尚佐、施入也

高野山集阿弥

柱一本壹貫百文　高野山集阿弥　』

原田一族

柱一本壹貫貳百文　原田蔵人佐
柱一本壹貫貳百文　(美咲町)原田次郎左衛門尉

池上

柱一本壹貫貳百文　(同)池上宗左衛門尉
柱一本壹貫貳百文　于今棟小札アリ、池上助兵衛尉

延吉

柱一本壹貫貳百文　(同)延吉新五郎　』
壹貫貳百文　同母
壹貫貳百文　棟札アリ、延吉弥次郎
壹貫貳百文　(久米町)是里与五郎

菊丸

壹貫貳百文　(同)菊丸二郎四郎
壹貫貳百文　同女　』
壹貫貳百文　為二親、棟札ニ有リ、(同)菊丸五郎三郎
壹貫貳百文　菊丸五郎三郎女ト棟札ニアリ、　同女
壹貫貳百文　桜与四郎
壹貫貳百文　棟札アリ、(美咲町)西幸与二郎

高穂
鍛冶
南庄衆
河元
光延
金次
為則
光明院
大将軍、特定できず、
年代録

壹貫貳百文　　原田下男金右衛門（美咲町）』
壹貫貳百文　高穂三郎右衛門ト棟札ニアリ、　三《高穂》郎右衛門尉
壹貫貳百文　為二親鍛冶九郎右衛門ト棟札ニアリ、　九《かち》郎右衛門尉
南庄衆
壹貫貳百文　河元五郎左衛門ト棟札ニアリ、　河元五郎左衛門尉
壹貫貳百文　南庄（久米南町）之光延ト云棟札アリ、　光延』
六百文　金次助左衛門
六百文　柱一本六百文、宇立ノ道祐ト斗リ棟札ニアリ、　同為宇立道祐
六百文　為則吉道祖徳
貳貫文　光明院周栄
六百文　金次ノ太郎左衛門』
杉木二本大将軍〆金次土居ニテ給之、
私云、何ニノ大将軍ト無之故、姓氏難弁、永禄年中ハ人王百七代正親町院治天也、永禄八乙丑年ヨリ、同十一戊辰年マテ四年ノ間ニ義輝・義栄《マサ》・義昭《アキ》之三将軍有之故、年代録ニ云、永禄八乙丑将軍義輝為三好遭害ニ、同九年丙寅義栄任将軍、十一年戊辰義昭任征夷将軍、已上文、右三将軍之内施入之大将軍後住札之、

浦上秀盛　十貫文　為浦上左馬亮秀盛息御施入、』
百々　柱一本壹貫貳百文　百々　九郎右衛門尉
木知原　壹貫貳百文　木知原ノ　新兵衛尉後家
壹貫貳百文　同所　次郎兵衛尉
東土居　壹貫貳百文　東土居ノ　与三兵衛尉
弓削《ゆげ》庄衆　弓削庄衆（久米南町）』
難波　参貫文　難波十郎左衛門尉
小城　壹貫貳百文　柱一本壹貫貳百文、小城二郎左衛門と棟札アリ、　小城ノ二郎左衛門尉
塩の内　壹貫貳百文　塩ノ内（久米南町）　新兵衛女
壹貫貳百文　延真世々　妙春女
垪和《はが》庄衆　垪和庄衆（美咲町）』
氏平　壹貫貳百文　氏平　与三郎
壹貫貳百文　ソホノ　後家
新蔵坊　壹貫貳百文　新蔵坊宥乗
壹貫貳百文　同坊守妙性
打穴《うたの》庄衆　打穴庄衆（美咲町）』
重延　柱一本壹貫貳百文　打穴之重延ト棟札ニアリ、　重延

四、明見變治（元禄九年）

友任　行友　末光　高穂殿

柱一本壹貫貳百文　同女

柱一本壹貫貳百文　田ふちノ又次郎

六百文　助延与二郎

六百文　同人

六百文　助真

六百文　万禾

六百文　友任二郎三郎

六百文　宮次

六百文　高穂ノ二郎三郎

六百文　小棟札アリ、（久米南町）行友ノ左衛門二郎

六百文　（同）末光ノ左衛門四郎　又念仏鐘一丁

六百文　延吉家来吉祥

六百文　（久米南町）成宗

六百文　柱一本六百文高穂殿ト棟札アリ、高穂殿

参貫文 米壹駄　為道圓妙圓　座頭城靍 月船清名

清光禅定門為ニ　同人志也、

引馬

棟之引馬卅六疋、上着五ツ、
十一貫　絹二疋　帯三ハタ　布廿五　麻三〆　糸六十四ヒロ、取ツホノカメ二ツ着物
ニテツ、ム　厚紙三帖　為薮之樽十二新樽也、餅八百此内三百ハナケモチ也、」

大工二千五百人
おか引五百人
杣(そま)八百人
七十八貫四百文

大工数以上棟上迠ニ貳千五百人斗也、おか引以上五百人斗也、杣方八百人斗、人
足数不知也、
以上入目任文之有前、私云、有前之鳥目七拾八貫四百文也、」

永禄五年八月起工、八年後の棟上なり、

　永禄五年壬戌八月廿二日ヨリ始之、私百疋
私云、従永禄五壬戌年、至同十二己巳年八年目ニ棟上ケ也、

永禄の記録を書写す、元禄期には御影堂といふ、

右写本者、永禄之記録并願誉(寿笛)重書之二巻ヲ以テ重而書写之、中段之小書者棟
札有之故、印置者也、小札写本共ニアリ、小札ハ御影〔堂〕天井ニ揚ヶ置、
二(冊)札之写本ハ什物箱ニアリ、」

大工新左衛門

大工新左衛門、戒名生善禅定門
右志者為匠師道音并父浄音、母妙泉各菩提也、

五百人工の寄進

奉寄進番匠之員数及五百人處也、當寺大工新左衛門藤原秀家　敬白、」
　天正〆丙子年四月七日

新左衛門伝歴

當寺大工新左衛門由来、傳説ニ云、其先祖ハ京都ノ者ニテ、西三条殿之工匠

京都、西三条の工匠なり、
配流
代々漆家の大工なり、
城の御所
天正の棟札、誕生寺の大工とあり、
棟札裏書に血脈書あり、
誕生寺血脈、浄土宗三祖良忠上人門下、藤田流の法系なり、岌翁・岌長、知恩寺の歴代、岌州、誕生寺の歴代なり、
記事内容に重複箇所あり（三二・四七頁）、
岌然、誕生寺第九世なり、

也、然ルニ式部太郎源年公陽明門ニシテ、蔵人兼高ヲコロセル咎ニヨリ、當国ニ配流セラレ玉フ、依之工匠秀家之先祖為見舞、當國ニ下リ止皈ニ京ノ思ニ居住ス、ソレ〳〵代々漆家ノ大工トナリ、其ノ末葉時國公ニ随身シテ、稲岡之内、城ノ御所ノ側ニ構居宅、故ニ『棟札ニモ當寺大工ト書ク也、今又其ノ子孫屋敷ヲ替（構カ）エ、御手洗川ノ流レ、門前ノ河端ニ居ス、今ニ當寺ノ大工ナリ、天正ノ棟札于今アリ、同板裏書ニ、前知恩寺團蓮社岌州魯耕叟トアリ、因茲百万遍之血脈鈎ヲ過去帳之抄ニテ見レハ、岌州和尚ハ、従元祖廿七代目ニ當レリ、又當山血脈板ニハ、

源空上人―弁阿上人―然阿上人―性（心）阿上人―持阿上人―持名上人―唱名上人―良薫上人―良岌上人―岌傳上人―岌光上人―岌忠上人―岌翁上人―岌長上人―岌州上人候、従元祖上人十五代目ニアタリテ、有』是當寺ノ一代也、

又血脉板之裏ニ、

右此戒者一切衆生成等正覚之直路也、

岌然　欟社山誕生寺住世旭子叟

然者授者

于時（脱文アラン）

岌州魯耕、誕生寺第八世なり、
永禄十二年の建立未成就

天正十二年三月、真影宮殿棟札

宮殿《くうでん》、原田家一族十六人の造立なり、

記事内容に重複箇所あり（四九頁）、

岌然和上ト旭子トカ同人歟、
是又一代也、』
右志者為母　禅定尼也
奉寄進當堂面（西カ）（欠字ナラン）三間櫻五郎右衛門　白敬
天正乂丙子年四月七日
同板裏書ニ、翁子頑魯叟トアリ、岌州魯耕和尚ノ叓也、同時ノ故ニ、右二枚之棟札ハ、永禄十二年己巳年ヨリ、天正四丙子年迄八八年目也、永禄之建立未成就故、天正四年マテニ、天井戸障子等令成就奉加始、永禄五戊八月ヨリ、天正四年マテハ十五年也、漸成就ス也、
上人之御宮殿建立之棟札写、』
作州久米郡稲岡之内北庄栃社山誕生寺法然上人厨子造立之御人数之叓、
原田三郎左衛門尉　百七十石　同名又三郎殿　三坂弥六殿
同名次郎左衛門殿　同名左助殿　池上蔵介殿
同名与七郎殿　同名木工亮殿　ヤフ木　屋葺殿
同名孫八郎殿　同名弥介殿　小野田吉丞殿

第十一世空山宗貞
原田貞佐履歴

肥後守
日野時益を殺す、
忠高、忠次、忠沖

赤木八右衛門殿　　馬一疋　桜三郎衛門
百石　原彦三郎殿　　布子一　卩才信女　　以上　私云、以上十六人
薮《ヤフキ》木惣左衛門ハ杉山又六祖父貮百石取、池上蔵介聟、三河守ノメイ聟也、小原（美咲町）ニ
ヤフキ新』田ト云アリ、
于時天正十二季甲申三月十五日　従天正四丙子年、同十二甲申年迠九年目ニ宮
備前國伊田宗貞本願沙門　殿出来ル也、
同　金川大工　　津嶋
空山宗貞當寺ノ一代也、
私云、原田参河守ケイ（系）圖
原田氏　家紋櫻鉢　又ハ折枝　九曜　龜甲也、
桓武天王五代後胤正五位上上総助平忠常カ五男、原田二郎《忠持》ト号ス、天喜』五年
従天喜五丁酉年、至元禄九子年マテ六百四十年ナリ、二月肥州原田ヲ立テ洛ニ上ル、同
三月下旬勅ヲ請テ、従五位下ニ収ス、肥後ノ守ニ任セラル|康平二年二月羽州杉
谷ノ城主日野時益ヲ殺ス、時益長子時安カ為メニ忠高コロサル、、忠高カ一男肥
後守忠次、康和元年二月ニ死ス、忠次カ次男備前守忠沖、寛治元年四月九日卒
ス、忠沖カ一男沖方嘉承二年左衛門尉ニ任ス、保安四年ノ二月、藤原ノ仲時ニ
メイ（命）シテ、高科師春ヲ殺ス、君是ヲトカメテ原田ヲ作州（美咲町）ノ葛虫ニヲカシム、故ニ

美作葛虫に住み原田を号す、葛虫庄を領し、稲荷山に家作、沖方、忠光、光沖、忠門、忠頼、頼奥、頼忠、忠行、忠武、忠長、貞佐と継ぐ、弘治二年三月、貞佐百石を誕生寺に寄進す、
第七世玉興、元亀元年十一月没す、

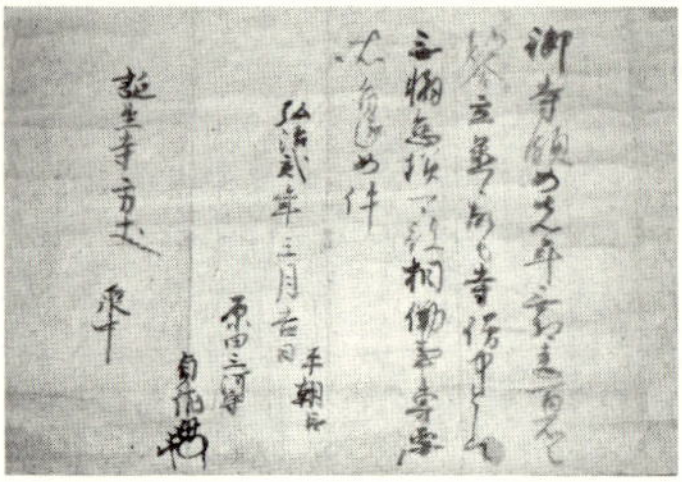

貞佐寄進状（誕生寺蔵）

コ、ロサシテ原田ト号ス、保延五（元カ）乙卯年罪ヲユルサレテ、五月作州葛虫（美咲町）ノ庄ヲタマフ、同年十一月狐山ニ家作シテ居ス也、永治元年二月死ス、』沖方子忠光、々々カ子光沖々々カ子忠門、々々カ子忠頼、々々カ子頼奥、々々カ子頼忠、々々カ忠勝、々々カ子忠平、々々カ子平正、々々カ子政頼、々々カ子子忠行、々々カ忠武、々々カ子忠長、々々カ子貞佐也、

貞佐ハ當寺之大檀那寄附状之写、堅紙、

御寺領如先年無相違、百石之都合立置候故者、寺僧中トシテ無懈怠様可致相働事専要候、右旨趣如件、

弘治貮年三月吉日　平朝臣原田三河守貞佐　判（花押）

誕生寺方丈　衆中

右寄附状于今有之、予入院之砌、見之悉破損ス、依之此寄附状ト、森内記長継公誕生椋御所望之御書ト、二通ヲ京都ニテ令表具、什物箱ニ納置之、従弘治二丙辰年、元禄五壬申年マテ、百三十七年メニ令表具畢ス、

△永禄十二己巳年為願主御影〔堂〕建立棟上ケ有リ、　従弘治二辰年、永禄十二己年マテ十四年目也、

△當寺第七世中興源蓮社玉興上人大和尚トアリ、元亀元年庚午十一月廿五日入寂、』元亀元年ハ永禄十三ノ改元ナレハ、建立本願ノ光天祐玉和尚可レ成、故ニ七世ノ

原田貞佐、墓所を誕生椋側、貞佐室五輪塔、現在、勢至堂左にあり、

原田行佐、天正廿年四月没す、

行佐息、元和七年九月没す、

弥右衛門、第十三世願誉寿笛の父なり、

中興ト書ス、若尓ラ者、玉公上人ト可レ書、玉興ト誤リ書ス歟、又若異人ナラハ暫住也、何ソ中興ト云ハン、

原田参河守貞佐、天正十四年ニ逝去、戒名

田原院前三州太守月山道源大禅定門　天正十四丙戌年十二月廿八日　墓所誕生椋ソハ芝塚ニ部ノ椋墓印也、又五輪ハ貞佐室ノ石塔、

三河守息原田三郎左衛尉行佐、天正廿年ニ逝去、戒名、

西方院岌巌宗徳大禅定門　天正廿壬辰年四月廿九日　墓所稲荷山西ノフモトニアリ、

行佐息原田弥右衛門尉

寂静院月窓浄教禅定門　元和七辛酉年九月廿九日　墓所イナリ山ニアリ、

原田弥右衛門尉高麗（文禄の役）陳（陣）ノ時、両家老口論仕出、一方被討、一方立ノキ無勢ニ成不首尾ニテ牢人也、當寺一代願誉（寿笛）上人之慈父也、

八郎ウキダ（宇喜多）ノ中納言直家中カ卆ト云、金吾中納言ハ先中ト云、天神宗景ノヿ也、

後中ハナシマ中納言、何キ播備作三國ヲ取、ナシマ中ハ三年住ス、其後家康公京都ニテ殺ス、其後中将忠政公（脱文アラン）』

鐘撞堂棟札

元和三年三月造立す、

深誉と源誉同人なり、増上寺源誉と譽号同じ故、深誉に改む、（謙譲改め）

鐘檮（擣カ）堂棟札之写、竪四尺四寸五分、横五寸九分

卍　祇園鐘有無常聲　優填鑄出滅法行

厳王得勅滅己徳　僧伽登山為楽成

夫以、洪鐘者出離生死法音速證菩提良縁也、故金口説曰、一打一聞出妙声偏至三千大世界　一行　能滅三』途極重罪及以人中諸苦厄由、此鐘聲大威力　永断一切煩悩障矣、爰以迦葉佛時者　一行　毘沙門出鑄鐘釈尊合掌即成鑄鐘云云、因茲當寺丘比（比丘也）源（長源）誉洪鐘断絶砌、遠近進道俗思々念々微志認　一行　得奉帳願力速成就四面樓閣安之云尓、仰願依此功徳伽藍安穏、而奉加善男善女并往還輩怱驚妄　一行　想夢現富（福也）要（也）得好果到安養浄刹無疑、仍供養旨趣如件、于時元和三季丁巳』三月吉日　栃社山誕生寺　源誉（深譽）敬白、　藤原朝臣久衛門季次

願誉語テ曰、深誉上人ヲ元ト源誉ト号ス、然ル増上寺源誉（存應）國師ニ同スル支ヲ恐レ、深誉ト改ス、源誉深誉同師也、深誉（衍カ）　藤原、、

四、明見變治　（元禄九年）

加茂大明神造立
合力

大工所者　彦十郎　清右衛門カ親
長三郎　三ケ市右衛ノ筋
大工所者　甚次郎　久右衛門女ノ祖父
鍛（治）治　宗十郎』

裏書ニ大工所者
彦十郎　判
甚次郎　判
鍛（治）治者　宗十郎　判

従元和三丁巳年、至元禄九丙年八十年也、』

加茂（万治元）大明神宮造立之旨趣者、
當國守護戌御歳森内記守様奉行衆中當郡者、河崎勘左エ門御下札ニテ、米御合力
有之故、當村氏子初穂多少、其上六社之氏子衆之内モ助力、山手村氏子衆助力、
何モ不残相添此宮奉成就、願者天下和順日月清明風雨以時等全シテ三家處有諸天
善神和國権者之諸神守護請盡未来際
今上皇帝及将軍家等當國守護家内等初民至詁天地人長久祈』佛神力助給、
作州久米南條北庄里方村

長源花押（写）

櫔社山誕生寺願誉（長源）（花押）
神主　大林五良右衛門
太夫　北宮作太夫
大庄屋南庄村　長右衛門
當所肝入　久右衛門
并ニ　手間衆
大工　藤原朝臣　』

于時万治二己亥天三月廿日

棟添札

元禄七年初冬、森長光、生光院殿御霊屋葺替す、生光院殿、森忠正の養母なり、柴田勝家の女

又棟添札一枚

以大経曰、講堂精舎云云、一行　生光院殿心誉祖栄大禅定尼　一行　御霊屋葺替　一行
惟時元禄七甲戌歳初冬中旬　一行　森美作守長光公被仰付畢、一行　時之寺社奉行取
次頭書奥田平左衛尉　一行　奉公人御足軽小頭　頭書　葺師津山ノ頭書　弥右衛門　一
行

櫔社山　浄土院
円蓮社通誉上人連阿大和尚　敬白　』

椋木にて釈迦如来像を作す、

美作國久米南条稲岡庄櫔社山浄土院誕生寺者、上人（法然上人）御父時國之御草創也、所以者
何トナレハ、上人御誕生之當時在リニ種々ノ霊瑞一、因茲（幡降リノ椋ノ材ニ造立

四、明見變治　（元禄九年）

〈毘首羯磨天〉帝釈天の臣にして細工物、建築を司る天神

永禄年中誕生寺焼失す、

永禄五年、再建奉加始む、

講堂精舎宮殿

合力
本覚寺西刹

寛文五年七月

一宇ヲ、（コノ〇文、行間ニアリ）号門前奉引移）内寺浄土院ノ本尊毘首羯磨天ノ作、釈迦如来ノ像ヲ椋ノ木ノ奉レ移ニ一宇ニ一、名ニ誕生寺一ト云云、然ソ後、永禄年中ニ稲焼シ及大破、依之時ノ住持光天祐玉和上、永禄五壬戌年八月廿二日ヨリ始メ奉加ヲ、同十二年己巳三月廿六日午剋棟上ス、長承二癸丑年ヨリ、永禄十二己巳年迄序四百三十七年也、王代三十三世経ル、其時ノ奉加帳写、

○其後及ニ破壊一、當國ノ住人新田又十郎尉補之、棟札之写、

又講堂精舎宮殿棟観矣、

夫以如来説法者応機而、起立塔像往生之行也、爰大施主志所之息子息男佛果菩提、不退所老父老母信心之捧檀度（徒カ）奉御影堂建立、檀主願助給、元祖法然上人願者六八之願王（主カ）誓乗浄國生、上品臺坐奉拝無量壽佛、親子倶會一處笑含、然而造立旨趣者、右主檀度（徒カ）八貫目餘給、依之従公儀松木百御寄進、昔如ニ祇樹思念一難有、并』合力之金銀米銭縄人足ホ及迠、安穏得楽住持願誉（寿笛）、同行本覚寺鄭誉西刹一蓮詫（托）生趣哉、互心地同普請令成就、門中知識達合掌叉手供敬勤給、又願者六方恒沙諸佛三界之佛法守護神祇、天下和順日月清明風雨以時天然礼儀（災厲不起カ）、全而尽未来際至リ影前念佛令修行、可遂往生浄土、竪通三界横括九居抜苦與楽云云、（脱文アラン）

于時寛文五乙巳年七月廿五日

美作國久米南條郡稲岡北庄　構社山誕生寺

津山森内記（長継）守様御家中

大施主　新田又十郎殿

備前國邑久郡山田村ニテ、

大工藤原朝臣　長三郎

長右衛門

』

裏ニ南無阿弥陀佛釋心蓮社願誉上人壽笛正

予又　三十年目ニ再興之、

写

大般若経全部　一百九十七巻ロノ上　常徳寺道（同カ）材ト一行ニアリ、

作州稲岡北庄内大谷村（里方村）薬師堂常住

永享五癸丑二月九日　従永享五年、至元禄九丙子年マテ二百六十四年也、

写

二百一巻奥書ニ、

作州稲岡北庄内大谷村薬師堂

天文十五年丙午二月八日　願主妙清

従永享五癸丑年至天文十五丙午天マテ、百十四年也、松本坊取次ハ経減少故足ノ寄進歟、

大般若経
常徳寺と同材（記事重複）
大谷村薬師堂
永享五年（一四三三）二月九日

天文十五年二月八日、妙清

本山寺（天台宗）松本坊賢覚施入なり、

天正六年五月廿六日、日蓮徒不傳、誕生寺に乱入す、

記事内容、重複あり（四七頁）

日下開山

御影堂の練供養弥陀如来を壇に置く、真影を堂庭に投ぐ、森貞佐、不傳を捕ふべく急行す、

打穴《うたの》衆、破損像繕ふ、

西山寺薬師

天正七年五月、安土宗論の同時刻、不傳の所業なり、

　　本山寺松本坊権少僧都賢覚破棄施入トアリ、

写

二百六巻奥書

　作州稲岡北之庄之内大谷村　　願主妙清

　　天文十五年丙午二春八日　薬師堂施入本山（寺脱カ）松元坊　』

写

△天正六戊寅年五月廿六日、日蓮徒不傳高札ヲ先ニ立テ、日下開山不傳上人ト書ス、當寺ニ来リ御影堂ニ入見廻ス處ニ、練供養ノ弥陀如来ノ御足無キヲ脇佛壇ニスエ置キ、須弥壇ニ御影在ス故ニ、佛壇不作法ナリトテ、御影像ヲ堂庭ニナケステ、練供養ノ本尊ヲ須弥壇ニ直ス、于時三（衍）参河〔守〕貞佐不傳来ルヲ聞、膚《ハタ》背馬ニ乗り来リ、不傳ヲ捕《トラ》エントヒシ（マヽ）ヌクヲ聞キ、南庄原田孫八郎屋敷ノウシロヲ通リ、弓削ヘ渡也、其時御影悉損躰之故、打穴之山臥、（脱文アラン）大師上戸故、彼召寄セ如右ツクロヒ立テヌ、今西山寺ノ薬師モ其山臥ノ作也、其時之次木札ニ委曲ハ書付、右ヲ須弥〔壇〕之内腰板ニ打付置ケルヲ』深誉（長源）ノ弟子嶺笛見テ、後人見之御影尊ノヒ（マヽ）ケナリトテ、火中ニ投スル願誉（壽笛）被語、不傳、翌天正七卯年五月十五日江州安土（近江八幡市浄厳院）ニテ、貞安和尚ト浄日之宗論之時、日蓮徒マケテ、上人之影像ヲナケタル同日剋ニ、於安土為信長頭ヲハ子ラル不思議、恐敷叓トテ、毎度

〈浄・日宗の宗論〉
天正七年（一五七九）安土の浄厳院において行はれた浄土・日蓮宗の論争、安土法論、安土宗論ともいはれ、信長の命により行はれた、浄土宗の勝とされたが、日蓮宗の弾圧が目的であったともいはれる、
表大門棟札

深誉老師ノ物語アリト、是又願誉毎度之物語也、又傳説ニ、不傳稲岡之荒神へ
行、在所者ニ何カト問、百姓答テ、是ゟ稲岡ノ荒神トテ、上人（法然上人）之胞（えな）ヲ祝込タル社
ナリ、在所挙テ崇敬之ス云、不傳云、其不浄之荒神立去シ、三十畜神ヲ勧請令メ
ント云ト、否ヤ、土風忽ニ吹来リ不傳懸タル脇五条ヲ虚空ニ取リ去リヌ、不傳肝
ヲ冷シ令下山ト云傳タリ、』

當寺表大門棟札写シ

當山鎮守天照大神宮　賀茂大明神　千手千眼観音大士　當寺中興次大蓮社光誉（第十六世）上人普到萬
濟判
奉建立新造表大門釈迦文殊普賢十六大阿漢尽未来際出入安穏守護所　正徳六丙申天 五月廿五甲申日
辨財天女十五童子大黒天神多門天大聖不動明王
根本棟梁藤原朝臣　山田八郎兵衛尉勝永　四十三歳
脇棟梁　同竹田長兵衛尉　廿八歳
藤田彦九兵衛尉　廿四歳
肝煎棟梁當寺大工　長谷川新左衛門通家』
施主　真誉實心大徳　正工
平井傳七郎　備前牛実　禿権六郎　小田賀治衛門』

四、明見變治（元禄九年）

棟上の人工

法界万灵曲ハ別記ス、　竹田孫右衛門　小房五郎衛門　西村中三郎
木引　北庄山手上州　二郎兵衛　長三郎
父　場誉直往道生入道佛果増進
裏南無阿弥陀佛為円蓮社通誉（学璨）上人報恩謝徳也、
母　蓮誉即往貞生信女逆修并為也、
塔頭浄土院括道叟　井上院源立叟
願主　住持光誉（万済）叟　法眷　専良　弁海
念佛庵主唯念叟　称故　蓮入

棟上之工数手前賄
一、八百七十五人　大工
一、貳百七十八人　木引
一、六十七人　石切
一、三百六十九人

一、三百八十五匁段取手間
反物
一、銀一枚　角樽三ツ
米三俵　さらし　三ツ　大工八郎宅
木綿九反
銀三両ツ、
大工木引十貳人へ、
石切貳人ト、
』

原田氏

田原院殿　去ル天保九戌年二百五十年忌之取越法叓、於當寺相勤、此時近村ニ遥
孫ノ家十四五軒有之、為知候得者、香料或ハ菓子等至来、一々焼香為
致候もの也、

西方院殿

寂静院殿　此両霊モ一所ニ法要ス、

心蓮社願誉(寿笛)上人ノ父也、

第十三世寿笛、原田氏の出自なり、

従五位　三河守
貞佐（田原院殿）―行佐（西方院殿）―弥右衛門尉（寂静院殿）―願誉上人

』

五、鐘鑄日鑑（元禄十五年）

（表紙）

元禄十五年壬午歳
鐘鑄
日　鑑　　誕生寺
菊（九）月十八日　　通譽（学璨）代

（綴本　縦二五、六糎×横一六糎）

梵鐘の新鋳造記録

□（破損）鏡重目　弐貫目　開帳之節寄進、

寄進による古鏡等鋳込む、

一、重目　四貫目　此度所々ゟ寄進鏡面金ホ、

一、紛□（破損）

古鐘の重量、三十六貫六百日（一三七、二五kg）

一、三十六貫六百目　古撞鐘ノ重目、

」

九月小　建　庚戌　室宿　柳土用

十八日　丙寅　晴天晩涼北風、
午時賀茂大明神エ参詣、御初尾(穂)上ル、次里王子大明神エ参詣、御初尾(穂)上ル、
直ニ津山エ出ス、夜五ッ半時、徳守大明神エ参詣シ、御初尾上ル、

十九日　丁夘　青天
藤戸屋忠次郎

廿　日　戊辰　晴天
朝四ツ時今町(津山市)・宮脇町(津山市)・坪井町(津山市)廻り、吹屋町(津山市)金屋次郎左衛門エ撞鐘之鑄形見
物ニ行ク、涅槃寺(津山泰安寺)行嚳、同寺家超勝軒宅賢・本覚寺順嚳・松樹院歓庭同道
ス、終日馳走有之、同日鑄物師達之目録

覚

一、指渡シ弐尺九寸之鐘　出来重目百弐拾貫目
□□(破損)銅百七拾貫目　代銀壹貫百九十目」
炭代　弐百匁　一、作料六百目
右之通ニ而出来仕候、湯残銅拾貫匁ニ付七拾目替ニ仕、此方エ成共、請

加茂大明神、里王子大明神、徳守大明神等参詣し、初穂献上す、

津山吹屋町金屋にて、鋳型を見る、涅槃寺、本覚寺、松樹院同道す、

鋳物師、目録

二尺九寸の直径

出来重、百二十貫目（四五〇kg）、古鐘の約三倍

五、鐘鑄日鑑　（元禄十五年）

飾物

入用物

タ、ラ場小屋、祈祷所等

人工

取銀子指引可仕候、

九月九日　　カナヤ次郎左衛門　印

當日飾物目録

一、敷俵三俵　一、掛銭三貫文　一、白木綿五端　一、アカネ木綿貳端

一、三方貳ツ

一、木具七枚　一、神酒樽七ツ　一、三重肴　一、紙壹束　一、カケヒモ大

小七筋　一、麻少　一、真綿少　一、扇子貳拾本　已上』

入用物

一、大縄四束　一、筵四束　一、コモ三百枚　一、弓来竹十五間四方

一、タ、ラ場小屋　一、鑄物師小屋　一、僧房祈祷所　石土杭ワラ十わ

従津山取越物人足

一、鑄形物數六ツ　人歩二十八人　一、コシキ二口　人歩拾貳人

一、上コシキ二口　三人　一、溜二口　同八人　一、土三俵　六人　一、砂八俵

同拾六人　一、ゴミ拾俵　廿人　一、タ、ラ板二口　同拾人　一、炭　四十人

一、地カネ　』

一、タ、ラ場仕立人足　一、大工

勧募の奉加帳授受の記事多し、

称故、念称等門弟が勧進役

了西、祖心、翏称

金屋

別時

実心、楽水

足守正覚寺使僧

里方村念仏講中の奉加

山手下村、西幸村

同日魚町(津山市)ゟ東大町村九郎兵衛ゟ、称故迄帳面書付并札七匁五分五厘来ル、返事ス、

廿一日　己巳　曇天

廿二日　庚午　小雨

真夢・念称入来、帳(奉加帳)一冊念称へ渡ス、鉄砲屋・三方屋へ万事頼ム、

廿三日　辛未　曇天

了西・祖心入来、翏称入来、了西へ帳一冊渡ス、

廿四日　壬申

暮六過、藤戸屋忠次郎・金屋次郎左衛門入来、夜食出ス、行譽(涅槃寺)相伴、

廿五日　癸酉　涼風曇天

一、實心、久世(真庭市)富屋へ別時ニ行、帳二冊相渡ス、坪井宮部へ返ス、楽水津山エ出ス、帳一冊渡ス、土井勝間田(津山市)へ返ル筈、

一、備中足守(倉敷市)正覚寺ゟ称譽迎ニ使僧泰雲来ル、海索麵壹折、状来ル、』

廿六日　甲戌　暖天

一、称譽ゟ津山エ人越ス、同日帰寺ス、留守之内奉加帳面持参之衆、里方村孫四郎念仏講中一札、同村一札、

一、山手下村一札、西幸村(美咲町)一札、

念仏講中

称誉、足守正覚寺後住
金屋、酒樽持参
タ、ラ板

フイゴ二口
境内に鋳場を設く、

鋳物の支度
鋳立十月二十二日と決す、

廿七日　乙亥　暖天
一、國沢七右（久米南町里方）源太・城六右・徳竹孫四（里方）・末元喜右（里方）・西幸儀右・菊陳又三・源三・タワ弥市エ為礼使僧遣ス、山手上村（久米南町）延吉・助四念佛講中帳一札持参、又三郎・儀右衛門・孫四三人へ料理出ス、助四郎・七右衛門へ酒出ス、

廿八日　丙子　青天
一、称譽備中足守正覚寺（倉敷市）之後住ニ遣ス、送之者五人、
一、鑄物師金屋次郎左衛門酒壹樽持参、同宇利宇原屋七郎左衛門扇貳本入持参、手代二郎兵衛以上三人入来、同日タ、ラ板フイゴ津山へ取ニ遣ス、人足出所、
一、貳人　菊陳又三郎
一、壹人同源三郎　壹人西幸儀右衛門　壹人二ツ木又兵衛　壹人池上太兵衛
壹人左京　壹人小畑（美咲町）与兵衛　壹人重國才介　壹人慎たわ弥十郎、以上拾人出ス、タ、ラ板、フイゴ二口到来、鐘鑄境内ノ鑄場かたわニ担ル、以前ゟ人足出ス、津山ゟ酒取ル、

廿九日　丁丑　朝四時ゟ小雨、昼ゟ大雨通夜不止、
鋳物師文七・五郎兵衛・九右衛門三人入来、』寺家門前ホ庄屋皆々出、鋳場支度ス、昼ゟ七郎左衛門津山へ被帰、備中へ送者帰ル、鑄立廿二日ニ定ル、

十月大建　辛亥　壁宿　星日ヤウ

朔日　戊寅　雨天

鋳物師六人休む、鋳込鏡十面

鑄物師上下六人休ミ、鏡大小十面國沢分浄土院持参、八時次郎右衛門・二郎兵衛・文七・五郎兵衛・九右衛門・下人以上六人津山へ帰リ、同時里ノ孫四郎・五郎兵衛・安右衛門・九郎右衛門同道ニて、帳面并札百四匁三厘持参、

寺家衆寄合

庄屋弥市郎入来、國沢ノ源太郎縄コモ持参、寺家衆寄合、件ノ衆へ酒出ス、初夜時浄土院称故山手上村（久米南町）ノ帳面持参

二日　己夘　十月中　終日降雨

一、古城村・中嶋村（津山市）・金屋村（津山市）・小桁村（津山市）四ケ村之帳面、古城勧右衛門ゟ井上院へ来ル、札合七匁四分五厘来リ請取ル、

津山の郡代山内小平次書状、里方村惣高のうち甲府領地尋書

一、津山之郡代山内小平次殿ゟ状到来、當里方村之惣高付内、甲府様領何程、寺領何程ト帳面ニ印差越申様ニと申来ル、徳竹安右衛門召寄せ尋書付置ク、出来合振舞帰ス、夜四時ゟ北風吹雨止ム、

三日　庚辰　曇天北風

案文

山内小平次（郡代）ゟ帳之案文

』

仕立帳

甲府領内五十石なり、里方村、慶長八年（一六〇三）より津山藩領、元禄十年（一六九七）より幕府領、同十四年より甲府藩領、宝暦十三年（一七六三）より一部、下総古河藩領

誕生寺寺領五十石なり、里方村惣高、五二二石四斗一升のうち、甲府領四七二、四一石、同領の九割

上紙ニ　美作國何郡何村之内高帳　誕生寺
門書　美作國何郡
不用　一、高何程　誕生寺領
何村之内
甲府様御領
右者誕生寺領村高如此御座候、以上
年号月日　誕生寺　誰印
仕立帳面貳冊
上紙　美作國久米南條郡里方村之内高帳　誕生寺
門書　美作國久米南條郡里方村　誕生寺領　里方村之内
一、高五拾石　甲府様御領
右者誕生寺領村高如此ニ御座候、以上、
元禄十五壬午年十月三日　誕生寺　通譽（学璨）印
又一冊上紙如前　門書
不用　美作國久米南條郡里方村　誕生寺領五拾石
一、高五百貳拾貳石四斗壹升　里方村之内、
四百七拾貳石四斗一升　甲府様御領
」

右者誕生寺領村高如此ニ御座候、以上、

元禄十五年壬午年十月三日　誕生寺　通譽印

如此貳帳認、山内小平次へ飛脚遣、二帳之内所用之壹冊留置、壹冊者
此方戻置候へと申遣ス、

一、九時市兵衛津山へ遣ス、右之帳并状壹通山内小平次へ、
一、當寺へ壹通、

宅賢

一、宅賢へ壹通、

本覚寺、松樹院

一、本覚寺・松樹院へ壹通、次郎左衛門・七郎左衛門へ壹通、

鬉称、了西、真善、念称、清閑

一、組内鬉称・了西・真善・念称へ壹通、
一、保田長兵衛へ壹通、
一、三二部屋・鉄砲屋へ一通、』清閑壹通、
一、酒三升申遣ス、

鋳物仕様

一、鑄場鑄物次郎左衛門ゟ仕様ニ申遣ス、
一、村々へ人足コモ縄ホ之儀申遣ス、

南庄大庄屋

一、(久米南町)南庄大庄屋へ案内申遣ス、

鋳師

一、鑄師三人入来、下人壹人、

四日　辛巳　暖晴

タ、ラ二口

銀札、鏡五面

古鐘、寛永十一年の鐘銘写

一、朝井上院・久右衛門両人在へ出ス、
一、鑄場ニタ、ラ二口踞ル、
一、日中ニ徳作次郎兵衛出火壹軒焼亡、
一、菊丸・三郎右衛門・三郎四郎帳壹冊持参、
一、鑄場へ酒出ス、
一、津山ゟ市兵衛帰ル、古鐘ヲロシツリカネ津山へ遣ス、
一、鋳物師上下四人津山へ帰ル、
一、小沢三太夫御内所ゟ鏡壹面来ル、行譽（涅槃寺）取次、
一、酒三升津山ゟ取越、

五日　壬午　晴天

一、津山山内小平次（郡代）へ、村高帳盛心房ニ持セ遣ス、
一、里方村喜右衛門・國沢七郎兵衛（久米南町）銀札百三十目四分五厘、鏡大小五面持参、酒出ス、
一、原田茶屋喜兵衛破鐘鼓壹丁称故へ其傳渡ス、
一、山手ゟ人足四人来、寺内ニて遣ス、』

古撞鐘銘写留

經曰、金光明鼓出妙声、徧至三千大千界、能滅三途極重罪、及以人中諸苦厄
由、此金鼓声威力、永断一切煩悩障矣、
熟尋鐘鑄監觴（濫觴）過去迦葉佛時出毘沙門鑄之、釈尊出世時填嚴兩王僧伽蒙、如来
勅鐘香山為根本彼山麓而鑄始、山形如鐘伏山守護二竜悪人登山則如獅子吼、
令迷惑到善人出美音令増壽命福徳矣、
傳聞祇園精舎一百二十院皆釣鐘四時異音自鳴春夏如天琴笙、説四諦六度法聞
之者得勝益秋』冬如天雷説諸佛成道法所聞衆難苦得楽可斯利無尽也、依之住
持深誉（長源）勧貴賎男女祖師前釣鐘、寔以諸行無常鐘声滅万人煩悩之埃惺有識妄想
眠、寂滅為楽音響得涅槃常住妙果成三身覚満肌矣、
仰忻以鐘声功徳當寺安全國主泰平奉加輩、撞聴道俗現得壽福自在當到無為宝
殿者守、

作州櫔社　高祖道場　歴年数百　今古倍昌　不破不滅　鎮坐影堂
処象浄刹　主似覚王　看之有跡　源空法量　嶺松風冷　佳木幽香
山間流水　濯罪心粧　鐘遠近響　雖有無常

偈曰

新鑄洪鐘元祖堂　妙音応谷響鼓方　人天聞性有何処』不覚耳清徹障

于時龍集　寛永甲戌（十一年）霜月下旬

古鐘に元和二年八月十五日、宗十郎作とあり、鐘出来まで十九年

本山寺一山寄進帳

鏡二面

深誉長源代

作州久米南條稲岡棡社山誕生寺住持深誉（長源）　謹言

一山誌之

大工

藤原朝臣瓜原與三左衛門秀次作

瑞應院前（殿脱カ）光禄佳林春芳大禅定門

宗閑宝樹　浄玄《高田》　西月浄光《西幸》　休閑　浄信《治部》　宗鎮　道徳　妙秋

休清《竹ノ下》　以上

釣金ニ△元和二年宗十郎△八月十五日△誕生寺

目釘ニ△元和二年八月十五日　宗十郎作

釣金（鐘）之銘ゟ撞鐘出来迄十九年ニ為也、

寛永十一年ヨリ元禄壬午（十五年）迄六十九年ニ成テ再鑄ス、

一、備中（倉敷市）正覚寺称世ゟ状来ル、　』

六日　癸未　青天

一、活道・称故近江へ出ス、（美咲町、天台宗）本山寺一山寄進帳一札来、（津山市）坪井村浄円奉加帳持参、

一、浄土院鏡二面持参、

一、夜八時小雨降ル、

七日　甲申　朝曇晩風

頼元村

一、頼元村(美咲町)帳来ル、

一、井上院帰寺、札銭米共ニ貳拾四匁壹分五厘請取、

二十四人工

一、津〔山〕江人足二十四人遣、ゴミ炭ホ取リ寄ル、送リ人名村付別ニアリ、

八日 乙酉 晴天

久世重願寺

一、本受、久世(真庭市)重願寺へ帰山ス、

一、四匁一分上打衆ゟ来ル、

一、拾匁六分南庄(久米南町)市右衛門ゟ来、

東村

一、原田(美咲町)彦三郎入来、東村之帳奉加持参、人数貳拾八人、札拾四匁八分有リ、

鏡一面

一、鏡一面浄土院取次、

一、表木(美咲町)帳面持参ス、

一、称故・活道、四匁六分取集メ、

一、ゴミ八俵、砂壹荷、炭八俵来ル、人足状別ニアリ、

九日 丙戌 晴天

一、竹ノ指合棒六本津山へ遣ス、

勧進奉加、門弟出す、

一、井上院活道・称故奉加ニ出ス、

丸鏡二面、小面

一、自備中江原(美作市)丸鏡二面、柄付小鏡一面并拾六銭文来、二者同取次、

銭納、銀納、札納

一、銀拾九匁五分、銭六匁六分、札拾壹匁六分、三口合三拾七匁七分楽水取

小鏡三面

原田長福寺

打衆

江戸から参詣者あり、駒込清林寺

備中訴訟

竹の指合棒

集、小鏡三面同人集、
一、炭貮俵西幸村（美咲町）持来ル、
一、砂五俵山手村（久米南町）衆持来ル、津山ゟ送り有り、
一、活道・称故、札銭合四匁五分五厘取集メ、」
十日 丁亥 晴天
一、砂四俵、金輪壹荷、北庄山手上村（久米南町）七人、下村貮人以上人足九人送り来ル、
一、原田（美咲町）長福寺入来、前年分出ス、
一、打衆加治兵衛奉加持参、
一、江戸西白壁町たゝミ屋横山庄助参詣、駒込清林寺（文京区向丘）、紀州帰花院殿へ椋遣ス、
一、備中訴訟之者、八日ニ得明・實心召連帰ル筈之、
一、左石、夜中ニ称故迄孫四郎告来ル、
十一日 戊子 朝日焼 九時ゟ雨降ル、
一、盛心房、津山へ奉加帳之儀ニ付遣ス、
一、市介・二介両人竹ノ指合棒十四本持セ遣ス、
一、白米五升、味噌、野菜、盛心房飯料ニ遣ス、
一、孫四郎・仲平親・彦兵衛・紺屋九郎右衛門へ、仲平悦ニ使僧遣ス、

弔

六十六部、阿弥陀経施入す、

〈六十六部〉書写した法華経を六十六カ所の霊場に納める目的で社寺を遍歴する行脚僧をいふ、

涅槃寺

桂昌院殿叙位祝儀、金二千疋、昆布受く、

増上寺宿坊書状

京都祐正寺書状

江戸材木屋書状

一、源太郎妻果、源太郎・七兵衛・與介へ吊ニ使僧遣ス、

一、六十六部入来、弥陀経一部大師前へ納ル、天瑞・全可行者意趣書ニ、天下泰平御代長久万民豊楽御意願成就トアリ、

一、南庄(久米南町)西村衆札廿五匁四分状共ニ来ル、同三匁同村長兵衛子長七、去年相果候故ニ、志(祠堂カ)同壹匁為妙蓮、同人浄土院取次、

一、市助・仁介・瑞光・圓亮石塔取帰ル、并長兵衛殿道具湊少(マヽ)ゟ取来ル、江戸諸方之状、涅槃寺(泰安寺)并秀音方ゟ被越、

一、宅賢房ゟ西今町(津山市)つほ屋・直屋并外之奉加、札四拾八匁五分状添来ル、

一、作野吉左衛門ゟ十一月廿五日之返書来ル、

一、従一位様(桂昌院)御叙位之御祝儀金貳千疋、御昆布奉頂戴、』福井様御龍様ゟ御書被下、

一、御比丘尼理清様・栄讃様・空知様・清心様ゟ御返状并金百疋給、

一、石原(真島郡)盛應寺ゟ状貳通来ル、

一、増上寺宿坊恵頓和尚ゟ状壹通、本城惣右衛門殿状壹通、万濟ゟ壹通、弁察ゟ壹通、泰雲ゟ壹通、恵察ゟ壹通、甚左衛門町七郎右衛門様ゟ壹通来ル、

一、京都祐正寺(上京区)ゟ状壹通并梅林寺(茨木市)ゟ状銀百目来ル、

一、江戸三十間掘財(材カ)木屋安兵衛ゟ状二通并樽物屋宗知儀八月八日往生之由、申

大名所替

通誉、所替の情報入手か、

鋳物師人工増加

来、香儀壹包来ル、

一、江戸増上寺へ九月六日被為成御張并當方丈（第四十二世白誉秀道）大僧正任官之旨被仰出

一、大名方所替、財（材カ）木屋安兵衛ゟ書付来ル、

　九月朔日　御座之間ニて所替被　仰附候、

一、三千石御加増ニ而常州下館江　井上大和守本ハ丹波亀山（正岑）

一、三千石御加増ニて播州赤穂江・永井伊賀守元ハ浅野内匠跡（直敬）

一、元高ニて勢州長嶋へ　・増山兵部少輔元ハ松平佐渡守跡（正彌）

　九月七日被　仰付候、

一、丹波亀山江青山下野守元ハ遠州濱松（忠重）　一、美濃岩村江　石川能登守元ハ信刕小室（諸）（乗紀）

一、三州苅（谷）合江阿部伊豫守元ハ上総大多喜（正春）　一、上総大多喜江　稲垣對馬守元ハ三州かりや（重富）

　同十二日御　成上ニ而被為　仰付候、

一、遠州濱松江本庄安藝守（資俊）　一、信州小室（諸カ）江五千石加増ニ而　牧野周防（康重）

守、　』

一、鋳物師ゟ書付

一、人足五拾四五人、内明日貳拾人程、明後日三拾四五人、外ニ余部ゟ三拾人程入可申と奉存候、右之通あるし書付申候、十一日誕生寺様・かな屋・専左衛門、

一、実心・仲兵衛召連帰庵、今月八日ニ両人御免也、

十二日　己丑　日焼　曇天

実心願書
惣八・新九郎不届きのこと

一、於備中江原(（井原市）大原)実心愚寺願書差出ス、写、口上

和泉守様愈御勇健被成御座珍重奉存候、然者惣八・新九郎今度不届仕配委細承知仕、御とかめ御尤至極奉存候、此宿寺構候者ニて、殊両親共承歎中不便存候、右之以謂先日実心御歎被参候へ共、申上兼居申由、承知仕候、極罪之者ニて御仕置時義ニ御座候へ共、実心拙僧へ右之者共、被下置候ハヽ、偏御厚恩と忝可奉存候、尤伺人仕御歎可申上儀ニ御座候へ共、當寺鐘鑄時至無據乍慮外、先以使僧申上候、御慈悲奉頼候、此段幾重ニ茂宜被仰上可被下候、以上、

十月五日　　　誕生寺

森(長継)和泉守様

御用人中迄　』

一、大工伊左衛門入来、札壹匁寄進、

鏡二面

一、埖和(はが、美咲町)角田祖母ノ新蔵、帳并奉加札拾八匁、鏡二面持参、

一、津山ゟ人足三拾三人、合力鐘上配當着、保田長兵衛殿・鉄砲屋九左衛門殿・鑄物師衆三人入来、不残中食一汁壹菜ニて、酒出シ振舞帰ス、

古撞鐘細破す、

鏡、古金

江戸開帳時に集めし鏡も鋳込む、

鏡

井上院

一、山手上村（久米南町）人足五人、
一、西幸村（美咲町）人足三人来ル、
一、弥一郎・孫四郎・彦兵衛子・実心・寺家衆・鑄物師衆へ夕飯振舞ス、
一、朝熊屋□（墨損）順尼ゟ金百疋、鏡一面来ル、実心取次、
一、宅賢坊へ前日之相持ホ之請取、王屋主人ニ頼遣ス、
一、夜ニ入雨降ル、

十三日　雨天　庚寅

一、古キ撞鐘庫裏庭ニテ細破ス、
一、寄鏡鐘鼓唐金ホ九左衛門ニテ被破、寄金目古金四貫目
一、江戸（元禄六年）開帳之時、寄タル鏡弐貫目、此度撞鐘へ入ル、
一、山手下村（久米南町）三郎兵衛、札弐包合八匁寄進、外ニ鏡二面、浄土院取次、
一、札八匁南庄（久米南町）源次郎取集、浄土院取次、
一、鏡一面國沢（久米南町里方）源太郎為紅林妙證廾ニ上ル、
一、西幸村（美咲町）人足二人、
一、山手下村（久米南町北庄）三人、
一、徳竹（久米南町里方）壹人、炭三俵来ル、
一、井上院帰ル、

銭札、鏡、鼓、古鏡
一、銭札合四拾九匁六分、鏡十五枚、鼓二丁、古かね貳つ、
一、山手下村ノ人足十八、炭八俵配壹荷取来ル、
鋳物師衆
一、鋳物師衆四人ニて参、
（十三日ノ条文ノ上ニ左ノ付箋アリ、校訂注）

廿九年（延宝元年カ）已前
一、金拾五両　大衆中ゟ
一、銀五拾枚　大僧正
一、銀壹枚　濱岡和尚
一、金五百疋　大内僧侶

十四日　辛夘　晴天
鋳物師
一、鋳物師惣左衛門・二郎左衛門被参、
一、九左衛門津山へ帰宅、宅賢へ状遣ス、
米初穂
一、米初尾（穂）中来ル、
一、壹匁壹分わらんし（草鞋）三十足買、
鏡
一、壹匁鏡壹面ト五分、鏡壹面と大戸村（美咲町）直原次郎兵衛、
一、ほとわ孫四郎持参、鏡壹面大戸村助三郎、

一、壹匁三分福田村（美咲町）惣右衛門ゟ西幸村（美咲町）弥十郎取次、」

伯耆から寄進

一、伯耆之仁、拾四文上ル、

一、壹匁札家来市兵衛上ル、

伊賀者

一、壹匁五分箕打村伊賀者ゟ来ル、為長四郎、

十五日　壬辰　晴天

一、八匁九分五厘帳面内、六匁四分五厘来ル、原田西村（美咲町）茂右衛門集、称故取次、

一、九匁三分下打衆、下村（久米南町北庄）五郎右衛門集、活道六右衛門請取来ル、

一、三匁壹分鐘鼓壹丁上打衆、上村庄屋九兵衛集、活道・六右衛門請取来ル、

一、六匁五分新庄村中鏡一面、新庄村次郎兵衛、称故取次、

山手、一四五匁七分寄進

一、百四十五匁七分山手村（久米南町）中寄進、

一、鑄物師次郎兵衛・次郎左衛門入来、配踞所出来、

一、壹匁高坂彦九郎祝儀、

十六日　癸巳　青天

一、従木ノ□（墨損）衆壹匁上ル、鏡壹面庄三郎上ル、五拾壹匁三分上ル、

鏡

一、鏡壹面山手（久米南町）下村新三郎ゟ、浄土院取次、

一八九匁七分寄進

一、百八十九匁七分西幸村衆中寄進、儀右衛門持参、

一、五匁八分山城村（久米南町）九人、弥兵衛持参、

鐘鼓

一、鐘鼓壹丁菊陳又三郎ゟ来ル、

一、十二文往生し候者上ル、

一、三拾五匁八分五厘境内衆中之又七弟持参

一、拾貳匁山城村（久米南町）甚四郎・道祐・□（墨損）西為井持参ス、

一、津山（金屋）次郎左衛門内房ゟ酒重之内、来山ノ庵ニて開ク、

鐘大概出来す、

一、鐘配大概出来、

一、次郎左衛門へ』津山鋳物師弓削（久米南町）行ニ持参、此方へ被送、支度申付酒振舞遣ス、

一、次郎左衛門津山へ被帰

一、山城（久米南町）ゟ人足五人、小原（津山市）ゟ十人、山手（久米南町）ゟ壹人、鐘鑄場之人足ニ遣ス、

銀札五百目金屋に渡す、

一、銀札五百目次郎左衛門へ渡、請取有り、

十七日 甲午 曇天 昼ゟ雨降

弓削日蓮宗蓮久寺鐘鋳る、鋳造、誕生寺と同時期なり、

一、弓削村（久米南町）日蓮宗蓮久寺ニて鐘鑄ル、此方へ入来之鑄物師不残行ク、

一、扇貳本入、吹屋七右衛門持参、泊り、

一、秀音入来、宅賢ゟ上原六右衛門殿御内ゟ銀子壹包ニて、魚町（津山市）おはるゟ銀壹包被届、請取ル、

金屋

一、吹屋（金屋）次郎左衛門津山へ被帰、昼八時ゟ通夜、雨降、

一、十八日 乙未 晴天 昼小雨降、
一、松樹院ゟ面悦を被為者(マヽ)ニ付越、今朝状添帰ス、井上弥平次・横井与惣兵衛・本城惣右衛門ゟ持越を宅賢迄遣ス、

強飯、煮染、香物、酒

一、吹屋七郎左衛門之内ゟ強飯煮染香物、酒壹樽来ル、

上打衆

一、上打衆北村ゟ奉加帳并札六匁貳分請取、
一、金掘(美咲町)庄屋久兵衛ゟ帳并札五匁六分来請取、井上院取次、

鏡

一、鏡壹面門前吉兵衛、
一、昼小雨降、

樽酒

一、次郎左衛門・菊戸屋忠二郎殿酒壹樽持参、

古鐘

一、津山閑内宅賢ゟ古かね二手紙添来ル、福渡町(津山市)八右衛門子持参ス、

鐘鼓

一、鐘鼓一丁びん水入壹、家来五兵衛上ル、
一、八匁四分羽出木村(久米南町)衆寄進、帳并札請取、

はずれ銭

一、山手(久米南町)仁兵衛帳はずれ銭五分、浄土院取次、
一、札三匁山手(久米南町)上村分請取、
一、山手上村分六拾四匁八分帳札共ニ延吉・助四郎持参、此帳之内、庄屋太郎兵衛五匁出ス筈、浄土院取次、

古鐘五貫三百目

一、津山盛心・宅賢ゟ来、古かね重目五貫三百目、』

鏡八面、鐘鼓
大久保村一二六匁二厘
鏡
鋳物師振舞
鋳物師夕飯
蜜柑
頼元
鐘鼓、中村衆

一、津山弐丁目ノ帳并札銭共ニ九匁七分、鏡八面、鐘鼓一丁来ル、
一、九匁住吉屋又兵衛取次、
一、百弐十六匁二厘大久保村ゟ上ル、
一、鏡壹面里方村安兵衛、
一、夜食井上院・鋳物師振舞、
十九日 丙申 十一月節 時雨降
一、壹匁札ニ木五兵衛親持参、
一、札拾五匁五厘、米弐升小原村(美咲町)帳共ニ使ニて来ル、
一、五匁弐分西山(備中町)庄屋孫太郎ゟ帳面共ニ来ル、
一、藤戸屋津山帰り、
一、浄土院、鋳物師へ夕飯振舞、
一、福渡(津山市)喜左衛門蜜柑持参、
一、庄屋弥一郎ゟ重之物到来、
廿日 丁酉 霜天
一、頼元(美咲町)九右衛門ゟ札拾匁来ル、九右衛門内妻銘之望也、
一、原田(美咲町)五兵衛鐘鼓一丁、原田中村衆□(墨損)儀頭持参ス、鐘鼓ハ別ニ茶屋喜兵衛ゟ越ス、只今五匁弐分請取、

五、鐘鑄日鑑　（元禄十五年）

森祭神酒
祈祷小屋、客僧小屋、鐘
配屋根出来す、
地金
蛮銅二貫五百目
菊陳
札銭八九匁三分七厘
二六匁九分一厘
鏡三面
鋳物師振舞
鐘撞棒一対寄進

一、森祭神酒、國沢（久米南町里方）七郎兵衛ゟ来ル、
一、祈祷小屋、客僧小屋、鐘配矢ネホ出来ス、
一、地金八瓦丸高三疋ニて来ル、壹駄ちん三匁と云、
一、津山蛮銅貳貫五百目在、蛮銅三百目、
一、菊陳又三郎重之物持参、鑄場ニて開、
一、同助六郎ゟ銀貳匁祝儀ニ被傳（マヽ）被越、
一、津山ゟ盛心房、津山（津山市）十七町ノ寄進、札銭共ニ八拾九匁三分七厘集被帰、
一、四匁三分貳厘』安岡町中喜左衛門取集、
一、貳拾六匁九分一厘、中須賀濱屋五兵衛取集、
一、五分錦織村（美咲町）ゟ越ス、
一、鏡三面小原村（美咲町）ゟ来ル、
一、鬮之者共帳面上ル、
一、喜左衛門・貞右衛門・九左衛門・松樹院入来、
一、里方村（久米南町）孫四郎へ、鋳物師衆振舞、
一、今日鐘撞棒くわん四つ寄進之方有之、実心届ケ、
一、夜四時時雨降ル、
廿一日　戊戌

（以下記録記載ヲ欠ク、）』

撞鐘銘』

經曰、金光明鼓出妙聲、普至三千大千界、能滅三途極重罪、及以人中諸苦厄由、此金鼓聲威力、永断一切煩悩障断怖畏令安穏、

夫鐘鑄濫觴者過去迦葉佛時出毘沙門鑄之、釋尊出世南天帝優填妙嚴兩王并僧伽長者蒙佛勅、鐘香山為本様令鑄鐘、時請梵天四王彼山趾、而鑄始山形如鐘伏山在守護二竜悪人登山、則如獅子吼令迷惑、善人登出妙音令増壽福矣、傳聞祇園精舎一百二十院皆鈞鐘四時異音自鳴春夏響如天琴笙、説四諦六度法聞之』者得勝益秋冬音如天雷諸佛成道法所聞輩離苦得楽如斯利益無尽也、因茲寛永之前住深譽（長源）上人勧貴賤雖成一鐘破撞、予（通誉）又且越并法界貴賤男女令再鑄鈞、圓光大師（法然上人）真影前昼夜撞之、寔以諸行無常鐘聲滅万人煩悩塵埃惺有識忘想眠寂滅為楽音響得涅槃常住妙果成三身覚満肌乎、仰願以鐘聲功徳、天下泰平國土安全師檀榮昌坊舎無事奉加之道俗撞聽男女現受無比楽後必生浄土者、

偈文

洪鐘震響覺群生　聲偏十方無量土　含識群生普聞知　拔除衆生長夜苦

元禄十五年十月二十二日

六識常昏終夜苦　無明被覆久迷情　昼夜聞聲開覚悟　怡神浄刹得神通
惟時龍集元禄十五壬午暦初冬廿二日己亥午時鑄之、
美作國久米南條郡稲岡北庄（久米南町里方）里方村
欕社山浄土院誕生寺幡椋崛住持中興

通誉学璨

圓蓮社通譽連阿一求學璨

冶工

冶工
當國津山住藤原朝臣　（金屋）谷口次郎左衛門尉祐清
同名七郎左衛門尉滿廣
』

綱吉逆修

源綱吉公　御逆修

桂昌院殿

従一位禅尼桂昌院殿

森家

安養院殿　田原院殿　本源院殿　長継院殿　霊光院殿　円明院殿　雄
峯院殿　瑞應院殿　壽福院殿　自光院殿』長壽院殿
覺譽道教
教譽妙壽

三界万霊六親眷属七世父母有縁無縁

有縁の村々、信徒

里方村　順西　浄故　順清　妙蓮　道西　妙祐　浄西　妙西　妙閑　妙現　宗閑　妙智　道
祐　喜右衛門　作介与三兵衛　六右衛門

血脈遺す、

末元喜右衛門父道祐血脈遺ス　國沢七郎兵衛母妙久血脈遺ス、

念佛講中　称故　妙久　作右衛門　弥兵衛　久七　道久　七郎兵衛　与助　源太郎　五郎
右衛門

(美咲町)
西幸村　妙円　宗西　浄信　円心　神坂氏　又三郎　源三郎　壽慶　妙西　妙心　浄春
妙極　小野田氏　六兵衛　安兵衛　宗悦　儀右衛門　又兵衛　弥十郎　与兵衛
彦五郎　』

(同)
頼元村　玉峯　露心　秋円　九右衛門　市左衛門　源七　六兵衛　照栄　遊散　妙円　太
兵衛　長兵衛　七郎兵衛　源四郎

血脈遺す、

頼元村九右衛門妻妙圓血脈遺ス、

(久米南町)
山手下村　理室　明光　浄徹　智好　妙光　与九郎　彦兵衛　孫六　新三郎　喜兵衛　三郎
兵衛　七郎右衛門　善五郎　吉兵衛　彦太郎

(同)
山手上村　宗林　春徹　浄安　慶林　夏貞　宗閑　清閑　常秋　妙現　念西　明三　素清　清
春　浄林　理清　助四郎　太郎兵衛　三郎兵衛　市兵衛　喜三郎

(同)
山城村　道祐　妙西　治部三郎兵衛

(美咲町)
山ノ上村　吉右衛門為二親　豊福忠右衛門

(津山市)
桑村　八郎右衛門　梅巖　妙円　備前建部(建部町)塩屋十兵衛

當寺門前　又右衛門　弥兵衛　与右衛門　』

井上院玄龍
浄土院知傳
　實心
　称故
　唯念
　結衆中
方丈内二十人
　為是心妙閑　幷

右四方銘戒名俗名写
」

源成の誕生寺入寺は宝暦五年ならん、

知恩院の内意

江戸開帳により諸堂修復を企す、

二十七年前享保十七年の、出開帳記録あり、

下向記録

江戸大火により延引す、神田・深川大火、（『徳川実紀』二月五日の条）

後住のため、江戸開帳の要用を記す、

享保十七年、江戸出開帳、檀林・大寺等出迎ふ、

六、寶暦十辰稔江戸開帳撮要記録

寶暦十辰年就江戸開帳撮要記誌之

一、愚老源成耳順之年齢（六十歳）におよひ當山江致入院候所、存者、兼而及傳承寺堂之結構不宜、且近年頽破之由、委曲傳聞、依之本山大僧正（知恩院麗誉順真）為睚近之間、御直ニ及御内意、近年之内、江戸開帳相企諸堂修復を申立、因ニ三門建立茂可仕と意蜜（密カ）ニ勇ミ立當寺江致入院、所詮修復念應耳ニ候故、記録共致穿鑿候得故、享保十七年（五十五日間開帳）之先年門譽（津海）願ニ下向之記録、并十七年囬向院江御入輿より収納之記、および入用之帳面横帳ニ而壹冊のミ、其外ニ者少々充書物も有之とも、治定之隼縄ニ者難成ナリ、依之此度者為後来、従最初記録可致之所存之處、』不至天運江戸大火に相ひ甚以内紛擾故、出立之道中より記録に意許なく怠り早ぬ、然れとも此春逢染病臥床に慚く暮して熟く、後来之住僧大徳之働ニ而、亦復江戸開帳を企時者、今を以て後を察し其要用難駁を撮んて記し置者也、

一、享保十七年江戸開帳之節者、愚老（源成）、辨弘上人（第十二世膺譽）に随身して霊巌寺ニ掛錫す、其時、増上寺学譽冏鑑僧正（霊巌寺第九世、享保十一年二月から増上寺へ）、時に大師真影江戸入行粧ニ付、檀林方及大寺格出迎之事従僧正被仰出、於霊巌寺寄合有之、評議區々之上相定、弥御出迎有之候得

享保の開帳、警固あり、森家の協力あり、

享保と宝暦、二十八年間の年代差、物入多く同じ繁昌望めず、

源成、江戸に下宿を設へ準備の饗応等をなす、

大なる開帳三カ所なり、

回向院、開帳場所代なきが、相応の礼物要す、

誕生寺日鑑

者、右大寺方開帳之出迎者此方之　真影十七年江戸入之節手始也、為後勘(ママ)□(破損)
之、又松平越後守(長孝)殿ゟ警固出候事茂□□(破損)』中開帳之節、森家ゟ人数御差出し之
例を以こしらえたる事也、
一、當開帳前年寶暦九卯願下向之上、回向院(墨田区両国)江者縁故も有之候故、格段ニ取持頼
候段、兼日状通いたし候早、扨院主逐対話逐一仔細承候処、享保年中之開帳之
節ト當時開帳取組トハ手段殊外相違、廿九年以来ニ惣而開帳之仕様委曲ニ相成物
入茂甚多成共、事繁く取企候テハ、中々繁昌を望候ニ者、六ヶ敷候段、依之院
主江相任セ頼ミ萬端可然様ニト、依之去ル十月より下宿もこしらへ、辰(宝暦十年)春百七八
十人之振舞もいたし候事也、此外立礼等も先年とは大キニ違ひ候也、廿九年以前開帳下宿之義、曽而無之、振舞は閉帳後いたし候、立札も此方ニ而勝手ニ而こしらへ候、』
一、回向院物語ニいわく、於御當地諸国開帳霊佛霊像多端御下向候故、開帳場大
中小と取計ひ及御相談候事也、中にも大之開帳ト申者三ヶ所、信州(善光寺)之如来・
嵯峨(二尊院)之瑞像・作州(誕生寺)宗祖之御影となり、
一、回向院者就開帳、地代之禮者前々より無之候得共、前後相應之礼物者致之
候、帳面ニ記之、
一、開帳願之次弟、寶暦九閏七月下旬之日鑑委悉記之、
一、事多候得者、中々不能別記、依之入用之書キ者、別々ニ付札いたし袋ニ入而

源成、金銭に縁なきを嘆く、

宝歴の大火、不本意を嘆く、

開帳終り、品川に三日の開帳あり、品川まで送りの寺院残金一六〇両なり、寺の借金返済に当つ、

江戸への道中開帳、少しの足しになるも、益なし、

指置者也、

一、愚老（源成）儀者生涯横難多キ稟質、殊更無福力金銀ニ縁なき性得、此度之開帳五年以来奉祈念』御影前費心力相企、江戸表先年之通残金も候ハヽ、本堂建テ直シ弥陀堂・三門・寺家・念佛庵ともニ存念之通、造作可仕ト楽候処、生得之無福力故、大火之横難ニ罹り不遂本意、事偏ニ宿契之拙キ故、慚愧至極ゆえに記録するも力なく、筆だても自然ニ麁末なから、後来建立之志願有之、住僧開帳企之為一助、且者報恩之一端に其心得ニ成ル事共ヲ大概記しぬ、

一、去年江戸表仕舞、品川ニ而三日之間開帳、夫より道中筋於所々、寺院為致拝向候儀、存付候旨趣者、江戸表諸佛等仕舞、扨品川より御送り之寺院江謝礼之目録とも遣之、兎角いたし候而、百六十両之残金ニ而』有之候、然者先国元三四ヶ所之借金者、此金子ヲ遣イ込サヘ無之候得者、返済ナルト存、道中筋ヲ其助成ニ而、仕舞罷仕合能者残物も望候故、永々敷所々開帳仕廻り候、それ故、道中入目者成程道中ニ而仕廻候得者、右之金子ヲ持チ帰り而、返済元利共ニ相済ミ候、丁ト一盆ニ仕舞候故、随従之僧俗江一向帰山後、禮物らしき事者不致之候、然レトモ永々道中故病人者多く入目者強く、扨々心労困苦成ル事ニ而相仕廻候、熟々存ルニ道中所々之開帳者無益成ル事ニ而候、向来江戸表何之障も無之御開帳有之者、慥ニ残金多少とも有之候事ナレハ、唯道中ニ而者、三四ヶ所其

土地柄による取持の差あり、
阿弥陀寺
道中寺院、宿舎等会所は縁故による、
岡崎・名古屋尾張門中の取持ちよし、
開帳首尾、本願主の徳不徳による、
開扉さへすれば諸事よし、
道中宿寺
知恩院大僧正好身、増上寺縁故、源成旧識等、

處ヲ迸ひ、兼日月日を相定メ立札を近在迠も為致之取組候得者、助成にも可致成候、尤其時ニよりて道中寺院ニ向寄』知音縁故之処にもよるへし、一概には謂ひがたし、然共先ツ見請たる所ニ而者遠州濱松、此度者不致之候得共、若濱松不相成候ハ、、掛川、此両所之内一ヶ処ニ而被存ル信心ナル所、或ハ岡崎、尾州名古屋、此所能取組候得者助成ニ相成候、尤物入者多キ所ニ候得共、場所宜候、此度先格を以阿弥陀寺江頼ミ候処、此住僧甚隨馬髻(髦カ)、依之門中(尾張門中寺院)之面々方殊外気之毒がり、愚老(源成)廻駕いたし頼ミ廻リ候故ニ哉、存外取持親切ニ預リ候故、始終宜敷仕舞候、宿寺之仕方不宜候故、却而門中之取持チ能く成り候趣ニ見江候、ヶ様ナ場所之指図ヶ間敷事者(衍カ)也、又物ニ而候得共、存念之程書記し置ヌ、又熟々存ルニ、所詮開帳者、其本願主之徳不徳ニよる』事なれは、何之記録も無用ニ而候、所詮者支度金用意候而江戸表江　大師之尊影開扉サヘあれは諸事者、其時之働ニ而残物之多少とも可有之、愚老かことき無福力ニテハ何ヲ仕テモ助成ニハ成リカタシ、

一、此度道中宿寺院取組者、
四日市(中部)光運寺・吉田(豊橋市)悟真寺・三州(豊川市御津)大恩寺、此三ヶ寺者大僧正(麗誉順真)御好身故、下向之時内役ゟ仰状ヲ請テ行ク、沼津(乗本字出口町)浄運寺縁山(増上寺)二謁ゟ書状を被附候、小田原(南町)大蓮寺・府中(静岡市葵区)法傳寺・吉原(富士市中央)大雲寺此三ヶ寺者愚老(源成)旧識、佐目(伊勢原市)三福寺者芝山内ゟ取持

浜松役所免許なし、

掛川断り、

江戸着、宿寺願行寺、当時帰路の開帳あり、

鳳輦供奉

〈鳳輦〉天使のみくるま、の意なるが、法然上人真影の座す輿をいふ、

名古屋阿弥陀寺に立寄、

享保時、同寺にて開帳、

今回、同寺類焼す、

鳳輦

享保時開帳、大納言拝向あり、

ニテ取組候、往復之書状共有之、濱松玄忠寺（中区）・掛川天然寺（仁藤町）両寺に者、開帳下向之節、押而立寄り及相談候而承諾候処、濱松者役所免許』無之、掛川者従此方断申候而不致之候、濱松不相成候へ者、掛川ニテ可仕事之所不案内故、断申候事返々残念々々、

一、品川（南品川）願行寺者江戸着之宿寺候得者、帰路之開帳者勿論可致之、

一、たとひ道中筋一向無縁帖ニ而も御鳳輦供奉下向之時立寄、江戸仕廻帰路之所々ニ而為拝事及相談候得者、何方ニ而も皆承諾ハ有之事也、

一、此度名古屋阿弥陀寺（大須）江立寄候事御鳳輦者、宮ゟ鳴海江御渡し、愚老斗参ル、廿九年以前（享保十七年）此寺ニ而開帳有之故、其訳を以可相頼と存参向いたし候処、此寺類焼地と相見候、気の毒ニ存候得共、参り懸りたる事ナレハ遂対面噂申候処、早速承知之旨ニ相聞江候、』尚亦江戸表江以書状可申進との挨拶ニ而、江戸江参候処、緑山下老僧中、名古屋有縁之衆ゟ書通を以尾州江先年之餘寺之法類方江様子聞繕給候段、則其書状入置候、時ニ此度此寺江立寄候事入念候而、却而不急候、後悔仕たれと是非なし、当　御影名古屋表開帳廿九年以前者、前《サキ》ノ中納言（大カ、齋朝）様拝向被成候上、於国元為拝候様、直ニ被仰候故、取繕候事也、其記録無之候得共、分明ナル事也、然レ者此度も江戸御屋敷之願仕廻候而、其上宿寺相談ニ可及事ナルニ丁寧、却而邪魔ニナリ無是非、阿弥陀寺ニテいたし候、其往復之書状共皆

名古屋、格式難しき所なり、御寺《みてら》

門中寺院四カ寺
西山浄土宗

門中は歩行にて、建中寺・相応寺は駕籠にて出迎ふ、

門中評議にて宿寺を決す、

伝通院尾張家宿坊寮大梁

入置者也、向来企之節、此心得あるへし、

一、名古屋表ハ御三家之城下、むかしより惣而格式六ヶ敷』所ノよし、建中寺・相應寺大地ニテ御寺《ミテラ》ト中格式立候由、依之江戸表ゟ前廣ニ書□□(虫損)頼遣候、文言も丁寧ニ相認サセ様付ニテ遣候、惣而状通者慇懃ニ致スモノナリ、又往昔ヨリ徳アル人ハ、とかく卑下謙退スル也、中聞及ひたるニ門譽(津海)開帳之時、江戸表之御威光故、取組ニ者無相違候得共、種々仔細共有之候由、向来企有之者、其心得あるへし、右二ヶ寺之外ニ性高院・高岳院ト云御寺モアルナリ、其外門中ト中モ四ヶ山(現、十二カ寺)入り交り、扨西山末(浄土宗西山派)モ有之候、先年者皆乗物ニテ出迎有之故、此度も何れも供廻り之かんはん乗物等迠支度有之候処、宿寺之取計ひニ間違ひ有之、メツタニ役所ヲ恐慮しテ、其事止候而、門中歩行《カチ》ニテ客を出迎ヒ、建中〔寺〕・相應〔寺〕ノ両寺者』駕ニテ被参、先キ乗り相應寺宿寺迠被相迎、建中寺者出迎場ヨリ先キへ被帰候、

此出迎止ミ候事ニ付、門中甚立腹之段、宿寺不働、殊ニ類焼寺ニテ此御開帳ヲ引請被申候事甚不出来ナド、追々物語承之候、成程此住僧気ノナイ人ト見江候、向来此所開帳取組候ハ、随分縁山(増上寺)下ニテ聞合、扨名古屋門中評議之上、宿寺相極候様ニ致し可然ト相聞江候也、

一、此度江戸御屋敷江願入候手筋者、傳通院尾張様御宿坊寮大梁和尚江頼入候

門中、金襴五条被着す、

宝暦十年二月十二日、真
影誕生寺出輿す、

江戸大火を急飛脚にて知
る、
神田・深川大火（『徳川
実紀』二月五日の条）

京都伏見着
伏見衆、淀まで迎う、
鬮取《くじとり》にて、江戸開帳決行
す、

知恩院へ入輿す、

也、以後とても御宿坊寮江手寄り候而可取組、名古屋表之門中寺方所々之法則
とて皆金襴ノ五條を懸ヶ候、』
一、寶暦十辰二月十二日當山（誕生寺）御出輿、日和能群集　此日昼食休息津山（西寺町）泰安寺、泊勝（勝央町）
間田正行寺、
一、十三日三ヶ月（兵庫県佐用郡）本陣泊、但此宿入之時、乃井野（三日月町）江使僧を以今晩三ヶ月止宿之
段、申遣ス、此本陣ニ而江戸大火之噂始承之、
翌十四日三ヶ月ゟ壹里ほと行候処、大坂ゟ急飛脚を以、江戸火事場書付来ル、
然レトモ兼而江戸江申遣し、何方ニ而も用状者伏見迠御越、二月早旬ニ者、国
元出立仕と申遣し置候得者、伏見表迠不被参候而者、江戸囬向院并知東和尚弟
子共之為知意許不相知候間、とかく伏見迠と申、
十八日伏見江着、大僧正（麗誉順真、知恩院第五十三世）ゟ茂壹僧被差出、法類共に京都三宝寺（伏見）も被侍居、伏見
衆者淀迠御迎ニ而、日和能』賑ヶ成ル事ナレトモ、扨々此日源空寺（伏見）江着候而、
右之書状とも被見之上相談、意内致役著、其上　御影前ニ而御鬮取候処、到下
向候ニ取當り候故、一決して皆々江為申聞、其夜九ツ過江戸江状相認、十九日
早天ゟ四日之飛脚ニ而差下し候、
一、本山（知恩院）江御入輿之事、兼而聞合案内等申達し置候旱、□（虫損）桜馬場より三門江かゝ

開扉せず、

増上寺・知恩院、好身寺院へ直状を頼む、

帰路開帳約す、

四日市光運寺

旧識なる寺も、他の寺聞合す、

岡崎の源空寺

御津大恩寺

吉田悟真寺

浜松玄忠寺

縁故なき寺に鳳輦入る、

り鎮守坂を上り、本堂江奉入、本堂前江役中御出迎、内陣に安置、前机ニ御膳供物何れも御丁寧之候事ニ相見江候、開帳不致候、御目録御備へ候、役中ゟも上り候、此時奥江通り、御前ニ而急キ昼食少々給候而、道中好身之寺院方江之』御状共并縁山大僧正（妙誉定月）江華項大僧正（麗誉順真）直状被下候、

此日大津泊、従是道ノ記、逐一ニ者不能書誌、所詮のミ記之、

一、四日市（中部）光運寺江本山ゟ之書状を以立寄、鳥渡（ちょっと）帰路之開帳物語いたし候、

一、桑名（東方）照源寺旧識故、立寄、及物語候得共、此寺者所ノ問（聞カ）寄悪敷候間、外之寺ヲ御相談可被遊と被申候、

一、七里灘之渡り、御鳳輦者鳴海江御渡り、愚老（源成）者尾州江立寄候、其趣前々記するかことし、

一、岡崎源空寺（東能見町）江立寄候処、去年移転被参候、ヤハリ先住之法眷、予か知りたる人也、龍意ニ被申開帳之噂申置候也、

一、御津《ミト》大恩寺、江戸江被参留守之由、依之赤坂（豊川市）ニ丹壽』院ト云末寺有之、立寄書状差置、猶亦江戸ニ而大恩寺主懸御目、其上可被越段申候而、立遣候早、

一、吉田（豊橋）悟真寺留守故、順達ト云役僧へ申置候也、

一、濱松玄忠寺（田町）何之所縁も無之候得共、御鳳輦門内江為入候而、案内乞を致對面物語候、猶追々状通を以可申段ニ而急キ候也、

掛川天然寺

一、掛川天然寺（仁藤町）にも押而立寄り、知音ニ成致物語候也、

一、吉原（富士市中央）大雲寺・沼津（本字出口）浄運（乗カ）寺・小田原（南町）大蓮寺何れも遂對面、状通し口論して通り候早、

品川着
増上寺出迎ひ、

三月三日品川着、其時大森迠着いたし候得者、緑山（増上寺）ゟ大勢出迎ひ追々被参候、弟子弁岸者、先日水口まで罷登り候処、桑名より先キに江戸江案内なと帰し候而、出迎ニ罷出候者、囲向院并東上人宿坊察源師等』相談之上、開帳御戸開日延願差上、當月廿日よりの開帳ニ罷成候間、此段左様可被思召段申候、八ッ半時品川（南品川）願行寺江到着、

二十日よりの開扉

願行寺に九日間逗留す、

是より十二日迠、願行寺ニ逗留、此間之用事粉擾忘々たる事中々筆記ニ成かたし、土産物別記ニアリ、

品川まで出迎の寺院

一、十三日江戸入、願行寺迠御出迎ニ被参候寺院、西福寺（浅草）・赤坂浄土寺・目黒清岸寺・小石川源覚寺・牛込光照寺（袋町）緑山学頭塔頭、一籌此二ヶ寺、内一院宿坊、松平越後守（長孝）殿ゟ芦沢氏同勢召連被参寺内一院宿坊、

檀林寺院出迎へ、

一、檀林方等御出迎者、縁山迠之筈申合致し候、其外ニ茂緑山迠被参候方有之、

行列式

行列式ニ有之、

好身寺院へ昼食出す、

此日縁山ニ而者、檀林方江者、本堂ニ而式礼致し迠ニ而、何之風情』不致之候、

参詣者群参

好身方并此方之随従観智院(芝公園)と隣院ニテ昼食為致之候、此日當春無之日和と皆々申候、殊外能キ天気ニ而存外群集、緑山内之参詣おひた丶敷事ニ而候、依之道中以来之鬱積少し者はたし候、扨出迎ニ幡幟等追々見江候、

回向院へ入輿す、紫衣寺院、縁山役者、好身寺院食事、菓子出す、出迎三千人

囬向院(両国)江八ツ半時(午後三時)御入輿、

一、紫衣寺、檀林方一間ニ、緑山役者一間ニ、好身寺方一間ニ、囬向院座敷江しつらひ入候而、一汁本三菜引物共、五菜ニ成様ニして出之、尤菓子も出し、此日在俗等御出迎之人数江こわ飯《メシ》にしめ(煮染)、凡ソ三千人之こしらへ、囬向院ゟ菓子ヤ江被申付、出来候、

享保十七年の開帳、膳部等なし、

但廿九年已前、此大寺方江膳部出し候事者不致之候』、少々出候茂有之由、夫レハ囬向院之振舞ニ而候由、此度者此方之入用ニ而、ケ様ニこしらへ候、此則諸事六ヶ敷たると申者ケ様ナ事なり、

警固

一、越後守(松平長孝)殿警固、芦澤氏并人数等願行寺(品川)迠被参候得共、品川ニ而も何之風情不致候、兼而申合観智院ニ而、昼食出シ候、囬向院ニ而者、観音堂江座敷江入、芦澤江吸物小付酒、同勢江こわ飯酒にしめ出之、

観智院と旧知なり、

但此警固之申合等観智院(芝公園)主愚老(源成)旧識也、役院ニ候得共、心安く候処、幸と越後守殿宿坊ニ而、諸役人皆々入魂候由、依之此警固一件者、観智院江去年ゟ頼置候、依之昼食等も次第ニ頼候而、此院ニ而いたし候、

寺社奉行へ着到届出す、

府内寺院組頭等取持頼願ひ、

開帳始む、群参す、

飯米五十俵、五十貫文入用

今回は増上寺大僧正招待せず、

銀五十枚献上

一、即日寺社御掛り阿部伊豫守（正寧）殿江到着之届致出駕候、帰りかけ越後守殿家中岡村多仲、去年以来』最初ゟ往復ニ而候間、立寄へし、

一、十四日ゟ日々致出駕、府内寺院組頭寺江御取持頼入候、其外山ノ手筋取持、在家江立寄候、類焼場去年口約仕置候所者、一向使僧も不差出無音ニ打過キ候、

一、寺社司外之三ヶ所江も届ニ参候、

一、御紋付戸帳打敷ホ之事ニ付、祐天寺（目黒区）并縁山（増上寺）威光丈（ゟカ）殊外世話ニ相成り候、別ニ記録致し置候通、願入候処、早やく相済候、

三月廿日（宝暦十年）御戸開キ、日和能く群参

一、回向院殊外世話、別而飯米之事去年院主と約束、開帳前五拾俵と五拾貫文為積候筈之処、致類焼候而、一合一銭ニも不相成候故、院主別而苦留ニ被致』、藏前ゟ弐拾俵之寄進被申請候而、取掛り候、

一、廿九年（享保十七年）以前御戸開ニハ、大僧正（増上寺第三十九世、学誉冏鑑）招待仕候由、此度者物入等勘弁、不申上候、尤内分承候処、先年者学譽（冏鑑）僧正殊外隨喜被成候上　御公儀御法事等有之、御収納多候時節故、銀五拾枚差上候、此度者甚減少之由、兼而及承候故也、

但御招待仕候得共、廿九年已前之事　於開帳場御昼食等不差上候、愚老（源成）存候ニ、其時者大僧正霊巌寺江御入り候而、御振舞有之様、兼而申来候故と覚江候、

津海の時、繁昌幸運なり、今回不運の嘆き、

宝暦の大火、日本橋まで類焼

災害復興、職人入用につき参詣者少し、

月牌
万人講

増上寺大僧正参詣、昼食出す、

府内紫衣寺院参詣

公儀代替り、檀林総出府

将軍家治、宝暦十年九月二日就任（『徳川実紀』）

一、廿九年已前者、門譽（津海）甚金銀ニ有縁ナル生得ニ而、諸時繁栄収納も多候而、物入も少く、此度トハ雲泥之違ヒニテ候、後見推見感慨あるべし、

一、此度者江戸、眼とスル所皆類焼、両国西廣小路ヨリ』南側ヨリ日本橋迠者皆焼場、中々参詣可有之様ニハ不被存、然共　御影前江打侑せ祈願仕候而、何卒一盆ニ相仕廻候様意願仕候、存外ノ参詣も有之、奉納も日々持チ来候、然共五月節句前ゟ　御公儀（五月十二日家重辞職）御移替り之被仰出候上、大工日用等御城之普請相済故、職人出来候而、江戸ニ造物始リ候而、日々参詣薄く相成り、依之院主工面シ而、月牌萬人搆（講カ）ヲ勧メ遣し候、

一、緑（縁）山大僧正（妙誉定月、第四六世）御参詣之旨申来り、於囲向院昼食指出候筈ニ支度致し候、一汁五菜、役者中迠同様、中通り一汁三菜、下部江者汁ニ一菜出之、上中江酒菓子出之、

一、府内紫衣寺、檀林方追々御参詣開帳場於對』客之間、應對仕干菓子入念出之、煎茶出ス、

一、御公儀御移徒故、檀林方不残出府、依之追々御参詣有之候、各干菓子出之、煎茶出ス、

一、誓願寺（南千住）方丈者、愚老（源成）深川ニ而（霊巖寺）暫同役ニ而候故、別而入魂両三度参詣、天徳寺（虎ノ門）是も旧識ニ而候故、三度迠参詣、壹度者僧正ト同時故、於囲向院昼食出之、

一、僧正も両度之参詣御座候、

万人講、六七百枚

府内寺院、組毎に目録参詣なり、

十日の日延願書

小屋掛取拂ひ、一夜本堂に入輿

閉帳届を寺社奉行・増上寺に出す、

六月八日出立す、見送り、好身寺院火災後故、諸事省略す、

一、霊巖寺、愚老若年ゟ同志学詩文之友ニテ有之故、度々被参、何ニ而も取持可申段ト申、萬人搆(講カ)も六七百枚被致世話候、

一、府内寺院方壹組充ゟ皆一二ヶ寺充目録ニ而参詣、其目録員数奉納帳ニ記置、』尤従此方御挨拶禮物之品別記有之、

一、日延十日願書下書有之、

一、開帳仕舞にて小家掛取拂、早速届仕候筈、此度者火変申立、愚老(源成)存付ヤハリ出立迠小家ニ罷在候様ニ願候而相叶ひ、只一夜囬向院江本堂江入輿、皆々相移り翌致出立候、

一、六月朔日閉帳、即刻寺社四ヶ所、増上寺江届候、致出駕候、

一、増上寺江禮物之趣、別記ニ有之、

一、越後守殿(松平長孝)屋舗江之勤方、是又別記、

一、六月八日囬向院出立、品川江引移候ニ付、先年者其日』為御見送りと御出迎之通り、寺院も御出駕有之候得共、此度者緑山役中江も及内談、大寺方断申候而、只好身寺院ニ而相済し候、尤越後守殿(松平長孝)ゟも送り見候得共、是亦断り申候、所詮者饗應ト返禮トノ物入諸訣故ニ候、役者蜜厳和尚被申候者、此度之開帳者、當時大変ニ付、諸事省略、當山(増上寺)表之儀も前年ト遠ヒ候得共、此方之日鑑ニ格段之

警固必要、鳳輦掛り若者
強侠ゆえ、

好身寺院昼食、観智院にて出す、
食の振舞、無益の人多し、

以下江戸入府から当初の
状況追記
増上寺本堂入輿するも、
開扉せず、

内陣中央に安置

宿坊察源

開帳後例ニ不罷成候様ニ記し置可申候段、被申ニ而候間、向来企有之者其心得
あるへし、
但越後守殿ゟ見送り之警固者ヤハリ相願候而可然也、其故者品川表惣而御鳳輦
江懸り候若ィ者共、殊外致強侠候事、惣而難儀ニ候ト兼々申傳へ候、江戸入之
時者邪魔ニも成り不申候、此度致見聞候処、向来者ヤハリ』送り警固有之様ニ
相心得あるへし、
一、此日好身方寺院并同勢昼食於観智院相頼候、殊外高値ニ付、人数之指引も工
面無調法故、振舞度人者不給食、無益之人多入来候由、向来有之者人数等手配
り能いたし無益なき様ニ計ひあるへし、
一、三月十三日江戸入 行列式別記 品川ゟ出立、増上寺本堂江御入輿、下陣之正中ニ御安置、
大僧正(現誉在心、第五十一世)昇堂、檀林方等者内陣之右ノ方ニ着座被居候、山内大衆下陣左座、開帳
者不致候、誦経念仏大寺方焼香有之、扨六月八日囬向院ゟ出立、増上寺江被
為、此度者内陣之正中江奉安置、僧正昇堂之時開帳、出府之檀林方皆々被相詰
拝向焼香有之候、
享保(十九年)年中此式此方ニ無之候故、宿坊察源師を以』丈内山内之記録を写し取
候、別決ニ有之、付札置、本堂之送迎等之式、帳場行者差図仕ル也、

火災により十日間開扉延す、

紋付の戸帳・打敷使用許可制なり、

椋珠数五百連金七、弛緩により叱る、

切椋八千、珠数作す、船積

珠数不足、江戸にて作す、

竹姫代参御三家に入輿せず、

「大主、日蓮宗之気味」とあり、

一、三月十日ゟ開帳願ニ而候処、就火災十日相延し、廿日ゟ開帳支度旨阿部伊豫(正寧)守殿江役僧を以願入候、其段御免者三月六日なり、

一、御紋付戸帳打敷致荘厳度旨願、三月十七日御免也、

一、椋珠数津山金七江五百れん申付候、出来不急候故、叱り候而其後者不申付候、伐切凡壹匁宛ニ遣し候、

一、切椋江戸積凡ソ八千程八箇ニ而船積下し候、大分餘候而積戻し候、京都珠数木者、大坂江壹箇為持置候ヲ、取寄せ御申付可給段、江戸ゟ状通ニテ為申登、其通リニいたし候、

一、珠数不足候故、江戸ニ而段々為挽候、出来宜直段詰向下』直之様ニ相見江候、後来開帳企有之者、前廣ニ勘辨可有之事、

一、竹姫君様(将軍家重の女)御代参之節、并御屋形江被為入候哉之事、其外尾州・紀州御屋敷等江入輿願之事及相談候処、竹様御代参在之候へ者、外聞者宜候得共、囬向院被申候者、何頃よりか悪敷仕なし候而、御代参願候得者六七両程之足シ入リ候間、此度者部ノ方(阿部正寧を指すか)ゟ御聞及ヒ有之者、其通り御願者不被成、可然之也、尾州事傳通院大梁和尚江及相談候処、大梁被申候者、成程願込申義、拙僧働キ出来可申候得共、所詮御助成ニ不成申事、殊ニ當大主(将軍家重)者日蓮宗之気味ニ而候、然共表向者浄宗(浄土宗)信仰之様、役人共者皆浄宗方ニ而候、一向御為にも不相成、殊ニ日限

将軍家移替に付、諸事遠慮す、

家重、三月一日隠居内示、四月一日同公示あり（『徳川実紀』）、

竹姫老女下方の、知貞尼参詣あり、

享保十七年開帳のおり、大打敷を寄進、その礼状無きにより今回、礼状を得たい、

戸帳水引も寄進す、

二通の証状

竹姫、准国母

も此方之存分ニ者難成、間方より指図ニ而御入輿仕事ニ候得者、閉帳後大勢喰費相待候茂迷惑ニ候得者、御無用ニ被申候、此度者』公方(家重)様御移替ニ付、武家方之出入六ヶ敷、夫故、何れ之御屋舗も先佛門者御遠慮之趣、及承候得者、何方にも不申願一日も早く江戸出立ヲ急キ候事也、

一、閉帳六七日前ニ竹姫様老女方之下尼ニ知貞ト申有之候、参詣是者鳳洌御出入仕候故、拙愚(源成)も及聞候、其上宿坊察源師幼少ヨリ知音ニ而候得者、居間江通し致対面、其上ニ而、此度者御屋舗江一向御無音仕、愚老田舎坊主之事、殊更火変ニ而彼此ト致粉冗相勉候、就夫廿九年以前大打敷御寄附被遊候得共、其禮状無之候、何卒右之證状此度申請罷帰り度候、宜御取直シニ而頼入存候、就中云何と可被思召候へ共、右證状被下候ハヽ、其次年ニ當年亦々戸帳水引御寄附被遊候様之證状申請度候、其品物者愚僧方ニ而こしらへ申度候間』、是亦能キ様ニ被仰成、何かと右両通之證状、此度大師前永代之荘厳土産観模ニ致し度ト申候得者、知貞領頭《ウナヅク》シテ、扨々能キ御願被成様ニ御座候、御屋敷デモ御噂のミ申候得共、此度者上様御移替りニテ姫様御儀御内々ニテ准国母(ママ)之御待遇《ヲアシライ》被仰出、依之殊外繁用故、従　御殿も御無音之候事ニ由、御座成程得其意存候御気遣被成間敷、宜帰候而申成し被帰早、夫より何之沙汰も無之、愚老(源成)も何方江も咄しも不致罷居候處、六月七日小家ら囲向院江引移り、七ツ時ニ者アレコレ暇乞トテ見

出開帳成功の慶事に皆々拍手す、

祐天寺、証状でなく誕生椋が良きと答ふ、

江、殊外取込候、暮前ニ察源師ゟ急キ使ニ而、右證状両通来候、其察源師ヨリ被越候書状記録袋ニ入置候也、依之囬向院主始メ皆々致拍手、扨々難有事哉、當寺者比證状者御紋付之御朱印ニテ中々大抵之事ニテ出ル事ニ者無御座候処』、ヶ様ニ心安く御請候事偏ニ御影前之御高徳也云云、扨右之返禮ニ菓子様之物差上可然段、感光丈(師)指図、院主も急キ相談致し度旨被申候処、イヤ〳〵此返禮之儀者、祐天寺(中目黒)江遂対願可任其意候得者、明後日品川ゟ祐天寺江参、愚老会談之上之事ト申、扨九日ニ早天対馬守(森長俊)殿屋敷江行キ、夫ヨリ祐天寺江遂対顔陳謝申述候而、御指図次第可指上旨申候処、寺主被申候者、中々左様ナ義ニテハ荻原との迷惑被存候得者、一向左様之義御存念なく、夫ヨリ御寺ニハ誕生椋ノ能キ在之候ハヽ、御包ヤハリ姫様江御上ヶ可被不(申カ)ト申、御文ニテ可被遣候、其外老女方江も皆椋壹包ツヽ、此ニ過たる進物者無御座候ト被申、依之然者其指上候茂、當寺様江御頼申事ニ而候、老女方江之文いか様ニ書候而、可然哉不存事ニ候得者、可然頼入候由、申キ、夫レハ感光師江御頼被成、愚寺向ヶ参候様ニ可被成との事、然者左様置存様申帰寺』、椋包候而察源師へ申遣也、感光丈(師)ゟ祐天寺へ頼遣し候也、愚老(源成)懐甚物入候而請候事ニ者無之、祐天寺果然として本意之通被申入しれす満足せしめ候也、

依之内戸帳水引江早速御紋為縫こしらへ候、然者向後者内戸帳、巻戸帳、水引

回向院、真影の書絵を記念として所望す、

椋木にて珠数を作す、
真影謄写浅草吉左衛門作製

絵像裏書、桐箱拵ふ、

打敷皆御紋付キ図而、品川より道中筋皆用之致荘厳候、此度之仕合者此両通之證状ヲ請候事返々御高徳之御加護美目不返之、

但廿九年以前證状と見ト有之者、當時荻原殿ノむかしの名也、

一、回向院主此度丹誠之取持、其上願被申候者何卒　御真影之畫像當寺江御残し可被下之、尤近年何れ之開帳も皆相應ニ左様之事有之ト也、其上此度開帳結縁銘々日参并搆（講カ）中之面々御寄附之志を運ひ候者共江、御記念《カタミ》ト思召』椋ノ木被下候ハヽ、百萬遍珠数為調置、毎月六斎日於御影前念佛執行、放生会を取組申度候、依之江府大佛畫工浅草吉左衛門呼寄セ　真影為致謄写、表具惣金絹ニテ結構御出来、珠数も小クシテ三連出来候間、為右供養院主任招待一日於本堂　御影奉掛供養、珠数壹聯（連）充咒願いたし群参勤談し置者也、

右大師御畫像裏書いたし、箱も桐ニテこしらへ致寄附候、』

七、誕生寺松仙和上轉住之砌入訳書記（寛政五年）

（表紙）

寛政五年
誕生寺松仙（第二十一世、奉律開祖）和上轉住之砌入訳書記
丑二月日
知事徹禅

（綴本　縦二七、八糎×横一七、六糎）

寛政三年（一七九一）七月二十六日、松仙、円満寺出立し長野善光寺請待により向ふ、
松本浄林寺授戒
長野寛慶寺授戒
戸隠
駒ヶ根安楽寺説法
座光寺伊素助

寛政三年亥夏竟七月廿六日庭田村（岐阜、海津市南濃町）圓満寺發足ニて、信州善光寺ゟ請待有て、八月五日、松本（中央）浄林寺江着、此ニて授戒、十一日より前行、十八日正授戒、十八日發足致、廿日寛慶寺（長野市）へ着、其日大風、彼岸相勤り彼岸後授戒、九月四日正授戒、八日戸隠し（衍）江参詣、十一日發足、上穂（駒ヶ根市）安楽寺へ十四日着、十五日ゟ十九日迄説法、此間に徹禅甲州へ行き、廿一日山吹（飯田市）キ座光寺伊素助殿ニ一宿、翌日牛牧（高森町）明永寺（現・明照寺）へ

牛枚明永寺説法
飯田西教寺授戒
安楽寺
甲府天然寺説法
東八代端蓮寺授戒
山梨西称院
甲府天然寺授戒
瑞蓮寺
深川霊巌寺請待につき向ふ、
開山堂授戒
品川法禅寺授戒
増上寺にて知恩院定説と合ふ、これ因縁となる、
天徳寺
二宮知足寺授戒
静岡法伝寺授戒
宝台院
十月十四日、庭田円満寺に帰る、
可円十三回忌、西光院結集
寛政四年二月、大垣戸田氏、律兼学を賞む、
知恩院定説、松仙に誕生寺住を勧む、

着、廿五日説法、廿五日飯田西教寺(伝馬町、触頭)へ着、此ニて授戒、十月五日正授戒、其日發足、上穂安楽寺泊り、六日發足、八日甲府天然寺(丸の内)へ着、初夜説法大群参り、日課三百人餘□□(虫損)』田中随蓮寺(東八代郡一宮町)へ着、此ニて授戒、十六日正授戒、夫ゟ下神内河(山梨市)西称院ニ而授戒、夫ゟ甲府天然寺、此ニて尊躰寺(甲府市城東)へ対面、廿四日正授戒、其日発足、随(瑞)蓮寺泊り、夫ゟ江戸深川霊巌寺(白河)ゟ請待有て、廿五日江戸へ発足、廿八日江戸四ツや(谷)泊り、廿九日霊巌寺へ着、左右和尚べんてん屋迄御迎ひ、開山堂(雄松院)ニ而授戒、山内所化衆不残受戒、夫ゟ錦草一宿、傳通院様ニ而御斎頂戴、夫ゟ寺方貳三十人授戒、夫ゟ品河(北品川)法禅寺ニて授戒、芝所化衆在家授戒訖而、増上寺ニ而、知恩院大僧正様(誠誉定説、第六十世)へ御拝祝有、御宿坊ニて有之、此時因縁と相成也、夫ゟ天徳寺(港区虎の門)ニ而二夜泊り、法禅寺江帰り廿日發足、相州二之宮(中郡)』知足寺ニて授戒有て、夫ゟ駿府法傳寺(静岡市伝馬町)ニ而授戒有之、寶臺院(静岡市常磐町)へ御立寄、御方丈御尊敬之程感入申候、十月十四日庭田圓満寺へ帰寺、

其翌年寛政四年二月、大垣殿様(戸田氏成)ゟ律兼学神妙成迚、米五俵被下置、可圓大和上十三年忌ニ相当り、京都西光院(上京区、現在城陽市)ニ而結集有之、六月十六日知恩院　大僧正様ゟ御請待有て御斎頂戴、其日虫干の約束有之共、雨天故相止之、同十九日虫干ニて御知らせ有之、則参詣仕、和上前一人大僧正様御居間へ被召、美作国誕生寺無住ニ

七、誕生寺松仙和上轉住之砌入訳書記（元禄五年）

松仙、誕生寺住職断る、

九月、知恩院請待状及び使僧来り、承諾す、

大垣役所へ転住願

誕生寺前住智源の借銭

西光院説法、誕生寺役者等同院着

知恩院にて住職認証、内礼あり、

銀子、手形合せ十二貫匁持参す、

八日間の旅程、誕生寺着す、

入院式の回文

重願寺・安養寺回文受取らず、

而有之、其元住職致呉候迚、初而御頼有之、和上一人の了簡ニ不能、夫ゟ西光院へ帰、西光院（一道慧実）和上と相談』有て、彼是致ス内ニやみそうにも相成、八月十七日知恩院へ登山有て御断申切て、同廿五日京都發足ニ而、庭田村（海津郡南濃町）圓満寺ニ帰る、誕生寺行の病抜と安堵致居候所、九月九日本山寮主祝然和尚請待状参、猶又白子（鈴鹿市）悟真寺方丈、本山（知恩院）ゟ之御使僧として御叮嚀成事故、違背も難成、夫ゟ執片付に懸り、大垣役所轉住願相済、大忍・大光、寺請取、十月九日庭田發足、京都ニ暫逗留、本山其外大之進懸合相済、廿八日京都發そく、先住（功誉智源）借銀壹貫貳百匁有之事、彼是引合相済、荷物船廻、桑名湊屋孫右衛門江、十月廿六日庭田ゟ河船ニて』下ル、霜月朔日庭田發足、高田泊り、同四日京都へ着、同十日より十七日迄西光院ニ而説法、同十七日浄土院（誕生寺役院）旦那惣代西光院へ着、十八日本山（知恩院）へ訴へ、十九日朝五ツ時小方丈ニて被　仰付相済、并ニ内礼共ニ相済、直ニ御斎頂載、斎後知事徹禅、役院浄土院大方丈江呼、御役者衆ゟ以書付御申渡し有之、夫ヨリ西光院ニ帰り、翌廿八日大之進ニ而銀子替せ、手形都合拾貳貫匁受取、廿一日京都發足、山崎斎キ、芝川、郡山、瀬川泊り、昆陽《コセ》、西ノ宮斎、兵庫泊り、舞子濱斎、明石、廉古川泊、姫路斎、鎊西誕生寺列、犇崎、千本泊り、三ヶ月、佐用斎、土居泊り、勝間田斎、津山泊り斎後立、霜月（十カ）廿八日□（虫損）時』誕生寺へ着、十カ月三日入院式可仕と旦方相談致シ、門中江廻文ニして大忍・大光、浄土院ゟ朔日早朝勝沼相廻り候処、久世（真庭市勝山）

伏して断る、とあり、

両寺参らず、
両寺泰安・本覚、会式に金欄袈裟被着あらば入院式に出勤、被着せずんば出勤せず、
松仙、地獄業難題なり、律、波逸提の罪を犯すなり、知恩院もこのこと承知
入院式、寛政四年十一月四日、日没すぎに行ふ、記録に「律院」とする初見なり、

重願寺・高田（真庭市勝山）安養寺両寺申分ニ、此度使僧可来廻文請不申とて相戻し候故、其分ニ難差置、二日早朝ヨリ徹禅・了誓使僧ニ参り、久世重願寺へ参候処、留主、勝山安養寺へ参候処、久世重願寺も安養寺ニ被居両寺對面、畳ニ伏して御断申、漸々相済、最早三日ニ相成不申、（衍ならん）四日四ツ時御斎、九ツ時入院式相済可申様、相談仕候処、左候得者、三日之晩津山泰安寺（西寺町、触頭）泊り、四日早朝誕生寺へ可参と被申、』其夜安養寺ニ一宿、翌早朝出立罷帰、最早津山本覚寺和尚・徹山和尚取持ニ三日より被参居、扨而四日入院成レ者迚、色々もてなしの事有て、斎後ニ相成り候得共、久世（重願寺）・高田（安養寺）両寺不相見如何と存居候所、九ツ時分浄土院へ着、早速此方ゟ色々賞なし、最早時移り候得者と大忍・徹禅数度参候得共、少々相談可致義有之とて、久世・勝山（安養寺）両寺、泰安寺・本覚寺相談有て、誕生寺ハ格別之寺金襴衣御免、會式之節、右金欄之袈裟着用者有之ば、此度入院式へ出勤可致、無左者出勤致間じく候由、泰安寺和尚ヲ以申越し、當和上之返答ニ者、是者難題也、比丘金衣着すれば、波逸』提乃罪ニ而、地獄之業也、たとへ誕生寺ヲ辞るとも着不仕、右躰之事者　僧正様（知恩院）御存知之上□□（虫損）仰付候事なれば、無是非事ニ御座候、御帰り可被成跡ニ而、入院式可致と返答有之者、泰安寺和上、然らバ右之段相談可仕と浄土院江行相談之上、浄土院を以て、日没すぎニ勝手次第ニ可仕候御返答有之、依而四日之晩、初夜時分ニ入院式相済、五日、六日旦那披露有之、初四日ニ頭旦

触頭・津山門中承知せず、

那、次キ両日ニ惣旦那御斎振舞有之候、其後大眞士を津山泰安寺へ呼付、久世（重願寺）・高田（安養寺）両寺申分、誕生寺律院と申事本山の思召不得其意、此度入院式へ出ば、世間寺方手を』打て笑ふべし、此段本山表へ可達と申合せ、両寺久世・高田へ帰寺、跡ニ而泰安寺ゟ大眞を呼、右之一件咄し津山門中者承知不致、今暫有て返改仕、誕生寺と一慮可致、右御承知可被下と被申、其節入院披露ニ相廻り使僧ニ而、其後丑（寛政五年）ノ二月三日寺社奉行所へ披露、和上前被罷出、

一　寺社奉行　平井郷左衛門殿
一　寺社取次　山田孫四郎衛殿
一　同断　藤本十兵衛殿
一　町奉行　増児右衛門殿　』
　　（重複、衍ナラン）藤本十兵衛殿　』
一　郡代　松岡治郎助殿
　　寺社取次下役　植月元右衛門殿
一　銀貳匁　扇子代
一　同二月十五日和上前、殿様（津山城主松平斎孝）へ御目見得、本覚寺（津山市西寺町）和尚案内

覚

一　壹束壹本　代銀札七匁五分

右者着上物代銀札慥ニ受取申候、已上、

（寛政九年）
巳二月十七日　　大御納戸　印

』

八、誕生寺諸（記録）（寛政八年）

（表紙）

寛政第八丙辰夷《イ》より
誕生寺諸□□
（表紙下半分破損）
櫔社山□□□□□□□

（綴本　縦三〇、七糎×横二一、三糎）

誕生寺棟数

一、御影堂　七間ニ八間　二重屋根　二間向拝付　瓦
一、阿弥陀堂　弐間四面　寳形造　瓦
一、観音堂　三間四面　瓦
一、勢至堂　弐間四面　向拝附　瓦

第二十一世随誉松仙代
（誕生寺奉律開祖）
松仙、寛政四年十一月四
日入寺式

御影堂、二重屋根

阿弥陀堂

観音堂

勢至堂

羅漢堂

方丈

丈室
雑事寮

釣鐘

念佛庵

一、羅漢堂　弐間ニ四間　瓦
一、位牌堂　弐間ニ五間　瓦
一、本堂廊下　七間ニ壹間　瓦』
一、方丈　五間半ニ九間　茅
一、玄関　弐間四面　瓦
一、同門　唐門造
一、丈室居間　三間ニ六間　茅
一、雑事寮　弐間ニ三間　瓦
一、庫裡　四間ニ七間　瓦
元七間、梁ニ桁行十三間』
一、同門
一、供部屋　四間ニ二間　瓦
一、土蔵　二間三間
一、長屋　二間半ニ拾壹間
一、釣鐘壹口　指渡シ三尺
一、同堂　壹丈ニ弐間
一、念佛庵　五間半ニ十三間
一、同本堂へ廊下　六間ニ壹間』

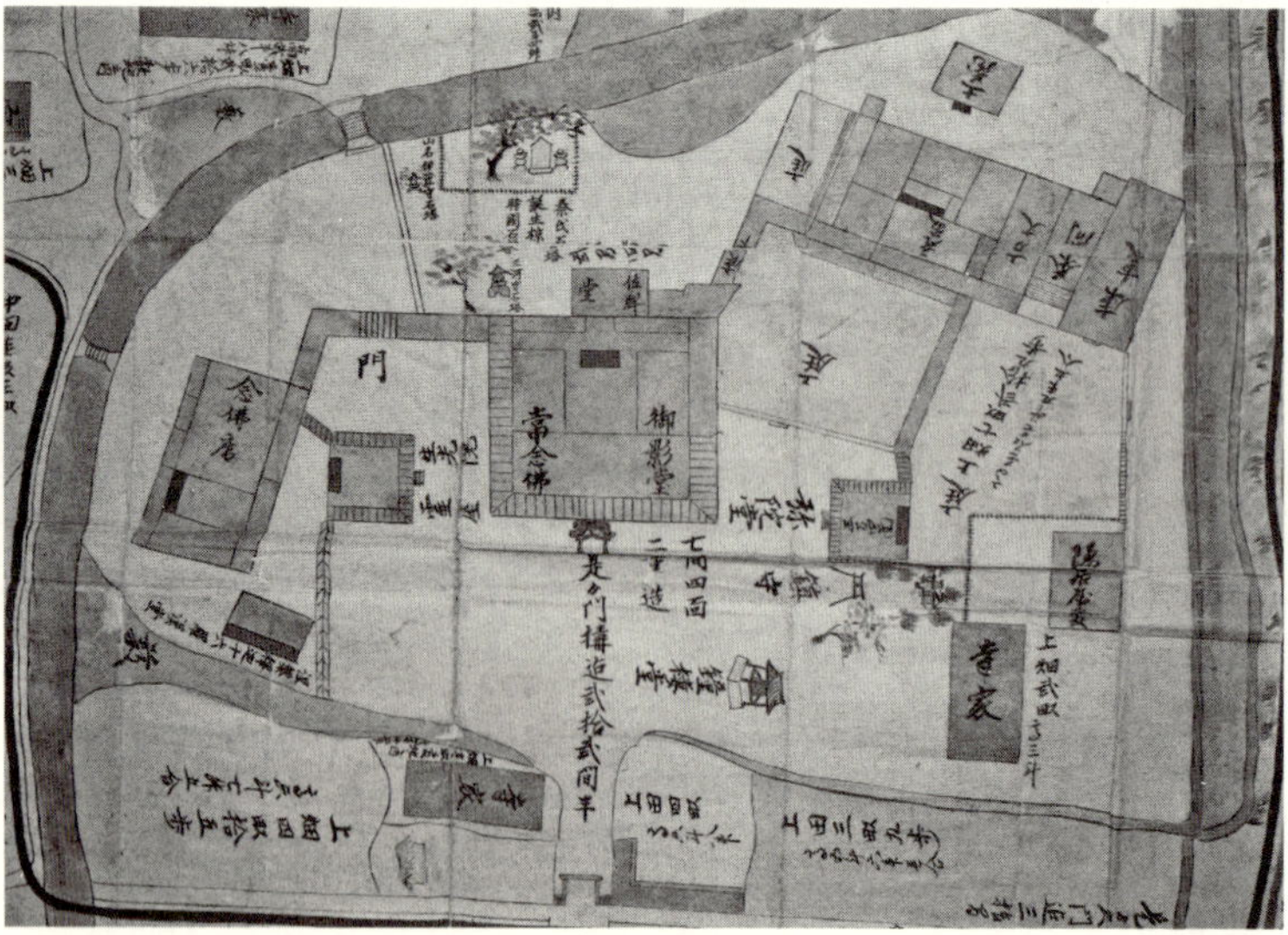

『櫔社山浄土院誕生寺境内寺領絵図』
江戸時代初期ならん、（同寺蔵）

八、誕生寺諸（記録）（寛政八年）

寺内社
清浄院
浄土院
実心庵
門前石六地蔵堂

一、同土蔵　貮間ニ四間
一、同長屋　貮間ニ五間　同貮間ニ三間
一、愛宕社
一、森社　櫔社二女ヲ祭ル
一、鎮守社　櫔屋根　神躰辨財天
一、寺内清浄院　四間ニ六間
一、同浄土院　四間ニ八間　』
一、同院土蔵　壹丈ニ三間　長屋貮間ニ五間
一、実心庵　二間ニ貮間半
一、表門　壹間半　桁行三間半
一、大門左右棟築地　五十壹間半　石垣共
一、門前石六地蔵堂　貮間四面　辰ノ夏再建、（寛政八年）願主蓮乗房
右之通ニ御座候、　』

（解説）
本記録の冒頭が寛政八年（一七九六）であるから、その頃の伽藍の様子と考えられる。
津山藩が編纂した『作陽誌』の「浄土宗栃社山誕生寺」の項を見ると、建造物として影

影堂

真影座像

堂、阿弥陀堂、方丈、稲岡観音、鎮守などをあげている。

「影堂」の項では、再興は永禄十一年（一五六八）、次いで天正四年（一五七六）、次いで慶長六年（一六〇一）の三回に行われた、とある

真影座像の丈は三尺、さらに「相伝」と断り、安置の法然

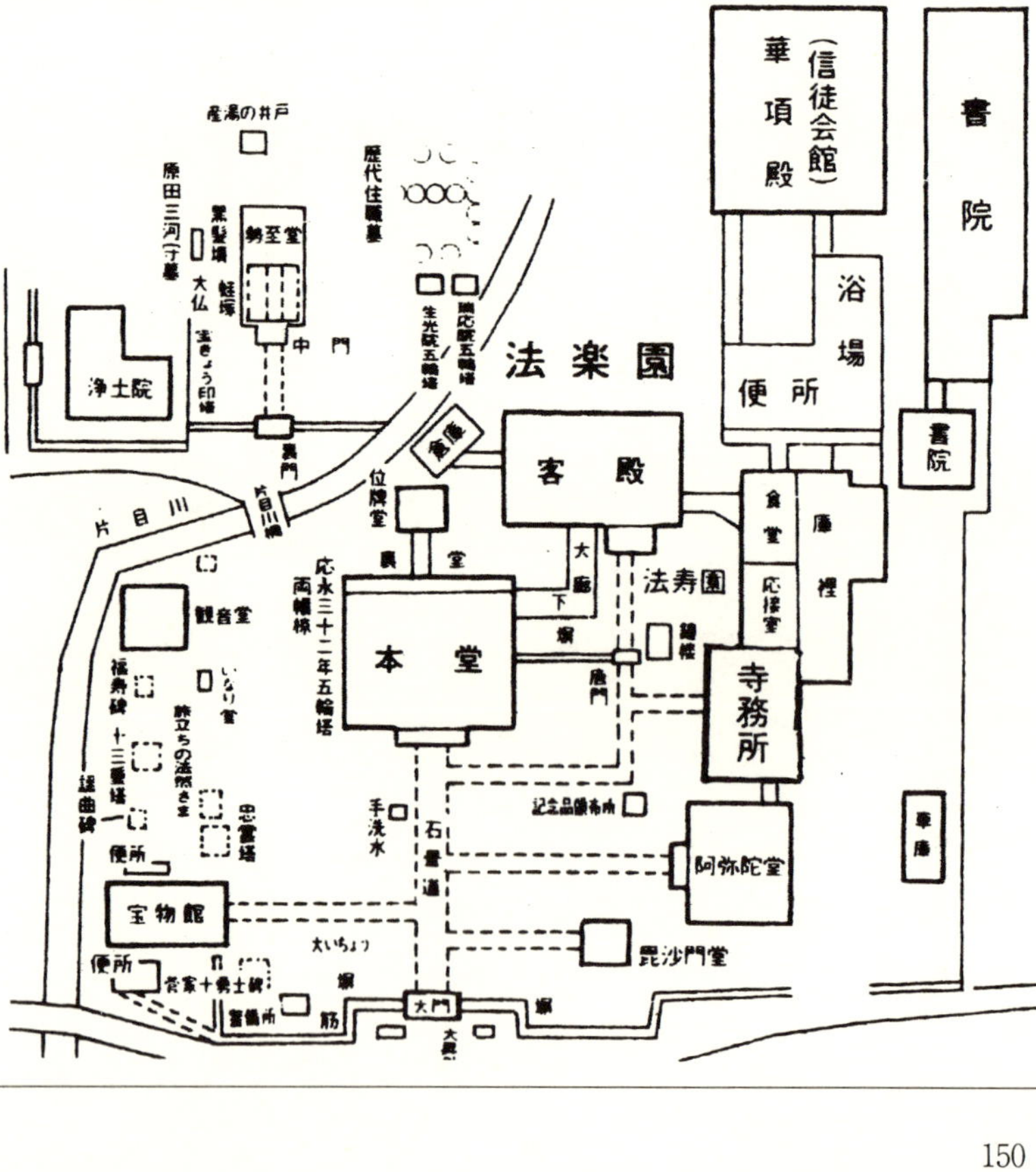

（現在の誕生寺境内図）

八、誕生寺諸（記録）（寛政八年）

御影堂
上人堂

水野恭一郎氏

『岡山県古建築図録』

円満寺
円成寺

上人像についての説をあげている。その一つに安元元年（一一七五）に法然上人（四十三歳）は作州に帰り父母の為に此像を刻んだ。ついで法然上人が帰郷した時、自らの代わりとして像を刻み母の元に置いた、と解説している。

この本堂は、現在御影堂と言われているが、永禄五年（一五六二）の『奉加帳』には「上人堂」と書れている。近世末期と思われる誕生寺の境内図には本堂とある。熊谷蓮生を誕生寺の開山とするが、誕生寺では熊谷が法然上人像を安置した本堂は、建久四年（一一九三）に立てられたものとし、熊谷の草庵、あるいは漆間家邸の旧跡の跡地としている。これら誕生寺の草創については、岡山県史のほか水野恭一郎氏は「美作誕生寺の歴史」（『武家社会の歴史像』のなかで安置する阿弥陀如来像の体内史料の分析から誕生寺の創建は久米南條郡里方庄であり、その年代を十三世紀後半とされている。また本堂は『岡山県古建築図録』の中で、元禄八年（一六九五）の建築、唐破風付向拝と背面の裏堂様式は浄土宗御影堂の特色と、「真言本堂の設備と一脈通ずる点」を指摘している。松仙の記録冒頭（一四七頁）の御影堂の記載に「二重屋根」とあることから、寛政五年（一七九三）に二重屋根になっていたということは、百年前の元禄改築に二重屋根にしたものであろう。嘉永三年（一八五〇）の改修（四五一頁）にも二重作りが踏襲されていることが分かる。本堂の屋根の外観は美濃庭田の円満寺（海津市南濃町）、尾張一色の円成寺（津島市中一色町）などの様式に似通っている点を指摘しておきたい。

元禄十二年　常憲院殿綱吉公朱章五十石賜ル、
美作国久米南條郡北庄里方村之内、五十石之事、今度寄附之訖、全可収納、并山
林境内竹木等免除、誕生寺進止、永不可有相違者也、
　元禄十二年十月十五日
文昭院殿（将軍家宣）　有章院殿（同家継）御両代御短治故御改無之ト見ユ、
有徳院殿吉宗公　惇信院殿家重公　浚明院殿家治公　御當代家齊公都合五通有之、
美作国久米南條郡北庄里方村之内五十石之事、』并山林境内竹木等免除、依當家
先判之例、誕生寺進止、永不可有相違者也、
　天明八年九月十一日
○有徳院殿（将軍吉宗）以下御代々御文言同事

　　　惣本山御禮式
寛政四壬子十一月十九日松仙義、大僧正（知恩院誠誉定説）前拝禮、小方丈也、先格大方丈也、此度
誠譽（定説）上人格別の思召を以、役者中へ御頼ミ也、知事徹禅、役院浄土院源我、旦中
惣代悉く、別ニ謁者呼立被申候、』次ニ内禮ハ御居間對面所ニ候、次ニ御齋同所ニ
て有之、是ハ御好身事也、

第十四世寿徳代
元禄十二年（一六九九）綱吉代、桂昌院殿の助言もあり、この時期に誕生寺の財務基盤の安定が計られた、朱印五十石
〈朱章〉朱印のこと、所領の安堵をさす、

北庄里方村の内

下○印に将軍家斉の印文模写あり

松仙、住職継目のため知恩院大僧正誠誉定説に会ふ、松仙、律僧の立場にて入院、知事、役員、檀家総代等同道す、
〈継目〉住職の代替わりをいふ、
〈誠誉定説〉知恩院第六

十世、岩槻浄国寺、瓜連常福寺、鎌倉光明寺等を歴任、寛政三年九月二十五日台命により昇進、十二月四日に入院す、
御表礼
報謝金
両役八カ院、六役者と二山役、元和法度に事務機関として定む、
行者、役者、山役、行者の職分、分限は享保九年頃、定まる、
御内礼
内役
旧記
継目御礼

次極大寺格御表禮
一、銀五両　御報謝
一、銀五両宛　両役八ヶ院
一、同五両　謁者両人
一、同五両　取次
一、同拾六匁五分　臺料
同寺御内禮左之通
一、金三両　御禮
一、同貳百疋ッ、　内役中
一、銀四両　巡検両人
一、同八匁八分　臺料
同寺継目之御禮
一、銀三両　御報謝
一、銀三両ッ、　両役八ヶ院
一、銀三両　謁者両人

一、金貳両　御禮
一、同五両　御弟子中
一、同壹両ッ、　行者三人
一、同壹枚　山内禮』
一、同五百疋　寮主
一、銀四両宛　内謁者両人
一、同四両　茶之間中
右之両礼ニて相済申候、継目之御禮者無之、旧記因ニ記ス、用意持参申候処、戻り申候、
一、金三百疋　御禮
一、同三両　御弟子中』
一、同三匁ッ、　行者三人

一、同三両　　取次　　　一、同拾六匁五分 臺料

以上

右相濟候ハゞ、此書付内奏者へ返却可有之候、以上、〆銀壹貫目、金にして拾八両三歩、役者中ゟ之作渡書、上ツヽミ 作州里方誕生寺役院　惣本山役者

一、其寺之儀者　大師御旧跡不混餘寺霊場ニ付、今般格別之以思召、松仙律師』住職被　仰付候、

一、山内并檀方等致和合如法外護可致事、

一、其寺觸頭役、今般律師住務之事ニ候得者、泰安寺（津山市西寺町）惣門中遂示談、本山御用辨等差支無之様取斗可申事、

一、律師住務之事ニ候得者、寺門之作法是迄官僧之振合遣候事共、及示談、臨時差支無之様、如法取扱可致事、』

一、山内末庵等尼女差置不如法之儀、有之間敷段、前以申渡置候、尚又右躰之儀、無之様入念可申事、

一、先住智源儀、不束之義有之、先達而隠居被　仰付候事ニ候得者、山内居住之儀、為致遠慮可申、勿論近隣致居住候事者勝手次第之事ニ候共、猶亦道女』等同居不法之取沙汰無之様、心添可有之事、

礼金、総じて銀壱貫目

律寺改格法度なり、

誕生寺、法然上人旧跡不混余寺の霊場なり、

〈律師〉一般的に僧正、僧都、律師等僧侶の階級の一つなるも、ここでは浄土律の僧侶をいう、誕生寺は松仙の代から律寺に改む、これを奉律といふ、和上と呼称することが通例なり、

律寺改格後も触頭役継続

〈触頭〉宗政に関する「触」を伝達する地方機関、この時点、誕生寺触頭なり、

門中の泰安寺同様触頭

律師の住務

先代住職智源、不始末により追放、この因により、知恩院の肝煎、松仙入寺となる、
借財禁止

奉律

律寺
円成寺
龍興寺
西光院
円満寺

一、資道（祠堂）財并諸什物無遺失様取調へ後住へ、相渡し候上、猶又以来可致厳護事、

一、借財等不致、寺附儀者前来之規則ニ候、其段相心得可申事、』

寛政四子十一月

作州里方　誕生寺役院

惣本山役者　㊞

〈解説〉

誕生寺の法灯が「奉律《ぶりつ》」により護持された、というと怪訝に思われることだろう。また「奉律」と言う言葉すら馴染みが少ない。この松仙関係の記述は、彼が誕生寺の住職として入院することについて、知恩院への手続きと諸礼、知恩院からの法度と奉律化の経過などを知る貴重な記録である。また、本書所収の『誕生寺松仙和上転住之砌入訳書記』（一四一頁）などには住職就任について津山門中の反撥なども記されている。まず松仙の法系について解説を加える。

松仙は可円の弟子である。可円は元禄六年（一六九三）十二月に信濃国伊那郡座光寺村で生まれた人。十三歳で飯田の西教寺空誉雲菴円隋について出家し、江戸深川の霊巌寺での修学の後、西教寺の住職となり十七年。尾張の円成寺の義燈を尋ね沙弥戒を受けるまでの可円は律への敬慕が著しいものがあった。可円五十二歳にして円成寺の奉律三世となる。その後、湛慧律師を看取る。宝暦十一年（一七六一）に美濃庭田の円満寺を奉律化する。

同寺を松仙に託し、洛北の西光院へ赴く。安永八年（一七七九）には摂北の龍興寺を律寺にしている。安永九年西光院に帰り八十八歳で寂した。円成寺・円満寺・西光院・龍興寺などに律制をしき、多くの弟子を育てた。十一か国に律寺を興し、菩薩戒の弟子百余人。日課授与の大衆は二十四万人という。松仙は常随の弟子として可円を支えた。可円の主要な法弟を図示すると次ぎのようになる。詳細は解題。（この項、『略傳集』『南濃町史』ほかによる。）

○可圓慧恭の法系

可圓慧恭
- 海音慧梵　尾張円成寺第四世
- 松仙慧風　美濃円満寺第二世 誕生寺奉律祖（左表）
- 大圓慧融　大阪北野龍興寺二世
- 仰信慧巌　三河昌光寺第五世
- 大慰慧琢　尾張円成寺第五世
- 一道慧実　京北野西光院第二世
- 速成慧得　大垣随念寺住
- 慈賢慧慰　大阪法明寺住

（庭田円満寺石川良舟・良宣両師作製の法系図による。）

松仙

○松仙慧風の系列

- 松仙慧風
  - 闡瑞慧極　美濃円満寺第三世
    - 諦門慧戒　円満寺第四世尾張国海部郡八開村塩田住
    - 寛冏慧隆
    - 玄　達　大阪深江法明寺住　慧通
    - 諦　存
    - 闡倫慧超　信濃国飯田永昌院住
    - 諦淵慧聴
  - 梵岌慧暢　大和東福寺住
  - 通然慧関　犬山善光寺住
  - 正道慧剛　誕生寺第二世（大和龍田寺奉律祖）
  - 梵岌慧暢（大和東福寺）

八、誕生寺諸（記録）（寛政八年）

智源自筆

誕生寺当年会計収支

収入部二本立て
寺納、会式納

先住智源の借財につき知恩院介入

覚　先住（智源）借財自筆記

寛政元年己酉、辰（寛政八年）ニテ八年ニナル、酉（寛政元年）年

一、壹貫八百四匁寺納　一、六百三拾目　會式納

〆貳貫四百三拾三匁納高

一、四貫六百五拾貳匁八分　右酉（寛政元年）年諸入用

差引残而不足　貳貫貳百拾九匁也

遂披露之処、首尾克拝禮被仰付候条、可被得其意候、以上、

八月廿四日

惣本山役者　善照寺　印

同山役者　信楽院　印

」

以降、触頭としての来簡・出簡多し、

団誉了風、知恩院入院につき祝儀拝礼

〈団誉了風〉本所霊山寺、瓜連常福寺、鎌倉光明寺等を歴任、宝暦三年三月十四日知恩院昇進、五月十八日入院、在位一年半

本記録、寛政から宝暦に逆順、津山門中触頭としての記録

作州泰安寺（触頭）惣門中

今般團譽（了風、知恩院第五十二世）大和尚當代御入院御祝儀者、御地御門中為惣代誕生寺登山、早速拝禮相済候、左様御心得可被成候、右御答如此ニ御座候、以上、

八月廿四日　良正院（元誉良道）　印

泰安寺惣御門中』

寶暦四甲戌年

一、御丈室（團譽了風）當春継目、御禮御参府ニ而、去二月十九日御城　大僧正任官被為蒙仰候条、可有恐悦候、随而御祝儀物被差上候儀者不及申、以書状賀儀被申上候儀も、今般者一統以御用捨（容赦）之御事ニ候、此段右可被得其意候、以上、

三月廿七日　惣本山役者

作州里方村誕生寺　泰安寺　惣門中

追而、此書状相達候ハヾ、承知之趣、御請可被申越候、以上、』

役者中ゟ書状参候間、差下候、御落手可被成候、以上、

四月十日　良正院

誕生寺　泰安寺　惣御門中

祝儀容赦

知恩院良正院、津山門中の取継役なり、

御門主富貴宮尊峰法親王得度、団誉了風戒師を勤む、

〈御門主〉慶長十二年（一六〇七）知恩院に宮門跡制が敷かれ元和五年（一六一九）九月に後陽成天皇の皇子良純法親王が入室得度、以後、尊光法親王、尊統法親王、尊胤法親王、尊峰法親王、尊超法親王、尊秀法親王と継ぎ、慶応三年（一八六七）十二月尊秀法親王復飾により、華頂宮廃絶

右御任官御状宿坊添簡、六月七日順教持帰ル也、八日泰安寺へ遣し候、

貴札拝見仕候、尊前倍御機嫌能被為有、當春御継目被仰上、於御城御任官被為
蒙仰奉恐悦候、然者、御祝儀物并以愚書恐悦之儀も御容赦之旨、奉承知候、右為
御請如此ニ御座候、恐々謹言、」

六月　　惣門中　泰安寺　誕生寺

御役者中

外ニ良正院へ一書差添候、以上團譽了風大僧正御入院御継目一件早、

（宝暦四年）
戌年

八月廿五日　御門主（富貴宮尊峰法親王）御得度、大僧正（團譽了風）御戒師御務、御法諱御授與、則奉称　尊峰法
親王御規式等相調候、依之　御門主御戒師は如先格御祝儀可致相勤候、尤京着候
ハヾ、取次を以可被申出候、以上、」

宝暦四甲戌八月廿八日　　惣本山役者　善照院　専念寺　永養寺　長香寺　智恵
光院　教安寺　同　山役者　信楽院　源光院

作州里方誕生寺　泰安寺　惣門中

す、宮室の所在は、現華頂学園の華頂女子高校の地、ここでいふ門主はこの宮門跡をさす、来迎寺改号願い（一六二頁、一七〇頁参照）

大信寺の住職届

行誉全戒

泰安寺・誕生寺連署、津山門中触頭なり、

役者中ゟ書状参候間、差下し候、御落手可被成候、且先達而来迎寺改号願書落手、早速差出候、乍然御得度前外之用事一切相止ミ、取上無御座候由、夫故御延引ニ候、尚此後見合可致催促候、

九月五日　　良正院

右御状泰安寺へ遣候、

酉年（宝暦三年）大信寺住職届

一筆啓上仕候、御前倍御機嫌克被遊御座、恐悦至極ニ奉存候、然者當地大信寺（津山市林田）就無住、行譽』全戒与申僧、今般住職仕候、小寺之儀故、以書簡御届申上候間、宜様御披露奉願候、則　御影前は為御報謝料白銀壹歩差上候様申渡候、恐惶謹言、

宝暦三癸酉年七月廿一日　　泰安寺清譽判　誕生寺澂譽（信也）判

惣本山御役者中

一筆致啓上候、然者當地大信寺就無住、行譽全戒与申僧住職仕候、小寺之儀故、以書簡御届申上候間、御役者中迄宜奉頼候、尤　御影前御報謝料差上候様申渡候、恐惶謹言、』

七月廿一日　　泰安寺清譽判　誕生寺澂譽判

良正院様

其地大信寺行譽（全戒）、今般住職為御禮、目録之通、献上之紙面之趣、及披露候条、可被得其意候、已上、

八月九日　　惣本山役者　善照寺印　山役者　信楽院印

作州　誕生寺　泰安寺

追而、大信寺ゟ書面之趣も及披露候条、可被相達候、已上、

〈総本山役者、同山役者〉役者と山役といふ、元和法度に定められた役者六人で、京都門中から選れた六人、うち月番一名は昼夜常住、山役は山内の役者が二人になったのは、享保九年（一七二四）から、双方で知恩院の役所を構成し一切の処理をしたが、役者が優位におかれた、本記録の宝暦四年（一七五四）では、善照院・専念寺・永養院・長香寺・智恵光院・教安寺が役者、信楽院・源光院が山役

報謝金

津山来迎寺住職、門中の成覚寺光誉太超移住

其御地大信寺江行譽全戒住職之由、依之役者中へ御届ケ、且御報謝被差上候ニ付、早速差出候処、則御両寺之返簡参候間、差下候、御落手可被成候、以上、』

八月十一日　　良正院

誕生寺　泰安寺

猶以、此書状大信寺へ御達奉頼候、已上、

一翰啓上仕候、然者當地来迎寺就無住、同門中成覚寺（津山市、西寺町）光譽太超と申僧、今般移住仕候、小寺之儀故、以書札御届申上候、宜御披露奉頼候、尤　御影前為御報謝料白銀壹歩差上候様、申渡候、恐惶謹言、

八月三日　　　　泰安寺清譽判　誕生寺澂譽（信也）判』
惣本山御役者中

一筆致啓上候、然者當地来迎寺（成道寺）無住ニ付、同門中成覚寺光譽太超と申僧、今般移住仕候、小寺故、以書札御届申上候、御役者中迄可然様御取成奉頼候、恐惶謹言、

八月三日　　　　泰安寺清譽判　誕生寺澂譽判
良正院様

其地来迎寺光譽今般住職為御禮、目録之通献上之紙面之趣、及披露候条、可被得其意候、以上、

八月廿四日　　惣本山役者　善照寺印　山役者　信楽院印』
作州誕生寺　泰安寺

追而、来迎寺ゟ書面之趣も及披露候条、宜可被相達候、以上、

其御地来迎寺無住ニ付、成覚寺光譽太超轉住候由、依之為御届、役者中江御書簡且御報謝被差上候ニ付、早速差出候、左様御心得可被成候、已上、

〈良正院〉
山内寺院の筆頭、本記録に多出するが、取次ぎ役として津山門中の担当、黒門直下の「瓜生石」の前に位置する、家康の第四女とく姫の菩提所、彼女は池田輝政の室、しかし輝政が慶長十八年（一六一三）一月に没、大坂の陣に家康を二条城に訪ねるが、疱瘡により元和元年二月に没、四十一歳、家康は満誉尊照にたのみ知恩院に弔る、

知恩院、来迎寺住職を光誉太超と認む、

来迎寺住職、役者へ報謝金

』

八月廿四日　　　　　　　　良正院　印

誕生寺　泰安寺

来迎寺三度にわたり焼失、寺域を改め再建し、山号院号寺号全て改号したき旨、領主伺、知恩院の意向次第、三号全て改号できず延引、降って宝暦五年三月に決着す、律院への改変

戌年（宝暦四年）

奉願御事

一、作州津山九品山照源院来迎寺儀、享保年中以来三度焼失仕候而、門并惣園耳（のみ）相残り一宇も無御座候、然者前来ゟ建来候堂宇、同寺内ニ而地所相改、再建仕度御座候、依之山号院号寺号、轉法輪山功徳律院成道寺と改号仕度奉存候ニ付、御門中及相談候処、故障無御座候、且亦、當領主松平越後守（康哉）殿江右改号之儀相伺候』処、本山表相済候ハゞ、勝手次第可致候旨、被申渡候、尤此以後来迎寺之旧号を以、別之壹寺取立候儀ニ而者、無御座候間、右願之通御免許被成下候ハゞ、難有奉存候、以上、

宝暦四年戌二月　　　　　　来迎寺

惣本山御役者中

一筆啓上仕候、（團誉了風）御前倍御機嫌克被遊御座奉恐悦候、然者當所来迎寺儀、山号院号寺号相改申度之旨、願書差上候、願書之通』相違無御座候、御許容被仰付被下

候様奉願候、恐惶謹言、

二月十二日　　泰安寺印　誕生寺印

惣本山御役者中

触頭添簡

右二月中良正院迄頼遣候処、

取継良正院留守

先剋者御出久々ニ而得貴意致大慶候、其節被仰聞候趣ニ付、早速役所江内證承合セ候處、先例茂有之事、殊更御領主表ニ而御聞證ニ候得者、別条も無御座事ニ候得共、此節御留守故、相濟不申候由、尤　御帰山後従是』可及返書由ニ候間、左様御心得可被成候、以上、

三月四日

尚以、別義無之事故、願書幷添簡者相納り候、且亦御報謝之義、是亦内々相尋候処、甚次第之由ニ御座候、以上、

右之趣、二月對談願之趣、

順阿

良正院、山号院号寺号全ての改め不認、願書認め直し、

右来迎寺改号之儀、當寺順阿上京ニ付頼候処、順阿江口上御申渡之趣、良正院ゟ山号院号寺号三共者難成也、何れ之内にても一ツ者』御免可有候、右承知にて願書認直し、差出候様、申渡被成順阿持帰也、右用ニ付、書面先剋御手紙被下候処、他出仕候故、不申上候、然者来迎寺改号之義、此度者埒明不申候、夫ニ付、後剋御見廻可申候哉、是江御立寄可被下哉、何分得御意度、奉存候、以上、

寺号改号埒明かず、

五月十八日　良正院
誕生寺御随僧様

右之趣、六月七日順阿帰寺、明日栄巖寺へ折節』入来候便宜を以、泰安寺江申遣候、急便故、尚来迎寺江も御通達可被下候旨、申遣候、且亦當表良正院手紙順阿へ此度之書面と斯書面御伺可申候、已上、

大僧正雲頂帰山す、寺号改めにつき役者山役中病人多く会合できず、寺号改号更に延引す、

口上

来迎寺寺号改之義、大僧正（喚誉雲頂）先月廿三日御帰山故、役所へ相達候、然處、六役中両三人病気、其上源光院も病気、両役中會合難成ニ付、未相濟不申候、左様御心得可被成候』定而御待可被成と存、両三度迄致催促候得共、右之訳及延引、尚御免之御答有之候ハヾ、早速差下可申候、

八月十日　良正院
誕生寺様

麗誉順真知恩院入院す、祝儀
〈麗誉順真〉深川靈巌寺、飯沼弘経寺、鎌倉光

戊（宝暦四年）十一月廿五日付ヶ、十二月十六日着、

今般、麗譽（順真）大和尚（知恩院）惣本山御住職被為蒙仰、御入院首尾克相濟候条、先格之通御祝儀可被相勤候、以上、

惣本山役者　善照寺　専念寺　永養寺　長香寺　智恵光院　教安寺
山役　信楽院　源光院
十一月廿五日　』
作州里方誕生寺　泰安寺　惣門中
尚以、前々御祝儀申上候門中落寺無之様、相認可被差上候、以上

明寺を歴任、宝暦四年（一七五四）十月七日昇進、十一月二十二日入院、翌五年四月二十一日大僧正、十一年正月、宗祖五百五十回御忌、十三年八月二十七日老齢のため辞山、富小路五條の新善光寺に隠居す、

麗誉順真知恩院入院の祝儀、門主尊峰法親王得度の祝儀に大信寺、門中代表とし知恩院に登嶺す、

宝暦五亥二月
一翰啓上仕候、然者去ル八月廿五日　御門主様（富貴宮・尊峰法親王）御得度被為相整奉恐悦候、右恐悦御祝儀為惣代大信寺登山仕候、　尊前宜御披露奉頼候、恐惶謹言、
二月廿二日　泰安寺　印　誕生寺　印
惣本山御役者中　』
一簡啓上仕候、然者去ル霜月廿九日順真（麗誉）大和尚様御入院被為相濟奉恐悦候、右恐悦御祝儀為惣代大信寺登山仕候、　尊前宜御披露奉頼候、恐惶謹言、
二月廿二日　泰安寺　誕生寺
惣本山御役者中
一簡啓上仕候、然者御門主様（尊峰法親王）御得度、麗譽（順真）大和尚様御入院被為相濟奉恐悦候、右

恐悦祝儀重なる、

遠国につき一カ寺にて登嶺を勤む、

知恩院門主恐悦料

院家、坊官、取次
方丈、月番、山役、宿坊
筆耕、紙代

以上は「知門様旧記」と

恐悦御祝儀為惣代大信寺登山仕候間、御役者中へ御取成奉頼候、恐惶謹言、

二月廿二日　　泰安寺　　誕生寺

良正院様』

尚々、御得度御觸状去霜月末到着、惣代談合之内、月迫御忌法要相勤登山申談候処、又々正月廿日御入院御状到着、是又觸出候而延引仕候、右之仕合遠国之儀ニ御座候間、壹ヶ寺ニて両恐悦相勤、速ニ相済候様、貴院ゟ宜御取成可被下奉頼候、已上、

知門様恐悦銀

一、金百疋

一、銀壹両　院家　　一、貮匁ッ、　坊官中三人　一、貮匁　取次中

〆廿七匁三歩

方丈へ

一、金百疋

一、銀三匁　月番　　一、貮匁ッ、　山役両人　　一、三匁　宿坊』

一、壹匁五分　私納　　〆廿六匁五分

一、九匁　同臺　筆耕　紙代等　　右者知門様旧記

あり、先例にならふ恐悦料、今回は加増

此度者
一、銀五両
一、銀壹両　院家　　一、貳匁ッ、坊官両人
戒師
一、銀五両
一、銀壹両　月番　　一、貳匁ッ、両山役　　一、貳匁　帳場
一、壹匁五分　行者　　一、貳匁　取次

津山門中、総代料八十六匁に二十匁を添う、

此度加増仕候、大僧正御迁化ニ候得者、大師前へ相備へ候、以上、』
物代料　八拾六匁
御得度御入院両脈被相勤ニ付、廿匁相添申候、
門中出銀残廿三匁泰安寺預り、此内を以御得度之増程大信寺へ相渡ス、
一、貳百壹拾三匁相渡遣処へ、増有之分者五匁三分遣し候事、（宝暦五年）亥二月十八日
御入院恐悦物者近年之通前記ス、
一、五匁四分臺紙等ニ遣ス、』

出立から帰寺一カ月を要す、

門主得度

二月廿二日出立、三月廿日帰国、
去秋御門主（尊峰法親王）御得度、大僧正（順真）御戒師　御務、右為御祝儀、其門中惣代大信寺登

山、目録之通被差上候、紙面之趣、令承知候、以上、

役者、山役

三月二日　　　　　　役者 長香寺 印 山役 既成院 印

作州里方 誕生寺 泰安寺

追而、同列へも預御祝義令受納候、以上、

入院祝儀、受納書

今般御入院為御祝儀、其地門中惣代大信寺登山、目録之通被指上候紙面之趣、及披露候處、首尾克拝禮相濟候条、可被得其意候、以上、』

三月二日　　　　　　惣本山役者 長香寺 印 山役 既成院 印

作州里方 誕生寺 泰安寺

追而、同列へも預御祝儀令受納候、以上、

戒師祝儀

貴札致拝見候、然者御得度恐悦大信寺登山、去ル二日御目見相濟候、左様御心得可被成候、

一、御戒師御祝儀、是又拝禮相濟候、

一、麗譽(順真)大和尚御入院御祝儀一所ニ拝禮相濟候、

一、来迎寺改号之義、願之通山号寺号御免ニ候、是亦御承知可被成候、已上、

三月五日　　　　　　良正院

誕生寺　泰安寺』

来迎寺旧号改め許可さる、轉法輪山照源院成道寺と決す、

其地津山九品山来迎寺之旧号相改、此度轉法輪山照源院成道寺と改号仕度候間、来迎寺願ニ付、紙面之趣、及披露候処、願之通御免許之事ニ候条、可被得其意候、以上、

三月五日　　　　　　惣本山役者　長香寺　印　山役　既成院　印

作州里方　誕生寺　泰安寺

右御禮

一、金百疋

一、銀五匁　月番　　一、銀壹両ッ、山役両院　　一、銀三匁　帳場

一、同五匁　取次

門主得度、入院祝儀につき、津山門中祝儀割合

御門主(尊峰法親王)御得度并ニ御入院御祝儀割合

一、拾八匁　三拾匁　誕生寺　　一、拾五匁貳分　廿四匁五分　泰安寺　　一、拾貳匁　拾九匁　来迎寺』

一、拾匁　拾六匁六分　本覚寺　　一、拾匁　拾六匁六分　成覚寺　　一、九匁貳分　拾六匁五分　大信寺

一、八匁四分
拾四匁　栄巖寺

一、四匁四分
六匁五分　延命寺

一、拾匁
十六匁五分　安養寺

一、拾匁
十六匁四分　重願寺

宝暦五年（一七五五）十月澂誉信也没す、

宝暦五乙亥十月二日、忍蓮社澂譽信也（誕生寺第十八世）上人遷化、今寛政八丙辰迄、四十二年ニナル、

曹誉澤真、知恩院入院の祝儀通達、津山門中漏れ無く、の指示あり、

宝暦（明和元年）十四甲申年二月廿一日本状着、
今般曹譽（澤真）大和尚、惣本山御住職被為蒙　仰御入院首尾克相濟候處、先格之通、御祝儀可被相勤候、已上、

十二月廿一日　惣本山役者』智恵光院　善導寺　光徳院　聖徳院
清善院　永養寺
同山役　既成院　徳林院

誕生寺　泰安寺　惣門中

知恩院先代麗誉順真隠居す、

追而、如前々門中落寺無之様、御祝儀可被申上候、且又御先代麗譽（順真）大僧正御願之通、被成御隠居御安座之御事ニ候、以上、

曹誉澤真江戸城にて任官、祝儀に及ばず、

御丈室（曹誉沢真）今般御在府中、十一月廿一日於　御城、大僧正任官被為蒙仰候、此段各可

被相心得候、尤如先例為御祝儀不及献物候、以上、
十二月廿一日　　惣本山役者　』
役者中ゟ書状参候間、指下候、御落手可被成候、以上、
十二月廿八日　　良正院
誕生寺

本記録、現記載時点の寛政七年に戻る、

門中住職交代時、等閑なく継目登領すべき旨の触簡

其地門中追々交代も有之候趣ニも相聞候、愈交代等も有之候ハヾ、先例之通、等閑之儀無之、早々住職届、又者継目登山候様、一統可被申達候事、以上、
（寛政七乙卯ノ年也、十二月十二日）　　惣本山役者　印
作州里方　誕生寺　泰安寺　惣門中

松平敬之助出生

巻上大目付

弓削役所、津山城若君誕生の触簡

一筆致啓上候、然者　一、去十二月十七日（寛政七乙卯也、）』戸田釆女正（氏教）殿御渡候御書之写し、大目付へ御出生様御事松平敬《タカ》之助殿と奉称候事、
十二月廿六日　　巻上大目付へ、
御出生様御事、御臺様御養被仰出候、右之趣、得其意寄々可被通候、十二月右之趣、従　公儀御達有之候由、平野表ゟ申来候ニ付、領分へも申觸候故、及御通達候、已上、

弓削　牧山弥五左衛門

（寛政八丙辰）
二月十二日

誕生寺御役僧中様

御公儀様御觸書御写御為持被下置、慥ニ落掌仕候、以上、

二月十二日　　誕生寺

牧山弥五左衛門

』

回章、泰安寺へ、

昨廿四日、惣本山御囬章壹通、丈内寮坊主ゟ拙僧へ内用状到来中ニ有之候故、早速為持進候而、御囬通可被成候、以上、

辰ノ
正月廿五日　　誕生寺隨誉（松仙）（花押）

泰安寺兼帯明譽和尚　国中惣御門中

松仙、誕生寺入寺届を泰安寺以下門中に出す、知恩院の好身による因縁をその理由となす、十一月十九日に任命、十二月四日入寺、門中に法類同様の厚情を願ふ、

同州御門中へ入院届

未得其意候得共、一翰啓上仕候、凝寒隆烈ニ候処、御禅室御康裕ニ可被為成御寺務奉慶賀候、随而拙衲義、當寺無住ニ付、本山大僧正（誠誉定説）以御好身因縁、去ル十一月十九日住職被仰付、當月四日入院仕候、各寺様隣国殊ニ由来當寺』大師前御取持被成下候様、承及候得者、自今御法類同様ニ御悃篤被成下度奉願候、右乍略義翰墨上ニ得尊慮、且御頼申上度、如此ニ御座候、尚期拜顔之時候、恐惶謹言、

極冬望後

誕生寺定阿（松仙）花押

泰安寺様　光明寺様　本願寺様　一行寺様　真教寺様　玄忠寺様　御次第不存乱署御免被下候、』

智源、不束の義

借財と不束

〈解説〉松仙が誕生寺に入院することは、誕生寺を奉律の寺に改変することであった。寛政四年（一七九二）十一月付けの知恩院役者から誕生寺に宛てた法度には、先住智源が「不束の義」があったので隠居させ、寺に住むことを禁止している。また、「先住借財自筆記」と言う記載が目に留まる。寛政元年の寺会計の決算の記載である。寺納と会式の収入に対して、諸経費を差引して、二貫二百十九匁が不足としている。先住の借財が寺会計の支出超過と関係していたのであろうか。しかし、支出超過、は享和二年（一八〇二）三年の記載、寛政十年の年末の記録にも見えている。二カ年の年末決算であるが、庄屋立ち会いのもと、何れも不足の状況にある。またその後の記載にも借金の覚があるように、財務面での緊張が伺える。こうしてみると、先住借財という表現は、先住不束と同一ではなく、借財だけが不束には当たらないということになろう。別に原因があったのではなかろうか。

松仙の入院については、その因縁に、知恩院の好身ということを入院の理由にしている。誕生寺の奉律は知恩院の意向によることがはっきりするが、この後、松仙は御朱印地の取り扱いについて、古河藩の出先、弓削陣屋との確執をかかえることになる。

若君敬之助、大納言と称す、

以手紙致啓上候、然者従　公儀御觸左之通、
太田備中守（資愛）殿御渡候御書付之写
御奏者番衆　寺社奉行衆　大目付へ、
若君様御事、大納言と奉称候、以来　大納言様、御臺様と申御順ニ候、此段可
被相觸候、右之通、御觸有之、村々ニも申觸候ニ付、此段為御知申候、以上、
三月廿四日　鴨池春平
誕生寺様　』

増上寺、諸寺院弟子入寺金の内、一カ年三歩の扶助を定む、

惣本山御觸状閏七月十一日来着覚
増上寺ゟ申来候者、諸国諸寺院弟子増上寺へ入寺相願候節、来ル巳年正月十一日
ゟ一箇年間（二字衍字ナラン）、僧銀入寺金之内、壹僧ニ付、金三歩宛施主有（入カ）之、永世扶助相定候
旨、候条被得其意、末々之寺院至迠茂、為心得可被申通置候、以上、
十一月十八日　惣本山役者
作州里方　誕生寺
泰安寺
惣門中　』
役者中ゟ之書面参候間、差下シ候、落手可被成候、已上、

十一月廿四日　良正院

誕生寺

泰安寺

大坂から津山までの道中先触、誕生寺の大坂宿坊は深江法明寺なり、

上書　先觸一通

覚

一、駕　但三人掛　一挺　一、挟箱　但一人掛　一荷』

右ハ、明十四日大坂出駕、作州江致下向候宿々船川人足等差支無之候様、肝煎頼入候、以上、

二月十三日　誕生寺宿坊

大坂深江　法明寺（深江南）知事　印

従大坂、津山迠宿々問屋中

用事有之候ニ付、十四日夕、尼ヶ崎深正院（大物町）泊之積相定候、』

以手紙致啓上候、然者従　公儀御觸之趣、左之通、太田備中守（資愛）殿御渡候御書付写、

御奏者番衆

寺社奉行衆

紀伊熊野本宮、十二宮の再建につき、諸国に総取集勧化所の設置、津山は檜物町なり、

諸色高騰につき、東海道人馬賃・船賃十年間二割増し、中山道等は一割五分増し、

甲州道・奥州道、東海道に準ず、

大目付へ

紀州熊野本宮十二宮、其外社頭大破ニ付、再建為助成、當午（寛政十年）九月ゟ三ヶ年之内、諸国惣取集并勧化御免被　仰出候、御府内武家方并町在共志之輩者、物の多少ニよらす可致寄進候、御領主御代官、私領之領主、地頭并寺社領の者も、近邊御代官領主』地頭取集置而寄次第、當地者檜物丁、京都者衣棚二条下ル丁、大坂者本町、右三箇所之勧化所へ、来ル申（寛政十二年）年九月迄可差出者也、午九月右之通可被相觸候、右之通、當領分之村々江申觸候ニ付、此段為御知申候、以上、

十一月十七日　弓削役所　鴨池春平

誕生寺様　』

戸田采女正（氏教）殿御渡候御書付写、御奏者番衆、寺社奉行衆、大目付へ、

前々之致相場下置之上、諸色之内高値之品も有之、宿々及難義、人馬継立差支候趣迠も相聞候ニ付、東海道者品川ゟ寺口迠、并佐谷路とも来ル未（寛政十一年）正月ゟ来ル辰（文化五年）十二月迠拾ヶ年之間、人馬賃銭、船賃銭とも貳割増、中仙道者板橋ゟ守山迠、并美濃路とも、日光道中者千住ゟ鉢石迠、但例幣使道、壬生道并　御成道其外水戸佐倉道共、甲州道中者内藤新宿ゟ下諏訪迄、奥州道中者白沢ゟ白川迠、右東海道ニ准し、是亦来正月ゟ来ル辰十二月迄、拾ヶ年之間、人馬ホ之賃銭一割五分増銭受取

候様、宿々へ申渡候間、可被得其意候、右之趣先々へ可被相觸候

（寛政十年）午十一月 』

仰誉聖道、知恩院住職、入院祝儀

今般仰譽聖道大和尚、惣本山御住職被為蒙仰　御入院、首尾克相濟候条、先格之通、御祝儀可被相勤候、以上、

十二月朔日　惣本山役者　天性寺　上養寺　濟運寺　見性寺　浄運院　大雲院

同山役者　保徳院　福壽院

作州里方

誕生寺　泰安寺　惣門中

追而、門中落寺無之様、御祝儀可致申上候、以上、

新住職仰誉聖道の「仰」を誉号に、実名を「聖道」とする当職の僧、謙譲改め、

副書

御當職御方御譽号御実名差合之寺院者、謙譲相改可申候、勿論御當山江其趣書面を以可被相届候、以上、

十二月一日 』

一筆致啓上候、然者御丈室（仰誉聖道）御入院も相濟候ニ付、役者中ゟ書面到来候条、差下シ候間、御落手可被成候、恐々謹言、

十二月十一日　　　　　　　　良正院
　誕生寺　惣門中

泰安寺、門中惣代

今般為御入院御祝儀、其地門中惣代泰安寺登山、金貳百疋被差上之紙面之趣、遂披露候之処、首尾能拝礼相濟候条、可被得其意候、以上、

津山門中祝儀、泰安寺知恩院登嶺

（寛政十一年）
二月二日　　　　惣本山役者　上養寺
　　　　　　　　山役者　　　保徳院　印

誕生寺　泰安寺　惣門中

　追而、同列へ銀三封被贈之令収納候、以上、』

誕生寺当年会計収支計算、支出超過す、

（享和二年）
戌年

一、壹貫九百七拾七匁　寺納　　一、壹貫百五拾四匁　會式納
〆三貫百三拾壹匁
一、四貫九百六拾貳匁七分　右戌年諸入用、
　差引残而壹貫八百四拾目不足、

寺納、会式納

（享和三年）
亥年

一、八百八拾八匁　寺納　　一、六百貮拾目　會式納

〆壹貫五百八匁

一、五貫六百五匁七分　右亥年諸入用、

差引残而、四貫九百七匁七分不足、

惣合而、三箇年之帳面勘定、庄屋等立會にて致算用候、表ニ御座候、

超過金年々増加、庄屋立会にて勘定す、

覚

一、銀三貫目、右長崎之事、并御朱印御改関東代僧御禮式諸入用、

御朱印改め、代僧にて御礼

諸入用年々増加す、

(享和元年)
酉年

一、銀三百目　　公事ニ付、成道寺上京、

公事上京

(享和二年)
戌年

一、銀四百匁　　公事ニ付、拙子上京、

一、銀貮貫六百五拾匁　　　同断

(文化元年)
子年

一、銀六百目　　重願寺上京入用

〆六貫九百五拾目　右者公事、諸入用ニ御座候、』

借銀之覚

銀十貫五百匁の借金

一、銀三貫八百匁　茂渡氏ゟ取次
一、銀三貫匁　本源寺取次、東念賀院主
一、銀貳貫目　西國院様ゟ拝借、
一、銀七百匁　西有村より
一、銀壹貫匁　山崎半四郎取次、當時山崎小三郎引請ニ相成候、
惣高〆拾貫五百匁』

松仙、寛政四年（一七九二）十一年二十二日京都北野西光院を出発、二十七日津山泰安寺着、二十八日誕生寺入寺

十二月四日、入院式

寛政（四年）壬子十一月廿二日京西光院出立、院主同道（一道）ニて下向、廿七日津山泰安寺着、廿八日入寺、極月四日入院式、』

近衛家菩提寺西光院、津山へ出向により山崎から津山への先触

定賃金払

覚

一、駕籠　壹挺　但人足三人掛り、　一、分持　壹荷　一、本馬　三疋

右者近衛殿御菩提所西光院、作州津山へ依寺用罷下り候、明廿二日朝京都發足候、尤御定賃銭相拂可令通行候、道中宿々人馬船川渡等無滯様、世話可給候、以上、』

十一月廿一日　近衛殿御用　東漸寺 ㊞

山崎ゟ作州津山迠　宿々問屋中

猶々、右之者、作州津山表ゟ罷登候節、是又同様世話可給候、以上、』

松仙、誕生寺入寺につき藩主御目見の伺い、藩役人等、扇子三本入、風呂敷添ふ、

津山城主松平越後守(康哉)殿へ御目見一件

覚　本覚寺蔡譽自筆記写

寛政五癸丑年正月三日、役所江誕生寺御目見へ噂致し置候所、先格之様無御座候ニ付、聞合セ仕候、右泰安寺三譽辨巖大病ニ付、拙僧本覚寺被相頼取斗申候、

一、誕生寺義入院ニ付、先格之通　御目見被為仰付被下候様、拙寺迠願申候、右之段、御伺申上候、此段宜被仰上可被下候、以上、』

二月二日　泰安寺

寺社御取次御中

右半紙ニて相認、役所へ差出候趣、月番藤本十兵衛殿正月晦日、誕生寺へ御目見之事、手紙ニて為知遣申候處、二月四日ニ被致出府候而、取次中両人、月番藤本十兵衛殿、山田孫四郎殿、寺社奉行平井郷左衛門殿、郡代松岡治部助殿』、町奉行増児右衛門殿、右扇子三本入風呂敷壹ツ宛相添、四日直参相勤申候、外ニ寺社取次下役植付元右衛門へ扇子料銀札貳匁遣候事、

二月七日御奉書之趣、

誕生寺義　御目見被　仰付候間、来ル十五日五ッ時登城候様、可被相達候、此段
申達候、以上、
　二月七日　上書　泰安寺
　　　　　　　　　藤本十兵衛（月番）　』
二月十四日誕生寺丈室（松仙）致出府、十五日五ッ時登城之事、壹束壹本代銀七匁五分
役所へ納メ申候、
御札之中　奉修無量壽寶號一百萬遍如意吉祥祈収
上ハツ、ミ　御祈祷之札　誕生寺　奉書紙水引白木臺
登城下り、直ニ太守様（松平康哉）より御目録金貳百疋御使ニて泰安寺迠被下候、御奏者之書
状写シ、
一筆致啓達候、然者就御入院、今般御入来入御念儀、依之目録之通被相贈之候、
此旨』宜申達之由ニ付、如是ニ御座候、恐惶謹言、
　二月十五日　太田舎人　小須賀貢　小嶋新五右衛門
　誕生寺　糊入紙也、
　　上包ミ
　　誕生寺　小嶋新五右衛門
　　　　　　太田舎人

〈御目見〉御目見得とも書く、本来、武家社会の用語であったが、江戸時代以降、主従関係を確認する儀礼的なことになった、一般の町家でも御目見奉公などといふ風習も現れる、松仙の場合、藩主に住職就任の挨拶と言ふことになる、

代銀七匁五分役所へ納む、

二月十五日登城御目見、御目見目録金二百疋受く、

松仙、御目見の返書

返書
貴札致拝見候、然者今般入院仕候ニ付、御目見被　仰付、目録之通頂戴難有仕合
奉存候、御序之砌、御前可然様御執成可被下候、恐惶謹言、
二月十五日　　誕生寺　松仙　花押　』

松仙　自署花押

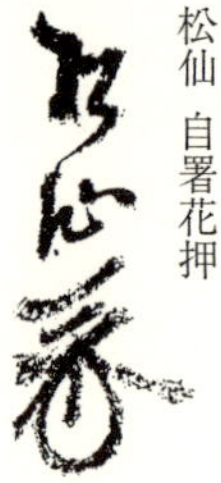

小嶋新五右衛門様　小須賀貢様　太田舎人様
上書ニハ　太田舎人様　小須賀貢様

御目見の先例、檜木間なるも御所継間、伴僧まで煙草盆茶出る、

登城座席之間、先格檜之木ノ間ニて御座候之処、今日者式日家中御礼有之、御所
継ノ間ニて屏風かこひ、取次藤本十兵衛殿挨拶、煙草盆茶伴僧迠出候事、御目見
早テ寺社奉行御奏者挨拶ニ被出候、
家老中　永見造酒介殿　安藤丹後殿　』
御年寄　小須賀貢殿　渡部惣右衛門殿
寺社奉行　平井郷左衛門殿　大目付　太田舎人殿　黒田織江殿

御目見礼書

手札　今般　御目見被仰付、難有仕合奉存候、右御礼参上仕候、已上、　誕生寺
別段手札、
今般　御目見ニ付、御目録頂戴難有仕合ニ奉存候、右御礼参上仕候、以上、　誕生

寺

小嶋新五右衛門殿　　　　寺社取次

小須賀貢殿　　　　藤本十兵衛殿

太田舎人殿　　　　山田孫四郎殿

泰安寺大病につき本覚寺兼帯す、

〈兼帯〉本覚寺の住職が泰安寺の住職を兼ねることをいふ、現在これを「兼務住職」といふ、

右、泰安寺和尚（三誉辨巌）極月廿四日ゟ大病ニ付、拙寺兼帯取斗申候、以上、本覚寺　蔡譽』

土居陣屋、大坂平野龍興寺へ年始返書書状

土居陣屋、大坂平野へ年始書状之事、

年甫之御慶不可有尽期御座候、倍御堅勝ニ被成御超歳、目出度遠賀仕候、仍御祝詞申啓致度若（如カ）斯ニ御座候、恐惶謹言、

正月三日　　　　誕生寺　随譽（松仙）　花押』

返書来　名當

貴札致拝見候、如仰改年之御慶不可有尽期御座候、弥御堅固被成御重歳目出度奉存候、被入御念御紙上之趣、忝奉存候、右御報御祝詞可申述、如此ニ御座候、恐惶謹言、

正月十二日

御代官　河嶋弥八郎（同　瀧左仲）　　御奉行　山中金左衛門

辰ノ春 山中九十九《ツクモ》 石川多兵衛 服部有右衛門 山中金左衛門 』

松仙の前任寺、美濃庭田円満寺入寺は明和四年（一七六七）九月二日なり、同寺、黒谷金戒光明寺の末寺なり、隠居、住職御礼

松仙 明和四丁亥九月二日 濃州庭田（海津市南濃町）圓満寺入院、本山黒谷金戒光明寺也、

隠居御禮

一、銀壹両 御禮 一、同貮匁 四 役者中 一、同壹匁五分 貮ツ 帳場

一、同貮匁 取次安中院 〆拾七匁

住職御禮

一、銀壹両 大師前 一、金百疋 御禮 一、銀壹匁 四 役者中

一、同三匁 貮 帳場中 』一、同貮匁 三 行者三人 一、同貮匁 壹 納所

一、同壹両 壹 安中院

〆五拾四匁八分 二口〆七拾貮匁壹分

鎌倉光明寺御影堂修復勧進触、明和年中の先例により、寛政七年十月までに納む、〈鎌倉光明寺〉浄土宗鎮西派第三代記主禅師良忠

寛政七乙卯

鎌倉光明寺記主上人影堂及大破修覆難叶自力、依之檀林會評之上、一宗之寺院募縁之儀、勧進觸流之儀願来候、尤記主良忠上人者宗門之学徳、一宗之僧徒蒙恩沢候事ニ候得者、報恩之志勵ミ、明和年中觸出候先規之通、』末々之寺院迄致出精、各々勧物員数寺号致書記、来ル卯ノ十月迄ニ當山へ可被相納候、以上、

の開山、浄土宗の関東伝播の中心的役割を果たした寺、関東十八檀林の一つ、現在は大本山、鎌倉市材木座六ー十七ー十九

津山門中、十一月に上納す、

上納につき知恩院礼書、「随分の御報謝」とあり、

四月廿八日
惣本山役者 大性寺 善導寺 春長寺 帰命院 上善寺 浄雲寺
作州里方誕生寺 泰安寺 惣門中
役者中ゟ書面参候条、御落手可被成候、良正院 津山ゟ十月九日来ル、

十一月上納
一、貳十目 誕生寺　一、拾八匁 泰安寺　一、三匁 成道寺　一、壹匁 本覚寺
一、貳匁 成覚寺　一、貳匁 大信寺』　一、壹匁 栄巌寺　一、四匁五分 安養
寺　一、三匁 重願寺　一、壹匁五分 念佛寺　一、壹匁五分 称念寺　一、貳匁
浄土院　一、貳匁 誕生寺搆（講カ）持庵　一、貳匁 泰安寺搆（講カ）持庵　〆銀六拾貳匁八分壹
厘、
以飛札一簡呈上仕候、薄寒之砌、大僧正様（誠誉定説）御機嫌克可為在、恐悦之至ニ奉存
候、然者先達而御觸書、鎌倉光明寺記主禅師御影堂御勧物、當国之門中何れも貧
小、随分之御報謝銀取集め、如別記上納仕候間、宜御陳達可被成下候、恐々謹言、
卯十一月　泰安寺
誕生寺』

惣本山御役者中

一筆啓上仕候、時下薄寒相暮候得共、貴院上人御勇猛ニ可被成御法務、珍重ニ奉存候、然者先達而御役者中ゟ御觸書、鎌倉記主禅師御影堂御勧物當国門中貧小随分之志取集め、以飛脚上納仕候、宜御披露奉願候、恐惶謹言、

十一月　　　泰安寺　印

良正院様　　　誕生寺　印

』

光明寺報謝金、銀六十二匁八分一厘なり、

覚

一、銀六拾弐匁八分壹厘、右者鎌倉勧化物令院（完カ）納𠀋、

卯十二月七日　　　惣本山役者

作州　誕生寺

泰安寺

同銀の知恩院請書

御状致披見候、寒気之節ニ御在候、弥御安全被成御寺務、珍重ニ奉存候、然者鎌倉勧化銀、其御門中ゟ御上納、則相納受取参候間、差下候、御落手可被成候、右御返事如此ニ御座候、恐惶謹言、

十二月九日　　　良正院

下馬札・下乗札の書出
〈下馬札〉下馬と書いた立札、これよりは乗馬進入を禁止するといふもので、下乗の場合は乗輿も禁止する、寺社門前、城、貴人の邸宅などに立てられた、

下馬札国内には無し、の返書

誕生寺様
泰安寺様

御當山御門末之寺院之内、下馬札又者下乗有之候寺院不洩様書出シ、尤最初何の』訳を以申立下馬札御免有之候と申訳をも相糺シ、早々可書出旨、寺社御奉行板倉周防守殿（勝静）ゟ被仰渡候、右之段、相心得無間違様、早々御當山へ書出し可被申候、以上、

四月廿九日　惣本山役者　印

作州里方誕生寺

追加、諸国御當山御門末御朱印大寺之分斗差急觸書差出候、若国内ニ下馬札等有之寺院候ハヽ』其段得差出可致申通候、

一、国内之寺院ニ下馬札等無之候ハヾ、其段も可被申越候、以上、

役者中ゟ之書面差下し候間、御落手可被成候、以上、

五月五日　良正院

誕生寺

右四通共（寛政八年）辰ノ七月三日来着、大坂奈良屋善兵衛ゟ届ク、

右下馬札之囲文、国内無之旨、早速津山濱屋へ、本山并良正院之返書頼ミ出し候処、又本山ゟ八月朔日良正〔院〕ゟ同二日出之觸書共、此方返簡未達之由ニて、』十月廿日来達

以下、四十四年逆順により、宝暦年中誕生寺第十八世澂誉信也旧記からの写し、団誉了風、知恩院入院祝儀、門中落ちなき旨

寶暦年中澂譽信也上人旧記写

宝暦三癸酉

一、今般團譽（了風）大和尚惣本山御住職被為蒙仰、御入院首尾克相濟候条、先格之通、御祝儀可被相勤候、以上、

五月十八日　　惣本山役者　善照寺　専念寺　永養寺　長香寺　智恵光院　教安寺

山役　信楽院　源光院

作州里方

誕生寺　泰安寺　惣門中

尚々、前々御祝儀被申上候門中、落寺無之様、相認可被差出候、以上、

役者中ゟ書状参候間、差下候、御落手可被成候、以上、

五月廿四日　　良正院

誕生寺　泰安寺　惣門中

宝暦三癸酉六月廿五日到着、寛政八辰丙四十五年ニナル、

了風知恩院住職就任の回状、誕生寺より泰安寺に回送、奉律以前の誕生寺と泰安寺の関係を知る、由緒寺院と触頭の関係なり、

一簡致啓上候、漸々向暑御座候得共、弥御安寧御寺務可被成、珍重ニ奉存候、然者　惣本山團譽（了風）大和尚御住職被為（御入院脱カ）相濟候条、役者中ゟ御回状到来、開封拝見仕

了風入院時、恐悦金の拠出割合につき前例を調査、第五十一世喚誉雲頂入院時安養寺が惣代、第五十世霊誉鸞宿入院時は泰安寺が総代、その節の拠出割合を参考

誕生寺澂誉信也、総代を勤む、

候、貴寺御披見被成、御門中江此旨宜可被仰達候、右可得貴意、如此ニ御座候、
猶期後』音之時候、恐惶謹言、

六月五日　　誕生寺　澂譽（信也）

泰安寺御文室

一、了風方丈（知恩院第五十二世）御入院恐悦、献上并ニ惣代料ニ付、雲頂（喚誉）大僧正之御入院之恐悦、惣代安養寺故、泰安寺江聞合候処、其返答、延享二年丑年鸞宿（霊誉）大僧正御入院恐悦、泰安寺勧譽和尚被相勤、招参門中割合如左、
一、銀三拾目　誕生寺　一、惣代故不出　泰安寺』　一、銀拾九匁八分　成道寺　一、同拾六匁六分　本覚寺　一、同拾六匁六分　成覚寺　一、同拾五匁三分　大信寺　一、同拾四匁　栄巌寺　一、同六匁五分　延命寺　一、同拾六匁七分　安養寺　一、同拾六匁七分　重願寺
〆百五拾貳匁　　右之趣、申来ル、
今般、了風方丈江恐悦、惣代當住澂譽（信也）相勤ム、
一、泰安寺ゟ飛脚ニて参る、銀数覚へ、
一、銀貳拾四匁五分　泰安寺　一、同拾九匁八分　成道寺』　一、銀拾六匁六分　本覚寺　一、同拾六匁六分　成覚寺　一、同拾六匁六分　大信寺　一、同拾貳

匁五分　栄巌寺　　一、同六匁五分　延命寺　　右之通、七月廿五日受取、
一、久瀬(重願寺)・高田(安養寺)両寺者手前ゟ出銀集候、是者近々罷登度ニ付、彼寺々便遠故、態
飛脚ニて七月廿日使、岩之介廿一日ニ持帰る、
一、銀拾六匁七分　安養寺　　一、銀拾六匁七分　重願寺　　〆百四拾八匁五分

』

泰安寺より知恩院へ書状、誕生寺が門中総代の旨

一筆啓上仕候、然者今般　團譽(了風)大和尚様御住職被為蒙仰　御入院首尾克相濟候段、被仰聞恐悦至極ニ奉存候、因茲今般當国御門中為惣代誕生寺登山仕、御祝詞中上度奉存候、御前可然様、御披露奉頼上候、恐惶謹言、

八月五日　　泰安寺(津山、西寺町)　印

惣本山御役者中　　惣門中

一筆致啓上候、今般　團譽(了風)大和尚様御住職被為仰　蒙首尾克御入院相濟候段、被仰聞』承知仕、恐悦ニ奉存候、依之今度當国御門中為惣代誕生寺登山仕、御祝詞中上度奉存候間、御役者中迄可然奉頼候、恐惶謹言、

八月五日　　泰安寺　印

良正院様　　惣門中

恐悦金献上す、

八月廿四日相勤候、御入院恐悦献上、并役礼帳場ゟ書付、尤先格之通、
一、金貳百疋 献上 一、銀貳両 月番 一、銀壹両ッ、 山役両人 一、銀壹両 帳場』 一、銀三匁 行者中 一、銀壹両（匁カ） 取次 以上、
一、金貳百疋代 壹包 一、銀八匁六分 壹包 一、銀拾七匁貳分 四包
一、銀三匁《廿九匁六分七厘》 壹包 一、銀壹匁三分五厘 掛入包代共ニ、
〆一、銀貳拾九匁六分七厘 金貳歩代 同三拾匁壹分五厘
二口〆五拾九匁八分貳厘 』

新門前酒屋包算用出銀高、本山入用、物代用銀

右、新門前之酒屋包算用書付、別紙帳場書付候ニ泰安寺へ遣之、
一、惣門中出銀高 百四拾八匁五分也、
右之内、五拾九匁八分貳厘 本山向入用、
八拾六匁惣代用銀 貳匁百疋敷（マヽ）へき壹枚代 相残而六分八厘也、右之通、十月三日泰安寺へ書遣し候早、

門中総代誕生寺へ知恩院より返簡

惣代相勤返簡
一、今般為御入院御祝儀、門中為惣代誕生寺登山、目録之通、被指上之紙面之趣、』其地泰安寺重謍、今般住職為御祝登山紙面之趣、及披露候處、首尾克拝禮相濟候条、可被得其意候、已上、

津山成覚寺淳誉超察、勝山安養寺移住、潤誉獅巌が成道寺入寺、津山本覚寺恵誉が西堂住職

三月二日　　　　　惣本山役者 上善寺 印
作州里方 誕生寺　　同山役者 保徳院 印

其地成覚寺淳譽（超察）、今般勝山安養寺江移轉、為御禮目録之通、献上之紙面之趣、及披露候条、
其地成道寺（西寺町）潤譽（獅巌）今般住職為御禮、』
其地本覚寺（西寺町）恵譽（海栄）今般西堂（せいどう）住職為御禮、
其地成覚寺願譽今般住職（脱文アラン）、

新浜広度寺重誉満願、津山泰安寺転住す、松仙添簡

泰安寺上京添簡

一翰啓上仕候、然者今般播州赤穂大蓮寺（加里屋）末寺新濱廣度寺（御崎）重譽満願義、津山泰安寺へ轉住、城主越後守殿（松平長孝）ゟ被申付候、依之為継目為拝禮、為致登山候、御前へ宜御披露奉願候、恐惶謹言、

未二月　　誕生寺 松仙 印
惣本山御役者中』

潤誉獅巌、成道寺住職継目、御礼先規の通り、〈継目〉住職の交代を言ふ、

一、讃州高松浄願寺（番町）先住海譽弟子潤譽獅巌と申僧、今般津山成道寺住職仕候、為

継目為御禮先規之通、白銀壹包為致上納候、御前へ宜く、（脱文アラン）
一、勝山（真庭市）安養寺先々住響譽弟子淳譽超察安養寺住職、
一、日州児湯郡美々津（日向市）専修寺遠譽弟子願譽海栄成覚寺住職、

仰譽聖道上人（知恩院第六十一世）惣本山御入院
一簡啓上仕候、然者旧冬　御前御入院無障被相濟候由、為恐悦先例之通、門中惣
代津山泰安寺重譽為致上京、登山拝禮候、』

泰安寺継目御禮
一、金貳百疋　壹包
一、銀拾貳匁九分　三両壹包
一、同七拾七匁四分　貳両ッ、九包
一、同九匁　壹包
一、同拾五匁　壹包
一、同拾匁　壹包
一、四拾三匁　壹包
一、九匁　三匁ツ、　三包

成道寺継目御禮
一、銀五匁　御報謝料
一、八匁六分　両役
一、八匁六分　取次帳場
一、壹匁壹分　かけ入包料
已上
一、銀五匁　安養寺
一、貳分　包料』
一、銀五匁　本覚寺分

願誉海栄、津山成覚寺住職、

迎誉聖道、知恩院入院、〈迎誉聖道〉知恩院第六十一世、清浄華院、傳通院を経て、寛政十年（一七九八）十月二日昇進、翌年五月二十三日大僧正任官、在位四年にして享和元年九月十九日没、七十歳、在職中に流祖の聖光房辨長、知恩院第二世勢観房源智の像なきを憂い、尊像を刻ましめ、知恩院御影堂法然上人像の左右厨子内に安置す、

先例の如く恐悦金、門中総代は津山泰安寺

一、拾八匁五分　臺料壹包
一、四匁　かけ入包料
一、壹匁　銀歩
〆金貳歩ト百九拾九匁九分

一歩、十五匁の換算

歩ヲ十五匁にして、貳百貳拾九匁九分
已上

入院御祝儀、その門中割合

本山御入院御祝義
一、金貳歩　方丈様江　一、八匁六分　月番江
一、八匁六分　二役江　一、六匁四分五厘　帳場三人
一、六匁　行者并取次　一、五匁臺料

寺内僧の人頭割

一、貳分　銀歩
一、壹匁六分　かけ入包料
一、三拾貳文　旧冬飛脚賃
金貳歩ト代三拾壹匁四分
銀三拾七匁壹分四厘
〆六拾八匁壹分七厘也、

一、貳分　包料
一、銀五匁　成覚寺分
一、貳分　包料
大信寺　栄巖寺　重願寺同例
』

割合
十三人分一、拾貳匁八分七厘　誕生寺
十一人一、拾匁八分九厘　泰安寺
九人一、八匁九分壹厘　成道寺
八人一、七匁九分貳厘　安養寺
同一、同　重願寺
七人一、六匁九分三厘　成覚寺
同一、同　大信寺
三人一、貳匁九分七厘　本覚寺
同一、同　栄巖寺

壹分四厘割餘、泰安寺預り、

安永十年（一七八一）海誉祐月知恩院入院の節、門中総代本覚寺、入用金、路銀（旅費）、〈海誉祐月〉知恩院第五十八世、瓜連常福寺、小石川傳通院を経て、安永九年（一七八〇）八月六日昇進、十月十三日入院、翌天明元年四月二十二日大僧正任官、在任中、天明四年の全国的な飢饉、白米・玄米・粥、合わせて二十五石余の施米を行ふ、

安永十丑年祐月（知恩院第五十八世）大僧正様御入院之節、惣代本覚寺（蔡譽秀山）、當年入用之外、路銀八拾六匁

入用高、百五拾八匁貳分六厘、

一、三拾目四分八厘　誕生寺　一、廿五匁九分八厘　泰安寺　一、廿壹匁二分六厘　成道寺　一、拾六匁五分三厘　成覚寺　一、拾六匁五分三厘　大信寺

一、拾八匁九分　安養寺　一、拾八匁九分　重願寺　一、七匁八厘　栄巖寺

一、貳匁三分壹　延命寺

惣代本覚寺割合不出、』

〆百五拾八匁貳分六厘

泰安寺御状ニ云、先達而銀三拾目被遣候故、本山入用割合仕、差引残銀拾七匁壹分三厘御元通差上候、御落手可被下候、右割合之義者、拙僧継目之序ニ相勤申候故、例格ニ者相成申間敷と存候故、則本山御先々代祐月様之御住職、御祝義為惣代本覚寺致登山候、其節之割合先格ニ御座候間、書付差上候、

五月廿四日　泰安寺』

聖誉霊麟、知恩院入院、住職、祝儀先規の通り、

今般聖譽靈麟（知恩院第六十二世）大和尚、惣本山御住職被為仰　蒙御入院首尾克相濟候条、先格之

通、御祝儀可被相勤候、以上、

十二月六日　惣本山役者　天性寺　上善寺　濟雲寺　見性寺　浄運寺　専念寺

同山役者　先求院　福壽院

作州里方　誕生寺　泰安寺　惣門中

追而、門中落寺無之様、御祝儀可被申上候、以上、

副書

御當職御方御譽号御実名差合之寺院者、謙譲相改可申候、勿論御當山へ其趣、以書面可被相届候、已上、

十二月六日　享和元年酉也、

役者中ゟ書面壹通到来候条、差下候、御落手可被成候、以上、

十二月九日　良正院

誕生寺　泰安寺　』

美作国久米北條郡錦織《にしこり》東村　傳左衛門

右之者儀、酒造稼仕候處、居村ニ而者賣捌不宜ニ付、當丑年壹ヶ年同国久米南條郡誕生寺領、北庄里方村政之丞方へ出稼仕度段、願出候ニ付、願之通写届出旨、在所役人ゟ申越候ニ付、此段御届申上候、以上、

〈聖誉霊麟〉第六十二世、結城弘経寺、飯沼弘経寺、小石川傳通院を経て享和元年（一八〇一）十月十六日昇進、十二月二日入院、翌二年四月二十七日大僧正に任官、在職四年余、文化三年（一八〇六）四月十三日没

大僧正と誉号実名同じ住職、謙譲改め、

錦織東村傳左衛門、酒造稼業なるが、里方へ出稼ぎの旨、藩への届出

酒造管轄の勘定奉行所届出

日永九郎左衛門

江戸脇坂御留主居之由

御勘定所　脇坂中務大輔御預所　美作国久米北條郡錦織東村　酒造人傳左衛門』

誕生寺領　同国久米南條郡北庄里方村　酒造稼　政之丞

右錦織東村傳左衛門酒造稼仕候処、居村ニ而賣捌不宜ニ付、當丑壹年出稼仕度之旨、相頼候間、何卒聞届呉候様、願出候ニ付、村方相糺候処、何之故障も無御座候ニ付、願之通承届候間、此段御届申上候、以上、

丑三月　　作州里方村　誕生寺

御勘定所

右之ふり合ニて宜哉、尚御考可被成候、此前届も遣シ候、以上、』

（二帖ニ渡リ漢詩アルモ省略ス、上段一行十字十二行、下段一行五字二十四行アリ）』

霊麟知恩院入院祝儀、総代入用等割合祝儀等の割合算出のおり、各寺院所属の僧頭数に依る、総代として知恩院に出向寺を除き算出

本山様御入院御祝儀、惣代上京入用并割合

一、金貳百疋　御丈室様へ、
　此代銀三拾壹匁六分
一、銀貳両　六役中
一、銀貳両　山役中

一、三拾三匁貳分八厘　誕生寺　拾三人
一、廿八匁壹分六厘　泰安寺　拾壹人
一、惣代不出　成道寺　九人
一、七匁六分八厘　本覺寺　三人

津山門中、この時九ヵ寺六十九人の僧数なり、

今回総代、津山成道寺成道寺登嶺恐悦等知恩院へ報告す、
一、銀壹両　帳場中
一、銀壹両　良正院
一、壹匁五分　かけ入并包料共
一、四匁分　臺料盆中
一、五分　本山ゟ状賃
一、八拾六匁　惣代路銀
一、三匁四分五厘　両替銀歩
〆百五拾三匁壹分五厘
右割合　成道寺分九人除く、六拾人ニ割、
一、拾七匁九分貳厘　成覺寺　七人
一、拾七匁九分貳厘　大信寺　七人
一、七匁六分八厘　榮巌寺　三人
一、貳拾匁四分八厘　安養寺　八人』
一、貳拾匁四分八厘　重願寺　八人
〆百五拾三匁六分　内四分五厘割餘泰安寺
預り、
右之通ニ御座候、
本山様御入院之御祝儀、當門中早速上京可仕候處、此度者成道寺御望ニ而、御上京之積ニ御座候、春中者寺務繁多ニて御座候故、四月頃御登之筈ニ御座候、夫故ニ今割合ホも不仕、漸今般久世（重願寺）・勝山（安養寺）へも相廻し可申と奉存候、何分割合仕候侭入御一覧候、且又　本山様へ之御返翰者御會式後、緩々御認被遊可被下候、成覚寺（満願）も住職之御届申上度奉存候、是も乍御苦労御認被遊可被下候、二月廿二日　重譽』

一簡啓上仕候、然者今般　聖譽靈麟（第六十二世）大和尚御入院被為相濟、奉恐悦候、右為御祝

儀惣代成道寺登山仕候、尊前宜御披露奉頼候、恐惶謹言、

月

泰安寺　印　重譽(満願)　花押

惣御本山御役者中

誕生寺　印　随譽(松仙)　花押

津山成覚寺住職継目、小寺故書簡により届出

一翰啓上仕候、然者當地成覚寺就無住、今般住職仕候、小寺之儀故、以書札御届申上候、宜御披露奉頼候、為継目御禮先規之通、白銀壹歩為致上納候、恐々謹言、

月

泰安寺　印　重譽　花押

惣御本山御役者中

誕生寺　印　随譽　花押

今般御入院為御祝儀其地門中惣代成道寺登山、金貮百疋被差上之紙面之趣、令承知候、此節　尊前御参府之御事候之条、追而可及披露候、以上、

戌五月五日

惣本山役者　専念寺　印

作州里方誕生寺　泰安寺　惣門中

同山役者　先求院　印

同列に銀二歩

追而、同列へ銀貮歩被贈之、令収納候、已上、

四月十一日久世重願寺、津山成道寺にて発病す、

泰安寺状添来、七月六日付、四月十一日津山成道寺ニて重願寺發病之事云云、

祝儀の総代容赦の旨、知恩院了承す、

御丈室御方當春継目、御参府御禮ホ首尾克被仰上、去月廿七日於　御城大僧正御任官被為蒙仰候、右ニ付、御祝儀献物并惣代登山之儀、如先儀御容赦之事候、此段可被得其意候、已上、

五月十五日　　惣本山役者　印

作州里方　誕生寺　泰安寺　惣門中

追而、此書状相達候ハヾ、承知之旨御請可被申越候、已上、

一筆致啓上候、向暑之節、弥御安全珍重存候、然者役者中ゟ之書状壹通到来候条、差下候間、可被成御入手、已上、

六月朔日　　良正院

作州里方誕生寺　泰安寺　惣門中

冨小路四条上ル備前屋太助右付紙』、右七月十三日求聞津山ゟ持来ル、

付紙

貴札拝見仕候、尊前倍御機嫌能被為有、當夏御継目被仰上、於御城御任官被為蒙仰奉恐悦候、然者御祝儀物、并以愚書恐悦之義も御容赦之旨、奉承知候、右為御請如此ニ御座候、恐惶謹言、

戌七月　　泰安寺　誕生寺

惣本山御役者中

貴書忝披見仕候、如命旨、残暑難去候処、貴院様御安康ニ被成御法務、珍重ニ奉存候、然者大僧正様御任官被為蒙仰、恐悦ニ奉存候、右ニ付、以書状を恐悦申上候義、御容赦之旨、御役者中ゟ被仰聞承知仕、為念御請書差上候条、御上達奉頼候、恐惶謹言、

七月　　　　　泰安寺　誕生寺

良正院様　』

八、誕生寺諸（記録）（寛政八年）

泰安寺重誉満願自筆書簡写

享和二年（一八〇二）六月二日、津山藩家督相続、その節、誕生寺御目見登城の有無について泰安寺旧例調べるも記載なし、明和五年（一七六八）相続の節、御目見あり、これにより誕生寺御目見の願書を出すに及ぶ、

誕生寺先格の通り、御目見伺書

泰安寺現住重譽満願上人自筆写、

享和二壬戌六月三日、太守（松平康乂）御初入被遊候ニ付、泰安寺之旧記不残相しらへ見候処、一向誕生寺ゟ御初入之御慶登城之義、相見へ不申候ニ付、旧例無之と存候処、古老之人々誕生寺ゟも御目見登城有之由、申ニ付、役所へ参候序ニ記録相伺候処、『明和五年之』顕徳院様御初入之節、登城有之候之趣、相見へ申候、依之享和三癸亥年閏正月二日、役所江口上願書半切ニ相認差出候、

御伺申候口上覚

誕生寺義、先格之通御目見被仰付被下候様、御願申上呉候様、相頼被申越候ニ

誕生寺御目見の通達

束本、束本料、

御目見に際し百万遍札差上ぐ、

誕生寺登城、泰安寺案内、百万遍札・短冊三枚（古例に無し）を出す、随伴三僧

先例は檜の間でありしが、式日により家中登城鑓の間屏風囲いの控となる、

付、此段御伺申上候、右之趣、』宜被仰上可被下候、以上、閏正月二日　泰安寺
　寺社御取次御中
同月七日役所ゟ手紙ニ而、
誕生寺義（儀カ）、来十五日御目見被　仰付候間、同日五ツ時登城有之候様、御通達可被
成候、此段御達申候、以上、
　　　　閏二月七日　三浦十郎左衛門
　泰安寺
同月九日泰安寺ゟ通達有之候、
同十四日出府、泰安寺沾随伴三僧』、明日之献上之束本者役所ニ而御取斗ひ、此
方ゟ束本料差出候事、七匁五分也、
十四日三浦氏ゟ手紙来、
明日誕生寺　御目見ニ付、百万遍之札被差上候趣ニ、先格相見へ申候、且又御同
道も何れ可有之義ニ存候、此段御達申候、已上、　壬正月十四日　三浦十郎左衛門
　泰安寺
十五日五ツ時登城、泰安寺案内』致候叓、百万遍御札并御祝詞之、（此ハ古例ニ非ス、一時ノ私添也）短冊三枚、右
長水引ニて結ひ申候、臺ハ御城ニて御取次へ御頼申、借用仕候叓、随伴三僧、草履
取、御玄関迄坊主殿被出、御通被成候様ニ案内有之、則御番頭其外へ礼儀いたし
罷通候処、鑓之間之奥、屏風圍之内へ案内有之候而、罷通候、先格者』檜之間へ

御目見、皇帝の間、三ヵ寺格の扱ひ、津山三カ寺

お札と和歌短冊、満足との達し、

罷通候処、今日者式日ニて御家中登城故、取次衆ゟ御断有之候㕝、早速取次三浦十郎左衛門殿、野条金平殿御挨拶ニ被出、追付御目見有之候間、暫御扣へ可被成由、挨拶有之、烟草盆火鉢茶出ル、四ツ半時（午前十一時）御目見相済、元之座所へ帰ル、三浦氏、野条氏案内ニて、寺社奉行太田舎人殿、御奏者』小須賀貢殿、右両士御挨拶ニ被出、御目見前座處、習礼ホ御取次案内ニ而、見置候、皇帝之間敷居之内ニ而、三ヶ寺御目見之格と同断ニ御座候由、下城後役人中へ廻勤、手札ニて今般御目見被仰付、難有仕合奉存候、右為御礼参上仕候、

誕生寺

當時役人中　御家老　安藤丹後殿　山田主膳殿　』

御年寄　黒田要人殿　大熊勘解由殿　大橋十太夫殿

寺社奉行（三本入扇子）　太田舎人殿　御奏者　小須賀貢殿

大御目付　伊達与吉郎殿　小須賀貢殿　三浦十郎左衛門殿（三本入扇子）　野条金平殿

一、銀札弐匁遣ス、是へハ手札ハ不用、取次下代　植付元右衛門

御城ゟ直ニ泰安寺へ帰寺、暫中飯ホ相認休息』、御上ゟ御使者来ル、則御目録金弐百疋、御役人中ゟ封書

追而、御札并和歌短冊被差越之、被致満足候、此段宜申達由ニ候、以上、

一筆致啓達候、然者目録之通、被相贈之候、此旨宜申達由ニ付、如斯ニ御座候、
恐惶謹言、
　　壬三月十五日　　　　太田舎人　伊達与吉郎　小須賀貢
誕生寺　」
右請書三人宛名ニて、直ニ使へ相渡候、

貴札致拝見候、然者今般　御目見被仰付、依之御目録之通頂戴難有仕合奉存候、
御序之砌、御前可然克取成可被下候、恐惶謹言、
　　壬正月十五日　　　　誕生寺随誉（松仙）　花押
太田舎人殿　伊達与吉郎殿　小須賀貢殿
別段手札
今般御目見ニ付、御目録頂戴難有仕合奉存候、右為御礼参上仕候、以上、誕生寺
右囲勤　御奏者小須賀貢殿　」
大御目付　伊達与吉郎殿　寺社御奉行　太田舎人殿　御取次　三浦十郎左衛門殿
野条金平殿　」
一筆致啓上候、然者當領分作州久米南條郡北庄里方村之内、誕生寺領御朱印地高

弓削陣屋より来簡　御朱印の書替時、あるひは宗旨人別帳提出時、弓削役所を地頭と心得ること、公儀への願書も本寺、触頭と役所の添簡を要す、全て役所の指揮によること、重要事項なり、

土井家役人

承知なくば、御朱印書替、宗旨人別帳の取扱いせず、

五拾石者、分郷之由、御朱印地ニ候得者、左も可有之儀ニ候得共、前々ゟ御朱印御書替之節、此方役所ゟ取扱、宗旨人別帳も差出来候者地頭と御心得、公儀江願筋ホ有之節者、並之通、本寺』觸頭、且此方之以添翰、可被願出儀哉と存候、左候得者、寺法ニ抱り候儀者、格別其外之儀者、萬端此方之指揮を可被請儀ニ者無之哉、品ニ寄寺社奉行所江申達以来之儀、取極候積ニ付、此段及御掛合候様、江戸表ゟ申付越候ニ付、必御報ニ被仰越候様致度奉存候、右可得御意、如斯御座候、恐惶謹言、

六月廿五日

石川又右衛門　義勇（花押）
岡野右左衛門（孝俊）　出役ニ付、無判
服部有右衛門　保室（花押）
瀧六郎太夫　良質（花押）
金子十兵衛　忠禮（花押）

（記録原本写）

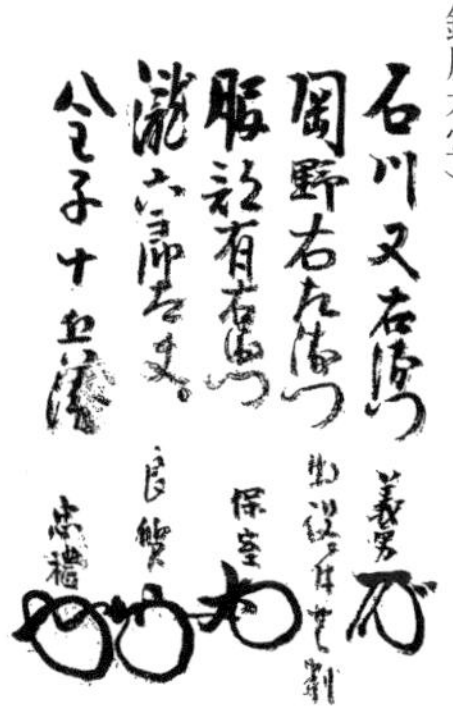

』

誕生寺様

尚々、本文得御意候趣、他領之御心得ニ御座候得者、御朱印御書替之節、此方ニて取扱候儀、并宗門人別帳も此方役所ニて、取扱候儀者、品ニ寄御断ニ』可及儀も可有之哉と奉存候ニ付、為御心得、此段得御意置候、以上、

松仙書状

誕生寺の御朱印五十石、これは元禄十二年（一六九九）に綱吉に安堵されしもの、津山城主森家断絶により、久米南條北庄里方村は幕府領となり、播州龍野藩森家の預かり所となる、御朱印の書替と七年ごとの宗門改めは森家の取次ぎで行ふ、古河藩領になりし後、土井家の扱ひ、しかし五十石は誕生寺の独領、守護不入の朱印地として認められしもの、

金子十兵衛

石川又右衛門

北庄里方村誕生寺様

右、文化元甲子六月晦日、弓削役所ゟ倉崎圓蔵と申人持参、大小ノ武人』

乍略儀、態以使僧為致登山申上候、即辰残暑酷敷御座候得共、御前御機嫌克被為在御治山、恐悦之至ニ奉存候、

一、誕生寺　御朱印五十石者、元禄十二己卯年　常憲院綱吉公様御代　桂昌院様〈綱吉の母〉依思召御寄付、　時當国美作国津山城惣国主森中将様〈長成〉之時欤、其後森家断絶ニ付、久米南條郡稲岡北荘里方村天下御領と成、播州三ヶ月宿熊井野村森對馬守（長俊）』御預り所と成、當寺御朱印御書替、并宗門帳子午七年目御改メ、公義へ差上、對馬守様御取次也、其後今より四十餘年以前、久米南條郡惣而、作州ニ一万石、下総国古河城土井大炊頭殿（利厚）御領地と成、右土井様御奉行所大坂平野也、當国陣屋弓削村也、依之當寺　御朱印御取次并七年目宗門帳差出シ、土井様御取扱也、然れ共、五十石者誕生寺獨領、守護不入ニ而、只今迄無何事相濟来候、」』然處、今般平野役人ゟ別紙之通、自今者土井を地頭と心得、寺法之外萬事土井之指揮に相従ひ可申、　若誕生寺者獨領と相心得候ハヾ、事ニより　御朱印御書替之取次、并宗門帳差上取次断ニ可及も相知レ不申、右之趣、両様之

今回土井家を地頭と心得、全て土井の指揮に従へ、さうでなければ御朱印書替などの取次ぎをしない、と言ふ旨、松仙驚嘆す、

御朱印地独領が土井領下支配を受けることは、浄土宗一宗光輝の損滅、住職としての体面もない、知恩院から平野役所へ掛け合ってほしい旨、

松仙、病にて歩くこともできず、

内へ致決心、明ニ此返書弓削陣屋迄差出シ申候様、弓削ゟ組役右状箱持参、開封驚入申候、右當寺只今迄　御朱印地、獨領ニ而相濟来候處、此度相改り』土井領下并ニ相成候而者、乍恐　大師前御本山奉始一宗之光輝損減衰微ニ愚僧(松仙)カ代ニ頽落シ候而者、存命住職之甲斐も無之候得共、畢竟、大名を相手ニ公事者叶不申、此上者　惣御本山御役者中　御前迠も御窺ヒ御勘考之上、御取計可被為成下、外愚意無之候、此義愚僧早速上京、直々御本山へ平野書状入御覧、委可申上本意ニ御』座候得共、最早當年世壽六十七歳、殊ニ此節炎暑ニ被侵、持病差起平臥仕候而、蛙歩一足も難叶、無據愚弟徴禅代僧ニ為致登山候、廃禮之段、真平御容赦被成下、此方之義委此者ニ御尋御役席委悉ニ御評議之上、大坂平野御役所へ御掛合可被成下奉願上候、依之當地弓削役所へ者、早速平野へ御報可申上筈ニ御座候得共、此度之御状之趣者、愚寺一存ニ御決答難申上、』一往京都知恩院江相達シ、其上にて御決答可申上候得者、御報暫延引之御断、宜頼入候と申置候、右之趣、御伺申上度、如斯ニ御座候、臨書戦栗(慄)氷競、此上者御本山之　尊命、御役所之御評決を使僧蒙仰帰候を、計日執足相待、寝食不安耳心憂如春、尚痛意筆下ニ不顕、萬一身毛為竪雨涙淋々只奉仰』賢照之御憐察候、恐惶謹言、

七月六日　　誕生寺　随譽松仙（花押）

惣御本山御役者中

代僧徴禅が知恩院への使僧

徴禅、七月六日發錫上京、廿四日夕帰寺着、本山御状写

知恩院の見解

御朱印の書替、宗門改めの取次ぎ以外のことは独領の取扱を受け、古例に服すること容易ではない、往時のような対応を誕生寺から嘆願以外手立てなし、

其寺之儀者前来ゟ　御朱印御書替、且七ヶ年目宗旨人別帳御改之節者、総州古河御分領地方役人中ゟ取扱有之候処、爾来者寺法之外、不寄何事地頭同様被差心』得、若不承知候ハヾ、　御朱印御書替并宗旨人別御改之節等取扱之義、可被及御断之旨、大坂平野土井侯屋敷役人中ゟ書面を以申来候ニ付、為伺代僧徴禅を以願書并紙面之趣、令披誦候、然ル処、前来右両様之外者、獨領之取計を以相済来候段、今般古例致遠戻義者、不容易之事ニ候、依之其寺ゟ役人中迄往時ゟ仕来之通有之度』段、再應被相歎候様、御沙汰候条、可被得其意候、以上

七月十七日　　惣本山　役者

作州誕生寺

書面返却の指図

尚、以彼地役人中より書面披見之上、及返却候、已上、

〈解説〉鎌倉末期の成立とされる『法然上人伝記』（通称九巻傳）では法然上人の生所について「美作国久米の南條いなをかのきたの庄栃社」とある。誕生寺御影堂建立の永禄十二年（一五六九）の奉加帳などからすれば、法然上人誕生の地は「稲岡北庄」となる。下っ

て寛政から文化期にかけては久米南條北庄里方村と言い、現在は久米南町である。この村は戦国から江戸時代、明治にかけて領主変遷もまことに頻繁である（『久米南町誌』）。大概をみると、宇喜多・小早川氏の領地の後、慶長八年（一六〇三）から津山藩の支配となる。元禄十年（一六九七）幕府領、同十四年には甲府藩領となるが、宝永六年（一七〇九）には再び幕府領に戻る。そして宝暦十三年（一七六三）六月には、下弓削村をはじめとして三十カ村が古河藩領になる。このとき里方村も古河藩領になっている。それ以外の上籾村ほかは天保六年（一八三五）幕府領、同九年にはまた古河藩領となる。下二ケ村ほかなどは、明和二年（一七六五）から播州龍野藩預り地になっている。

記録が問題とすることは、宝暦十三年古河藩領となってからのことである。御朱印地の書替、及び七年に一度の宗門改めの取り次ぎについて、土井家の指揮下になければ取り次ぎをしないと言うもの。古河藩の出先は大阪平野奉行所、具体的には弓削陣屋が所轄であった。この陣屋のことについては『久米南町誌』に詳しい（同書「古河領弓削陣屋」）。独領で守護不入の領地に支配下という強制について松仙は驚嘆した。眼病により失明に瀕する程の心労であった。知恩院に保護をたのむも、従前のようにはならなかった。旧に復すことなく、文化二年（一八〇五）にはこのことを寺社奉行に持ち込み、古河藩はその正当性を認められたのである。結局、誕生寺は弓削陣屋に対して、諸堂の修繕や、宗門人別

帳改め等の願書は大庄屋庄屋年寄り連判。毎年の会式の届け出や、正月三日の陣屋年頭挨拶を要することなどは、つまり古河藩の行政に組み込まれて行ったのである。松仙が悲しむように、誕生寺は宗祖法然上人誕生の地、一般の朱印地とは異る独領であって当然であると、彼は主張した。

しかし、古河藩だけがこのような新制度になったかと言うとそうではない。古河藩には成文の法規はなく、すべて旧慣例によったもので、新役が就任すると先役の関係綴りを写しすべてそれによった、と『古河市史』が書くほどで、その通りではないにしても一藩だけが突出したことができる時代ではない。幕府の宗教制度の徹底がようやく美作まで及んできたものとみるべきであろう。

古河藩平野役所へ書簡、法然上人誕生の旧跡による御朱印地、御朱印の書替、宗門改めの取次ぎなど往古の通りに願ふ、と言ふ知恩院の意向、誕生寺松仙も旧来の制に願ひたき旨

平野へ誕生寺ゟ返状

六月廿五日之御書翰、同晦日来達、即刻拝見仕候、然者被仰下候趣、愚意ニ難決奉存候ニ付、此方ニて檀方共へも内談之上、早速弓削村御役所へ』御届ヶ申上、態々以使僧京都本山知恩院大僧正へ相伺候處、三五日も得と思熟之上、被申候者、誕生寺儀者、御宗門元祖圓光大師出誕之舊跡厥（たる）故、御朱印地ニ候得者、此方ゟ彼是申も恐多事ニ候、何分従往古之通、無御改變　御朱印御取次、人別御改帳七年目御差上斗ニて御濟シ被成下候様、幾重ニも御歎申上奉乞、御宥免候様被

知恩院へ書簡
誕生寺の御朱印地は、元禄十二年里方の内に、徳川家から安堵されしもの、古河藩土井家が南條郡の内に、一万石を所領となる、
誕生寺の御朱印書替、七年に一度の宗門改め取次ぎについて土井家を地頭と思ひ支配をうけるようにと、土井家弓削陣屋から言って来た、独領であった誕生寺が、そのようなことになれば、浄土宗の威光も損滅する、また桂昌院殿の祠堂米・金などの融資により寺の修復をしてゐることなどにも影響する、何卒知恩院から平野役所に掛け合ってほしい、といふ主旨

申越候、次ニ拙僧共願心も』乍恐如此ニ御座候間、何とそ此旨、御上へ宜御取成被下置候様、千々萬々奉願上候、右ニ付、御報延引之段、是亦御海恕可被成下奉願上候、恐惶謹言、

七月廿六日　誕生寺　随譽〈松仙〉（花押）

平野御役人衆中

本山へ之願書、京都ニて役者中差圖、徴禅認メ出ス、

奉（乍カ）恐奉願口上書

一、當寺　御朱印五十石者、元禄十二己卯』常憲院〈将軍綱吉〉様御代、當国久米南條里方村ニ而、御寄附被成候、然ニ久米南條郡惣而壹萬石者、下総國古河土井大炊頭〈利厚〉殿領地ニ御座候ニ付、御朱印御書替并七年目人別御改之帳面而已、土井殿役所へ差出シ取次ニて事濟、其餘之義者、萬事領内守護不入ニて、從當寺支配仕来候、然處、土井殿摂州平野役所ゟ別紙書面之通、已後者寺法之外、諸般此方を地頭と相心得、支配相請可申、不承知ニ候ハヾ、右両様の取次いたし候儀も断ニ可及之趣、右書状當國土井陣屋弓削組役持参被申達候而、痛心仕候、右申上候通、當寺領分只今迄獨領ニて』相濟来候處、土井領下並ニ相成候而者、御宗門御威光損減之一ニも可相成哉、但桂昌院〈将軍綱吉の母、お玉の方〉様御寄附御祠堂米并ニ銀子近郷へ貸

附、其利分ニて修復相續仕来候故、障ニも可相成哉、旁以歎敷迷惑至極仕候間、何卒　御本山の御威光を以、平野表へ従来之通ニ為相濟被呉候様、被為成下度、偏ニ奉願上候、以上、

子七月　　　　　　　作州　誕生寺　印

代僧　徴禅　印」

惣本山御役者中

『弓削陣屋来簡

古河藩土井家を地頭と心得て、幕府への願書等の場合は、普通寺院と同様に、本寺触頭と同様に弓削陣屋も添簡、此方の支配に従うことを請けないのか、寺社奉行所と取り決めることにする、書簡では意が通じないので、役所にこられたし、誕生寺は古河藩領の内であり、地頭と心得たし、分郷にて他領と心得てゐるのか、といふ主旨

返事は役人連名に当てらるべし、

御報致拝見候、然者先達而及御掛合候者、里方村之内誕生寺領御朱印地高五拾石者、分郷之由、　御朱印地ニ候得者、左も可有之儀ニ候得共、前々ゟ御朱印御書替候之節、此方役所ニて取扱、宗旨人別帳も差出来候得者、地頭と被相心得、公儀江願筋等有之節者、前之通、本寺觸頭、且此方之以副翰、可被願出儀ニ候、左候得者、寺法ニ拘候儀ハ格別』、其外之儀者、萬端此方之指揮を可被請儀ニ者無之哉、品ニ寄寺社御奉行所へ申達、以来之儀、取極候積りニ付、此段及御掛合候様、従江戸表申付越候ニ付、其段及御掛合之儀ニ御座候、然處、此度被仰越候御報之趣ニてハ、端書ニ得御意候趣之事而已被仰越、本文得御意候趣者、一向難相分候ニ付、先便本文得御意候通、其御寺者當領分之内ニて地頭と御心得候哉、又ハ分郷ニて他領之御心得ニ御座候哉、右之處、聢と御答被仰越候様致度奉存候、右御再答為被得御意、如此ニ御座候、恐惶謹言、

八、誕生寺諸（記録）（寛政八年）

石州浄土門中寺院（記録原本）

寺格に大中小の区別有り、空寺も散見す、

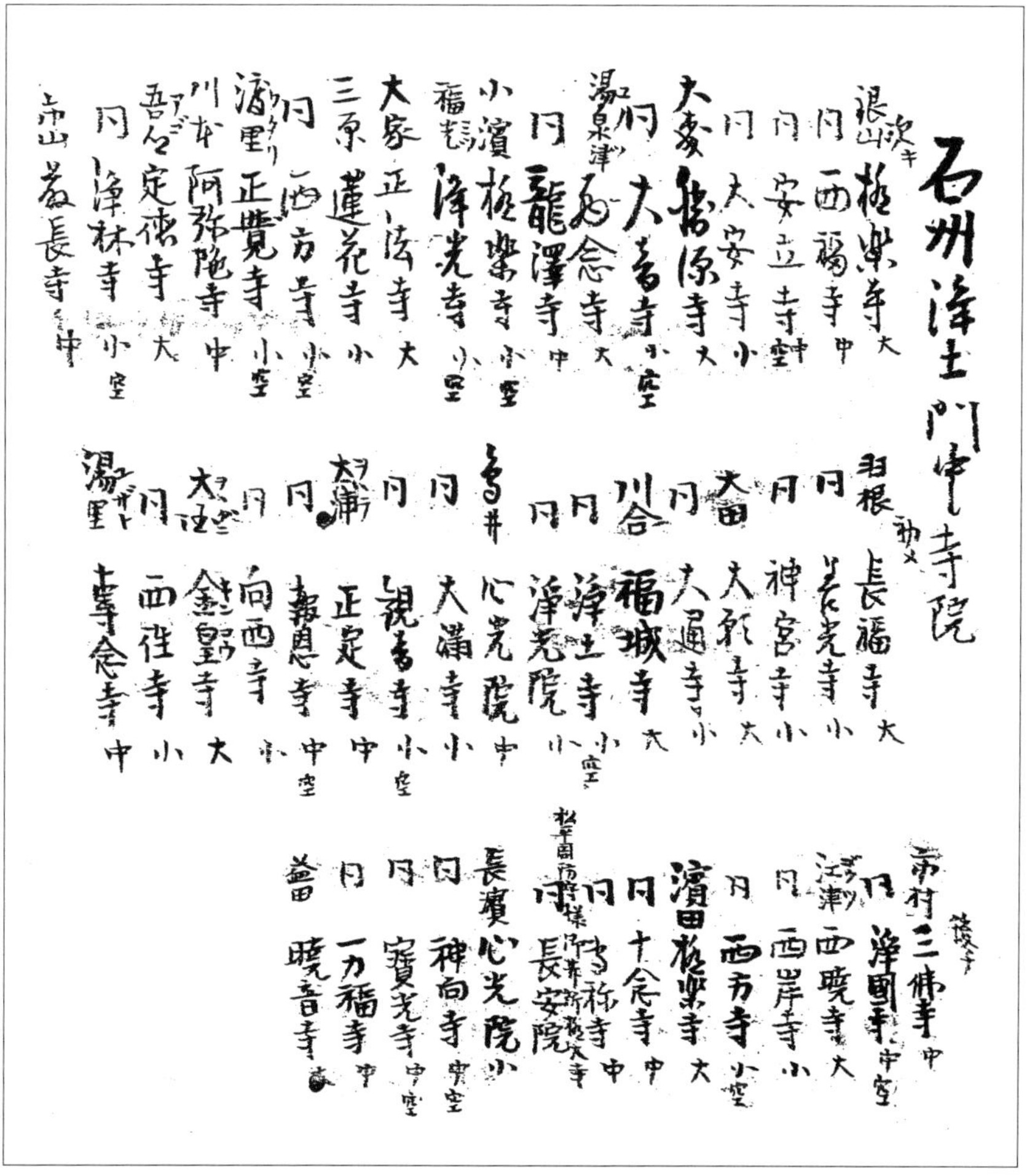

石州浄土門中寺院

銀山 極楽寺 大
同 西福寺 中
同 安立寺 中空
同 大安寺 小
大森 勝源寺 大
同 大喜寺 小空
湯泉津《ユノツ》 西念寺 大
同 龍澤寺 中
小濱 極楽寺 小空
福光 浄光寺 小空
大家 正法寺 大
三原 蓮花寺 小
同 西方寺 小空
渡里《ワタリ》 正覚寺 小空
川本 阿弥陀寺 中
吾郷《アゴウ》 定徳寺 大
同 浄林寺 小空
市山 最長寺 中

羽根 長福寺 大
同 善光寺 小
同 神宮寺 小
大田 大龍寺 大
同 大通寺 小
川合 福城寺 大
同 浄土寺 小空
同 浄光院 小
鳥井 心光院 中
同 大満寺 小
同 観音寺 小空
大浦 正定寺 中
同 報恩寺 中空
同 向西寺 小
大森 金鱗寺 大
同 西往寺 小
湯里《ユザト》 専念寺 中

市村 三佛寺 中
同 浄圓寺 中空
江津《ゴウツ》 西暁寺 大
同 西岸寺 小
同 西方寺 小空
濱田 極楽寺 大
同 十念寺 中
同 專称寺 中
同 長安院 松平周防守様御菩提所 大寺
長濱 心光院 小
同 神向寺 中空
同 寶光寺 中空
同 一力福寺 中
益田 暁音寺 中

八月十日　　　　外出ニ付、無判
　　　　　　　　石川又右衛門　岡野右左衛門孝俊（花押）
　　　　　　　　　　　　　　　瀧六郎太夫（良質）（花押）
誕生寺様

猶々、此度本文ニ得御意候趣、御報被仰越候ハヾ、拙者共名宛ニて被仰越候様奉存候、』

誕生寺より弓削陣屋宛書簡

誕生寺は法然上人誕生の旧跡、知恩院も往古のやうに、役所でも取扱ってほしい、といふ意向、誕生寺御朱印地は、津山藩森家、播州熊井野藩、古河藩土井家と変はるまで百年、なんの問題もなし、松仙が誕生寺の住職になる時、奉律とする他、全て土井家指揮下なるは、私として立つ瀬がない、誕生寺は美作国における触頭であり、知恩院に申出るより方法はなく、知恩院大僧正も往古の方法を願っている旨

本月十日之御書翰、従弓削為御持被遣、同十六日落手、謹而拝見仕候、御紙面之趣、承知仕候得共、先達而申上候通、京都本山知恩院大僧正（聖誉霊麟）存意者、誕生寺義者御宗門元祖圓光大師出誕之舊跡、其故御朱印地ニ御座候得者、自此方彼此申も恐多事ニ候得者、何事も従往古之通ニ　御公義御用御取次被成下候様、幾重ニも御歎申上候へとの事ニ御座候、往し元禄年中、常憲院様（将軍綱吉）御代御朱章地ニ被為成下、最初津山森中将様（長成）、其次播州三ヶ月熊井野』（四頁ニ渡リ梵字・悉曇、九十七字アルモ、コレヲ略ス。）』大守様（長俊）、其次只今古河　大守様と今年迠百年餘當寺へ、何の御尋も無御座、右之通にて御濟し被成下候處、拙僧住職の時、厳敷御吟味之上、以前ニ事變寺法之外、萬端御指揮　御公義願事有之節者、御添書抔と種々先規ニ違戻し、已後を御取極メ被成下候而者、拙僧本山へ之申訳も無御座候、當寺者知恩院元祖圓光大師出誕之舊地ニ御座候故、外々末寺とは違ひ、作州ニてハ一宗之觸頭役寺、拙僧住持ハ仮ニ寺守にて知恩院之誕生寺ニ御座候得者、此上又々

〈毛見〉検見、けんみとも、年貢高を決めるために作物の発育状況を役人が調査、稲見ともいふ、

仰被下候得者、同事を幾度も御断申上、夫にても無御宥免時者、又々知恩院へ申出候』外、致方覚へ不申候、知恩院大僧正迚も旧例ニ遠、此度御取極メと申義ハ、甚被致痛心候得者、前来之通、改り候無御義、御済し被成下候ハヾ、拙僧勿論本山表ニもいか斗難有被存安堵之上、佛道修行仕度候、此義関東　仁君様へも何分宜御取成可被成下、奉願上候、臨書落涙を催し、戦々競々自然ト乱筆ニ相成候段、是亦御海恕可被成下、奉庶幾候、恐惶謹言、

八月　　誕生寺　随誉（松仙）（花押）

石川又右衛門様

岡野右左衛門様

瀧　六郎太夫様

平野代官石川又右衛門毛見ノ為、弓削へ来り、

十月三日書状来ル、使ヒ掘三平

平野郡奉行瀧六郎太夫、代官山岸佐次右衛門、岡野右左衛門、石川又右衛門、松井才壹、先郡奉（行脱カ）金子十兵衛帰東病気也、代官服部有右衛門江戸屋敷御小姓頭ト成、』

誕生寺より弓削役所石川宛
松仙眼病
三カ条

先日ハ貴翰被成下、忝拝見仕候、寔寒冷之砌、遠路稲見御用御下向、御苦労千萬ニ奉存候、弥以御清健ニ被為成、御政勤欣慶之至ニ奉存候、然者御書面ニ付、役僧遣し候、愚ろ（老）此節眼病ニて引籠罷有候、

土井家の領地と心得るか、御朱印地ゆえに独領とするか、いずれかにはできない、
独領ならば、土井家に不敬となる、御朱印と宗門改めの取次ぎは、公儀の御触によるものだから、恩恵にあずかってゐるわけで、独領とは言へず、
御領内とすれば、諸藩私領といふこと、御朱印は公儀にたいして不義となる、私の代になって御領内と言はれても困る、百年間の慣例どほりにしていただきたし、

一、當寺義、大守様御領分ト心得候哉、又ハ御朱印地故、獨領ト心得候哉、二箇條之内一片ニ決答、可申上被仰聞候由、此義ハ御先書ニも承知仕居候得とも、所詮ニ一片ニ付候義者、出来不申之由ハ、
一、獨領寺領と申片付ハ、御朱印之面、右公義へ對してハ』宜御座候へ共、大守様へ不敬不親ニ相成候、小禄小寺ニ御座候者、御朱印御取次宗門御改帳差上御公義御觸為御知レ被成候得者、預御厚恩候故、堅獨領とは不被申候、
一、御領内と申候片付者、全諸侯之私領と相成候得者、御朱印御公義へ對し、無禮不義不道理ニ相成、本山一宗門後代之就誹謗、拙僧代初まり口口ニ可申、御領内とは不被申候、依之此二箇條紀明者、古来御朱印の最初ゟ一百余年三大守様を経て無之候得者、頓と御宥免被成下、古法有来ニ御取扱可被成下奉願上候、是非二箇條決答可仕、又々被仰候得者、幾度も御歎申上候上ハ』致方無之、本山へ申出シ候外無御座候、此趣得と御勘考、御同役様方へも宜御取成奉願上候、恐々謹言、

十月八日　誕生寺

石川又右衛門様

添啓

美濃國養老瀬白玉扇由、致如別紙、延筭御遐齢を祝し、兼而大ニ仁風を起し、彼

松仙から知恩院宛年頭状
先達て以来の一件につき
平野役所へ再三、旧式に
戻すべしといふが、土井
家を地頭と仰ぎ、領主と
心得よといふ、
孕連↓含まれ

黎民を扇キ、孝弟忠信加多貴、永康賀之禮仕候、微志而已、』

乍而以使僧徴禅沙弥一簡奉呈上候、青陽之御慶都鄙一般不可有際限申収候、先以御山内静謐可被遊御超歳奉遠賀候、随而當寺無異変加年仕候、被為休慈念可被下候、然者先達而申上候通一件ニ付、尊慮之趣懸察仕、平野役所へ再三四五度も舊式之通ニ被成下候様、御歎申入、尚又江戸表へも何分御歎被仰上可被下と申、訖候処、旧冬當地弓削役所へ、平野奉行衆ゟ被申越候趣、誕生寺義、只今迠之通と云願之趣、所詮不相叶、領内へ孕連居候上者、五十石分郷者、御朱印ニ候得者、左も可有候得とも、』以後此方を地頭と仰き、領主と相心得、旧来を相改め萬端願入、役所聞届之上之事ニ可致、若於違背ハ、訖度可申付旨申来候、依之驚入何分此義本山へ申達候而之上ニ可被成下、申入置候、扨々悲歎絶被語候事ニ御座候、尤先御書面御指揮之趣、大師前ハ御宗門之元祖、御公義御崇敬故、御朱印迄被為付置、御大切之段、申入候得とも、彼方ゟ数度之返書ニ此御義、一向取上無御座候、誠以役人中之胸臆謗法一闡提断善之所存と相聞へ、恐ろ敷奉存候、上件之趣ニ候へ者、最早當寺ゟ之申出シ者、糠粃ニ釘打ニ相成、一向間ニ合不申候、』法運尽果申候、拙老か痛心ハ筆の下ニもいかゝ書顕シ候ハん、去秋御本山へ之注進状相認メ早候而、覆讀ニかゝり候と、驚ク右之眼中ニ渡り一寸程の丸キ

松仙眼病、片目見ず、

法然上人誕生の寺として存在認められず、不満なり

誕生寺領内酒造届書

酒造出稼

酒造は江戸勘定奉行の管轄なり

黒障出来、片目頓と見へ不申故も、先年ゟ眼花と申物出来、覆ミ申候得とも、是ハ少々見へ申候斗、誠ニ生盲同然ニ相成、備前之眼醫ニかゝり、旧臘迄煎湯三百貼目之差薬、四五十貝も用ひ、今年ニ至候而も難捨置、日々養生仕候得共、同変ニて験も相見へ不申、難渋迷惑仕候、此ニ而痛心之程御察可被下候、実ニ不惜身命とは存候得共、最早右申上候通、此方之願申入、一向取上不被申力尽申候而、悲泣仕斗ニ御座候、此上者』御本山之御取斗御引受不被成下候而者、誕生寺之舊格眼前ニ落地仕候、餘寺とは遠ひ　大師前御出震(万物が東方に生するの意)之霊地、今現ニ真影安座ましまし候得者、惣御本山勿論三縁山(増上寺)、三箇本山ニ九檀林之御痛心、惣して扶桑六十餘州浄家者流、鎮山両派寺院僧俗尼人迄も残念、悲歎ニ可被存奉察候、然上者諸本山縁山諸檀林へ御吹聴御塾談之上、御公義へ御歎可被成下義ニもやと奉存候、委細者使僧徴禅沙弥へ此方役所之様子御尋為宗為法御取斗可被成下奉願上候、萬緒不叶盲筆奉仰賢察候、恐惶謹言、

丑正月九日　　誕生寺　随誉松仙（花押）

惣本山御役者中

』

一、酒造出稼之義、御上迠届来例ニ付、江戸へ差向候處、先方ゟも御届無之候而者、不相濟由、申来候間、掛合品承候而、万一先方心得方遠ひ候而者、如何ニ

酒造米百五十石

江戸増上寺に頼む、

振合替などに備へ、白紙印形、江戸にて認む、

弓削役所から誕生寺宛書誕生寺領内里方村政之丞方へ出稼ぎについて差し支へなし、

存候間、掛合候而も不苦哉、鳥渡《ちょっと》御答被下度候、其上掛合品いたし度候、

酒造米高百五拾石

酒造方御引請之御勘定方在之哉ニ粗相聞申候、此義者江戸増上寺様御内御出頭様ニても御頼ミ被遣候へ者、右』御役僧様ゟ御聞合被成候へ者、委相訳可申奉存候、万一振合替候義可有之、左候へハ遠方之義ニ候間、白紙印形被成候而、可被遣候へ者、江戸表ニ而、御認替も可相成哉ニ奉存候、

作州誕生寺

江戸表御届所相分不申候へハ者、江戸ニ而、脇坂中務大輔（安董）殿芝三丁目御屋敷御留主居中へ、内々御尋被成候へ者、先方御届所相訳可申候、

右四通酒造御届書覚書付』

一筆致啓上候、追日暖和相成候処、弥御堅固被成御勤珍重ニ奉存候、然者當御領所作州久米北條郡錦織東村傳左衛門、酒造株近来酒賣捌悪敷候ニ付、其御寺領同国久米南條郡里方村政之丞方へ出稼之儀、申出候ニ付、其砌及御掛合候処、何之故障無之候由、被仰越候ニ付、其段傳左衛門へ申渡候、依之江戸表御勘定所へ御届申上候間、其御許ゟも御届可被成候義と存候、御同様取斗申度候間、江戸表當方御預リ所懸り役之方へ、其段申遣置候之間、於彼地被仰談候之様致し度候、右之段為可得御意如斯御座候、恐惶謹言、』

三月九日

三沢清右衛門　重矩（花押）
平野七郎兵衛　之重
長尾三郎兵衛　山宗

誕生寺
　御役人中様

誕生寺より弓削役所への書簡
土井家領内傳左衛門、里方村出稼ぎの件、差し支へなき旨の答え、

以御飛脚、態々御紙上被成下、忝拝見仕候、如仰暖和之砌ニ相成候處、各々様御堅勝ニ被成御清務候而、欣慶之至ニ奉存候、然ハ御領地傳左衛門酒造株近来酒賣捌悪敷候ニ付、當寺領門前政之丞方へ出稼之義、無故障哉之趣、旧冬御尋ニ付、』差支無之候旨、御答申候へ者、早速傳左衛門へ御申渡被仰付候由、今般右之趣、江戸表勘定所へ被成御届候ニ付、當寺ゟも右之趣、江戸表へ相達候様、被仰聞承知仕候、右為御請如斯ニ御座候、恐惶謹言、

巳三月十一日　　誕生寺　知事

三沢清右衛門様
平野七郎兵衛様
長尾三郎兵衛様

〈解説〉誕生寺門前の政之丞宅へ、錦織東村傳左衛門が出稼ぎに来る。この傳左衛門は酒売捌が仕事。誕生寺領内でも酒造が行われていたことが知られる。この酒造の管轄は江戸寺社奉行所であった。津山における酒造もかなり盛んであったことが『町方諸事以後留』から伺うことができる。安永九年（一七八〇）の造酒仕込石高は五、〇六七石余となっている。この年は江戸時代を通してピークであり、仕込高は江戸時代末に向けて下降線を辿っている。

　里方は津山藩から土井家へと支配が移るが、酒造は幕府の支配であり、藩における統制はできなかった。津山における町方造り酒屋は、九八株酒造、仕込み石数は一、九二一石五斗四升が定高とされていた。その増減は幕府の触書に拠ったのである。その酒造政策は一貫性にかけていたが、やはり米の出来高が大きく作用していたことは事実であり、寛政元年（一七八九）幕府は酒造定高を撤廃した。それは天明六年、元禄六年の総高の調整でもあった。文化三年（一八〇六）米価は下がり、米余り状態の世相となり、諸国酒造人に触れ、休業者あるいは造人以外の者でも酒造ができるようにし、酒株による統制を撤廃した。誕生寺門前の酒造の件もこの時期にあたり、門前でも酒造が可能になったのである（この項『津山市史』第四巻「松平藩時代の商工業」参照）。

知恩院書簡

其寺御朱印領之儀ニ付、以書付代僧被差出、此節土井侯平野役人中迄御掛合中ニ

知恩院書簡、御朱印地の一件につき、誕生寺の会式法要万事質素にすること、法要中も横着な行動しないことなど、

三月二十三日会式

付、何れ共難申達、依之代僧差留置候、猶又来ル廿三日、其寺例歳之法會(会式)執行之由、前来神妙ニ可相勤候』得共、此節之義ニ候得者、萬事質素ニ法務可有之候、別而於僧徒境内諸勝負者勿論、不似合之遊具体之義、決而被差許間鋪候、尤法要中取持之講中者勿論領分百姓ニ至迄　御朱印寺由を以横柄ケ間敷儀無之様、厳重可被相慎候、此段為心得申達候、以上、

三月十一日　惣本山役者

作州誕生寺

誕生寺松仙から知恩院宛書簡

今回の御朱印地の一件は大変当惑した、御指示のように会式も寺内門前まで心得て勤むる旨、徹底を約す、

尊考

雲章忝下逮上頂拝見仕候、追日暖光發暉仕候處、御山内静全被為在、恐悦雀躍仕候、随而當寺無異ニ勤修仕候、慈念被安可被下置候、然者平野役人中ゟ被申越候』難題微力私量ニ難致決答、以愚弟徴禅御歎申上候處、此節及平野御掛合候由、被仰聞、扨々御心配被成下候段、身毛為竪戦慄恐入痛胸仕候、右ニ付、當三月廿三日例歳、古来ゟ大師尊考時国公御追善之迎講會式勤候ニ付、群参有之候共、此節之義、別而内外ニ心付諸事相慎、勿論諸勝負博奕人之族、角々迠も徘徊悪行不致候様、檢校可仕御厳裁、御尤至極奉畏候、依之寺内門前迠訖度申渡相守、會式中何之故障無之、法會執行囬向仕候間、被安慈念可被下候、』

誕生寺松仙から知恩院宛書簡
誕生寺門前政之丞、時国公家来の末裔なりしが、農業をなし御朱印地の世話をなす、この度、傳左衛門が酒株出稼と言う理由で、門前の政之丞宅にて酒造をしたき旨、誕生寺は斎戒道場律寺なり、その門前では困ると断るも、やむを得ず許す、傳左衛門は播州龍野藩脇坂家の領内、その役人から幕府へ届け出す、知恩院よりもこの旨、勘定所へ、また増上寺へも願書を頼みたし、

尼衆規約六カ条
男子禁制
不如法の僧と交際を禁ず、

一、別紙数枚写シ入御覧候、
當寺門前政之丞と申者、大師前御父時国公御家来筋と申傳へ、只今ニ門前ニ農業仕、御朱印地引請世話仕候者ニ御座候、右之者近年別而不勝手ニ付、當丑年一箇歳近郷傳左衛門と申者の酒株出稼之名目ニて、酒造仕度願候得共、齋戒道場之門前故、差留候處、外ニ渡世年貢之助力致方無之旨、頻ニ歎候故、不得止聴許仕候得者、今般傳左衛門地頭播州龍野脇坂家役人中ゟ別書之通申来、御公儀へ届候義ニ相成當惑仕候、何卒乍御世話、江戸表酒造向御勘定所御聞合セ、此一通到達』仕候様、御取計可被成下奉願上候、誠以存外之義出来仕、何カ懸御苦労候義、恐入痛心至極ニ奉存候、此義差當困入候間、為請為人と被思召、芝山（増上山）へ御頼可被成下奉願上候、遠方之義、人少故、使僧も得遣シ不申、飛脚便略義御海恕可被成下候、尚、委細徹禅江申遣候、御聞取可被成下候、偏ニ奉願上候、恐惶謹言、

丑三月　　誕生寺随譽松仙

惣本山御役者中』

尼衆規約

一、男子は仮令実父たりとも、庵内に於て一宿をも許すへからす、尼衆も亦僧處に浣衣縫衣洗浴掃除作食等の事をなすへからす、況やに（衍ナラン）止宿すへけんや、

一、如法の縁無に、数々僧處に往へからす、或は縁有て往も只昼間なるへし、夜分には往へからす、若又男子獨住の處へ往ハ、必す伴を帯すへし、尼獨住の時男子来らハ、庵内へ入へからす、

僧尼同道、髪剃、垢掻、按摩等禁ず、

一、僧尼相共に道をゆき、或は火燵を圍ミ、或は』髪を剃、灸をすへ、浴室を同して垢かき、或は看病按摩、或ハ戯談戯笑等之事堅く停止すへし、但他の譏嫌なき親里ならハ、師僧同学の聴許を得て看病すへし、

在家止宿を禁ず、

一、財色食の三欲は流転の根本也、然るに在家は此境界なし、是故に切なる縁無ハ、行へからす、仮令縁事有て行とも、早く本界に帰るへし、況や在家に止宿し、別時念仏を修す縁等の事堅く此を禁すへし、』

如法なる日常

一、無益の事を以、漫に出界すへからす、況や悪伴不律儀の家、歌舞遊興の場、并ニ友人異国人の行路等、都て群衆散乱して、世の譏嫌有地には必往事を得され、若如法の事を以、他行せんには、往先を寺主、或は同學に告て去へし、帰寺も亦日暮に及ふへからす、若或は他に宿する縁事有ハ、庵主同学の評議を受て悪縁譏嫌等の難無處ならハ往へし、帰る時は幾日何時に来り、何日何時に』爰を去といふ主人の書付を以帰るへし、尤他行の時は整て威儀を具して、必衣嚢水瓶網代笠を随身すへし、

右之條件は嚴急に此を護るへし、若遠犯する事有は、治罰法の如く訖度可申付

寛政四年十月
三輪山圓満律寺奉律二世
松仙

者也、

寛政四壬子年十月

三輪山圓満律寺
奉律二世 松仙（花押）

』

〈解説〉誕生寺御朱印地の記録中に、『尼衆規約』が入っている。誕生寺奉律初代松仙の前任寺は美濃庭田の円満寺であった。松仙は円満寺可円の弟子として同寺の奉律第二代になり、誕生寺に移住し、尼僧の規律、規約が必要になった。五カ条からなるもので、律寺だからという特色でなく、いわゆる尼僧の一般的な規約と言えよう。古くから沙弥から比丘にいたる二百五十戒、比丘尼の三百四十八戒と言われているが、江戸時代中期以降になれば、律を守るということからすれば、多様な様相を呈してくるのも当然のことであろう。しかし、誕生寺には確たる規約がない。必要になって円満寺の規約を使ったのではないかと思われる。

その円満寺であるが、岐阜県南濃町庭田にある。『蓮門精舎舊詞』には、古くは行基菩薩の起立、延宝六年正月浄誉典南再建、と簡潔に書かれている。同寺は行基の開山で聖武天皇の勅願所であり、草創当初は法相宗と、その歴史は古い。釈迦如来・大日如来・聖観音菩薩・地蔵菩薩の佛像四体は鎌倉以前の作とされている。南北朝の動乱で堂舎を焼き、天正年代初期に庭田に移った。宗派も天台宗の時期が長かったが、近世にあっては金戒光明寺の末寺として発展した。延宝三年（一六七五）に浄誉典南が、諸尊を拝し感激し復興を発願した。京都梅ケ畑の広誉厭求が募財に奔走し、大垣藩主戸田氏信も助

力し、延宝六年六月三日に完成した。同寺は以降律寺として発展し、奉律初代は可円。第二代が松仙、第三代慧極と継いだ（『南濃町史』）。同寺には、可円の肖像画を始め、松仙の直筆他所蔵書籍が多い。

念仏庵再建勧進
法然上人父母孝養、国中済度のため自作の自像を熊谷蓮生に供奉せしむ、
誕生寺の草創
不断念仏
念仏庵炎上す、会式参詣の遠国参詣信者の休息場なし、
円達房、再建の心願を立つ、

念仏庵再建器材寄進勧進序

恭以本地西方極楽世界阿弥陀如来観世音菩薩ニ對し、大勢至菩薩と申て右脇ニ侍座し、神通自在にして、光朗普十方世界を照耀し、有縁の衆生を護り玉へり、尚更御慈悲の餘るも、此日本国作州久米南條郡稲岡庄に降誕シテ、源空法然上人と申奉念佛弘通、彼赫々昭々たる日月の如く、処として至らすと云ことなし、終に孝養父母且本国邊土濟度のため、自作の尊像を熊谷入道蓮生に供奉せしめ、誕生寺を草創し、是を安置し、不断念佛を開闢セしむ、今の本尊是也、然に念佛庵先年不慮に炎上焼亡して、結衆住處休息の處所を失ふ、尚又十夜・御忌殊ニ三月例年會式千日目大回向之砌、遠国厚信群参之老若、止宿休息等の場所無之、自然と参詣の志有之人も』差扣候様に相聞へ、現に近年他国ゟの群集無之、廣大結縁の利益を闕消し、當山主伴法類檀越、遠近の緇白一同ニ歎ヶ敷存処、當地住人弟子圓達房頻に再建の心願を發し、近邊山林竹木所持の方々へ募求め乞むとす、若尺木丈竹萱繩、或ハ米銭穀物何にても、多少志次第施入に及ハヾ、帳面に記録し永

八、誕生寺諸（記録）（寛政八年）

念仏庵

代常念佛施主の一分と加はり、先亡現存滅罪生善の回向不怠、共に利楽に潤所願も亦満足成就セん、我聞一魂山を仰き一滴淵を成す、強力衆力に勝す』と誰か是を爾々すと諍はん也、此を序とす、

維時 文和（化カ）第二乙丑夏

誕生寺知事

近邊御信心之方々様

〈解説〉現在の誕生寺境内の阿弥陀堂が、ここで言う念仏庵の前身である。元禄期と思われる境内絵図には、既に小規模ではあるが念仏庵が描かれている。しかし御影堂の南である。この念仏庵の創建は延宝、あるいは天和年間まで遡ることができるかもしれない。明和四年（一七六七）二万人講により境内随一と言われる念仏堂が完成した。第十九代源成の時である。しかし、享和元年（一八〇一）に焼失。記録の再建勧進が文化二年であるから、焼失の五年後に勧進が始まり再建の発願が起こされたことになる。文化六年（一八〇九）再建に着手、同七年三月に完成したことが、棟の鬼瓦により判明している。規模的には、焼失以前の念仏庵の半分程度と言われている。明治末になって境内整備が行われ、念仏庵も解体移転し現在地に落ち着いた。念仏庵は初代実心から九代白心まで歴代がはっきりしている。誕生寺の第二十六世巨海は、この一室に隠居した。念仏庵の歴代については『誕生寺今昔物語』に詳しい。

浴室規式七カ条
火の用心
衣類等雑物置くべから
す、
如法作相
別縁浄衣觸衣混じらず、
身下分を洗ひ入るべし、
同黙寂静

浴室規

一、火之元用心嚴細に慎護すへし、 一、四九日早朝ゟ室内を豫め掃除拭浄して衣類等の一切雑物捨置へからす、 一、沸湯時至らは聖号献香如法作相、衆首に啓すへし、 一、入湯座成るへし、別縁を深（脱文アラン）、 一、浄衣浄竿觸衣觸竿不可混、 一、風呂に入時、先外にて身下分を洗入へし、内湯を汗濁すへからす、 一、同浴二人三人なりとも、同黙寂静なるへし、高聲雑談、或ハ長浴して後人を妨くへからす、 七箇條意、』

誕生寺へ申渡書
寺領独領の心得につい
て、幕府寺社奉行所月番
水野忠成に問ひ合はす、
土井家を領主と心得べき
指図なり、

申渡之覚

誕生寺

寺領之儀、前来獨領之心得ニ被有之諸事一已之取斗ニ而、相濟来候ニ付、以来共、是迄之姿ニ致置申度旨、本寺知恩院へも被申立、同寺ゟも申趣、従来仕来之儀者候得共、是迄之趣ニ而者、所々領分　御朱印地寺院之取扱と者致相違候間、以来之儀、如何可相心得哉之段、於江戸表寺社御奉行御月番水野出羽守（忠成）様江御問合申達候處、誕生寺儀仕来之趣、申立候共、大炊頭（土井家）』領分ニ孕り居　御朱印御書替之節、取扱を決、宗門人別帳も差出来候上者、大炊頭方を領主と相心得、指揮可請筋ニ候間、諸事領分　御朱印地之寺院並之通取扱候様、御差圖有之候間、以来者、此方を領主と相心得、寺法之外者諸事領主役所江願事届事等、申立可被請

差圖候、右之趣者、従来仕来之儀を今更相改候段、如何ニも可被存心得共、江戸表ゟ者遠国之儀ニて何事も聢と不相分之上、爰元へ勤番之者共も不案内ニ而、諸事仕来ニ任セ置候儀ニ候得共、　公儀御定法』ニも遠候而者、如何ニ付、寺社御奉行所江御問合申達、依御差圖本文之通、可申渡旨、江戸表ゟ被仰趣候間、申達候、尤右之趣者、本寺知恩院へも申達候間、可被得其意候、以上、

五月

請書
土井家支配の件、知恩院への使僧未だ帰山せず、誕生寺一存で請書出せず、

一筆致啓上候、然者江戸表ゟ被　仰出候　御儀、昨朝御役所ニ而被仰渡、御請一札可指上被仰付候、然処、右之一件先達而京都本山知恩院江如何可致、役僧遣シ相尋置候処、今以帰寺不仕候、依之本山之沙汰』不承、愚寺一存ニ御請書も難成候得者、又急ニ使僧壹人為致上京、右之使僧本山江相達し、書付判物受取致帰寺候迄、御延引可被成下、此者京都ゟ帰寺次第早速一札差上可申候、右之趣、御役所江宜被仰上可被下奉頼候、恐々謹言、

五月十九日　　誕生寺

河原祐右衛門様

誕生寺松仙、知恩院宛て書簡

態以使僧一筆申上候、即辰薄暑暮行候処、尊前御機嫌克御山内静全各座御安泰ヒ

土井藩平野役所より岡野右衛門が弓削役所に来たる、誕生寺より使僧差し出し旨の差紙（出頭の日時を決め呼び出す召喚状）あり、出向使僧に申渡と請書の提出指示

知恩院への使僧未だ帰らぬ故、請書延引す、寺社奉行所水野忠成の裁許により土井家支配に決するも、知恩院の指揮は別故、使僧帰り次第、弓削役所へ請書出すこととし延引す、岡野はその余裕を許さず、知恩院の勘考を待つ、

期限を定めよ、

斎食の律僧

可被為遊御山務、恐悦之至ニ奉存候、随而當寺大師前御供養無障敬念不怠候、被為休慈念可被下候、然者先達而御歎申上候平野役所一件ニ付、彼地代官之内、岡野右左衛門と申仁、當国江被致下向、昨十八日此地弓削役所へ罷出候様、差紙被下候』ニ付、使僧差出候處、別紙之通被読渡、早速御請一札差出候様被申付候、○使僧答曰、此一件先達而御本山江申上、役僧今以不致帰寺、仰渡相濟次第早々下向可仕、来着直ニ一札差上可申、其迠御延引可被下相頼候得者、△岡野被申候者、當春上京今以不帰事、此僧帰寺いつとも無際限候、此度之儀者、別紙申渡之通、従寺社御月番水野出羽守（忠成）殿被仰出候御裁許之趣、平野役所ゟ知恩院江も達し（届カ）有之筈、彼寺迚も違背有之間敷候得者、不可及達本山、寺分ニて一札印形相居可差出被申候、○使僧答曰、御上意と御座候得者、本山表ニも御違背有間鋪御請可被申上道理ニ者候得とも、去年以来本山表江両度知事を以相尋遣、平野へも段々及掛合候義、元来従此方願込候故之事ニ候得者、今一往別ニ使僧を立、本山の指揮を請、右之使僧帰次第、弓削迠一札可差出、夫迠延引奉願候と申候得者、○岡野詰曰、日限無之候得者、相叶不申、五月廿日出立、六月三日帰寺之請書可仕被申候故、○答曰、是非日限相定候義ならハ、飛脚の俗男とは遠ひ、斎食の律僧之義ニ候得者、』少々緩く御切可被下申候得者、○岡野曰、其義者叶不申と、堅く被申、弟子共皆々足弱、甚迷惑仕候、然れ共、武士の横柄正向、此外断聞入

不申、弟子玉山沙弥明朝出立、為致道中往来共無障、大師前へも祈念仕候得者、登山次第、右一件落成之趣、御列席御下知書御判形御居被仰渡、即刻御戻し可被召遣奉願上候、愚老共、寺内一統此者御本山教勤を請、帰来候を相待居申候、此段宜御勘考可被成下奉願候、扨々段々懸御苦労候義、如何恩累世ニも難忘、勿論筆舌ニも相去事萬里心中御憐察可被成下候、恐惶謹言、

文化二年五月、松仙半盲と記す、

五月十九日夜灯下ニ認、　誕生寺半盲　随譽松仙（花押）

惣本山御役者中

御願申上候口上之覚

一、昨十八日御別紙之通、於役所代僧江被仰渡候御趣、寺社御奉行所仰付ニ候上者、御上意ニ御座候得者、佛神照覧、殊ニ沙門之身分針毛事（斗カ）も御拒（不脱カ）申上、猶豫仕候所存無之、即時御請一札差上可申候義、道理必然ニ候、此上之歎御頼ニ御座候、使僧壹人明朝未明ニ為致出立、本山知恩院江』御別書之趣申達候上、御請書さし出申度奉存候間、来ル六月三日迠御延引被下候様、奉願候、以上、

上意ゆえ請書差上ぐ当然のことなるが、知恩院への別書達しの上、六月三日まで延引を乞ふ、

五月十九日　誕生寺

弓削御役所

誕生寺歎願書
上前文書と同内容なり、

以書付御歎奉申上候

拙寺儀、前来獨領之心得ニ有之、是迠諸事一己之取斗ニ而相濟来候處、御領分ニ相孕り居候ニ付、此方様を御領主と相心得候哉之旨、先達而御糺ニ付、以来共是迠之姿ニ被致置度旨、本寺知恩院江も申立、同寺ゟも御掛合申上候處、是迄之趣ニ而者、所々御領分　御朱印地寺院之御取扱と者致相違候ニ付、以来如何御取扱可被遊哉之段、此度於江戸表』寺社御奉行御月番水野出羽守（忠成）様江御問合被仰達候処、拙寺儀仕来之趣、申上候而も御領分ニ孕り者居　御朱印御書替之節、殊更御取扱を宗門人別帳ホも當御役所江差上来候上者、此方様を御領主相心得御指揮を奉受筋ニ候間、諸事御領分　御朱印地之寺院並之通、御取扱被遊候様、御差圖有之候間、以来此方様を御領主と相心得寺法之外者、諸事御領主御役所江願事届事ホ申立可奉受、御差圖旨、尤右之趣、従来仕来之儀を、今更御改如何ニも可奉存旨、被為　思召候得共、江戸表ゟ』者遠国之儀ニ而、聢と不相分、其上御當地御勤番之御役人中様ニも御不案内ニ而、諸事仕来ニ御任セ被置候儀ニ御座候得共、公儀御定法ニも致相違候而者、如何ニ付、寺社御奉行江御問合之上、此度御呼出之上、剪書之趣、被仰渡、御受書奉差上候様被仰渡、承知奉畏候、寺社御奉行所ゟ御差圖之上被仰渡候儀、聊相拒候存志毛頭無御座候、右一件之儀者、先達而中本寺表江申立置候儀ニ御座候故、右一應本寺表江申達之上、御受書奉差上度、奉

存候可相成儀ニ御座候て、此上之御勘弁、来ル六月三日迄御猶豫被下置候様、仕
度奉存候、此段御歎奉申上候、以上
（文化二年）
丑五月十九日　　　誕生寺
弓削御役所
』

知恩院、達書
平野役所より知恩院へも来簡あり、弓削役所へ請書出すべし、

其寺御朱印領之義、前来獨領之趣ニ差心得諸事一己之取計ニて濟来候処、尓来土
井大炊頭殿御領分　御朱印地之寺院並之通、御取扱被成度旨、寺社御奉行所江御
問合有之候之處、右之通、御取計可然旨、御差圖ニ付、則平野御役人中ゟ御當山
江も申来候間、心得違無之、弓削表江請書可被差出候、猶委曲役僧江申達候、以上、
五月廿五日　　　惣本山役者
作州誕生寺
』

誕生寺、請書
土井家領地御朱印地並の取り扱い、知恩院の達しもあり、請ける、六月二日を以て従ふことに決す、

御請一札
一、去月十八日於弓削御役所被為仰渡候當寺之儀、向後御領主□□（虫損）ニ御朱印地並ニ
御取扱可被為成下旨、京都本山知恩院江態以使僧相尋候處、右此地にて被仰渡
候通、平野御役所ゟも御達有之候間、使僧帰寺次第御請一札差上申候様、申来
候、依之御請申上候一札如此ニ御座候、以上、

誕生寺

（文化二年）丑六月二日

弓削御役所

〈解説〉このように誕生寺朱印地は土井家の支配下に組み込まれるということで決着した。松仙の心労も想像を絶するもので、片目は完全に失明してしまった。この朱印地というものは一体どのようなものであったか。一般的には以下のように説明される。神社・寺院が将軍家が出す朱印状により、その所有する土地の領主として知行するところを朱印地と言う。またこれが大名諸家が出す黒印状により安堵される土地の場合を黒印状という。いずれも江戸時代である（『江戸時代の寺領概説』豊田武）。誕生寺の御朱印は綱吉により安堵されたものである。将軍家の代替わりの度に継目安堵が行われ、その取次ぎを土井家がしたのである。記録によれば、天明八年（一七八八）に将軍家斉の継目安堵が行われている。誕生寺には九月十一日付の朱印状が所蔵される。家慶・家定・家茂の継目朱印状も所蔵され、記録中に土井家を守護として、と言う表現があるが、朱印状には「守護不入」の文言がつかわれることが多い。年貢の徴収権を誕生寺が持つ証明が朱印状であり、記録に独領と表記されているところであり土井家の支配は本来なかったはずである。法然上人の古跡たる誕生寺が一般寺院化していく経過と見るべきであろう。この朱印地も明治四年（一八七一）に上地となった。

誕生寺松仙、弓削役所へ請書

従来は独領でありしが、以後は土井家領分の御朱印地寺院として取り扱はれたし、寺社奉行所の判断もあり、土井家を領主として心得、指図を受く、

土井家御領地御朱印地並取扱口達

諸修復の願出、従前は七年毎の人別帳を毎年とす、願、届は大庄屋と里方庄屋連署、境内の建物諸堂軒数書出し、会式は三日以前に届出、当日は役所役人が出役、従前は平野役所へ年頭の書状で済みしが、以後は弓削役所へ正月四日勤むこと、

差上申一札之事

拙寺儀、前来獨領之心得ニ罷在、諸事一已之取斗ニ而相濟』来候ニ付、以来共、是迄之姿ニ仕置申度旨申上、本寺知恩院へも申立、同寺ゟも申上候由、然處、従来仕来之儀ニ者御座候得共、是迄之趣ニ而者、所々御領分　御朱印地寺院之御取扱とも相違仕候付、以来之儀、於江戸表寺社御奉行御月番水野出羽守（忠成）様江御問合被遊候処、拙寺儀仕来之趣、申立候とも、御領分ニ孕居　御朱印御書替之節も御取扱を奉請、宗門人別帳も差上来候上者、此方様を御領主と相心得、御指揮を可請筋ニ候間、諸事御領分　御朱印地之寺院並之通、御取扱被成下様、御差圖有之』候間、已来者此方様を領主と相心得、寺法之外、諸事御領主御役所へ願事届事等申上、可奉請御差圖旨、被仰渡之趣、承知奉畏候、為後證仍而如件、

文化二丑六月四日　御領分　美作国久米南條郡里方村　誕生寺　印

松仙　花押

作州下弓削村御役所

御朱印地並御取扱之事口達』

諸修覆ホ可被願出事、人別帳前来七ヶ年目之處、已来毎年可差出事、願届ホ大庄屋并里方庄屋連判可致事、境内惣軒数并諸堂軒数可書出事、會式之節、両三日已前届書出、當日出役有之事、前来平野へ季頭状被差越候を已来相止、弓削役所へ

火災その他の届書、従前は触書を誕生寺にも宛てしが、今後は村度の触書となすこと、

知恩院宛て書簡、弟子玉山

誕生寺領御朱印地は、土井藩御朱印地並の支配により、この一件につき請書を差出す、用意した請書を用ゐず、寺社奉行所の指図による請書を一見の後、使僧に直に押印さす、

以後の諸願は誕生寺、里方庄屋、年寄、弓削大庄屋の四印を必要とす、庄屋、村年寄の加判は寺として迷惑、また寺内建物棟間数を書出す申し付け、今後このような支配体制になるので今一度指揮を請けたく使僧を知恩院に遣す、

正月四日年頭可相勤事、火災其外臨時届ホ可出事、前来觸書別段申進候處、已来村度に相觸候事、』

五月廿九日之御教書愚弟玉山擎来拝見仕候、然者當寺之義、土井公御領地之内、御朱印地並預御取扱候段、弓削役所江請書差出候様、被　仰聞、早速差出候処、此請書用ヒ不被申、来ル三日判形持参、彼方ゟ請書認出シ候間、押シ可申被申候故、使僧申候者、何とそ其御請書誕生寺へ見セ申度、御貸可被下候へと申候得者、役人被申候者、此請書者江戸寺社御奉行所ゟ御差圖ニ候上者、一文一句も於遠背者誕生寺主を江戸へ御呼、罪咎ニ被仰付候間、平ニ来ル三日使僧来一見、直ニ印押、此を移(写)シ誕生寺主へ見セ可申と諸役人上下一同ニ被申、使僧帰候而、右之趣、致吹聴、無是非判形為致候而、請書一件相濟申候、濟候者、已後役所江諸願誕生寺印、里方庄屋印、同村年寄印、弓削大庄屋印、都合四印也、此内庄屋并村年寄之加印、寺内一統迷惑ニ存候、扨又寺内間数、諸堂坊舎棟数間数』書出御極被申付候、依之右段々御本山へ懸御苦労候、御禮乍略義相兼、尚又請書寺内間数間数旧記入御覧、今般之判形永代之定局ニ相成候得者、安全ト恐慮仕候故、今一度奉請御指揮度、弟子察巖沙弥使僧ニ為致登山候、尚此者口頭ニ可申上、老筆難運麁毫御海恕御列席賢慮、具ニ使僧へ被為仰付、可被下候、恐々謹言、

六月七日　誕生寺随譽松仙』

惣本山御役者中

以下、備忘記録ならん、
傳法関係の記載
浄土布薩戒
源空上人相伝
誕生寺圓光大師前にて授与す、

浄土布薩頓教一乗戒者、宗門一大事之因縁也、凡此戒者、限権宗金銀性戒、只斯戒者、本有實相戒也、故云、本妙一心戒復名舊法根本戒、元来成佛之大戒也、依之大唐光明院大師（善導大師）、日本建暦元辛未年正月廿一日子剋来大谷禪室、授沙門源空上人、自尓以来如是相傳、于今不絶於南閻浮提、大日本國作州久米南條郡稲岡北荘栃社山誕生寺圓光大師（法然上人）前授与某甲畢、

今後、釈迦如来文殊天親流支、又寂恵、定恵、蓮勝、又了譽、道譽、雄譽、公譽、空譽、是譽、随譽』

伝書

本師阿弥陀如来―最勝如来―弗舍如来―提舍如来―毘婆尸仏―尸棄如来―毘舍浮佛―狗留孫仏―拘那含佛―迦葉如来―釋迦如来―文殊菩薩―菩提流支―曇鸞大師―道綽禅師善導大師―圓光大師―聖光上人―良忠上人―良暁上人―永慶上人―了實上人―了誉上人―明誉上人―盛誉上人―超誉上人―感誉上人―乗誉上人―空誉上人―釈誉上人―寂誉上人―尖大誉上人―檀誉上人―大誉上人―天誉上人―乃至

代々―辨誉上人―玉興上人―深誉上人―願誉上人―流誉上人―精誉上人―通誉上人―光誉上人―門誉上人―信也上人―源成上人―功誉上人―随誉上人

一枚起請文

三社御託宣

将軍家

今上皇帝

当国藩主

砂屋五兵衛

覺

一、御名号、但シ長サ三尺七寸程、横壹尺壹寸程、貳幅

一、一枚起請文、寸尺恰好御見合セ、壹幅

一、三社御託宣、同断、壹幅

征夷大将軍武運長久 肇固清化無窮

一、今上皇帝宝祚延長聖寿萬安

當国太守君福基永途四民富楽

但シ恰好見合、三幅、　以上七幅

右之通、御序之節、御願可被下候、

子十一月廿九日　砂屋五兵衛

圓達様 』

九、櫔社記（文化二年）

（表紙）

文化第二乙丑稔五月廿五日

櫔社記　　其二

作州久米南條郡稲岡北庄

（綴本　縦二八糎×横二一、二糎）

奉律初代随誉松仙代の記録（栃社記其一）再掲（二五一頁まで）、備忘のためならん、土井家、誕生寺の独領を認めず、境内にて富籤に似せ、人集をなす、法度違反なり、

其寺御朱印領、前来獨領之姿濟来候処、土井大炊頭（利厚）殿ゟ御領分並御取扱有之度旨、其地弓削組役人中ゟ其寺へ懸合有之候故、是迠仕来通、被及應對候へ共、不相調段、御當山江被相伺候ニ付、則摂州平野土井家役人中迠及懸合候之處、去亥（享和三年）年中其寺於境内、富ニ似寄候人集等有之、公儀御制令ニも差障候故、如何ニ有之、且土井家江願届ホ無之候而者、右御領分外　御朱印地寺院御取扱と相違ニ

江戸寺社奉行の指図による、朱印地寺領並の扱ひ、知恩院へも申越しあり、

知恩院申渡
富籤に似せた人集め、厳制時に以ての外、寺法以外土井家領分の朱印地寺院並みに改む、

付、於江戸表寺社御奉行御月番水野出羽守殿(忠成)江御問合セ有之、御差圖之上、爾来寺法之外者、所々御領分』御朱印地寺領並之通、御取扱有之候旨、御当山へも被申越候ニ付、別当地御奉行所へも相達候上、承知之旨、及御答候間、可被得其意候、且爾来其寺諸事無差支御取扱有之候様、其地土井家役人中迠、書面差遣候間、可被相達、尤向後萬事心得違無之様、可被差心得候、尚又先年富ニ似寄候人集メ有之、不束ニ付、別旨を以、代僧江具ニ申達候条、是又可被得其意候、已上、

六月　　惣本山　役者

作州　誕生寺

申渡　作州里方村誕生寺　松仙

其寺　御朱印領之義、前来獨領之趣を以、御宗法之外者諸事一己之取計ニ而、是迄済来候処、去亥年(享和三年)中其寺於境内人集等致し、富(富籤)ニ似寄候義、興行有之候趣、』尤先住代ゟ仕来故、其催も可有之事ニ候得共、御厳制之時節も相憚、右躰之義者有之間敷候之処、無其義、既ニ右等之義故障相成、前来獨領之姿も今般寺法之外者、土井大炊守(利厚)殿御領分　御朱印地寺院並ニ相改候義、御宗門之瑕瑾不過之、不念之至ニ候、依之被　仰付方も可有之候得共、御憐愍之御沙汰を以厳敷御呵之事ニ候、爾来心得違無之様、可有之候、右之趣、被　仰出候条、帰国之上可申達

誕生寺領内政之丞酒造業、錦織伝左衛門一ヵ年の出稼に来る、

酒造、江戸勘定奉行管轄なり、

誕生寺、土井家と（事の紛糾）入組の義あり、その最中なりと、

候、

六月　　　　　　惣本山　役者

作州　誕生寺

一筆致啓上候、即辰炎愈流金之勢ニ罷成、一度潤雨ニても無之候而者、難凌被存候処、其御表御安泰ニ被成御座候由、歓躍之至と奉存候、然者当寺領内政之丞酒造之義、御領下当国錦織（にしこり）傳左衛門ゟ今丑（寛政五年）一箇年限』出稼引合仕、其役所へ旧冬御願申上候ニ付、於當寺無故障哉否之義、以御使札御尋被遣、少シも差支無之候故、其段申上候處、當春江戸表酒造掛御勘定所江御改申候哉（白墨消し）、尚又従當寺も右御勘定所へ御届申上候様、以御使札被仰聞、此義者僧家之事故、一向不案内ニ御座候へ共、御公義御定法之義ニ可有御座奉存、御請申上候而、當寺公用向御取次土井家江相頼候処、去春以来土井家と當寺入組之義有之、其論中故、一向取上無之、其故段々延引仕、漸近頃右出入相濟、又候申出候処、酒造出稼と申者、此方ニて者、取扱無之、従国内酒株買取候ハヾ、相濟可申堅被申聞、今更致方も無之候、至今日御断申上候も、甚恐入候得共、願下ニ被成下、関東表へも可然宜様ニ御取成被仰上可被下奉願候、右申上度、如斯ニ御座候、恐惶謹言、

（七月）夷則朔日　　誕生寺

三沢清右衛門様
平野七郎兵衛様
長尾三郎兵衛様
』

土井家平野役人から新規の通達あり、誕生寺の古格喪失す、松仙の面目たたず、

未得貴對候共、一簡致啓上候、即辰煉暑　大僧正(聖誉霊麟)様御機嫌克被為遊御山務、恐悦之至ニ奉存候、當寺無異爾度　大師前供奉仕候、御休慮可被下候、然者此寺御朱印領之儀ニ付、去歳以来土井家平野役人中ゟ新規之評論被申出、不得止以書状使僧惣本山江覃奏達、既ニ響　尊聴、種々御思惟方便被成下御役者中ゟも平野へ御掛合被成遣候処、終ニ土井ゟ東都寺社役所依御問合、御奉行御當番水野出羽殿(忠成)及評決、土井家被得勝利、誕生寺墮屓處、永属土井家配下候段、當寺御朱印地ニ成、経百余回住世も、亦経数代獨領ニ相濟来候處、愚老(松仙)代ニ箇様ニ古格落成仕候事、御宗門之瑕瑾、異実義勿論不外聞無面目、㒵竟非他不徳之至、慚愧不知所処心候、雖然以御憐愍御呵限ニ被成下候段、難有仕合ニ奉存候、尚此上』心得遠無之様、可相慎被仰聞頂戴、護持銘心腑廢忘仕間敷候、右之趣、御侍座と宜序詳御口述被申上可被下候、恐々謹言、

夷則　　　誕生寺　随譽松仙

方丈寮主　廓然和尚様　玉案下

土井家、誕生寺朱印地扱の件、寺社奉行月番の評決を得て決す、

誕生寺古格、宗門の権威落つ、松仙不運なり、と嘆く、

領内寺院朱印地並に改む、

態以愚書申上候、煉暑熾盛ニ候得共、御山内静全各座御安泰ニ被為成御法故、奉為賀候、邊地無異変、大師前恭敬修仕候、被休慈念可被下候、然者去年以来従平野新規之評論被申出不得止、御本山江覃奏達候処、御前始御列座御苦労被成下、平野表へも御掛合ニ相成候処、終ニ土井家ゟ東都寺社役所へ依御問合、御奉行御當番水野（忠成）出羽殿及御評決、土井家被得勝利、誕生寺墮屓處、永属土井家配下候段、御朱印地ニ相成、経百余回住世も亦重数代、愚老代ニ箇様ニ古格落成仕候事時の不運とは乍申、御宗門之瑕瑾異義勿論、不外分無面目畢竟非他候、不徳之至慚愧不知所処心候、雖然以御憐愍御呵限ニ被成下候段、難有仕合ニ奉存候、猶此上心得遠無之様、被仰渡、謹而頂戴護持銘心腑廃忘仕間敷候、右御請如斯ニ御座候、恐惶謹言、

誕生寺　随誉松仙

夷則

惣本山御役者中

追啓

弓削役所へ使僧遣し候願書写、

奉願口上之覚』

一、當寺今般御領分處之寺院御朱印地並ニ相改り候ニ付、向後願事届吏之願書、誕

誕生寺、弓削大庄屋、村方庄屋、年寄の四印にて書状差出す、

旧、寺領内里方村にも庄屋、年寄有り、混乱を招く故、寺一印で如何か、

誕生寺、名高寺なるが寺格なし、一寺一判は不可、寺格、准檀林なり、と主張す、

生寺、弓削大庄屋、村方庄屋并年寄、以上四印ニて此方様御役所へ差出可申被仰付候處、當寺儀者乍里方村内　御朱印地五十石、并山林境内者分郷故、郷内ニて庄屋、年寄も相立置候得者、外ゟ加判等有之候而者、却而入組混乱仕候邊も出来可仕、以御憐愍誕生寺一判ニて相濟候様、奉願上候、右之趣、宜御歎被申上可被下、偏ニ奉頼候、以上、

夷則　　誕生寺

弓削御役所

役僧右之願書弓削役所へ持参差出シ、以口上も願之趣、申入候処、役人被申候者、此願書者納り不申候、一寺一判と申ハ、寺格有之』事ニ御座候、尤誕生寺者名高寺には候得とも、寺格之義者不存候と被申候故、役僧申候者、誕生寺儀者、

　御宗門元祖圓光大師旧跡　御朱印地故ニ、本山表取扱准檀林ニ御座候と申候得者、役人被申候者、さやふならハ、本山知恩院御役者中ゟ摂刕平野役所へ御願之御状被遣候ハヾ、相濟可申被申、右之願書者、不納ニて帰寺仕候、依之直ニ以使僧為致上京登山、右平野表へ御状之義、御願可申上筈ニ御座候處、當寺人少之上、役僧之外弟子共両三人も、暑悩ニて平臥服薬仕候故、先々御請御禮等餘りに延引仕候故、飛脚便以愚書、聊叙素意申上候、追而右御願ニ使僧為致登山可申候

一寺一判の義、平野役所へ頼み呉る様、知恩院に訴ふ、

松仙、老病と記す、説然

知恩院、為崇護法真剣なり、

土井家領内朱印寺並の扱に決す、松仙嘆く、

旧格、百年の独領を失ふ、

得とも、何とそ相成候御義ニ御座候ハヾ、答ハ急ケ（キカ）申候得者、此書状御落手高覧次第、右一寺一判之義、平野役所へ御頼』被遣被下置候ハヾ、実ニ燕雀之輩之千万聲より鴻鵠の一號、所願如響成篛可仕候、重々御苦労申兼候得共、最早寶境の組挙九輪のざり〳〵ニ相成候得者、祖恩酬謝の為と被思召、偏ニ奉願上候、尚追而以代僧厲訣等可申上候、返々、

六月六日之賢章、徹禅帰寺之砌、持参忝致拝見候、即辰煉暑熾盛候得共、貴寺丈室上人御安康ニ日々被成御山務、扶宗護法条随喜至極ニ奉存候、随而老衲（松仙）義次第ニ逮耋朽候得共、老病之外差而異悩も無御座、一切臨終時と覚悟仕、随分ニ浄業漸修仕候、御休意可被下候、且又説然上人達事師者、功成名遂身退隠』老宿庵安穏之境界ニて被成浄業候趣、浦（羨）山敷奉存候、然者如好翰、去年以来當国地頭浪華平野役所ゟ、新規之評論被申越驚愕當惑、尤愚慮ニ難嚴明　御本山江御歎申上候處、大僧正様ニも達尊聴、御心配種々方便御憐愍之上、次ニ六字御列役上人方も大師根元之旧里為崇護法と被思召、被砕御腑肝御勘考會談之上、平野役場へも御掛合被成下候処、終ニ東都寺社所へ土井ゟ持出、天下之御唀ニ評決有之候而、土井家被得勝利、誕生寺堕肩處、旧格頽廢鳥有と成、永属土井配下候段、御朱印地ニ相成、百餘回獨領無畏ニ相濟候事、偏ニ　大師前本地大勢至菩薩之遺光界

武門のこと、増上寺この件、武門に任すべしと、

松仙、増上寺智厳と竹馬の友なり、

去年以来の仏難

内無類之寺格と諸人謳歌致渇仰候処、至愚身(松仙)代之今、箇様ニ寺成致下逮候儀、時運令然歟、異竟愚闇之不徳、御本山始一宗惣而衆生世間へ申訳も無御座候、雖然小不可歎大、向後寺法之外、世事萬端任土井家』、一向専修可仕奉存候、如来示去年中、説然老東都下向之砌、縁山尊宿前へ御内意伺給わり候処、尊意之趣、世者澆末世武威盛之砌也、世事者任武門、安心ニ致法務候方可宜、然るを彼是申ては機邊ニ逺戻シ、二利を妨んと告命被為成候と、説然上人消息ニも被仰候、此度之義、実々之処、いかふ痛心ニ不及事ニ存候と御慰誘、且乍恐縁山當大僧正(君誉智厳)前愚老幼年ゟ御互ニ竹馬の友と申程の親服中、謹朝光武皇帝嚴子積り旧交ニ似候、御深念之胸臆ゟ唇歯ニ發現仕候、金玉言の慈訓と難有奉存候、今般時勢任運、其処へ逗合仕候而、上人ゟも御実厚ニ被仰下候通、舊例没落者可惜可悲候得共、此度之落成者、自今以後却而内外安堵之趣ニも被存候、無他事人法策勵仕候ハヽ、只今迠ゟ者』無諸障礙、祖道發揮、宗風廣扇の扶桑外護、夫を存候へ者

大師前冥加にもや共奉存候、弥《いや》さやふなれハ見敬得大慶之至極、難有仕合ニ可奉存候、上人ニ者、故誠譽(定説)大僧正前以来別而惣本山ゟも芳契有之、御入魂ニ畏被下候段、御宿縁ニも可有御座、殊ニ去年以来之仏難ニ付てハ、大師御根地之事、兼而又愚老か痛心を御労わり御同列様方へも陰ニ成日向ニ成、種々方便被成下候段、御状之趣、徹禅日々の口説具ニ承知仕、芳恩不知所謝候、右御報旁相兼如此

ニ御座候、随時御保養為人法御清務奉至祷候、恐々謹言、

誕生寺　松仙　敬書

夷則（七月）

本覚大刹　丈室圓心老上人様　玉床下

』

円心

届出書等につき、弓削大庄屋、村方庄屋、年寄の連印を要すの申渡しあるも、知恩院、平野役所に一寺一判を承知せしむ、

其寺先達而、土井侯御領分寺院　御朱印地並御取扱相成候付、後来願事届ホ弓削大庄屋、村方庄屋并年寄連印を以被差出候様、御申渡候処、前来其寺　御朱印領内別段庄屋、年寄立置候故、外方ゟ加判有之候而者、後来混雑之程、難斗段被相歎候に付、則土井侯平野役人中迠、其寺一判を以諸願届ホ相済候様、及御懸合候処、御承知之旨、御報有之間、此段被得其意、右件弓削役人中江早々可被申入置候、以上、

閏八月廿二日　　惣本山役者

作州誕生寺

椋霊木を贈る、

尚以、本文之趣、被得其意、早々請書可被差出候、且　大師御誕生寄瑞之灵木同列一統江被相贈之令執着候、以上、

』

一翰致啓上候、秋暑之節、弥御安全被成御勤、珍重之至ニ御座候、然ハ當山末作州里方村誕生寺義、其御領分所々寺院　御朱印地並御取扱相成候付、誕生寺義（儀）、

一寺一判の件、知恩院から土井家へ願書

向後願事届書ホ弓削大庄屋、村方庄屋并年寄連印を以、其御役所江差出候様、御申達御座候付、前来右寺　御朱印領内ニ別段庄屋、年寄立置候故、外方ゟ加判有之候而者、後来混雑之程難斗段、右寺ゟ當山江相歎申候、然処、誕生寺義ハ、宗祖圓光大師之古跡由緒を以　御朱印地被成下、其以来不混餘寺、被取扱候寺柄ニも御座候而ハ、其役所江諸願御届ホ一判を以御聞濟置被下候様、被致度、此段』宜御承知被下候、右御頼得御意度如斯御座候、恐惶謹言、

八月晦日　知――保――

崇――

土井――　同――専――

御――　浄――

土井家、一寺一判の件承知す、土井家新規通達の件、概要記録なり、

貴札致拝見候、秋冷相催候処、各様弥御安全被成御勤、珍重奉存候、然者其御末作刕里方村誕生寺儀、當領分寺院　御朱印地並取扱相成候付、同寺向後願事届叓ホ弓削大庄屋、村方庄屋并年寄連印を以當役所江差出候様、申渡候処、前来右寺御朱印領内別段庄屋、年寄立置候故、外方ゟ加判有之候而ハ、後来混雑之程難斗段、右寺ゟ其御山江相歎候由、尤同寺之義、』　宗祖圓光大師之古跡由緒を以　御朱印地被成下、其已来不混余寺御取扱之寺柄ニも御座候得者、當役所江諸願届ホ

一判を以聞濟候様、被成度旨、御紙面之趣、委細致承知候、右御報為可得御意如
此御座候、恐惶謹言、
（享和三年）壬八月十八日
知——

』

これまでの記録、松仙記なり、

以上、松仙住職期の記録資料なり、以降、正道期に移る、

正道入寺以降の記録

奉律開祖松仙、文化二年閏八月四日没す、
知事徹禅
随侍の遺弟九人

密葬泰安寺導師

法類五カ寺
庭田円満寺闡瑞
深江法明寺旭仙
中一色円成寺大法
北野西光院一道
大田大願寺

本葬

文化二乙丑年霜月廿五日正道入院已来記録

文化二年閏八月四日、奉律開祖順蓮社随譽上人松仙慧風定阿大和上入寂、
知事　徹禅
随侍遺弟　純澄　仙冏　玉山　察嚴　崑玉
松察　祐賢　慈恩　明願　』

密葬　同月七日　導師　泰安寺
集會之法類
濃州庭田（海津市南濃町）圓満寺　闡瑞和上　同月十日着　随伴瑞巌
坂陽深江（大阪市東成区）法明寺　旭仙和上　同月十日着　随伴慈賢　勝隆　念称
尾州中一色（津島市）圓成寺　大法和上　同月十二日着　随侍本成　俗一人
皇都北野西光院（現、城陽市寺田に移転）　一道和上　同月十四日着　随侍策道　諦隣
石州大田（大田市）大願寺　當住
本葬式　』
同年九月二十日午上刻
宝棺　孔雀之間　廣懺悔　念佛一會

行列記録原本写
導師桊安寺
西光院
法明寺
円成寺
宝龕

行列

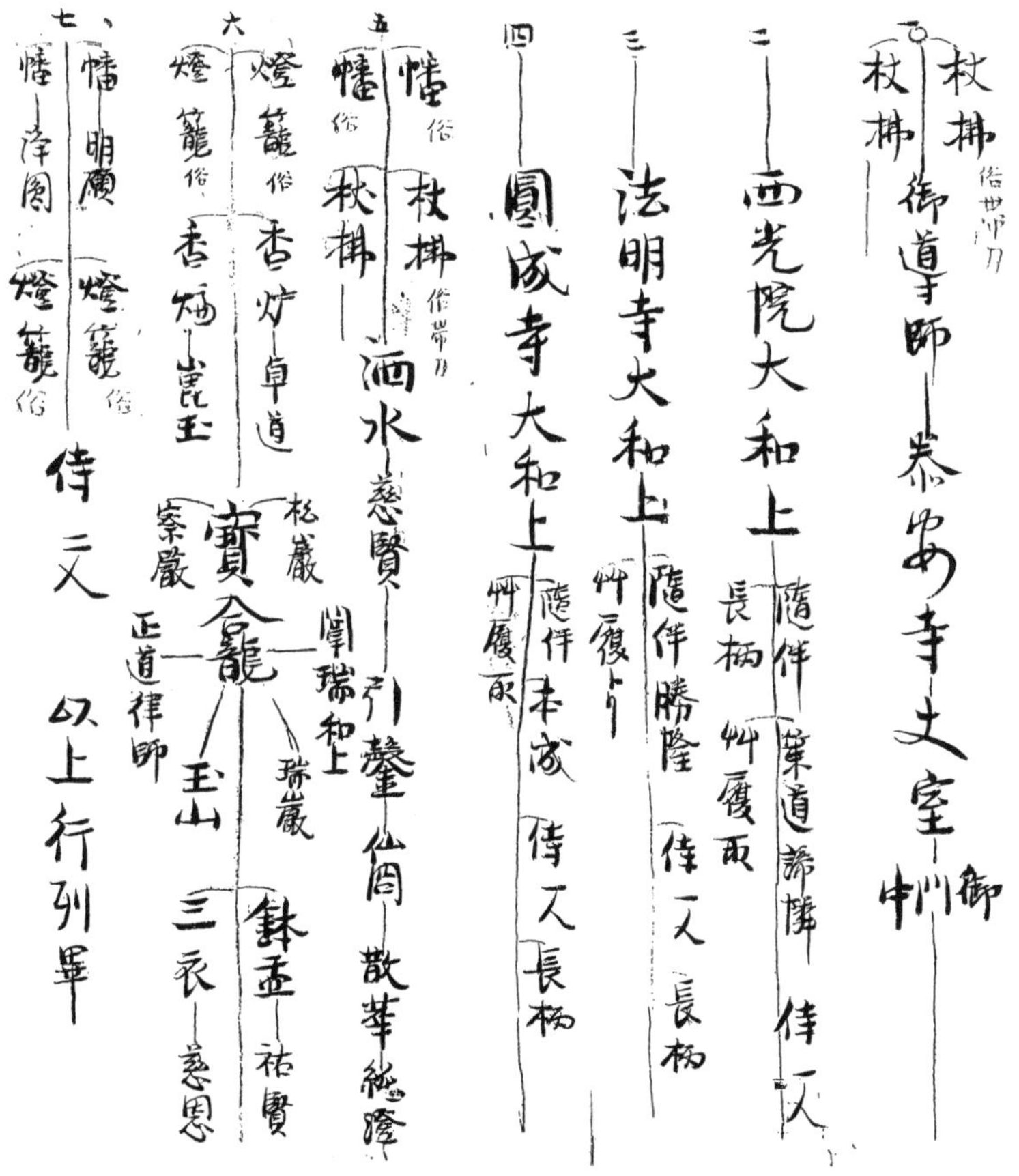

葬礼席記録原本

余宗四カ寺

正道の名、記録の初見なり、

導師泰安寺

法類による役配

門弟十六人

尼衆

廣庭葬禮席

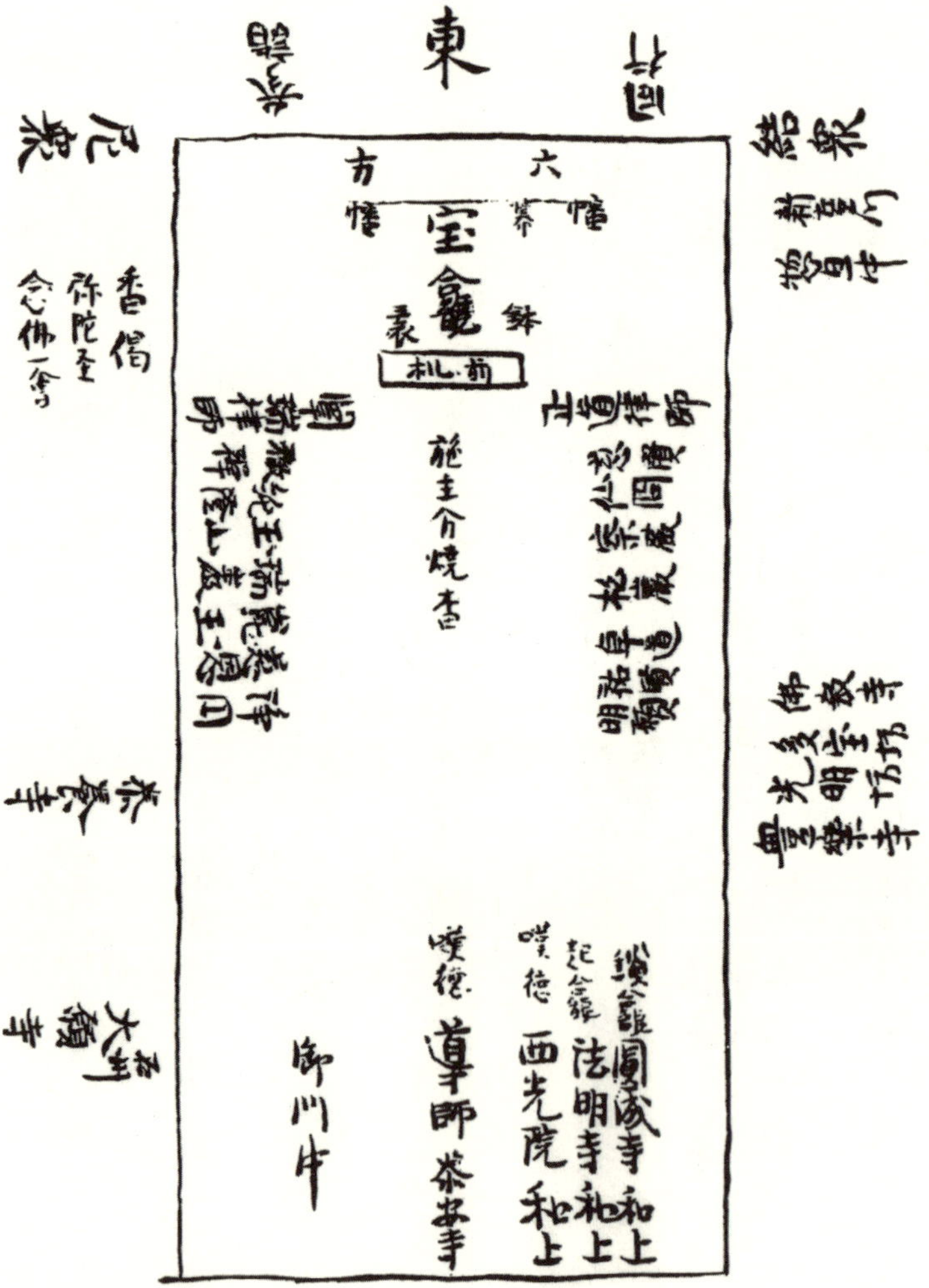

』

この遷化届より正道筆記なり、
川舟十六人の一行

遷化届　九月廿三日満中陰、廿四日法類知事同道ニテ出立、福渡ヨリ川舟十六人、岡山ヨリ瀬野屋伊助舟ニテ、廿八日大坂着船、十月朔日京着、

松仙死亡届
長病

「乍恐御届奉申上候口上之覚
一、作州誕生寺随譽松仙儀、長病之處、養生不相叶、閏八月四日命終仕候ニ付、此如御届奉申上候、尤右早速御届可申上之處、法類共悉遠國ニ散在仕、右是等へも為相知、皆打寄漸去月廿日表葬式仕、彼是以御座延引ニ相成候段、御免許被成下候様、奉願上候、以上、
年号 月日　誕生寺役院　浄土院　印
檀中惣代　誰　印
惣御本山　御役者中」

知恩院回向料

「一、金百疋　表式
○御囬向料
一、金貳百疋　五條壹衣　大僧正御前
一、金百疋　五條壹衣　御寮主
一、金五拾疋ツ、　内役両人
一、銀壹両ツ、　内帳場両人」

〈八役〉
総本山役者六寺院、同山役者二寺院、役者は京都門中から選出、山役者は知恩院山内寺院
律院改格破礼願

一、銀五文目ツ、　表帳場両人
一、金五拾疋　　役者八人
　出頭両人へ為遺物、褊衫一衣ツヽ添、
右囲向料ハ非定式、此度ハ門中より律院改格破禮之願等有之ニ付、別段叮嚀ニ致候、

正道、住職任命披露願

後住願一件
　奉願上口上之覚　』
一、作州誕生寺無住ニ付、以御憐愍遺弟正道へ住職被　仰付被下置候様、宜御披露奉願上候、以上、
　文化二歳丑十一月
　　　　作州誕生寺　印
　　　　知事　徹禅　印
　　　　役院　浄土院　印
　　　　檀那惣代　直原嘉兵衛　印　』
　惣御本山御役者中
(以下ノ「　」中文ハ、其ノ左文二行ノ行間書ニシテ、朱書ナリ、)

津山門中不和、泰安寺上京せず、

「此節、門中不和ニ付、泰安寺へ不仰上京、尤檀頭故老中へハ當寺ハ役院、旦那惣代両印ニて済来候由、又先住(随誉松仙)和上之節、無添翰、旁無添翰上京ス、然處、先々御本山御記録添翰有之由、

依之徹禅帰国ス、」
右願書差出候処、泰安寺添書無之候てハ、不相濟由、被　仰付候ニ付、徹禅帰国、添書頼入候処、門中和談無之ニ付、添書不出、徹禅空ク上京、依之、

泰安寺の添簡を要すも出さず、

乍恐御歎奉申上候
一、作州誕生寺後住之儀、泰安寺添翰を以御願可申上旨、先達而被　仰付候段、御尤至極ニ奉存、其段御請申上、早速役僧徹禅帰国之上、致添翰被呉候様、泰安寺へ申入候之処、返答ニ者、門中熟談不仕候而ハ、添翰仕旨、』被申不及是非、空此度相登申候、先達而命終之御届之節ゟ北野西光院ニ誕生寺檀中惣代并塔中浄土院遺弟正道永々滞留ニ相成難渋仕、別而大師前御供養并　御朱印寺之義にも候得ハ、帰国延引仕候段、甚以痛心恐慮仕候、且松仙住職之節、永無住之後も泰安寺添翰も無之候得共、住職被　仰付候儀も御座候へハ、』無添翰候得共、何卒以御憐愍御規約之通、遺弟正道へ住職被　仰付候様、一統御歎申上候、尚又、前住松仙表葬式去ル九月廿日相営、廿二日發足ニ而惣方登京仕、中陰をも旅中ニ而相務、永滞留ニ相成申候、右躰之仕合ニ御座候得者、御慈悲を以、何分此度速ニ住職被　仰付被下候様、幾重ニも一統奉願上候、以上、』

門中不和の因由、正道が後継の件、協議不十分の事ならん、

正道、浄土院遺弟なり、正道、長く北野西光院に滞留し帰寺延引す、

文化二歳　　塔中　浄土院　印

丑十一月

役僧 徹禅 印
檀那惣代 直原嘉兵衛
遺弟 正道（北野、現城陽市）
法類 西光院一道

西光院一道、法頼なり、

惣御本山御役者中

正道住職の旨、知恩院即決

右願書十一月四日差出候得者、早速有御聞済、同十八日朝五ツ時御好ミ成相済、同日四ツ時』表式御禮相済、同半時御内禮式相済諸般無滞半日ニ相済、上首尾也、

表式礼

表式御禮覚

一、金貳両　壹包
一、銀貳百五拾八文目　五両ツ、拾貳包
一、同拾貳文目九分　壹両ツ、三包
一、同四拾三文目　壹包
一、同拾七文目壹分五厘　壹包
〆』

内礼

御内禮覚

一、金貳両　壹包

一、同壹両　壹包
一、同壹両　貳百疋ツ、貳包
一、同壹両　百疋ツ、四包
一、銀八文目六分　壹包
〆

好身礼
　御好（身脱カ）成御禮
一、金貳百疋　壹包』
一、金百疋　壹包
一、銀拾七文目貳分　貳両ツ、二包
一、銀拾五文目　五文目ツ、三包
〆
一、銀七文目四分五厘　掛入包料
一、銀四文目四分　かけ分、小玉分
〆金七両三分
　銀三百八拾六文目四分

御掛所
丑十一月十八日　御掛所　三栖屋喜兵衛』
即日八役面禮　手札

奉書

今般住職被仰付、
有難奉存候、以上、　作州　誕生寺

知恩院賜物

大僧正（誠誉定説）より賜物
沈香　壹包
霊前へ
金百疋　御祝儀　』

正道入寺、京都出発
大坂から船行岡山、福
渡、山門まで輿、拝礼

上来後住願一件覚
入院一件
十一月十三日京都出立、十五日大坂出船、同廿日岡山着、同廿二日福渡まて、本式にて迎をうけ寺着、新左衛門處にて装束、門まて乗輿、此處へ知事迎に出、向拝吐偈昇堂、護念経、念佛一會
和上尊牌前、公儀尊牌前各拝禮　』
内佛拝禮、御朱印一禮
大衆受禮、檀中受禮

門中へ通知

知恩院住職辞令、帰寺の後誕生寺入寺といふ手順門中不和により入院式参勤寺なし、入寺後門中に披露、正道奉律二世

門中回訪
弓削役所披露
南鐐（良質銀）

泰安寺重誉没す、悔みに蝋燭三十丁

同月廿三日泰安寺并御門中へ為知、

口陳

未明道辺候得共、嚴寒之無御障御院務可被成、法幸無窮之至ニ奉賀候、然ハ野僧事（正道）御本山表、去ル十八日諸般無滞住職被　仰付、昨日帰寺仕候、依之明後廿五日入院披露仕候、右為御知申上度、乍略儀以使札如此御座候、以上、此節、不和合故、入院之日ハ一ケ寺も不来、

同月廿五日入院披露、檀中御齋、』入院後早速御門中へ為披露、可罷越支度候處、不和故、延引可致由、泰安寺より申来ニ付、同月廿八日以使僧、風呂鋪、金中啓、金百疋泰安寺へ、風呂鋪、銀四匁ツ、御門中へ、為披露差遣申候、其後、翌年至正月、少し和談いたしニ付、同月十日津山門中囬訪、同十二日西門中へ問尋、同月廿九日弓削役所へ為披露罷出、尤帰着之節、届書へ金百疋添テ遣シ置、今日南鐐一斤一品持参ス、大庄屋へ立寄、』

泰安寺重譽（満願）上人三月十七日遷神、

同十八日以使札為知来、翌十九日以使僧蝋燭三十丁悔ミニ遣ス、翌廿日葬儀之為知来ル、

葬式出勤依頼

態々一翰啓上仕候、然ハ昨日ハ被為入御念、御使僧被成下并預御香資忝奉存候、葬式明後廿二日正八ッ時仕候間、御繁用察入候得共、御出勤被下候ハヽ、忝奉存候、右為御知、如此御座候、以上、

三月廿日　泰安寺　遺弟

誕生寺大和上様』

大和上宛

迎摂会の最中なり、

旧来、両寺互焼香の間なり、

〈互焼香〉寺院の本末、法類関係の有無にかかわらず、寺院間で互い深い交流をなすこと、

此節使僧へ掛合、問云、焼香ハ誰ソ乎、使答曰、先ニ當寺御焼香之儀ニ候得ハ、此度も無別儀御願申候、乍去此節御門中之訳合も有之候得ハ、思召承度、今日登山仕候と申事ニ候、此方も廿三日例年之迎攝會ニて大ニ取込居候、乍去誕生寺、泰安寺ハ互焼香《あいじょうこう》と申事ハ舊来之事候間、御招提（請カ）不受候てハ、一分も難立候間、明日是非招提（請カ）被成、可然、其上にて此方より諸方宜鋪様ニ沙汰可致と申て返しケレハ、翌日』以使僧得拝顔候、然ハ明八ツ時葬式仕候間、乍御苦労御焼香被成下候様、奉願候、為其如斯御座候、敬白、

三月廿一日　泰安寺　遺弟

誕生寺大和上様　御侍者中

会式中に付、代僧にて焼香す、

依之會式前取込申立、門中老分へ焼香頼越候、當日代僧云云、』

栄巌寺、泰安寺を兼務す、

正道留守

勝山安養寺転住す、

誕生寺、安養寺の転住承知す、

八月廿三日津山泰安寺兼帯榮巌寺ゟ書状到来、
以手紙致啓上候、追日冷気相増之處、愈御安全被成御法務、恭喜不少奉存候、爾来者御尋も不申上、失敬御用赦可被下候、然者大和上前、先達而ゟ御留主之趣、承り未御帰山無御座候哉、御尋申上候、左候得者泰安寺當春已来無住ニて、當七月ゟ兼帯被仰付候處、此節檀頭共ゟ當御役所江内意相窺、勝山安養寺（察誉神嶺）重縁』之儀故、轉住為致度積及内談候、仍而此段為御知申候、御在寺被成候ハヽ、御相談可申筈之候處、御留主故、不能其儀、尚御便之節可然様、被仰遣可被下候、奉頼候、右如可得貴意、如此御座候、恐惶謹言、

八月　　榮巌寺

誕生寺御役僧中

御紙面拝見仕候、如仰秋気催候處、愈御安気被成御座、恐歎至極奉存候、然者當春已来泰』安寺無住ニ付、兼帯被成候處、御旦方中御相談之上、今般勝山安養寺御丈室御住縁ニ付、御轉昇為成度様、御役所江御窺相濟候条、被仰下承知仕候、御案内之通、當丈室此節留主中ニ御座候得共、兼而申付置候事も御座候得者、又々御相談可申上候、何様便之節、丈室方江申遣可申候、先為御報如此御座候、恐々謹言、

八月廿三日　　　　　　――知事

榮巌寺御丈主様　』

帰院延引届

「貫主」の初見

従弓削役處、貫主帰院延引届差出候様申来候ニ付、則差出文言、

以書付御届申上候、

正道上京、知恩院継目につき帰山延引す、

一、當寺丈室(正道)當三月中就要用上京仕、此節帰山可仕處、京都本山継目ニ付、於彼地諸用相増暫延引可仕候、尤来十二月中旬帰院可仕候、右之趣、御届可申上様、以飛脚申越候ニ付、此段御届奉申上候、以上、

(文化三年)寅十月　　　　　誕生寺　知事徹禅

御役所　』

永昌院律院規約

信州飯田永昌院律院に改格、可円の法縁なり、

律院改格報謝料百両なり、

持律の僧にて住持すべし、

寺門経営は準律教による、住持交代は誕生寺の沙汰、本寺西教寺の指図を禁ず、

一、飯田傳馬町永昌院事、為　可圓和上報恩永代浄土律院取立申度旨、令承知、弥願之通、相定候、右律院改格為報謝料金百両被相納候之上者、地頭御役所向者勿論、御門中諸檀方何方ニも差支無之候間、宗門持律之僧無断絶住持可有事、

一、為律院之上ハ、殿堂門屋之経営、可準律教事、

一、住持交代之節ハ、誕生寺法類之為沙汰、敢従』本寺指引有間敷事、

住持衣食住に至るまで準律教によるべし、

律僧に対し「官僧」といふ、

新檀入、離檀等本寺に相談

触等従前通り、

高僧知識の説法等本寺に届出あるべし、

一、本末之禮式者、雖為具戒之僧、入院之節者可為直参、季始之禮ハ、使僧ニ而可相勤事、

一、常住（什カ）物之義者、以其地記録叮嚀ニ被傳持、聊紛失被致間鋪事、

右規約之條件堅可相守、此外衣食住審之法、并三業四威儀之慎、世之機嫌妨等之事、専準律教厳密可被相守者也、

一、御末寺永昌院律院ニ仕度如相願候處、檀方』中へも御相談決定之上ニ而、御聞濟有之、殊ニ金百両永々律院相続料として御寄附被成候上ハ、末々ニ至萬一律法相続不行届時節者、法類示談之上、如先規官僧相続被成候様、御願可申候、尤其節ニ及誕生寺始、其余之律院よりも一言も申間鋪候、律法相続たりとも、左之趣ハ急度相守可事、

一、宗門印形離檀并新檀入等之儀者、本寺へ可及相談事、』

一、本山縁寺御觸之趣、不障律法之儀ハ是迠之通、堅可相勤事、

一、遠来之知識説法之義者、相届可申候事、

右之條々并別紙御規約之通無異変可相守候、以上、

一、於御當地ニ律院一ヶ寺建立致し度、心願ニ付、御末寺永昌寺事、可圓和上御

律院改格報謝料西教寺へ納む、

十念寺正道、正道誕生寺入は文化二年十一月二十五日なり、文化三年十一月の十念寺住職は『正道大和上行業記』に「年頃親しき同法」として登場する厭譽大愚なり、この件及び次頁ほか二例の旧僧名使用の意図は不詳

住持交代届、松仙弟子能澄

法縁寺之由縁を存、其如申上候處、檀方并講中へも被及御相談候所、早速御熟談相懸候由、法喜不斜候、右律院改格為報謝料と今般金百両相納候、永々律法』相続可致條、仍而如件、

文化三寅季十一月　(長野市西後町)十念寺　正道

西教寺知事中

永昌院交代届書

一筆致啓上候、殊寒之無御障御院務被成、法幸之至奉賀候、然者御末寺永昌律院靈浩儀、此方へ為引取候ニ付、法類相談之上後住之義者、當寺先住随譽松仙弟子能聴(澄カ)律師へ相頼差下し』申候間、御規約之通、御承知被下候、右御届申度、如此御座候、恐惶謹言、

文化四卯季正月　誕生寺

西教寺

○當寺入院為祝儀と、

一、南鐐(上質銀)一ツ　安養寺察譽代

一、〃　大信寺順譽代

泰安寺後住、勝山安養寺神嶺移住す、

入寺披露

「先々住」とあり、功誉知源を指すか、

継目拝礼

正道、律僧あるいは入寺以前の僧名霊端を表記せしか、

知恩院、智嚴入院

門中拝礼代表泰安寺なり、

○津山泰安寺江勝山安養寺察譽神嶺移轉、九月四日入院、同月廿五日當寺へ入院披露入来、

一、南鐐一ッ　一、風呂鋪一ッ　一、扇子貳本　一、銀貳匁　大師前へ』　一、銀貳匁五分　古和上牌前へ　一、銀貳匁七分、引田紙一速（束カ）知事へ

右同寺入院添状

一翰啓上仕候、然者當国津山泰安寺就無住、先々住等譽弟子察譽神嶺儀、城主越後守殿（松平斉孝）ゟ被申付候、依之為継目拝禮為致登山候、御前宜敷御披露奉願上候、恐々謹言、

寅（文化三年）十月　作州誕生寺　印

靈端（正道）　拝

惣本山

御役者中』

本山御前御入院祝添状

一翰啓上仕候、然者　御前（君誉智嚴）御入院無障被為相濟候由、為恐悦先例之通、門中惣代津山泰安寺察譽（神嶺）為致上京登山拝禮候、宜御披露奉願上候、恐々謹言、

寅十月　作州誕生寺　印

物本山　　　　　　　　　　　　　霊端（正道）

御役者中

同御継目御祝儀

一、金弐百疋　御礼金　一、銀八匁六分　六役中』　一、銀八匁六分　山役両院

一、銀八匁六分　帳場中　良正院　一、同三匁　行者中　一、同壹匁五分　懸入

一、同四匁三分　臺所何角　一、同五匁五分　諸入用　役寺入用

〆銀七拾三匁壹分　凡六十割、壹人前壹匁弐分五厘、外ニ八十六匁惣代路用、

是ハ泰安寺継目希ニ付、出不申候

惣門中割合

十三人、一、拾五匁九分九厘　誕生寺　十一人、一、惣代不出　泰安寺

九人、一、拾壹匁七厘　成道寺　七人、一、八匁六分壹厘　大信寺

七人、一、八匁六分壹　成覚寺　三人、一、四匁三分　本覚寺』

三人、一、四匁三分　栄巌寺　八人半、一、拾匁四分五厘　重願寺

八人半、一、拾匁四分五厘　安養寺

〆七拾三匁七分八厘

右、君誉智厳様（知恩院第六十三世）御入院　文化三寅七月御入院、

継目祝儀

〈六役〉文化三年時

浄運院、専念寺、本覚寺、浄福寺、春長寺、永寿寺

〈山役〉

崇楽院、保徳院

取持良正院

門中祝儀割合は寺院別人数による、

誕生寺、寺内に僧十三人

〈君誉智厳〉天文四年（一五三五）生れ、館林善導寺、瓜連常福寺、小石川伝通院を歴任、文化三年五月十八日台命昇進、翌四年三月三十八日大僧正、在任三カ年余、同六年七月十九日没す（『知恩院史』）、本山触書、入院祝儀二百疋

泰安寺新住、登嶺披露済む、

誕生寺、庫裡修復届、古来絵図の如く、

一、今般為御入院御祝儀、其他門中惣代泰安寺登山、金貮百疋被指上之、紙面之趣遂披露候之処、首尾能拝禮相濟候条、可被得其意候、以上、

十月廿六日　　惣本山役者　春長寺」

作州里方村　誕生寺　　山役者　保徳院

惣門中

追而、同列へ銀貮朱被贈之、令収納候、以上、

一、其地泰安寺察譽（神嶺）、今般住職為御礼登山、紙面之趣及披露候処、首尾克拝礼相濟候条、可被得其意候、以上、

十月廿二日　　惣本山役者　春長寺」

作州里方村　誕生寺　　〃山役者　保徳院

御届申上候口上之覚

一、拙寺庫裡及破損候ニ付、古来繪圖之通、修復仕度、右之如御届奉申上候、以上、

文化三年寅月　　作州　誕生寺　何印

役僧　何印
役院　何印』

惣本山御役者中

法然上人六百回御遠忌触
五年後、文化八年正当なり、

御廟修復他修繕等につき報謝金

寄進者名簿提出要す、

元祖大師六百御遠忌ニ付、

本山御觸流状

来ル未季（文化八年）　元祖恵成大師六百年　御忌、因茲諸国門末令集會、御恩謝御法事御執行之事ニ候、随而其門中為惣代壹ヶ寺上京登山可有之候、尤其節　綸旨都部可有持参候、

一、大師御廟堂之御修復、其外荘厳所繕ホ多分之御入用ニ付、五百五十年（宝暦十一年）　御忌之節、御報謝金并御普請料被差上候得者、此度も為報恩各寺致丹誠、先例分量よりも倍増可有之候、』　尤来ル巳季（文化六年）中までに勝手次第可被相納候、

一、流義之輩、又末并寮舎末々之寺院、隠居義子、其餘檀越之面々至迄、各被為勤人別名前、或者所志之戒名、俗名ホ致着帳、其帳面を以可被相納候、併早劣之勧化無之様、可被相心得候、以上、

十一月十一日

惣本山役者　浄運院　印
専念寺　印
本覚寺　印

浄福寺 印
春長寺 印
永壽寺 印
山役者 崇楽院 印
保徳院 印

作州里方 誕生寺
泰安寺
惣門中』

宝暦十一年（一七六一）五百五十回御遠忌時報謝金の倍増

従前の振合をもって上納、年賦も可なり、

取次良正院に納金、飛脚便不可なり、

○今般諸国御門末江御觸流に付、別書を以得御意候、来ル未年（文化八年）大師六百回御遠忌御法事用御修復料ホ、此節御積高御入用先例よりも多分之儀ニ候間、宝暦十一巳年五百五拾季　御忌之節、被相納候両（マヽ）御報謝之高より者、各別倍増御出精候而、被指上候様と之事ニ候、依之前廣ニ被成御觸候間、各寺被勵報恩之志御出精有之、担那中へも被為勤　大師前へ献納被成候、且先年被相納候扣書各可有之候得共、年経候事故、若其表ニ留書無之候ハヽ、早速』取次迠書状を以、可被相尋候、尤諸末山之並ゟ或者減シ又者少時者、其取次より追々御内意可申入候、一、御直末者勿論、又末御尊寺迠、無住之寺院者、担方ゟ以前振合を以、御報謝上納候様、御沙汰ニ候、一、貧寺ホニ而一度ニ被相納候事太儀にも有之候方者、年々割納ニ而も可然候、一、右御報謝被相納候節、飛脚便ホニ而者、間違儀も難斗候間、乍労煩、其向々ニ而、惣代或ハ使僧上京、又者担那上京之節、取次迠被相納候

ハヽ、同道ニ而』當御役所へ相納請取印鑑相渡可申候、此ホ之趣、御沙汰ニ付、
間遠無之様、御心得被成候、右得内意如斯候、以上、

霜月十五日　良正院　印

作州里方　誕生寺

泰安寺

惣門中

猶、以御觸書相達候ハヽ、各御承知之趣、早速御請書可被差越候、左も無之
時者、途中遅滞之有無難為知候条、為念得御意候、以上、』

今般　御忌勧誘記被進候間、各寺へ各被成相達候、尚又、精々有信之檀越江可被
為勧、尤施本之義ニ候間、何冊にても取次迠可被申越候、此之如、又末ホ迠不洩様御達被成候、以上、

十一月十五日

請書を要す、

（上段、本文ナリ）

但シ、勧誘記七冊下ル、門中へ當スル、

勧誘記

津山成覚寺入寺披露

○津山成覚寺、寅ノ冬（文化三年）、住職〔届〕相濟、依之卯（文化四年）二月朔日為入院披露、泰安寺同
道ニ而入来、大師前へ銀札壹匁、松原一帖寺納、

津山大信寺、入寺済む、

○津山大信寺寅ノ冬（文化三年）入院相濟、為祝義松原一帖、右』泰安寺持参也、

庫裡建立、茅葺、軒回り
一間瓦葺

役所へ建立願書

以書付御願申上候、

一、當寺庫裡往昔桁行拾三間半、六間半梁桁有之候處、當時假普請六間、梁桁行拾三間御座候処、破損仕、最早修復も難相成、依之今般六間、梁桁行拾三間、裏江間半分瓦葺ニ仕再建立仕度、則繪圖面を以御願申上候、是迠瓦葺ニ御座候處、當時金子拂底ニ付、軒廻壹間通瓦葺ニ仕、中通四間拾壹間之所、假萱葺ニ仕置「』追而御願申上、瓦葺ニ可仕存心ニ御座候、右願之通、御聞濟被成下候様、奉願上候、以上、

文化三年寅九月　　里方村　誕生寺　印

弓削御役所

右繪圖面之通、無相違仕立可申候、以上、

誕生寺領

大工　善太郎　印

』

以書付御届申上候、

一、居宅　梁行三間、桁行八間　　一、長家　梁行貳間、桁行四間

一、灰小屋　壹間四方　　一、雪院　梁行四尺、桁行八尺

寺領内清助宅火災、灰小屋から出火

右棟数四軒、昨廿三日夜六半時、當寺領百姓清助灰小屋ゟ出火仕、居宅ホ不残焼失仕候、火出處之儀者、右灰小屋江昨夕方灰取入置候處、不斗然起候哉に御座候、早速火元并両脇召寄吟味仕候處、相遠無御座候、尤類焼壹軒も無御座候得共、對　御役所奉恐入候得者、慎申付置候、仍而右之如御届申上候、以上、』

（文化四年）卯三月廿四日　　里方　誕生寺

御役所

知恩院へ年始状

物御本山年始状認様

奉書

鳳暦之吉兆、萬里同風無際限申収候、（君誉智厳）大僧正御前倍以御機嫌能可被遊、御重齢恐悦至極ニ奉存候、右年甫之御祝詞申上度、如斯御座候、御序之節、宜御披露可被下候、」』猶期永日時候、恐惶謹言、

正月八日　　誕生寺　（正道）靈端（花押）

物御本山御役者中

正道（霊端）自署花押

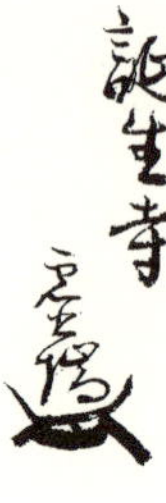

他出之節、弓削役所へ届書控

以書付御届申上候、

役所宛、他出・帰寺及び
その延引等の届書雛形

一、拙寺儀、今般法用ニ付、明何日出立ニ而何國』何寺へ罷越申候、尤何月頃帰
山可仕候、依之右御届申上候、以上、
何ノ何月何日　　誕生寺　印
弓削御役所
同延引之節届書
一、當院主儀、先達而御届申上候通、何國何所何寺へ罷越、此節帰山可仕處、於
彼地少々不快ニ付、暫延引可仕由、以飛脚御届可申上由、』申来候、依之右御
届申上候、以上、
――　　――　　知事　印
――
同帰寺之節届書
以書付御届申上候、
一、拙寺儀、法用ニ付、先達而御届申上候通、何國何處何寺へ罷越申候處、昨何
日帰山仕候、依之右御届申上候、以上、
――　　――　　』
――
大師前永代九ツ時日開帳覚

正道、鳥取玄忠寺教化中、殿村屋市三郎、永代日開帳窺ひ、

役僧、鳥取遣す、銀二貫百目回向料

日々九ツ時（正午）開帳、その節先祖回向す、

文化五戊辰八月五日出立ニ而、因州鳥取玄忠寺（新品治町）へ説法ニ罷越候、留錫中、同所真教（戎町）寺忍靈和尚被申出候ハ、拙寺檀中殿村屋市三郎と申者、永代日開帳御願申上度由、相叶申儀ニ御座候哉、御内意御窺申上呉候様、被申候、返答、奇特之至感心不少候得共、永代之儀ニ候得ハ、役寺役僧へも相談候上、追而御返答可申由、』ニ而、極月十六日帰山、役僧談口各承諾ニ付、同月十九日玉山沙弥鳥取へ遣し、銀貳貫百目請取之證帖相渡置、日々九ッ時開帳、其節先祖之囬向、別ニ法名位牌アリ、子孫法種増長無怠囬願いたす筈ニ御座候、然上者永代怠慢有之間鋪候、以上、

玄忠寺琢定、常燈明料寄進、銀一貫二百目

永代常燈明片方油料寄附

同年同所玄忠寺琢定和尚寄附、銀壹貫貳百目請取證帖遣置候、以上、』

津山城御殿焼失す、

伺代僧

正道、播磨教化

文化六巳正月十九日津山御城内御殿向不残焼失、仍而早々伺代僧可差出處、失念有之、廿六日院主播州登掛、泰安寺ニ而沙汰有之候故、従早春播州ニ留錫、於彼地承知之趣ニ而、書翰相認、同月廿九日察嚴沙彌出府、

城中火災見舞状

大奉書

一翰啓上仕候、然者當十九日其　御城内御出火御座候由、驚咽至極奉存候、早速

正道、播州正覚寺在
正道書簡、正覚寺発信なり、

念佛庵再建願
享和元年（一八〇一）焼失す、
原形の間数による普請

為御窺出府可仕處、従早春法要』ニ付、當地江罷越存多延引之段、恐入奉存候、
仍而乍略儀、以代僧御窺奉申上度、御序之砌、宜御披露奉願候、恐惶謹言、

正月廿五日　　誕生寺 正道 花押

上原（貞章）彦蔵様　　上封美濃紙
黒田（成元）頼母様　　三人連名 ——
古市（助澄）隼人様　　裏 播州平福

御披露　　正覚寺寓　』

右書翰泰安寺沾持参之處、同寺和尚役處江窺に被出候得者、奉行衆應對、遠方御出浮之處、態々飛脚御下シ、其上御代僧之趣、重畳御丁寧之趣、御代僧江一統掛御目可申候處、役所向焼失甚取込故、貴寺宜様御取斗可被成旨、被申付候由、右書翰泰安寺江相渡候得者、和尚持参、奉行衆ゟ御答御代僧御左儀御丁寧之趣、委細承知披露可致、早速御挨拶も可有之處、諸役所焼失昼夜取込故、追而御沙汰可有之旨、被申候故、泰安寺ゟ』直ニ帰山いたし候、

念佛庵再建願書一件　二月三日出ス、

以書付御願申上候、

一、當寺塔頭念佛庵之儀、梁行六間半、桁行拾三間、瓦葺ニ而御座候處、享和元

酉年八月中焼失仕候、仍之此度再建仕度奉存候、此節元形之通、普請行届不申
候ニ付、左之通狭置、追而者元形之間数ニ普請仕度奉存候、

梁行　五間
桁行　八間
但瓦葺

』

絵図、梁・桁間数合はず、

右繪圖之通、相違無御座候、尤御法度之作事一切仕間敷候、右願之通、御聞済被
成下候ハヽ、難有奉存候、則大工ニ印形為仕、此段奉願候、以上、

文化六巳二月　　北庄里方村之内　誕生寺　印

西幸村大工　仙助　印』

弓削御役所

役所届出

右繪圖面之通、無相違作事可仕候、以上、

役所届出、堂舎落帳分書上

同日山内建物先般書上落帳、追書上差出ス、
以書付御届申上

涅槃堂
毘沙門堂
鼓楼
念佛庵門
知事寮
片目川橋

一、涅槃堂　瓦葺、三間半、五間
寛政四子年大風ニ付、破損仕候、當時弥陀堂相殿、追而再建御願申上度
奉存候、
一、毘沙門堂　瓦葺、貳間、三間
寛政四子年大風ニ付、破損仕候、當時弥陀堂相殿、追而再建御願申上度
奉存候、　〃
一、鼓楼　瓦葺、貳間四面
寛政四子年大風ニ付、破損仕候、當時本堂ニ差置、追而再建御願申上度
奉存候、
一、念佛庵門　瓦葺、扉開八尺
享和元酉年焼失仕候、追而再建御願申上度奉存候、
一、知事寮　瓦葺、貳間半、四間
文化四卯年庫裡普請ニ付、畳置申候、追而再建御願申上度奉存候、　〃
一、片目川橋　欄干附、六間、七尺
先年大水ニ付、漂流仕候、當時仮橋、追而掛替御願申上度奉存候、
右之通、先達而境内書上之節、落帳仕候故、此度相改書上申候、以上、
文化六巳二月　　北庄里方村之内　誕生寺

弓削御役所　』

津山城火災見舞の礼書

津山御城内出火窺返翰

御札致拝見候、然者今般城内出火ニ付、委曲御使札之趣、申達候処、入御念義宜

申述由ニ御座候、恐惶謹言、

二月二日　古市隼人　助澄　書判

黒田頼母　成元　書判

上原彦蔵　貞章　書判

誕生寺様　』

六百回遠忌上納銀割

本山御遠忌上納銀割

一翰致啓上候、一昨季御囬書到来、明後未歳（文化八年）元祖恵成大師六百季御忌被為當候

ニ付、當国御門中ゟ両御報謝先格之通、上納可仕旨、奉畏候、仍而別紙目録之

通、奉納之仕候間、御役者中江宜様御披露奉頼候、恐惶謹言、

巳（文化六年）十一月十七日　惣門中

泰安寺　印

誕生寺　印

取次良正院宛

良正院
一、白銀三枚　御廟堂　一、〃三枚　御遠忌御報謝　一、金貳百疋　御前』
一、銀十六匁　御役者中　一、銀四匁　帳場中　一、〃同匁　良正院
一、銀貳枚　惣代入用　一、十匁　銀歩掛入高　一、四匁　飛脚入用
一、銀貳枚　御門中惣旦那
〆五百拾三匁

門中割

一、八十六文目　誕生寺　一、七十目　泰安寺　一、六十目　成道寺　一、六十目
安養寺　一、五十目　重願寺　一、四十目　成覚寺　一、五十目　大信寺　一、
三十目　本覚寺　一、三十目　榮巌寺　一、四匁三分　延命寺　一、五匁　浄土
院　一、十貳匁　称念寺　一、十貳匁　念佛寺
〆五百十三匁三分也

誕生寺御忌、役所建札届書
万部修行

當山御遠忌役處届書
以書付御届申上候、』
一、来未（文化八年）季者當寺本尊　圓光大師六百年御忌相當仕候故、同年三月十九日ゟ至廿
五日迄、例歳之會式法用相兼萬部修行仕候ニ付、如先例近々之内、門前石碑へ
建札仕度奉存候、仍之右之段、御届申上候、以上、

在心、入院祝金割
〈泰誉在心〉
伝通院を経て文化六年
（一八〇九）八月昇進、
七年三月二十七日任官、
文政三年九月四日辞職、
同五年九月二十七日没、
七十九歳（『知恩院史』）

（文化七年）
午正月　　北庄里方村之内　誕生寺　○

弓削御役所

十七日浄土院持参、先例之趣、右承置相濟、』

（知恩院第六十四世）
本山泰譽在心上人御入院祝金割

三十三匁貳分八厘（物代不出）　誕生寺　三十貳匁　泰安寺
廿一匁七分六厘　重願寺　廿壹匁七分六厘　成道寺
〃　安養寺　十九匁貳分　成覚寺
拾九匁貳分　大信寺　八匁九分六厘　本覚寺
八匁九分六厘　栄巌寺
〆百五十三匁三分

此勤方　』
一、金貳百疋　御〔前〕　一、銀貳両　六役　一、銀貳両　山役　一、〃壹両　帳場
中　一、〃壹両　取次良正院　一、壹匁五分　かけ入包料　一、〃壹両　臺料ホ
〆金貳分、銀三十壹匁六分

半倍増上納割

御遠忌半陪増上納割

本山触簡
報謝料不納もあり、五百
五十回遠忌宝暦の倍増額
上納あるべし、

銀三枚
一、銀十八匁六厘　誕生寺　一、拾五匁四分八厘　泰安寺
一、十一匁六分一厘　重願寺　一、九匁三厘　成覚寺』
一、十貮匁九分　安養寺
一、十貮匁九分　成道寺　一、十一匁六分壹厘　大信寺　一、六匁四分五厘
本覚寺　一、六匁四分五厘　栄巌寺　一、貮匁四分八厘　延命寺　一、四
匁四分七厘　浄土院　一、四匁四分四厘　清浄院　一、六匁四分五厘　称念
寺　一、六匁四分五厘　念佛寺
〆百廿八匁八分壹厘、差引壹分九厘不足、

本山ゟ来翰
来ル未季（文化八年）宗祖大師御遠忌御報』謝金并御普請料、昨巳年中迠ニ上納候様、去ル
寅（文化三年）季十一月及觸流、近々丹誠上納之向も有之候得共、等閑之族も有之、不報謝之
事ニ候、仍之御直末者勿論流儀之輩、末々ニ至迠寳暦度上納ゟも倍増いたし、来
ル十二月十五日迠ニ無相違上納可有之候、若悠慢之族者急度可及沙汰候、以上、
午（文化七年）八月九日　惣本山役者

報謝料上納
「弘覚大師」謚号
勅使

光格天皇、文化八年正月十八日、西洞院信順を勅使として、弘覚大師の謚号を下す(『知恩院史』)、

十一月中、玉山・察巖上京ニ付、上納早、』
来ル未季就　宗祖大師六百囬御忌徽号且　勅使被成下様、御所表江御願出候
処、去月廿七日於傳奏六條（有庸）大納言殿、其節ニ至而可被為有御沙汰旨、被仰渡候、
宗門之光榮不可過之候条、可被仰其旨、

八月九日　惣本山役者

誕生寺
泰安寺
惣門中　』

門中困窮、出精も軽微
白銀三枚納む、

倍増銀上納呈書

一翰啓上仕候、然者来未季　元祖恵成大師六百囬御忌ニ付、先達而御觸流之通、
御報謝銀倍増上納可仕様、委細承知仕候、誠ニ御門中一統稀有之御遠忌奉逢候
段、難有仕合奉存候、粉骨砕身謝恩仕度重畳相勵申候得共、近年當国別而之困窮
甚當惑仕候、併各寺成丈出精之上、近頃軽微之旨、』恐入奉存候得共、白銀三枚
奉納之仕候間、心事御憐察之上、上納被成下候ハヽ、一統難有仕合奉存候、右
申上度如此御座候、恐惶謹言、

十一月廿五日　作州惣御門中

門中檀中より銀七十匁献
上

泰安寺　印
誕生寺　印

惣御本山御役者中

猶亦、當国御門中各寺、旦那ゟ聊軽微ニ御座候得共、別紙目録之通、銀七十
匁御影前江献納仕候間、宜御披露奉頼候、以上、』

(良正院)
同取次江

一筆致啓上候、然者先達而御觸流御座候御遠忌御報謝銀倍増之儀、一同承知仕金
分奉納可仕候處、兼々申上候通、御門中一同甚困窮御座候得共、稀成　御遠忌奉
逢候段、難有奉存候ニ付、一同成丈出精仕候而、白銀三枚進献之仕候間、右之
段、御役者中宜御執繕御披露に希候、恐惶謹言、』

霜月廿五日　　誕生寺
泰安寺
惣御門中

良正院様

猶亦、當国御門中各寺旦那共より、聊軽微御座候得共、銀七十匁　御影前江
奉献納之候、御役所江同様御披露奉頼候、以上、

尊超法親王得度の触
〈尊超法親王〉門跡第六世、有栖川宮織仁親王第八王子、嘉永五年（一八五二）七月七日没す、五十一歳

宮様（尊超法親王）御得度恐悦日延願書

一翰啓上仕候、然者去月二日出之御觸書』、當月十五日到着、拝見仕候候（一字衍）、去ル
九月（親王九歳）廿七日御門主様御得度并大僧正様（泰誉在心）御戒師、無滞御務被為遊、恐悦至極奉存
候、依而當国御門中、如先例恐悦可申上之處、此程御門中無住寺多、有住之族者
何も少々不快御座候之間、早速登山恐悦申上候儀、難相成奉存候間、年内之處、
御容赦被成下候様、奉願上候、右之段、為可得貴意、如此御座候、恐惶謹言、

霜月廿五日　――　――

――』

成覚寺住職届
伏見栄運院隠居性誉円成就任す、

成覚寺性譽圓成住職届

一筆致啓上候、先以　御前倍御機嫌能被為入奉恐悦候、然者當地成覚寺就無住、
城州伏見（中之町）栄運院隠居性譽圓成長老、今般住職仕候、尤極小寺故、此度書中ヲ以御
届申上候、　御前宜御取成奉願候、恐惶謹言、

霜月廿五日　――　――

――』

同取次江

新住職書中にて届出

一筆致啓上候、先以　御前益御機嫌能被為入奉恐悦候、然ハ當地成覚寺無住ニ付、城州伏見栄運院隠居性譽圓成長老住職仕候、尤極小寺、此度書中ヲ以御届申上候、御役者中江宜御取成奉願候、恐々謹言、

十一月廿五日　泰安寺

誕生寺」

良正院

文化八年

文化八辛未年記録

御遠忌、門中総代成覚寺登嶺

御遠忌惣代之節、

一筆致啓上候、然者今般　宗祖大師六百回御忌御相當被為在候ニ付、當國御門中為惣代成覚寺登山仕候間、宜御披露奉頼候、恐惶謹言、

正月五日　延命寺　栄巌寺　本覚寺　大信寺　安養寺

成道寺　重願寺　泰安寺　誕生寺」

惣御本山御役者中

一筆致啓上候、然者今般　宗祖大師六百回御忌御相當被為在候ニ付、當國御門中

為惣代成覚寺登山仕候間、御役者中江宜御披露頼入候、恐惶謹言、

正月五日　　作州 惣門中

泰安寺

誕生寺

取次宛

良正院

門主得度

宮様御得度

一筆致啓上候、今般　御門主様御得度』并　大僧正様御戒師、萬端無滞御務被為遊、恐悦至極奉存候、右為御歓當國御門中惣代成覚寺登山仕候間、宜御披露奉頼候、恐惶謹言、

正月五日　　作州 惣御門中

泰安寺

誕生寺

惣御本山御役者中

一筆致啓上候、今般　御門主様御得度并　大僧正様御戒師萬端無滞御務被為』遊恐悦至極奉存候、右為御歓當國御門中惣代成覚寺登山仕候間、御役者中江宜御披

〈門主〉浄土宗法度に門主について定めるが、知恩院には元和元年（一六一五）宮門跡が置かれた、門跡は第一世良純法親王より第

七世尊秀法親王まで続くが、明治維新で廃絶、しかし、明治十九年（一八八六）内務大臣の指令により旧門跡に限り復称が許されたので、知恩院では当時の住職養鸕《うがい》徹定が門跡号を公称してから、代々の住職は門跡号を称して現在に及ぶ、

門主祝金

本山触簡

壽経光院宮百回忌

露頼入候、恐惶謹言、

正月五日　　　作州　惣御門中

泰安寺

誕生寺

良正院

祝金上納

一、銀五両　御門主様　一、壹匁五分　臺料

一、貳匁七包　諸役中　一、貳匁五分　掛入包料

一、壹匁五分　取次　又ハ御門主分　〆四十目五分五厘』

一、銀五両　大僧正御方　一、貳匁　行者

一、銀一両　三包　役中　一、三匁　臺料

一、四匁五分　帳場　一、壹匁五厘　掛入包料　〆四十五匁五厘　方丈分

弐口〆銀八十五匁六分

御當山御門主　壽経光院宮（門跡第三世尊統法親王）御方當五月十八日百回御忌御法事御修行ニ付、一品御贈位　勅使御参向、萬端無滞被為済』一宗之光栄不過之候、依之諸国御門末香儀

安永八年に準じて香奠献備

〈尊統法親王〉
元禄九年（一六九六）九月九日生れ、岡宮、実父有栖川宮幸仁親王、宝永三年六月三日入室得度、戒師は第四十三世応誉円理、宝永八年正月二十二日法然上人五百回遠忌導師、同年（一七一一）五月十八日没す、乳母雲晴院は思慕のあまり、親王在世中の染筆の経紙を集め、張子の尊影を作り紙屋町地蔵院に安置す、

役礼なきが、台料差出

献備有之候様被　仰出候間、安永八年（尊光法親王百回忌）〔十〕二月準儀を以　宮御方御得度御祝儀
之通、御香奠献備可有之候、以上、

六月十六日　　惣本山役者

誕生寺
泰安寺
惣門中

尚以、安永度之通、御香奠献備直参、難相成寺院者、飛札を以取次被可（可被）差越
候、且不及』役禮ホ之、已上、

壽経光院宮御方　一品御贈位ニ付、役者中ゟ書面相達、御落手可被成候、御香儀
御得度之節通、献備可有之候、尚亦、役礼ホ無候得共、献備ニ准シ、臺料差出可
被成候、以上、

六月十七日　　良正院

誕生寺
泰安寺
惣御門中

出銀割合

出銀割合

一、銀五両　御香儀　一、三匁　臺料　一、壹匁五分　状箱料
　代貳十一匁五分
一、四匁　役寺入用　一、十一匁六分　御得度之節、再不足　〆四十壹匁六分』

門中四十二人割

　四十貳人割
一、銀札八匁　誕生寺　一、七匁　泰安寺　一、五匁　成道寺　一、四匁　重願寺
一、四匁　成覺寺　一、五匁　安養寺　一、四匁　大信寺　一、貳匁　榮願寺
一、一匁　延命寺』

百回忌、門中香典白銀五両

一翰致啓上候、然者去ル五月十八日　（門主）壽経光院様百囬御忌御法事御執行被遊候ニ付、御勅使御参向、一品御贈位被為　在候旨、御觸書拝見仕候、誠ニ宗門之光栄乍恐奉歓喜候、随而如先規之、御香奠白銀五両献上之仕度奉存候間、宜御披露奉頼候、恐惶謹言、

（文化八年）未七月廿四日　惣門中
泰安寺　印
誕生寺　印』

惣御本山御役者中

飛脚便にて奉納

文化九年
本山触簡
瓜連常福寺伽藍復興、門
末助力

寛政六年鎌倉光明寺勧物
集めに準ず、

〈十八檀林〉
江戸時代における浄土宗宗侶養成の機関、瓜連常福寺もその一つ、江戸時代において一宗教師たらんとするものは、檀林に掛錫して宗余乗を学習し、十五年の後、両脈を伝承し、二十年にして璽書を受け、修学二十年を満じたものは正上人、十五年以上二十年未満は権

猶、御門中之内、登山可仕本意候之處、此程不快之者多分ニ而、延引ニ相成候段、恐入奉存候之間、飛脚幸便奉納之仕候、此段、御赦免可被下候、以上、

良正院へ同様

文化九申五月廿八日本山觸書

常州（那珂市）瓜連常福寺者十八檀林之随一、開山了實上人靈告を感し草創、尤圓戒弘』通靈場之處、去寛政度諸伽藍悉焼失後、再建全備難相調、先年檀林會評之上、一宗勧化之儀、増上寺始檀林中ゟ願来候得共、時節柄且　大師御遠忌前、旁以觸出及猶豫置候処、無拠旧跡ニ付、等閑ニも難被成置、今般御門末助力被　仰出候間、御宗門之光輝報恩之志を励、寺格に應し末々之寺院迠も行届候之様申聞、當七月ゟ来ル酉（文化十年）年七月迠御直末ハ勿論、又末』寮舎ホ迠、寛政六寅年鎌倉記主堂勧物之准儀を以、取集名前相記し、御當山江可被相納候、以上、

五月二日　　惣本山役者

誕生寺

泰安寺

惣門中　』

常州瓜連常福寺再建之儀ニ付、別紙役者中ゟ之御觸書差下候間、御落手可被成

上人の綸旨を受く、後、時代の推移とともにその修学年限は多少短縮される、入寺すなはち学寮入学は十五歳とし、入寺以後所修の科目は名目・頌義・選択・小玄義・大玄義・文句・礼讃・論・無部の九部に分れ、これを次第に学習するものとし、この全部を修了したものを卒業となす、

法然上人六百回忌
弘覚大師の諡号
松仙、律院改格十四年

律法による御遠忌
諸門中招請

総世話人五カ寺
倉敷誓願寺
岡山本願寺
用瀬大善寺
平福正覚寺
津山成道寺

九、櫔社記（文化二年）

候、已上、

五月朔日　誕生寺

泰安寺

惣本山取次　良正院

五月廿八日八ツ時相達

文化八未年　大師六百年御遠忌諸雑記扣

諡號　弘覺大師　　正道代　』

住持之地、當山律院改格巳来先代十四ヶ年、當代七ヶ年無障礙如法修行候事、難有奉存候、然ハ今般御遠忌依律法、諸大和上致招請修行可仕之處、當山者格別之御旧跡、惣本山始諸國之寺院法縁之門徒、被思大切靈場之事なれハ、遠國者雖不及力、近國之寺院致集會、賑々敷御遠忌相勤候ハヽ、遠ハ　大師之叶　尊慮、近者本山諸檀林之聞へ諸門中之随喜も可為格別、左候ハヽ、此末寺門繁栄之基、外聞實儀可然存、　本山へも内々相届近國御』門中觸頭へ年寄々々にて両三年前ゟ致沙汰、別而備中倉鋪誓願寺（阿知）招誉上人、備前岡山本願寺（山科町）法誉上人、因州用ヶ瀬（鳥取市）大善寺、播州平福（佐用町）正覚寺、當國津山（西寺町）成道寺、兼而相頼候得共、至其時有様子除之、右五ヶ寺を内外惣世話人ニ相頼、同年三月十九日ゟ廿五日迠一七日之間、取延ニ相成候ハヽ、如何可有存候得共、前年取越候ニハ、諸普請不行届御正當ハ、本山之差支参詣も不都合ニ付、本山へも申上置儀、年會式之日限ニ相勤申候、法要式都而、世話人五ヶ寺ニ相任豫修仕

文化八年三月十九日から七日間修行

候、
諸方立札　弓削役所届書有前、』
門前石碑、津山　泰安寺へ頼、弓削、大塔、勝山、久瀬

立札、六カ所

従来ル未三月十九日至同廿五日暁天
圓光大師六百年御遠忌奏楽法要
霊寶等開扉　　當山知事

前年秋八月立之、餘處ハ至春立、

法事式
庭田円満寺法式に影響受くものならん、
歌舞迎接会

法事式書出
十九日　開闢
廿　日　歌舞迎接會　観勢ニ菩薩歓喜踊躍之舞の手あり、役者岡山より頼ム、至極ヨシ、

百八燈

廿一日　百八燈滅罪會

百味飲食

廿二日　百味飲食献供會　大坂満足講より泉屋道清、小節屋伊兵衛十日前ゟ来て供養ス、』

二十五菩薩練供養

廿三日　廿五菩薩練供養　加茂之宮迠ねル、

放生会

廿四日　放生會
廿五日　惣囬向

法要次第、集会老分に相談

毎日勤行法要式世話人より集會老分へ談し相定、

集會僧、百十余人なり、
能分七十人
寺内律僧二十八人
道心者十五人
仏具等講中寄進
大坂講中
御戸帳講
満足講
専修講
岡山講中
倉敷講中
津山講中

○集會僧　宿坊念佛庵
能分　七十員　長州　防州　藝州　備後　備中　備前　讃州　河州　因州　播州　石州集来、
寺内律僧　貳拾八人　道心者　拾五人
○楽人　宿坊浄土院　」
岡山より頼来、　楽屋本堂南掾一段高クカキアケ、前後ニ簾を掛ル、
○大坂講中　井上院宿坊　五拾人餘来ル、
御戸帳講　縫ツフシノ戸帳寄進、金欄大打敷、
満足講　本堂水引、大師前小打鋪、内佛戸帳、百味飲食具一色（式カ）、
専修講　大師前五具足、金蓮常花、唐金大茶釜、其外膳椀皿鉢ホ餘多分寄進、
○岡山講中
臺附灯燈　五十張　」
○倉鋪講中
臺附灯燈　三拾帳
○津山講中
灯燈　九十帳
○弓削より
大のほり　貳本

久世講中

○久瀬(世カ)講中

吹抜　四本　米拾俵

○檀方中　』

飾俵

飾俵　百俵正米五拾俵

鳥取講中

○鳥取講中

畳替

本堂畳百貳拾五畳新床、念佛庵八畳新床、居間九畳新床、其外表替、大師御厨子再興、片目川橋掛替等、右之外諸方諸寄進物筆難尽、

歌舞迎接会行列

○廿日歌舞迎接會行列

門前長左衛門屋敷西之方十間餘行高にて構へ、前之方に門を明ケ吹浮(流カ)し、貳本立之』四方之角幡を建テ、

（左の読み）
「導師焼香
時国公ノ木像ヲ取テ
観音ノ蓮臺ニ移ス」
「宝龕」「時国公像安置」
「諸講中」

迎接會行列

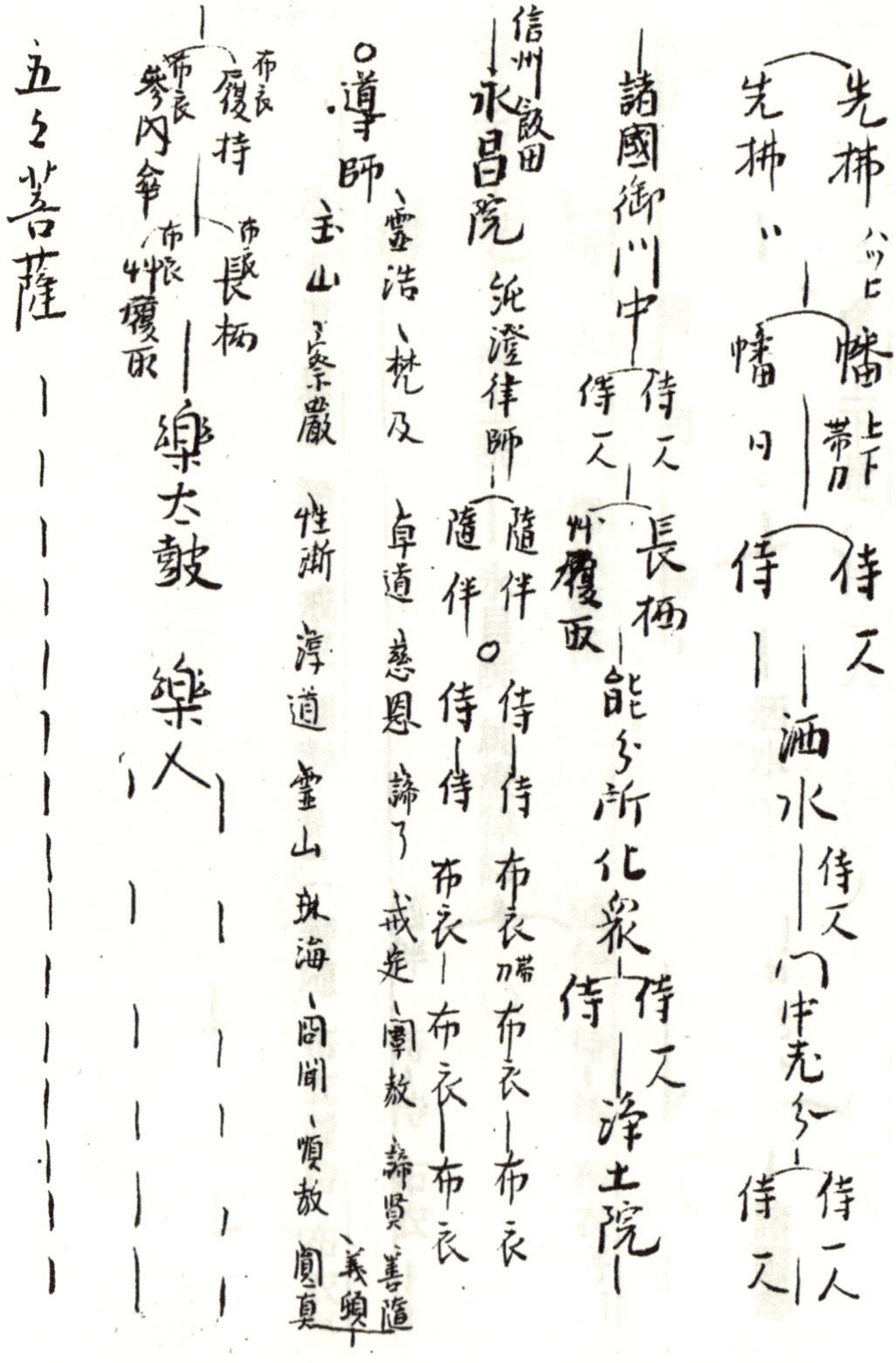

飯田永昌院能澄

門弟十九人
（卓道・諦了・性漸は信州善光寺留錫期に入門）

諸國講中

路次惣奉行世話人四ヶ寺

○廿三日　加茂宮行列同断

加茂宮

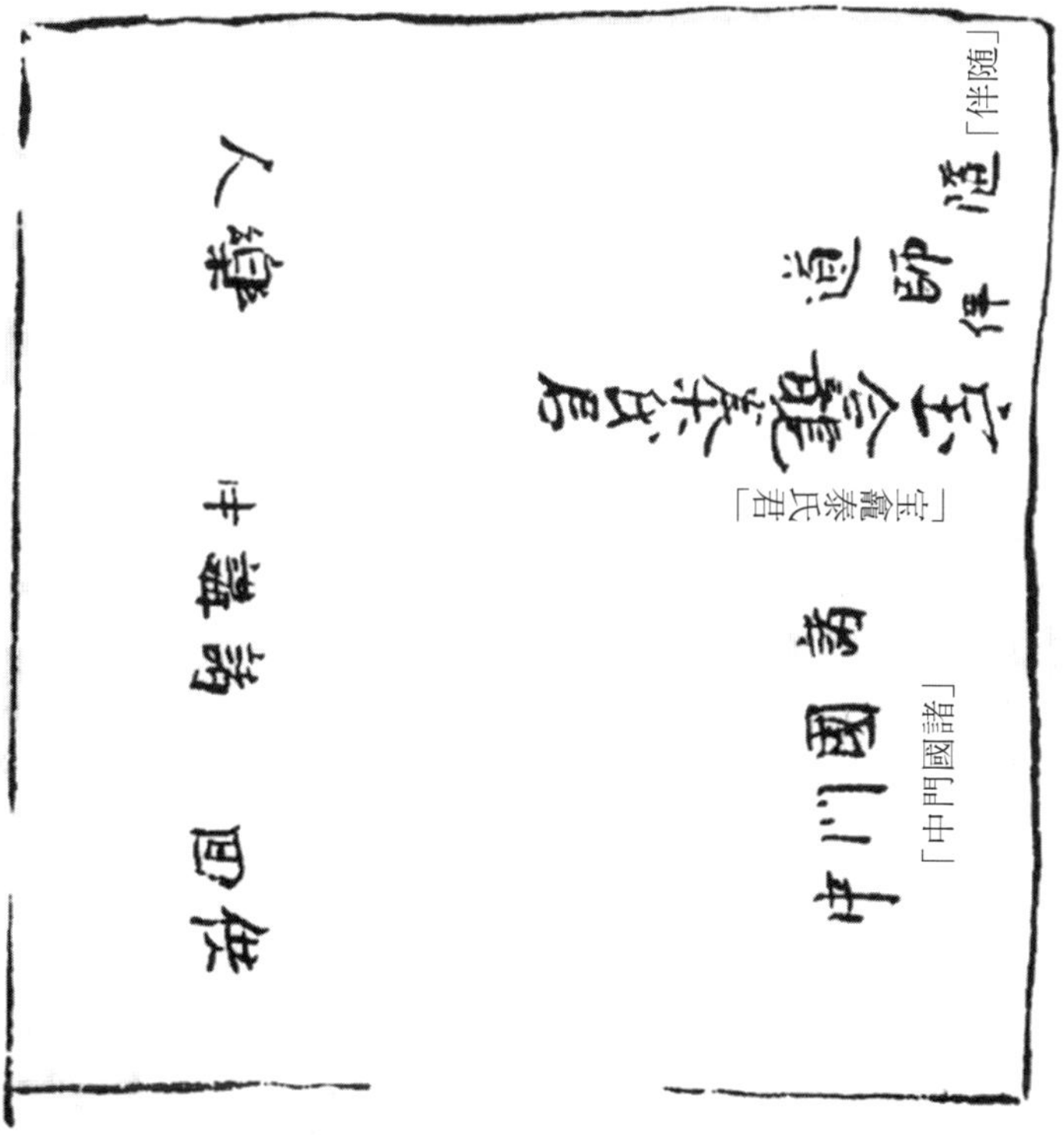

』

石碑へ吹流二本　寺領境吹流二本　大門前大幟二本　勅賜弘覚大師ト書ス、

』

上役所　梅の間　下役所　取附間
右一七日之間、諸國参詣群衆、古今未曾有之事ニ而、少も無障礙致結願、生前之
本懐此事ニ候、

群参、結願のこと等正道
「本懐」と記す、

四求定受戒

浄土律教線拡大、美濃・尾張・信州、門弟律師派遣、教化活動

各律師の動向を記す、

四月一日〜五月二十日、五十日間の行

二條殿、法然上人真影直拝の望み、

四求定受戒一件

靈浩、玉山、察嚴、梵及、當春ニ相成、庭田ゟ申来、便檀」（円満寺闡瑞和上）三四年前より京都西光院一道和上へ願置、諸律院和上方、内々許容有之ニ付、去年冬玉山・察嚴之両師』、美濃、尾張、信州迠為同和差下ス、但し信州能澄律師此節ミ（美濃）のにて相見、信州相止ム、靈浩ハ寺中繁用ニ付、京、大坂、守山限ニ而帰寺、濃尾両所相断、両師當年正月末帰寺、四月朔日より入行道場、靈浩浄土院（飯田永昌院）、玉山念佛庵、察嚴本堂裏、梵及井上院、同月十六日京都和上（西光院一道）尊来、二月中旬能澄律師光来、四師道場中無障礙、五月廿日結願出道場、同月廿四五両日登壇成就、宇治了誓老僧来ル、京和上随伴了因・定道、純澄律師随伴――

文化八未六月　結界　有別記　』

二條殿下（斉通）　大師真影御直拝一件

同年五月初旬津山泰安寺より飛脚到来、書面之趣ハ、隣寺成覚寺春已来二條殿御役人より要用之儀有之ニ付、可被致上京由、度々申来候得共、右和尚事も御遠忌惣代登京無間事故、及延引居候得共、不得止、去ル四月中上京仕候、然ルニ此間、京都より飛脚到来、　二條殿下、其御寺　大師真影御信仰ニ付、御直拝被為有度、諸事成覚寺ニ可致世話由、被仰付候間、其旨御寺へ御掛合置被下候様ニ申来候、尤當月末ニ者　御使者』茂御下向之様子ニ御座候、扨々不慮之事ニ而、御

成覚寺取次ぎ、

二條殿、知恩院へも頼む、

法類北野西光院、近衛家の寺なり

何故、成覚寺経由になりしか、不審なり、

二條殿、五摂家の随一、歌学の家

事が進捗せず、

心配察入申候、二條家より申来候事ハ、成覚寺咄ニ而、内々承居候得共、加様之事とハ夢にも不存候、尚又成覚寺帰寺後、委細御掛合可申上様子ニ御座候とて、成覚寺京都よりの書状を添て申来、

返書之趣、泰安寺へ成覚寺より申来候書面、又泰安寺より申来候趣、不落愚意事共有之故、

二條御所様當山　大師御真影御信仰ニ付、御直拝被為在度ニ付、成覚寺和尚へ可致世話由、被仰付候得共、一分ニ御返答も難被成、貴寺沾御問合』ニ付、右之趣、以飛脚被仰下、御世話之如忝奉存候、誠ニ不容易儀ニ御座候得ハ、何分御使者も有之候上ニ而、惣本山へも相達、御殿之方も能々御内意承之、惣本山御指揮ニ相任可申存候、成覚寺和尚へハ、宜御報可被下候、云云、

泰安寺へ之不審書

一、二條殿下御信仰ニ付、被為在御直拝度思召候ハヽ、惣本山へ御頼有之就、又ハ法類西光院ハ近衛殿御寺ニ候得ハ、彼寺へ御頼可被　仰出様ニ存候、然ニ遠路當國沾被仰下候も如何と存候、當國へ被　仰下候ハヽ、拙寺方へ直ニ可被仰下筈之處、成覚寺へ被仰下候も不審ニ存候、扨又御紙』面ニ成覚寺為噂、二條殿御内諸太夫中より御用之儀有之付、急ニ出京可致旨、春已来度々被仰下候由、五摂家之為随一、二條殿綸言之外ハ無此上、重キ事と存候、然ニ春已来急ニ出京可致由、被　仰下候を、弁寛と打捨被指置候ニ、度々御丁寧ニ被仰下候

不審

ハ、機（気）之長キ御役人方之様ニ存候、又　二條殿より御用ニ付、御召ニ　領主役所へ願、表　惣本山へ要用ニ付、上京仕候との願面、是又不審ニ存候、後日如何成御用も有之、　領主へ御掛合ニも相成間鋪ものにも無之候得ハ、最初飛脚到来之節、早速領主御役所へハ御届有之、御指揮も被受候ハヽ、後日之難も有之間敷様ニ愚老なとハ存候、五摂家より御用ニ而、御召被成候を、内々にて出京被致候も珍敷事之様ニ』存候、旁一向不落愚案候、何分御使者も有之候ハヽ、臨其席臨機應変應對可申存候、以上、

成覚寺書状

成覚寺、二條殿使者の案内役を受く、その先触なり、

其後何之沙汰も無之處、六月廿八日成覚寺より書状到来、

一筆致啓上候、残暑之砌（文盲成事）、和上前弥御安静ニ被為有御道修歓喜不斜奉存候、於當院者各寺無異事消光仕候、御休意可被成下候、然者今般、二條様御先觸拙寺へ向而罷越申候、然處、先剋右御使者御當着ニ御座候ニ付、御用之趣、相窺候処、貴寺へ御使之趣、被仰出候、尤拙寺へ御案内可申上様被仰付候ニ付、則拙』僧罷出候得共、過急ニ相成候而ハ、於貴寺も定而御心配可有之哉と奉存候故、不取合、此如早々為御知申上候、何レ表向ニ而御先觸も可被差出と存候得共、先ハ内々此如御通達申上候、何レ明廿九日早天之御出立と相聞へ候得ハ、差急キ御内意之趣、荒々申上候、以上、

六月廿八日　　津山　成覚寺

誕生寺
　御内役中御披露　　』
二啓

泰安寺添簡

泰安寺御丈室前ゟも別紙被差上候處、右急達之義ニ御座候へハ、不能心底、拙寺ゟ別書同断、宜可申上様被申聞候、萬ニ何レ明日参向之節、貴顔之上可申上候、
以上、　来書之侭写ス、

誕生寺返書、二條殿使者来寺につき承了

返書
御書翰忝致披見候、然ハ　二條様御使者今日御寺迠御到着、明日當寺御入来被成候由、為御知被下、忝致承知御待請申上候、乍去火急之儀、殊ニ山寺之儀ニ候得共、饗應庭掃除ホ迄行届兼候間、其』如兼而宜御取成置被下候、委細明日得貴意可申述候、

即日返簡

　即日

――――

使者迎う、

二條殿、法然上人信仰

翌廿九日九ッ時御使者入来之由、為知有之候間、支度ホ之儀、相尋候得ハ、辨當持参、於石碑茶屋昼食被致候由ニ候へハ、少々支度候得共、相止メ申候、大門迠察嚴律師迎ニ出る、　正使濱崎伊織、副使何某、若黨二人、鎗持、艸履取、挟

真影、院主供奉し、京都の二條殿に来られたし、
誕生寺律僧故に、成覚寺に任す、律僧万事不案内
本山の指揮、出張は不容易、開帳禁止の達し、
本山に掛合はれ度
津山辺の者、内々相通ならんか、

箱、沓箱弐人、成覚寺附添、孔雀之間へ通シ暫ノ罷出應對ス、御口達之趣ハ、二條殿兼々其寺弘覚大師御信仰故、何卒御許も被為遊度』思召ニ付、院主致供奉、上京参殿仕事可相成哉、因ニ重役共申付候者、遠路之事、諸事雑費ホも多分相掛り可申、何程入用之儀ニ候哉、貴寺御事ハ律僧之由、萬事不都合にも可有之、成覚寺儀ハ、兼而御館入も申上候事故、萬事彼寺へ相任上京有之候而ハ、如何哉抔、前後不調之應對有之候故、引退得と勘考之上、御答可申上様申置、大師前御代拝等御開帳ホ相仕舞、其後返答仕候ハ、當山儀者　大師降誕之靈場故、於本山も格別之取扱故、諸事本山之蒙』指揮候、猶亦　大師前出張之儀者不容易御事、其上先年従本山諸國開帳ホ之儀、一向相止門前不出ニ可奉守護旨、被申付罷有候得ハ、外ニより御頼之事ニ候得共、決而御断申候得共、御殿之御儀ハ格別之御事故、何卒其如従御殿も本山へ御掛合、當寺へ御下知有之候様、御取斗可被成申候得ハ、彼使者被申候者、兼而拙者共出立前知恩院へも御使者有之候由、猶亦帰京之上、得と重役共へ相談、本山へ御掛合可申様ニ申罷帰申候、始終掛合』之内不調之事共も如ニ有之、猶又実ニ　一條家御使者ニ御座候ハヽ、直ニ當山へ御差向可有之候處、成覚寺迄着、其上萬事彼寺へ相任可申様、一圓合点参不申、愚案仕候ニ、是ハ津山邊之者共、彼御殿下役人中へ内々相通、大師前を致遷座、開帳ホ仕度、下拵と存候、何れ山子之仕事之様ニ存候、右之趣、早速御使僧本覚

二條殿帯刀云く、二條殿への真影持込に付き、誕生寺断りあり、

本山、決して断りを許容せず、

寺迠申達候、然處、七月二日従本山御用書到来、』

其寺

大師御真影　二條殿被遊御直拝度旨、御使を以御届有之、尤其寺儀兼而御館入仕来候趣ニ付、右　御真影差添上京有之候趣、御直ニ被　仰遣候趣、當十六日御使松尾帯刀を以　御當山江被　仰越、尤御直拝之儀無餘義に付、右御届之御請被仰達候、然ル處、帯刀被申聞候ニ者、其寺御館入之趣、御使之節、申入候得共、重役より承給遠ニ而、其觸下津山成覚寺前来御館入仕、其』寺御館入ニ而者、無之旨、断有之候、依之　二條殿御直拝之儀者、格別其餘開帳為拝ホ決而有之間敷旨、先年申達候間、前条之次第ニ付、上京候共、道中筋者勿論於京都内拝ホ為致候義者、於　御當山決而決而　御許容無之旨、二條殿へも被仰入置候ニ付、此段心得違有之間敷候、已上、

六月廿六日　　惣本山役者

作州里方誕生寺』

右用書七月二日到来ニ付、察嚴律師登京為致候、

御書拝見仕候、然ハ今般當寺、大師尊影　二條御所様御直拝被遊度旨ニ付、先

高貴の申出、即答できず、本山指揮による旨、

真影極古尊像故、遷座断り、

正道自署、花押

花押、霊端時と同じ、

月六日御使松尾帯刀を以　御本山江被仰進候趣、委細承知仕候、右ニ付、當寺へも先月廿九日御使濱崎伊織、外ニ差添一人下向被致候故、於拙寺ハ先年被仰付候御儀も有之候故、御断申上度奉存候得共、高貴之御方へ即答も恐入、當寺儀ハ萬事』本山蒙指揮候故、何分相窺候て御答可申上と申置、先日早々以使僧前本覚寺和尚迠申上候、定而御同列之達御聞可申奉存候、然処、昨二日御用書到来、早速為御請役僧察嚴為相登申候、委細口演可申上候、何分極古之　尊像ニ被為在候得ハ、遷座之儀、甚恐入奉存候間、幾重ニも御断相立申候様、宜御取斗奉願上候、

恐惶謹言、

七月三日　　誕生寺　正道（花押）

惣本山御役者中　』

達書御請、并右為届察嚴律師上京従本山申渡、左之通、

先般従　二條殿御使を以、其寺　大師御真影御直拝被成度被　仰越、其如申達候処、其寺江も御使濱崎伊織を以御達有之、依之御當山達書御請并右為届紙面を以、役僧察嚴被差登候条、令承知候、然処、再應御使村田丹下を以、弥被遊御直拝度、尤時日之儀、追而可有御沙汰旨、其寺江も相達候様、被仰越候間、日限』

寺法遵守

松仙の律寺改格以降、他国開帳差留、今回の直拝、宗門の光輝なり、真影、住持護持のうへ上京

真影上京有るべし、直拝後、早々帰国あるべしと、

御指圖次第早速　御真影護持上京可有之候、猶又先年御達之越も有之候ヘ者、二條殿御直拝濟候ハヽ、早々帰國可有之候、右ニ事寄外ニ為拝、并内拝ホ決而有之間敷候、且御太切之　御真影之事ニ候得者、其寺護持者格別、御宗徒たり共、外ニ寺院江被任相任候儀、御寺法ニ相障候間、心得違有之間敷候、右之趣、今般被　仰出候ニ付、役僧江も申請書申付候条、』可被得其意候、已上、

七月十七日　　惣本山役者

作州里方誕生寺

右御請書

一、拙寺松仙代已前、則衰極難渋寺ニ付、改格被　仰付候之節、大師御真影、其外靈寶等於他処他』國開帳、亦者為拝御差留之趣、被　仰渡奉畏候、然處、今般　二條御所様被遊御　直拝度旨、御當山江も被　仰進、前条之次第ニ付、御断も被　仰立度思召候得共、高貴御方御信仰之儀ハ、頗　御宗門之御光輝ニも被為在候ニ付、御聞届之上　御殿表より日限御指圖次第、誕生寺當住護持上京仕候之様、被　仰渡奉畏候、尤前文之次第ニ付、御直拝相濟候ハヽ、速ニ護持帰國仕、』右ニ事寄外ニ為拝并内拝ホ決而仕間敷候、且御太切之　御尊影ニ付、當住護持上京者格別、其餘　御宗門寺院たり共、餘人江為相任申間敷候

旨、厳重ニ被　仰渡奉畏候、早速帰國之上、當住へ申聞、聊以遠背仕間鋪候、
仍而御請書奉差上候、已上、
七月十七日　　誕生寺役僧　察嚴　印
惣御本山御役者中　』

本山触簡
二條殿へ真影出張は格別例外なり、

惣門中江御觸書

其地誕生寺　大師御真影、并靈寶等於他処他國開帳、又者為拝等差留置候處、今般従　二條殿被遊御直拝度被仰越、尤前文之趣も有之候得共、高貴御方ゟ被　仰聞候儀者、別段之儀ニ付、被任御頼候、乍然、右ニ事寄往来、其外京都におゐて内拝ホ決而難相成旨申達、且御大切之　御真影ニ付、誕生寺當住護持上京之儀者格別、其外御宗門寺院たりとも、』右御真影餘人江為相任候之儀　御寺法ニ相障難相成旨、被　仰出候条、被得其意觸頭并觸下門中ニも心得遠有之間敷候、已上、

七月十七日　　惣本山役者
誕生寺
泰安寺
惣門中

知恩院より二條殿に請書出す、

其後、何之無沙汰至九月而、津山成覚寺より』飛脚到来、濱崎伊織方より状箱、開封いたし候得ハ、知恩院より御殿へ御請書相濟候由、大僧正使僧手札写添、依之亦々使僧令上京、

正道の内状

成覚寺當住へ内状

知恩院大僧正了承なるも、誕生寺より何の沙汰なし、

役者高倉浄運院、相談のこと、

誕生寺、辺地なり、

律僧故、何かと不行届

然者、先般代僧察嚴を以申上候二條殿一件之事、如々御厚情御指揮被成下候由、千萬有難奉存候、其後一向時日等之御沙汰も無之、如何之事哉と心配仕居候處、昨日所用有之、門中成覚寺へ使僧遣候處、』同寺申聞候者、先日上京　二條御所参殿之處、御役人中之噂ニハ、先般被　仰出候誕生寺　大師上殿之事、本山知恩院　大僧正御承知之旨ニ而、御使請ホも相濟候得共、未た誕生寺ゟハ何之沙汰も無之者如何候哉、當御殿ゟ外々江御使ホ有之候得者、早速御使請可仕相當之処、是非御請可有之、其上にて時日等被仰出事と被申候由、成覚寺申聞候、先達而察巖上京之節、右御請可仕處、諸事御本山御請ニ而相濟候事と相心得、早々帰國仕候、彼仁』申事ニ候得者、真偽之程も難斗候得共、申處尤ニ聞江候間、若実ニ御使請ホ無之候而ハ、難相成振合ニ御座候ハヽ、何分高倉様（役者浄運院）へ宜御相談之上、弟子性漸態々為相登候間、宜御差圖奉願上候、御役所御殿向御届書ホ一々御差圖被成下候様、是亦御願申上候、邊土之事、殊ニ律僧之身分兎角行届不申事而已ニ御座

候間、必意　故大僧正（誠誉定説、第六十世）御取立之當寺之儀ニ候得者、幾重ニも御懈念奉仰候、併堺様御轉昇後、尊前御住職誠ニ得力候心持にて　御本山向之御事萬事御任』申上候間、如何様共、宜頼上申候、恐々謹言、

九月十日　　誕生寺　正道

成覚寺御丈室前

高倉浄運院、一条浄福寺へ誕生寺椋古木進呈の返書

此節、高倉浄運院（堺町）役者、筆頭、一條浄福寺（笹屋町）二人成、両寺へ内状、椋古木一塊進呈、高倉返書、

貴翰致拝見候、如来愈秋冷相増候得共、弥御安禅被成御法務奉珍重候、然者貴寺　大師御真影　二條御所御方御直拝之』儀、御沙汰ニ付、御心配御察申入候、今般時日之御様子為御伺御使僧被差出候ニ付、御紙面并靈木壹包被懸貴意、御芳志之段、忝致許戴候、右御礼且御報迨如斯御座候、委曲御使僧江申述候、恐惶謹言、

直拝日時、二條殿に伺ふ、

九月十三日　　浄運院　鏡誉（花押）

役者浄運院

誕生寺御禅室前

二條殿江使僧性漸御請口上覚　』

口上覚

作州誕生寺
代僧　性漸

真影護持出京の日限は、住持持病により出京延引す、

先般遠路之處、御使を以當寺　大師真影　御所様被為遊御拝度段、被　仰下、其節本山表へ相尋、差圖次第御答可申上様申上置、早速代僧出京仕、此段、本山表相尋候處、御所様御拝之儀ニ付、日限被　仰出候節、住寺(持)大切ニ致護持出京仕候』様、本山ニ而被申付、其段、帰國之上、住持江申聞候處、早速住寺出京ニ而御請可申上之處、差掛持病ニ而延引ニ相成候間、先般御使被成下候、御挨拶且御請迠今般出京仕候、此段御重役中迄御取繕被仰上被申候、以上、

九月八日

手札持参ニ而参りやした、

知恩院不都合の応対

使僧性漸御殿へ罷出候處、當日ハ、朝五ッ時より八ッ時迠為待取附出候處、役人中心得遠ニ而、成覚寺方より登りたと心得候と見へ、元来此事ハ御門前』□□□(脱アラン)取附ニ而願出候事なれハ、同人同道ニ而罷出候様ニなと、一向不都合成應對ニ而罷帰申候、本(成)覚寺和尚と談合之上、亦々翌日罷出候處、前日心得遠、元来此事ハ奥向のミにて、表へハ不被仰出事ニ而、表役人不存事故、不圖合、御挨拶申候なと丶申内、濱崎伊織罷出、叮嚀ニ茶菓子なと出し饗應し、支度銀御願被成候ハ、、成覚寺被仰聞可申由、被申候、兼而申付遣候間、使僧返事ニハ、支度銀ホ

何の沙汰なし、

清水佐市佐、高山飛騨守入魂につき二條殿の様子を聞く、この件、濱崎と諸太夫の談合にて進む、御所、この件不存なり、

勧誘記

御忌法要なき寺有り、御忌表白配布

本山触簡
御忌法要、退転なく執行のこと

御願申上候も、甚卑劣候間、先ニ　御所様御拝相濟候上ニ而、有思召被下候ハヽ、頂戴も可仕、先ハ御』願不申上所存ニ候と申セハ、然ハ時日之儀ハ、追而可仰出との事ニ而使僧帰國仕候、其後、春四月迄も何之沙汰も無之、五月ニ至り西光院より申来候ハ、近衛様御家来清水佐市佐殿　二條御殿諸太夫筆頭高山飛騨守と入魂ニ付、西光院和上、右清水氏相頼　二條御殿之様子委敷承届候處、元来此事ハ作州より願人有之、濱崎小藤太と申仁引請、諸太夫一人聞濟ニ而、知恩院へハ御使者ホ有之候事ニ而、全ク　御所様御存無之事、猶亦』、作州御使者ホ之儀ハ、御殿ニ者一向御存無之事と申来候、

二條御直拝一件覚

一、諸寺院におゐて毎年　大師御忌可致執行旨、先年勧誘記ヲ差遣御教示有之候処、其已来　御忌ハ相勤候得共、恒時之御忌を修行無之寺院も間有之、先年御勧誘之趣ニも不相立、不報謝之至ニ付、今般格別之思召を以、別紙達書并』表白差遣候間、今年ゟ為當式毎年無退轉、執行可有之旨、被仰遣候条、被得貴意候、諸寺院不洩様承知之上、各連印を以請書、早々可被差遣候、以上、

十一月十一日　惣本山役者

作州誕生寺

泰安寺
惣門中

急、長文ニ付、別帳刊板を以相達候へ共、輕率ニ不差心得様、可被申達候、以上、』

十一月十一日出之、

門中、隔番に御忌法要修行す、

御書翰相達拝見仕候、然者　大師前御忌諸国於御門末、年々執行可仕之旨、先年勧誘記御教示被為遊候得共、御遠忌後恒時之御忌修行無之寺院も有之、粗無旨達御聞、今般思召を以御達書并御表白ホ頂戴被為　仰付一統難有仕合奉存候、』誠當国者前来御賢察被為下通、極小寺斗ニ而、例年大會執行可仕義も相成兼候ニ付、先年ゟ御門中集會いたし毎年隔審(番カ)御忌法用(要)修行仕来候、然処、再命之御教書頂戴仕候上ハ、寺旦共ニ自今以後別而相勵、後年迠も無怠修行可仕之旨、奉畏候、猶御序之節、宜様被為仰上可被下候、以上、』

丙正月　栄巌寺
――
――

請書触頭連印

右、前文之通、各寺難有頂戴仕候、仍而御受(請)書連印差上申候、以上、

(文化十三年)
丙正月　泰安寺　印

誕生寺　印』

惣本山御役者中

九、櫔社記　（文化二年）

増上寺扶助金
本山触簡
増上寺学寮七十五軒焼失、山内類焼に付き火除地の増地
御疏類の改版
報謝上納集金

天明度に準じ、三カ年間に納む、

當春来増上寺ゟ近来不時之物入多く、就中去ル寅年（文政元年）三月学寮七拾五軒焼失之節、各寮江扶助金有之、其後未年（文政六年）二月山内類焼後、為火除地御増地被　仰出、右件ニ付、別當所轉地料、其外新道敷地場ホ諸雑費莫大之入用打續、當亦御宗門之御疏類ホ開創已来年暦相立、虫喰手入』難相成分数多ニ付、追而校合改判有之度趣ニ候得共、前来不時入用相嵩不得止事、當正月八日於増上寺檀林中会談評決之上、浄土一宗之寺院不残、寺格相應為報謝集金之儀申来候處、丑之年（文化十四年）諸勧化ホ打續、其上諸寺院困窮之砌、旁以一宗内勧化之義　大僧正（泰誉在心）御方答ニも不被應、御痛心之趣、再應及掛合候之處、又候　縁山（増上寺）大僧正御方』より當時役所難澁、此分ニ難捨置旨、被仰越、無據、於御當山も御聞濟之事ニ候間、諸國門末志輩之寺院、右之趣、相心得末々之諸寺院ニ至迄不洩様為申聞、報謝金上納有之様被申達候、尤時節柄迷惑ニも可有之候得共、御宗門之栄枯者御宗徒之面々一同ニ相拘候儀ニ付、出精候様被申談、来ル子年（文化十三年）ゟ三固年之間、天明度準儀を』以、毎歳別紙書付之通、御當山役所江可被相納候、尤右件ニ付、檀方共江勧化相催し、世上流布候而者、却而御宗門汚名相成候条、致勘考銘々為護法興隆出精可有之候、以上、

役者六カ寺

十一月廿五日　　　　惣本山役者　浄運院」
　　　　　　　　　　　　　　　　浄福寺
　　　　　　　　　　　　　　　　天性寺
　　　　　　　　　　　　　　　　長徳寺
　　　　　　　　　　　　　　　　称名寺
　　　　　　　　　　　　　　　　親縁寺

山役者二カ寺

　　　　　　　　　　同　山役者　保徳院」
　　　　　　　　　　　　　　　　源光院

　作州里方　誕生寺
　　　　　　泰安寺
　　　　　　惣門中

請書

追加、本文之趣、至着次第、早々請書可被差出候、已上、」

　　覚

納入割合、大・中・小寺の格差

一、大寺　金五百疋宛　三固年
一、中寺　同貳百疋宛　同断
一、小寺　同百疋宛　　同断

触頭取集

毎年十一月末、取次へ納む、

無量寿経・観無量寿経・阿弥陀経三経字音間の伝誤あり、

飛仮名三経校正

刻料喜捨

知恩院旧来読伝

改正版完成

新刻の弘通

一、又末、孫末、大中小寺柄ニ應し、極小寺、小庵、寮舎、銀貳匁宛、同断、
一、別段之大寺、或者寺格有之候諸寺院者、其心を以上納可有之、』
右割合之通、出精候様被遂相談、觸頭又者向寄之寺院へ取集、金銀員数年々帳面ニ相記し、各寺号ニ為致印形、右帳面差添、毎年十一月迄ニ無相違御當山取次江可被相納候、尤其節役所ゟ請取印證可差出候、已上、

（文政十二）亥十一月

副達

御宗門僧徒三経字音間之師資傳誤有之、進忽讀誦之切を』失ひ退忽有、他門之謗を受候条、悲歎至極之事ニ候處、荷法有信之輩ゟ飛仮名三経校正相願、右刻料喜捨有之候、依之御當山旧来讀傳も有之候得共、精々相調、則巻末附録字音正、訛考之趣意を以、今般改正印刻成弁いたし、新刻弘通之儀被仰付候間、御當山書林において相求、漸々ニ讀誦相改可申旨、御宗徒之向々江不洩様』可被相達候、已上、

亥十一月

御觸書壹通差下候、以落手可被成候、已上、

十二月七日　良正院

瑞応院殿二百回忌
〈森重政〉
津山藩主初代森忠政の長子、忠政は慶長八年（一六〇三）に津山入国、父忠政、大坂冬・夏の陣に徳川方、重政も父に従う、参陣、陣中病気による療養、元和四年（一六一八）六月五日没、二十六歳
香料二百疋

誕生寺
泰安寺
惣門中』

一筆致啓上候、向暑之節ニ御座候処、弥御安全可被成御寺務、珍重奉存候、然ハ来月五日、瑞應院殿（森重政）貳百囬忌ニ相當候ニ付、乍軽少香奠金貳百疋被相備候間、宜御囬向可被下候、右之段、為可得御意、如是ニ御座候、恐惶謹言、

（文化十四年）
五月廿二日　　播州赤穂御家中ゟ来ル

藤本監物左衛門
津田権左衛門』
宮地権左衛門
藤田　薫

誕生寺様

返翰

貴翰忝披見仕候、甚暑之節ニ御座候処、弥御壮健ニ可被成御勤役、珍重之至ニ奉存候、然者来ル五日、瑞應院殿様（森重政）貳百回忌ニ被為相當候ニ付、為御香料金貳百疋被為相備、御叮嚀之至、忝寺納仕候、猶厚御囬願可申上候、右』御報申上度、如

斯御座候、恐惶謹言、

六月七日

誕生寺　正道（花押）

泰安寺察誉神巖没す、
文政二年六月十三日
密葬

文政二卯六月十三日泰安寺察譽（神巖）遷化、同日栄巖寺信耕方より申来ル、

一、十四日　密葬　使僧慈恩　随伴巨海、』夜五ッ半時、津〔山〕門中出會、

一、遺弟恵海時ニ成道寺住口上、御使僧ニ預難有候、本葬之儀ハ、法類打寄談口之上、御願可申候、

一、十八日　明ヶ六ッ時、當寺弟子信耕時ニ栄巖寺住従遺弟被頼、門中惣代として焼香来招請

本葬

一、十九日　初七日　本葬　明ヶ七ッ時出立、

供揃

先侍　アリテヨシ　同　此度ハナシ
長刀
駕籠
侍　戒定　巨海
者　慈恩　悦問
草履取』
長柄
挟箱　同
合羽籠押

四ッ前栄巖寺へ着ス、途中沾栄巖寺、本覚寺檀方代、五人上下ニテ来ル、着後茶菓子、安養

安養寺法類総代

寺和尚法類惣代ニ来ル、以使僧従栄巌寺牌前へ備物贈、香資金百疋、百疋臺へ付ル、沈香一包、是ハ格別ノ親ニ由テ住持自分ノ名ヲ記ス、有無時ノ住持ノ所存ニ伍ス、成道寺挨サツ（拶）ニ来ル、齋供養、』

一、九ッ時本葬、従栄巌寺至泰安寺、供回り、厳重門ニテ下乗、駕籠、合羽籠ヲ残シテ外玄関迄、尤モ栄巌寺沾案内ノ僧来ル、

直ニ座敷へ通、法類門中、アヒサツ、内佛棺前焼香賛、拈香スル、廣懺悔、四誓偈、自信……、本覚寺維那、念佛一會、座敷へ引キ、出棺、玄関、暫有テ従本堂後拝出勤、

東　棺机　焼香処　大役　壽哉院　栄巖寺　導師　侍者四人　同　大信寺　清光寺

西　本堂　鎖龕　大信寺　起龕　栄巖寺

奠茶　壽哉寺　奠湯　清光院　洒水　安養寺』

法類遺弟　成導寺　小僧三人　岡山常念寺　因州加路（賀露）東漸寺（善カ）　勝山安養寺

法式

四奉請　鉢　所役　導師　焼香拈　弥陀経　念佛一會』

讃徳文

四十三歳没

讃徳

恭ク以レハ智火ノ煙ハ登ニ第一義天ニ一、法水ノ流ハ帰スニ薩《サ》般《ハ》若《ニヤ》海ニ一、察譽四十三歳死四十餘年一睡夢、覺来テ乃ヒ是盡虚空、

観蓮社察譽上人神巖老和尚、文政二年夏六月十有三日示滅、於泰安之正寝湖海之士識與不識莫為之不哀慟矣、如予者十有餘年結襪不淺慟哭、』豈諸衆下哉訃音落耳驚歎而馳駕、即今揖龕前綴拙偈呈、真前需定中點頭且助諸徒餘哀、

　平呑熱鉄數枚終
　吐作梅檀一烟風
　将謂神龍移窟去
　瑞雲輝西一道通』

本堂　念佛一會　座鋪へ引而門中法類挨拶、栄巖寺へ帰、成道寺、安養寺、大信寺、本覚寺来ル、檀頭来ル、入湯、八ッ半時出立、夜五ツ時帰寺、

右、泰安寺遷化一件』

七月二日檀方両人遺弟禮ニ来ル、

囬向料

一、銀壹枚　　一、菓子　壹箱

右ハ住持江、

囬向料

一、金貳百疋　寺江

一、銀札一包　番僧（伴カ）
一、同　供廻りへ
以上泰安寺遷化一件覚　』

浄土院住職病死、誕生寺兼帯す、

一、浄土院住職之一件、
一、先住病死之節、本坊より右届書、且兼帯致候事、并後住之儀者、追而御願申
可上と認、弓削役所へ可差出候、

性漸、浄土院住職

以書付御願申上候、
一、當寺塔中浄土院無住ニ付、拙寺弟子性漸と申僧、當年四拾七歳罷成、則拙寺
罷有候付、今般浄土院へ住職為仕度奉願候、尤右旦家之者共へ相談候処、故障
之儀無』御座旨申聞候、右之段、御聞済被成下候ハヽ、難有奉存候、以上、
文政二年卯八月十日　誕生寺　印

弓削役所

御役所
入院翌日、役處へ進物、風呂敷一扇子弐本、大庄屋へも同断、其節持参之自分一札、
一札
一、切支丹宗門御改ニ付、浄土宗江戸芝増上寺御山内於瑞龍寮三脈相承』相済無
紛段申上候、

性漸、信州生れ、飯山慶宗寺にて得度
後町十念寺住職

一、生國信州善光寺領阿弥陀院町麻屋惣右衛門伜ニ而、生年拾二歳之時、同国飯山於慶宗寺剃髪仕、其後寛政九巳年右郷善光寺後町十念寺へ住職仕罷有候處、當夏中誕生寺へ罷越、此度當院へ住職仕候、今年四拾七歳ニ罷成申候、
一、父母共、浄土宗ニ而御座候、
一、不審成宗門之者於見聞仕者、急度可申上事、
右之趣、於偽申上者可蒙仏祖之罰者也、
文政二卯九月十三日
北庄里方村之内　誕生寺塔中
浄土院　判
性漸　書判
』

浄土院入院一件竟

弓削　御役所

正道慧剛、文政三年四月十一日没す、
役所宛、死亡届

文政三辰年四月十一日寅之刻、山主正道慧剛和上遷化、早天ヨリ三日之内、閉大門、百姓同閉戸、尤遠慮者七日之間、早速御門中江沙汰、近国之御門中、且又法類江も以使札申遣ス、扉後弓削役所江届書、
以書付御届申上候、
一、誕生寺住持正道儀、當月従初旬不快ニ御座候処、養生不相叶、今朝七ッ時命終仕候、尤無住申候者、拙寺兼帯仕候、仍之右之段、御届申上候、以上、
』

浄土院、誕生寺兼帯す、〈兼帯〉住職を兼ねること、現在は兼務といふ、

後任の相談

臨終後、直に四十八夜念仏

門中へ沙汰

五月二日表葬
泰安寺代僧

文政三辰年四月十一日　　北庄里方村之内　誕生寺塔中

浄土院

弓削御役所

一、同齋後、宇治大和上（了誓）江葬式請待、且後住之相談等ニ性漸律師を遣ス、伴僧戒運、檀頭分之者江も沙汰する、

十二日、於座敷密葬、門前百姓上下ニ而結（詰カ）焼香、臨終後、早速四十八夜念仏開闢、両僧輪番、

廿三日申之刻、性漸律師帰寺、宇治老和上故障之儀有之来臨無之由、庭田老和上（円満寺闡瑞）、飯田老和上（永昌寺）へ、平等院老和上ゟ後住請待状持帰、

同申之刻過、龍興寺律師（大坂察巖）被下、酷夏前帰坂を急、葬式来』月二日と相極、當国門中諸国門中へ沙汰スル、此節津山泰安寺無住ニ而成道寺兼帯、夫故焼香之事以使僧成道寺迠法類中ゟ申遣ス、

口上

来月二日亡師和上表葬式相営申度、奉存候ニ付、先儀之通、泰安寺様御焼香相願申度奉存候得共、此節御無住中、如何取斗可申哉、何レ御門中へ相頼申上候間、

御同列御示談之上、可有取斗可被成下候様、奉願候、尤御出僧御供廻ホ之御事、
代僧へ申含候、登山御願申度存候得共、忌中差扣罷在候、此段御海恕可被成下
候、以上、

四月廿五日　　　　　　　　　　　　　浄土院』
　　　　　　　　　　　　　　　　　　龍興寺
　　　　　　　　　　　　　　　　　　門満寺

成道寺御丈室様

門中相談之上、焼香之仁ハ追而可申上、必御手支ニ相成候様ニ者取斗申間敷と成道
寺ゟ返翰、且此方之使僧江返答、其後、勝山安養寺焼香之由、申来、』

十、櫔社記（文政三年）

（表紙）

文政三年 櫔 社 記 辰夏已来　　　其三

（綴本　縦二八糎×横一七、八糎）

廿九日　檀方江、来ル二日表葬式取営候故、上下ニ而相詰候様、口上書ニ而申遣ス、

五月二日午ノ下刻葬式

集会之法類

備之前州本願寺（岡山・山科町）法誉和尚　伴僧萬丈　侍

備之中州誓願寺（倉敷・阿知、触頭）紹誉和尚　伴僧立高　侍

備之前州大雲寺（岡山・表町）當住　侍　草履取

』

奉律第二世正道慧剛、五月二日表葬

文政三年四月十一日没

法類

備前本願寺

備中誓願寺

備前大雲寺

播州正覚寺
三州放光寺
遺弟備中門満寺霊浩、浄土院性漸
沙弥
近住
因州正定寺、玉山は正道の門弟
大坂龍興寺

播州平福(佐用町)正覚寺寛通和尚　侍　草履取
三州放光寺大和尚　侍　草履取
　宝龕　孔雀之間
廣懺悔　弥陀経　念佛一会
最蓮社勝誉上人佛阿正道慧剛大和上
　遺弟　備中門満寺(賀陽郡詣手)霊浩和上　』
　塔中浄土院(里方)性漸律師
沙弥　慈恩　寛光　霊山　定賢　信耕　順教　圓心　戒真　戒定　冏聞
近住　善随　悦聞』　巨海　顕霊　学成　正雲　辨達　行山　戒全　僧印
　戒運　了全　隆音　旭漸　了門　辨海
因州丸山(鳥取市)『正定寺玉山和上』　侍者　卓音
大坂北野(北区兎我野)龍興寺察巖和上　侍者　旭隆沙弥　徳遊

記録原本写

行列

導師安養寺

正覚寺

玉山
霊浩

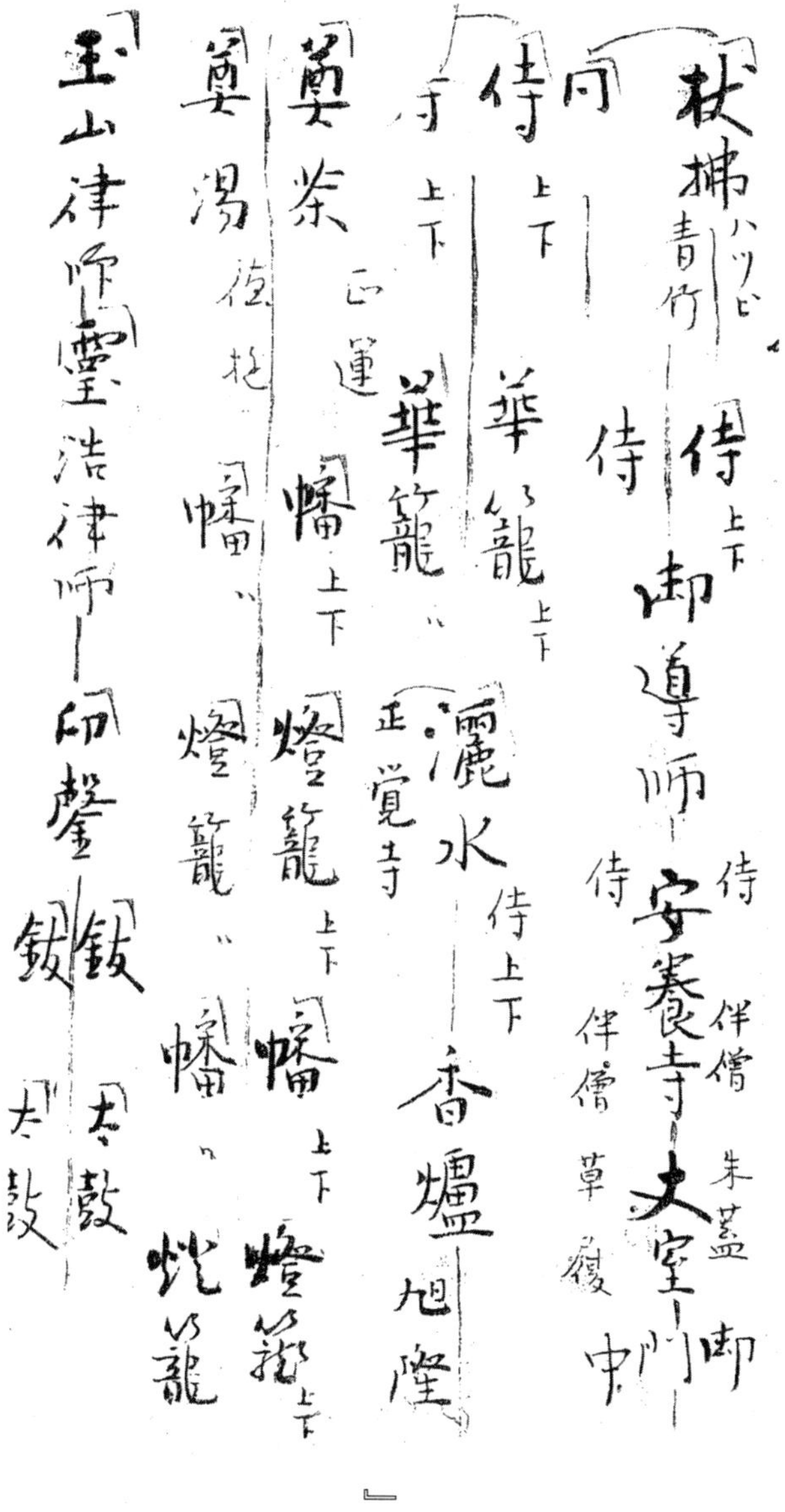

宝龕

察厳、性漸

久世講

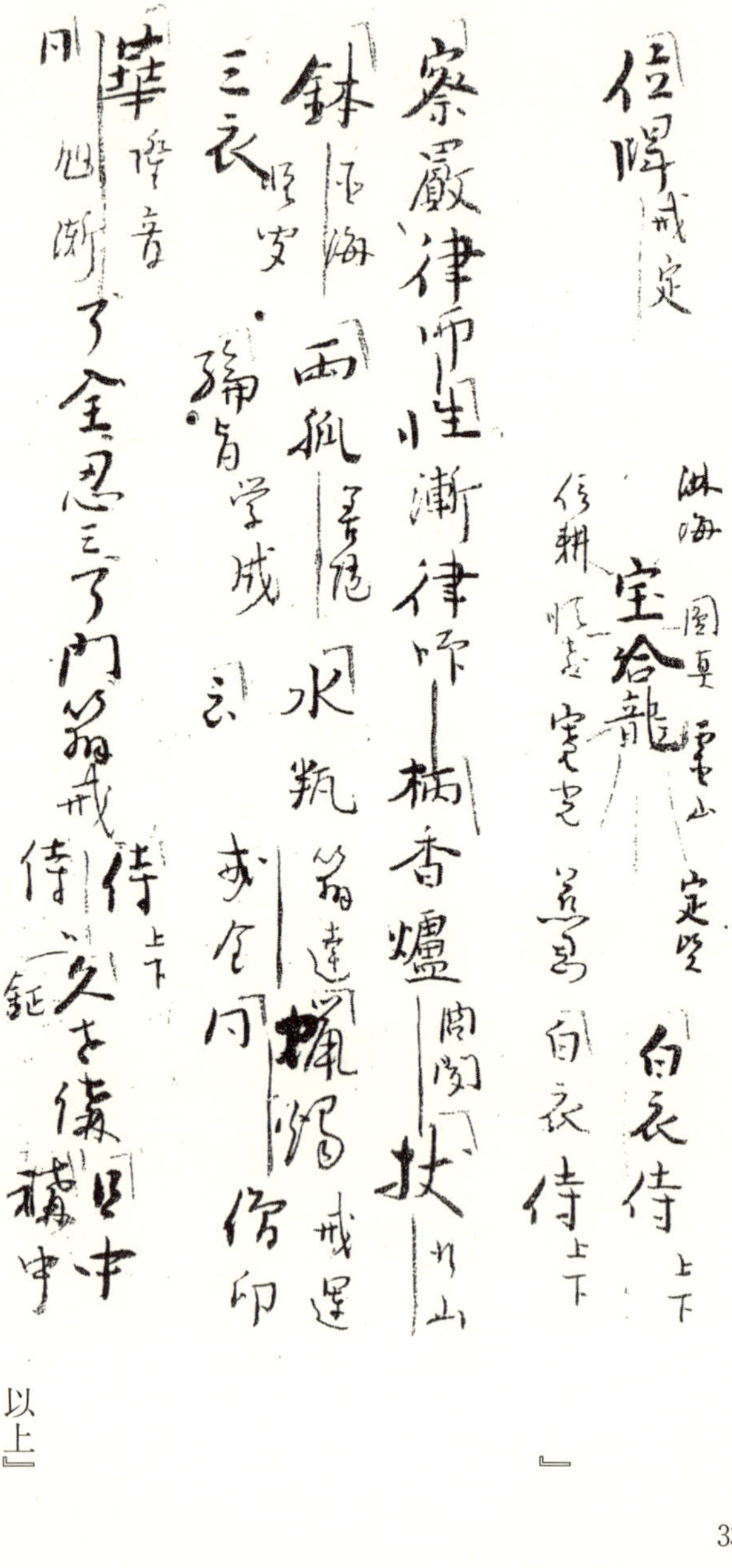

』

以上』

霊浩、察厳、玉山、
性漸の序列
導師安養寺
鎖龕・起龕、称念
寺・大信寺
奠湯・奠茶、祐端・
成道寺
座見玄雅、維那重願
寺

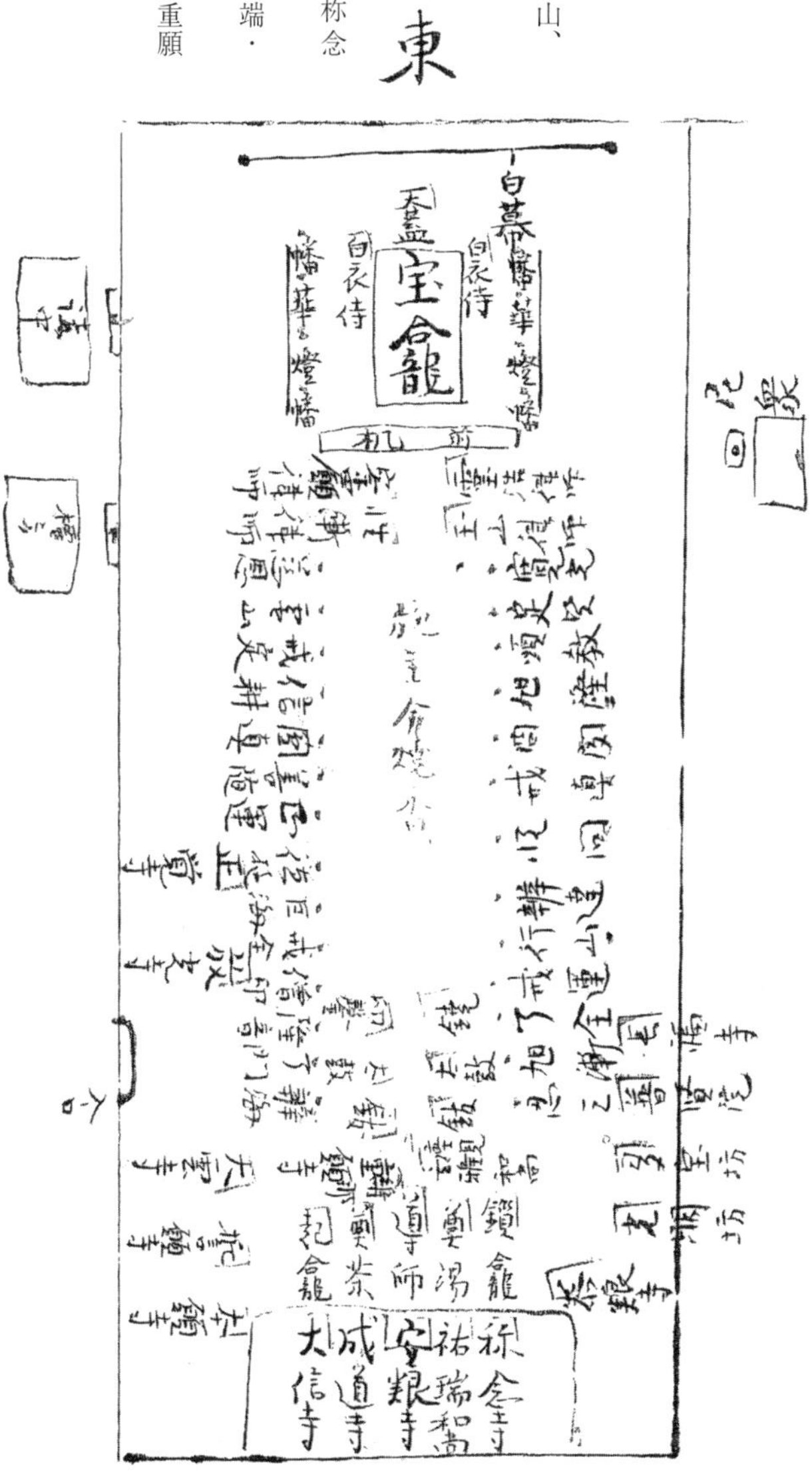

』

鉦講念佛

法式

・香偈　・四奉請　・客殿ヨリ廣庭迠、弥陀陀羅尼
・四誓偈　・念佛　・廣庭ヨリ野迠鉦講―念佛

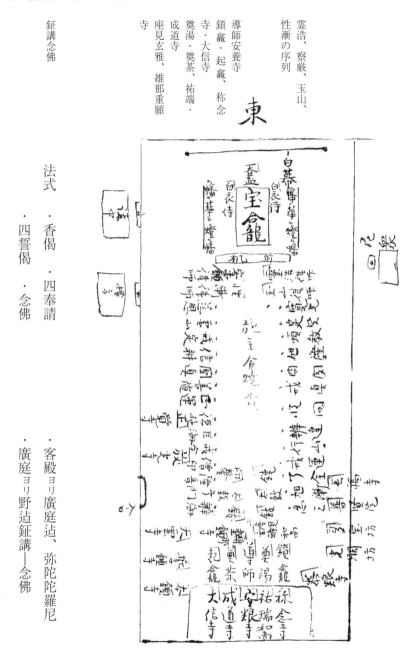

導師法施・回向料

一 白銀壱枚　導師安養寺

一 金百匹　囬向料

伴僧二人

一 南僚　壱斤ッ、　伴僧弐人

侍四人

一 同　壱斤ッ、　侍四人

供十二人

一 六文目ッ、　供拾弐人

〆

』

法施、回向料
成道寺

一 金百疋　成道寺

一 〃　〃囬向料

一 銀五文目ッ、　伴僧三人

一 〃四文目ッ、　侍壱人

一 〃弐文目ッ、　供七人

〆

大信寺

一 金百疋　大信寺

』

一 銀壱匁　〃囬向料

一 銀弐匁　供三人ッ、

一 〆

称念寺

一 金百疋　称念寺

備中門満寺霊浩を後住となす、

一銀壱匁　回向料
一四匁　供壱人
一〆
一南鐐壱斤　重願寺』
一銀弐匁　廻向料
〆
一南鐐壱斤

重願寺

御届申上候口上覚

一、誕生寺無住ニ付、今般従本山智（知）恩院、備中国賀陽郡詣手村門満寺住持霊浩江此度當寺住職被申付候、依之右之段、御届申上候、以上、

文政三年辰八月

誕生寺　印

霊浩（花押）』

然者、先達而拙僧継目之時節、寺旦意味合ニ付、御両人御立入被下候而、双方和順ニ相成安心仕居候処、又候、里方村旦那之者共ゟ惣代判之儀、以来ハ西幸村新

右衛門江御申付之由、左候得者、里方村ニ而も惣代判御差加へ可被成儀と申出

住職継目時に「寺旦意味合」と、問題もあり、

本山届書、檀家印なし、従前、継目届書、西幸村・里方村印を要す、

霊浩自署と花押

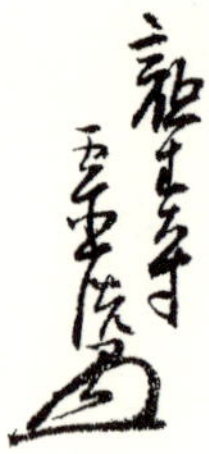

八月口上覚の花押

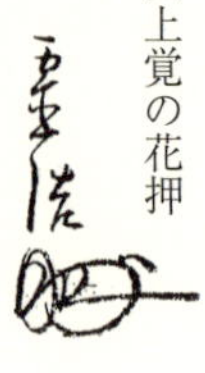

本山寺（天台宗）、常読法華会再開闢、伝教大師一千年忌を執行す、

左の建札を誕生寺門前に立つ、

候、至極尤成之儀候、乍併、此度継目一件ハ御本山表、旦那無印形ニ而相済居候事ニ候得共、寺旦和順ニ而先規之通、旦役相勤可申上を惣代判之儀も、以後西幸村ハ新右衛門、里方村ハ入用之時ニ相當り』旦頭役之者差加へ可申存念ニ御座候間、其旨旦那之者へ御通達被下候様、御頼申入候、為其以書付御答申候、早々、以上、

辰（文政三年）十二月十一日　誕生寺

霊浩（花押）

泰養寺様

河原弥次郎様

各貴下』

以書付御届申上候、　左之通、本山寺相頼来ニ付、役所届御達申候、

一、脇坂中務大輔（安董）様御預所作州久米南條郡定宗村於本山寺、當巳三月廿七日より四月二日迠、常読法花再開闢執行、并傳教大師一千年忌四月三日より五日迠執行仕候ニ付、別紙書面之通之建札弐枚當寺門前建石之処江為建呉候様、相頼参候間、為建申度奉存候ニ付、此段御届奉申上候、以上、

文政四巳年二月十四日ニ届ル、』

会中に誕生寺本尊を拝す、

建札文言之覚

従来ル三月廿七日四月二日迠　岩間山本山寺役者

常読法花再開闢執行

右者、先年之通、十方檀越之信施を以、永代常読令執行候ニ付、開闢會中
牛（午）之上刻、當山本尊為拝いたし候、

〈本山寺〉
法然上人の両親、時国・泰氏が、上人を授るために祈願せる十一面観音本尊の寺、天台宗、本記録に本山寺、誕生寺の交流詳か、

天台開祖
傳教大師一千年御遠忌執行　従来四月三日　五日迠
文政四（三カ）年辰年十二月　岩間山本山寺役者

右建札文面之通、写差上候、以上　月日　誕生寺
』

本山宛、霊浩住職願

霊浩和上御住職惣本山願向之写、

奉願上口上覚

一、作州誕生寺無住ニ付、以御憐愍遺弟霊浩江住職被』仰付、被下置候様、宜御
披露奉願上候、以上、

文政三年辰七月　作州　誕生寺　印

知事戒定

知事　戒定　印

法類総代西光院

役院　浄土院　印
法類惣代
京　北野（上京区、現在城陽市に移転）　西光院　印』

惣本山御役者中

奉指上候口上覚

願書の先例、総代印あり、

一、去ル文化弐丑年霊瑞住職奉願上候節者、担那とも惣代印』證も御座候處、此度、其儀無御座奉恐入候、然ル處、遠路登山仕候事故、願之通速ニ住職被　仰被成下候様、偏ニ奉願上候、尤帰国次第印證相調奉指上候、』依之以連印一札奉指上候、以上、

文政三辰年七月　　作州誕生寺役院　浄土院　印
法類惣代京北野　西光院　印
』

惣本山御役者中

これより霊浩の筆跡なり、

多病により、霊浩に改名

御届奉申上口上之覚

一、拙僧義、関東表ニ而両脉相承仕候節者、頓乗ニ御座候處、其後殊之外多病ニ罷在候故、去ル文化四年九月霊浩と改名』仕候、依之右之段、御届奉申上候、以

前の名を「頓乗」といふ、

上、

文政三辰年七月　　當人　霊浩

西光院

惣本山御役者中　』

奉指上候口上之覚

一、今般、作州誕生寺無住ニ付、後住職之儀、拙僧江被　仰付被成下候様、役院并ニ法類共より奉願上候ニ付、泰安寺以陳翰登山仕奉願上候』之處、拙僧儀者幼年より入律仕候へハ、是まて　綸旨頂戴不仕候、然ル處、誕生寺義ハ先年律院ニ被成下候へとも格別寺柄之事以　綸旨無御座候而ハ住職難』相成、且御規約ニも相戻り御聞済も無御座候処、大師降誕太切之御靈地ニ御座候故、無住ニも難被指置、格別之以御憐愍、此度願之通、速ニ住職被』仰付難有仕合ニ奉存候、然ル處、帰国次第関東へ御陳翰之儀、相調着仕候ハヽ、早速綸旨頂戴可仕候、依之一同以連印一札奉指上候、以上、　』

文政三辰年七月　　當人　霊浩

知事　戒定　印

律僧故綸旨なし、誕生寺律院なるが、継目に綸旨を要す、急ぎ調べ届出す、

——
役院　浄土院　印
法類惣代　京北野(上京区)　西光院　印

惣本山御役者中』

上来、願向不残無恙　御聞済有之、速ニ住職被　仰付被成下事、尤京二條川東
大光寺(北門前町)承誉上人故　定説大僧正(知恩院代六十世)御高弟、且五条本覚寺(本塩竈町)住職以来御法縁同様萬端御
厚情御取成被下候』事、登山之僧當住霊浩和上、転衣性慚律師、戒定、定賢為帰
中、二条大光寺止宿之事、良正院此節無住取次先求院(新橋通)之事、併御役中萬事大光院(寺カ)
丈室御賢察之事、

届出等済む、
北門前大光寺に取成し、
宿など世話を受く、
〈転衣〉住職就任披露
（性慚律師は前年八月、
塔中浄土院入院）
取次寺、良正院より先求
院に変る、

覚

一、金三百疋　大師前』
一、金五拾疋ッ、　八ヶ院
　右土産料
一、金百疋　良正院無住ニ付、先求院
　右骨折ニ付
一、金五拾疋　表帳場　筆頭』
一、銀壱両　同下役

住職就任報謝金
役院・山役八カ院
先求院

右土産料

役頭浄住院、山役保徳院へ菓子料

一、金弐百疋　役頭　浄住院
一、金弐百疋　山役　保徳院
右両院格別世話ニ付、為挨拶菓子料遣之、尤向後ハ何れも無用旨候、』

極大寺御礼式に準ず、

次、極大寺様表御禮式
一、銀五両ッ、　拾弐包
一、金壱両　　壱包
一、銀壱両ッ、　三包
一、銀壱枚　　壱包』
一、銀拾七匁六分五厘　臺料
一、銀四匁五分五厘　掛分包代
一、銀弐匁壱分　小玉分
合、金弐両分、銀三百三拾七匁七分』
此金五両三歩、代三百四拾匁五厘
〆金七両三歩受取、三匁三分五厘戻ル、

銭屋新兵衛掛り、

辰七月廿四日　　銭屋新兵衛　印』

真影西国巡行
知恩院西国寺院へ達書
真影出開帳、文政十年山陰地方
真影の寄宿、触頭寺院に随喜取持願

備前
備中
備後
安芸
周防
長門

○大師前西国表御巡幸一件
○惣本山より諸刕寺院へ御達書之控
○作刕誕生寺来春於周防・長門両国　大師尊像為拝之義願出、御聞済之事ニ候、
依之御通幸(行カ)之節者、最寄之寺院ニ而、御寄宿可有之候、別而　御當山御由緒も有
之候故、国々門中被申合、随喜取持可有之候、巨細者誕生寺可申述候、已上、』
戊(文政九年)九月十六日
惣本山　役者　印
・備前岡山正覚寺(田町、触頭)・報恩寺(触頭)惣門中
・備中誓願寺(倉敷・阿知、触頭)・玄忠寺(笠岡、触頭)惣門中
・備後福山定福寺(西町、触頭)、外ニ四ヶ寺別書
・同刕西條全政寺(庄原市、触頭)
・同刕三次三勝寺(三次町、触頭)
・同刕尾之道正授寺(長江、触頭)(院)・信楽寺(行カ、触頭)
・藝刕三原大善寺(西町、触頭)・極楽寺(甲山町、触頭)』
・同刕廣嶋妙慶院(小町、触頭)惣門中
・防刕岩國実相院(触頭)惣門中
・同刕山口善生寺(古熊、触頭)惣門中
・長刕下之関引接寺(中之町)

十、欄社記　（文政三年）

・同刕萩常念寺（下五間町、触頭）惣門中

石見

・石刕銀山大願寺（大田町、触頭）・浄国寺（触頭）惣門中

出雲

・雲刕松江月照寺（外中原町、触頭）・信楽寺（竪町、触頭）惣門中

因幡

・因刕鳥取慶安寺（寺町、触頭）惣門中　』

美作

・作刕津山泰安寺（西寺町、触頭）惣門中

百万遍本山から各触頭達書

○百萬遍本山より寺院へ達書連名之控

・長刕萩蓮池院（瓦町）・龍昌院惣門中

・雲刕神門寺（塩冶町）惣門中

知恩院から西国大名へ願書

○惣御本山より西國諸刕御城主、寺社役人江向御聲懸願立願書之控

奉願上候口上書

諸堂修復助成を頼む、

○一、拙寺本堂諸堂舎及大破修復為成助、去ル』戊年中（文政九年）本尊圓光大師防長邊結縁為拝之義、奉願上候処、格別之以御憐愍、速ニ御聞済被成下、夫々觸頭へ向御達書被成下、以御威光諸寺院ホ気請も互御座候へとも、自然御故障之義有之候而ハ、大師前之御高徳を減し、還而御宗門之汚名ニ相成候而ハ奉恐入候間、何卒夫々国々御領主表役人中へ御聲懸之義、奉願上候、右願之通、速ニ御聞済』被成下候ハヽ、難有奉存候、以上、

文政十亥年二月八日　作刕誕生寺代僧　定賢　印

惣御本山御役者中

○願面御聞済ニ而、諸刕御領主へ向御添書被仰付候文面、且国々御領主御連名之控

○一翰致啓上候、餘冷之節、愈御堅勝被成御勤役、珍重ニ奉存候、然者當山末作刕誕生寺修復為成助於御国表　圓光大師尊像』為拝之義、宿寺より願立可申候間、御指支にも不相成義ニ候ハヽ、宜御聞済御取扱可被下候様、御頼為可得御意、如此御座候、恐惶謹言、

（文政十年）
亥二月九日

知恩院山役者　福寿院信順　書印

同　役者　信縁寺諦誉　書印

誕生寺修復助成のため出開帳、知恩院添簡

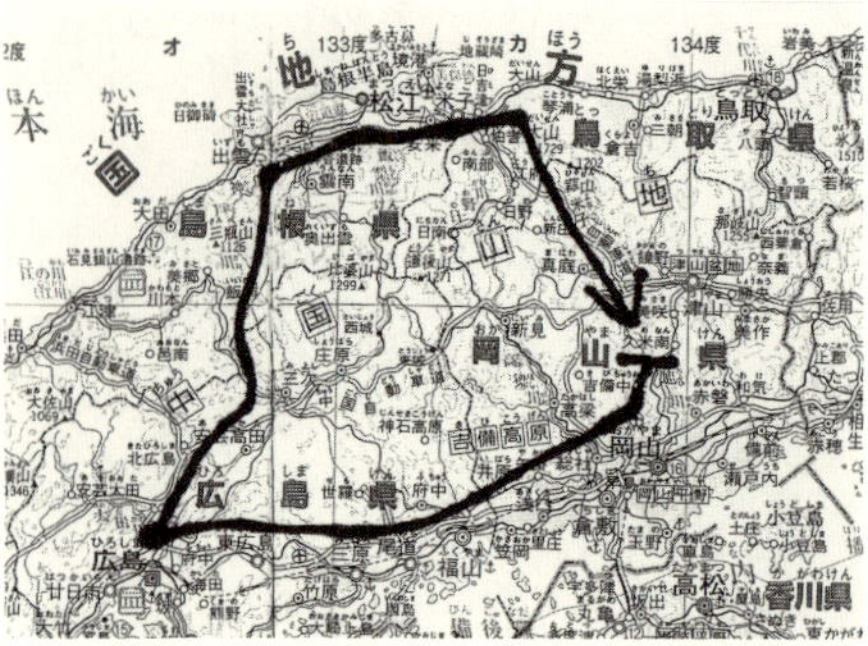

出開帳行程

アキ　松平安藝守（齊賢）様寺社御役人中』

イハクニ　吉川監物様（經健）御役人中

トクヤマ　毛利大和守（廣篤）様寺社御役人中

チヨウフ　毛利甲斐守（元義）様寺社御役人中

ハマダ　松平周防守（斎厚）様寺社御役人中

マツヘ　松平出羽守（斎貴）様寺社御役人中

文政十年二月七日出発、
五月十九日帰す、一〇二
日間の行程なり、
五十人余の行列
福渡、岡山、岡山から本
行列なり、
御旅所
人足の寄進
岡山正覚寺開扉七日間
諸雑用門中供養す、
備中門満寺十日間開扉
奉納物誕生寺直収納
宿寺
倉敷心鏡寺三日間開扉
鴨方浄光寺二日間開扉
笠岡玄忠寺四日間開扉
備後
福山一心寺四日間開扉

文政十亥年二月七日半夜誕生寺御出輦、御随輦、山主大和上（霊浩）、山内定賢・巨海・戒全・祐山・靈應・皓天・白瑞、長谷川亀之進、岡部左門』外ニ侍、下部之者弐拾人余、上下合而五拾人斗ニ而御行列、福渡米屋久兵衛宅御小休、夫より旭河御下船、岡山城北カンスノツルより御上り場也、是より本行列ニ而、岡城御入輦御旅所まて御門中、諸講中御出迎、人足悉皆中嶋より御寄進△（上段ニ記載セリ）最御留輦中奉納物悉皆誕生寺まて直々収納之事、（上段別記終り））岡山宿寺正覚寺（田町、触頭）二月九日より、十六日御開扉、大群参、大師前香花燈明、其外御留輦中諸雑用者惣門中より御供養、御』出輦人足正覚寺、報恩寺両檀中より出之、尤板倉駅まて也、是処まて門満寺より出迎、
○備之中刕賀陽郡海手村門満寺ニ而、二月十八日より八月（二カ）二拾七日まて御開扉香花燈明諸雑用人足ホ宿寺より寄進、御奉納物其侭誕生寺へ収納いたし候事、
○同刕倉敷（倉敷市）在羽島邑心鏡寺ニおいて、同月晦日、三月朔日二日之御開扉、諸雑用人足奉納物』ホ同前、
○同刕鴨方（浅口郡）浄光寺ニおいて、同月二日三日両日御闢扉、諸雑用人足奉納物ホ同前、
○同刕笠岡（笠岡市、触頭）玄忠寺ニおいて、同月四日より八日迠御開扉、諸雑用人足奉納物ホ同前、
○備後刕福山城（寺町、触頭）一心寺ニおいて、同月九日より十三日迠御開扉、諸雑用人足奉納

尾道正授寺五日間開扉
安芸
三原大善寺四日間開扉
浦辺通西芳寺四日間開扉
三津口浦正念寺二日間開扉
三津口浦瑞雲寺三日間開扉
施衣
広島清岸寺三日間、その後、九日間勧誡、六時勤行ごとに開扉
出雲路へ、
出雲平田極楽寺三日間開扉

物ホ同前、
○同国尾の道正授院(長江、触頭)ニ而、同月十六日より廿一日』まで御開扉、諸雑用人足奉納物ホ同前、
○藝刕三原城大善寺(西町、触頭)ニ而、同月廿五日より廿九日迠御開扉、雑用人足奉納物ホ同前、
○同国浦邊通竹原西芳(方)寺(本町)ニおいて、四月朔日より同五日迠御開扉、諸雑用奉納物人足ホ同前、
○同刕三津浦正念寺(安芸津町)ニおいて、同月六日より八日迠御開扉、諸雑用奉納物人足ホ同前、』
○同刕三津口浦於瑞雲寺(豊田郡安浦町)、同月九日ゟ十二日迠御開扉、諸雑用奉納物人足ホ前ニ同し、當寺御留輦中大師前供物、山主和上施衣之僧、侍者下部之者ニいたるまて闔應甚被念入候事、御出輦之節ハ、海田宿御本陣まて住僧并講中被見送候事、
○同刕広島天神町清岸寺(中島町)ニて同月十五日より十八日まで御開扉、大群参、諸雑用奉納物同前、』人足宿継手人、十九日より廿八日迠方丈(霊浩)勧誡、六時勤行毎々御開扉、是より三次通雲刕へ、御通幸御宿り、吉田宿、三次三勝寺(三次市、触頭)、赤名山中寺下宿本陣、掛合驛御本陣、今市(出雲市)驛大念寺、
○雲刕平田(出雲市)極楽寺ニて、二夜三日御滞留、法縁ニ付、内々御開扉、

松江信楽寺五日間開扉

五月十三日、米子心光寺宿、西方寺昼

五月十四日、根雨本陣宿、十五日新庄念仏寺

五月十六日、勝山安養寺開扉

十八日、久世重願寺開扉

十九日、坪井称念寺昼

誕生寺に帰山帰輦、祝拝

城主舎弟、本山寺・誕生寺参詣あり、客殿造作中なるも大師宮殿開扉、宝物被拝の後、馬にて帰城、供六十人余

松平家謝礼

○同刕（松江市）松江竪町信楽寺（触頭）において、五月七日より』十二日迄御開扉、諸雑用香花燈明供物迠此方ゟ仕出候、人足宿継手人、奉納物同前、

○十三日伯刕米子心光寺（寺町）御一宿、御昼留ホ西方寺（安来町）、○十四日根雨宿本陣御宿、

○十五日御昼新庄驛念佛寺（真庭郡）、

○勝山安養寺（津山門中）ニおいて、十六日一日御開扉、諸雑用宿寺より出ス、人足随者手人、

○久世宿重願寺（津山門中）ニて十八日一日御開扉、諸』用人足坪井宿迠重願寺より寄進、

○十九日坪井称念寺御昼、同寺檀中并ニ驛中より人足不残桑村藤や迠寄進、當所まて寺ゟ迎人足相出し候事、同日七ツ時御帰輦御祝拝、

以上、』

文政十亥年四月朔日

津山御城主（松平斎孝）御舎弟良四郎様、四月朔日本山寺ゟ當寺へ御参詣有之候處、客殿造作不致成就候ニ付、念佛庵へ御案内申上候、昼飯ホ持参ニ而被召上、夫ゟ大師前御開扉、宝物ホ被為拝、夫ゟ暫休息、酒宴ホ終而寺内浄土院迠纜見被成、大門より乗馬ニ而御帰也、供勢凡六拾人程、為先番坂野壽真被参、萬端取斗ニ而謝礼ホ左之通、

一、金弐百疋　被致参詣候ニ付、』

開扉料

一、〃三百疋　何角被致世話候ニ付、
一、〃百疋　御役僧中
一、銀弐匁　御案内已下
一、金百疋　御開扉料　』

泰安寺後住、津山大超寺移住す、

文政十亥年十二月九日
其地泰安寺無住ニ付、後住職之義、其太守侯（松平氏）より御使者ヲ以御願ニ付、則當所大超寺演誉江住職被仰付、首尾よく拝礼相濟候条、可被得其意候、已上、

惣本山役者　大光寺
同　山役者　福壽院

作刕誕生寺
惣門中　』

覚

弓削役所へ寺調書出

文政十一年四月

法然上人誕生地

一、作州久米南條北庄里方村之内、櫔社山（浄土ならん）法然院誕生寺、浄土宗門祖師圓光大師（法然上人）誕生之地、

朱印地五十石、将軍綱吉代

一、地方ニ而、御朱印五拾石并山林境内竹木等御免除、元禄十二歳十月』十五日

除地三石

寺格、極大寺准檀林

知恩院末

浄土宗二祖鎮西上人、国師号の勅許

大紹正宗国師

報謝金、天保七年鎮西上人六百回忌迄に納む、

常憲院様（将軍綱吉）御寄附ニ御座候、

一、除地拾三石往古ゟ寺附ニ候、

右御朱印并御宗門圓光大師誕生之旧跡、依之於本山極大寺准檀林格式之取扱ニ御座候、

一、本寺京都知恩院末、住持者御綸旨頂戴之僧ニ御座候、

誕生寺　印

弓削御役所

』

第二祖鎮西上人（聖光上人）国師徽号之義、今般御門主御方（尊超法親王）依御執　奏、去ル十一月廿二日大紹正宗国師之勅許、同廿五日為勅使高辻少納言殿、御門室江参向、諸般無滞相済、誠ニ年来御宗徒之懇願得被致成就、尚以、御宗門之光栄』不過之候、従為報恩當子歳（文政十一年）ゟ来ル丙歳（天保七年）六百回御正當迄之内、預禮法要各々随意ニ可被相勤様被　仰出候間、右ホ之趣、被得其意、早々御請可被申上候、已上、

四月　惣本山　役者

作州誕生寺

泰安寺

惣門中

』

勅書写
報謝金取集め、

知恩院継目参府
祝儀等無し、

追加

勅書写差出し候間、謹而拝見可有候、且又右本文之一条不容易義、諸般御物入被為在候ニ付、為報恩各々実意を以別紙之通、末々ニ至迠不洩様、其向々江取集無遅滞上納可有之候、已上、」

覚

一、金百五拾疋　極大寺之向
一、同　百疋　大寺之向
一、銀拾匁　中寺之向
一、金五拾疋　小寺之向
一、銀弐匁　各庵、寮舎之向

右之通、被差心得、當子年九月中御當山役所江無相違可被差出候、已上、」

四月」

御丈室御方（察誉貞瑞第六十六世）當春継目御参府御礼等首尾能被　仰上、去ル晦日於　御城大僧正御任官被為蒙　仰候、左ニ付、御祝義献物并惣代登山之義ハ、為先例御容赦之事ニ候、此段可被為其意候、已上、

惣本山役者

作州里方誕生寺

請書を要す、

泰安寺
　惣門中　』

追而、此書状着候ハヽ、承知之旨、御請可被指出候、已上、

新門前池田屋、知恩院御用宿

　諸国御末山

御忌并平日共、御出京之砌旅宿之義、是迄取究も無之處、此度依願御境内新門前中之町池田屋金蔵と』申者江御當山御用宿被仰付候間、此段御心得迠、拙者共ヨリ御通達可申入候之事御座候、已上、

総本山代官

　文政十一年子四月　　惣本山代官　増田数馬
　　　　　　　　　　　　　　　　　風見平馬』

鎮西上人国師号、報謝金請書

　返書

一筆致啓上候、然者今般鎮西上人（聖光）国師徽号之儀、御門主様被為在御丹誠候而、去十一月諸般無滞被為相濟候段、被仰下、御宗門之光輝、御門中一統難有恐悦奉申上候、尚、六百囬御正當迠為報恩、各寺御法要可相勤旨』被仰出奉畏候、右為御請捧愚札候、御序ニ御前へ宜御披露奉頼上候、恐惶謹言、

　五月廿二日　　惣門中
　　　　　　　　　泰安寺

誕生寺

一筆致啓上候、當四月八日御廻文相届拝見仕候処、大僧正（察誉貞瑞）御任官被為蒙　仰候』旨被仰聞承知仕、恐悦至極不過之奉存候、依之御祝儀惣寺可指上之処、思召を以一統御容赦之段、被仰下被為入御念候趣、難』有仕合奉存候、御前可然様御披露奉頼上候、右御祝儀旁、為可申上捧愚札候、恐惶謹言、

五月廿一日

〈察誉貞瑞〉鎌倉光明寺から晋む、文政十年（一八二七）七月二十日台命昇進、翌三月晦日任官、天保二年（一八三一）十二月二十六日没、知恩院第六十六世

泰安寺紫衣一件触簡

泰安寺瑞誉紫衣一件之觸書』

其地泰安寺儀、別紙之通、願書差出之取調之上、無據義相聞候間、請書取置御聞』済ニ相成候之間、此度門中一同可被差心得候、右申達候、已上、』

十二月十一日　惣本山役者

作州　誕生寺

惣門中
尚以、書付三通心得迠ニ相廻し候、已上、』

泰安寺、津山松平家菩提所

日光御殿、御室御殿院家兼帯、粟田御殿から紫衣拝領

宗門規則を乱すを憚る、

奉願口上書

一、拙寺儀、兼而御案内被為在候通、松平越後守（斉孝、第七代）殿為大檀那所、於国中他宗ニ格立候寺柄在之、殊ニ近来日光　御殿御室御殿院家兼帯出来仕候ニ付、乍菩提處被相續候儀も在之、別而御宗門之瑕瑾ニも相成、旁以、従』太守被願立當　御殿御院家格式、尚又、於粟田御殿紫衣拝領ホ之義、被申立候処、今般右両　御殿共御免許被成下候趣ニ而、拙寺被召出候、尤此儀為自已高挙御宗門之規則相乱候義ニ而者、決而無御座候、御免許後といへとも急度差心得、御當山御用者不及申、門中会合且於他處ニ、御宗門之寺院会合之節ホ、都而相憚候間、』全大檀那菩提處、且又、御宗門光輝之邉ヲ以、右ホ御免許被成下候ハヽ、難有奉存候、此段、宜御沙汰奉願上候、以上、

文政十一戊子年十一月　作州津山泰安寺　瑞誉　印

惣御本山御役者中』

院家、粟田御殿紫衣請書

奉差上御請書

一、拙寺儀、今般依大檀那願當御殿御院家格式　粟田御殿紫衣拝領之儀共、御届

奉申上候處、猶又、御殿ゟも御問合御座候ニ付、拙寺被召出御調ニ付、書附ヲ以、委細奉申上、則御聞済之段、難有仕合奉存候、然ル上者、愈自己返照仕、御宗法不相乱、如法ニ被着仕、尚、』両御殿御親馴御威光誇凌上驕下候儀候者、急度相慎可申様被　仰渡候段、奉畏候、仍而御請書奉差上候、以上、

文政十一戊子年十二月十一日　　泰安寺　瑞誉　印

惣本山御役者中

』

津山松平家寄進の飛紋金袈裟、妄に着用せず、

就御尋奉申上口上書

一、大檀那松平越後守(斎孝)殿ゟ御寄附在之候飛紋金袈裟壹肩在来什寶ニ仕、大檀那御法要ホ之節而已相用来候、尤此度御院家格紫衣拝領仕候共、御宗法之事故、猥ニ着用不仕候、此段、就御尋奉申上候、以上、

文政十一子年十二月十一日　　泰安寺　瑞誉　印

惣御本山御役者中

』

瑞應院殿(森重政)
生光院殿(重政養母)

文政十二年丑年

御両牌一件赤穂へ使者遣し候写

霊浩、赤穂城下大蓮寺請待、勧誡、授戒

一、今般赤穂城下大蓮寺(加里屋)へ御差向使者之儀者、山主前右同寺法誉和尚(現誉霊浩)請待ニ付、被罷越、八月下旬ヨリ九月初旬迠被為成滞留、昼夜勧誡并受誡等御座候、其節

森家先祖二霊、誕生寺にて、その葬問合せ、赤穂へ調べ返答

同處御用人松本太郎左衛門殿ヨリ　瑞應院殿、生光院殿右之二霊當寺ニ』相葬罷在候様、同寺和尚取次ニ而、和上前へ被相尋候ニ付、其後帰寺早々旧記等取調吟味いたし候處、夫々相分り、右ニ付、尊牌并石塔其外御葬地之場處迠相改、赤穂へ返答申遣候、則使者亀之進十月十一日當地出立也、持参之品如左之、

一、菓子　壱箱　　大蓮寺和尚へ

一、旧記写　但し書状在事　臺封　同断　』

外ニ別紙壱枚ニ、

瑞應院殿御石塔之形、瑞應院殿、生光院殿　御位牌之形

同寺取次ニ而赤穂役處へ差遣記録之写、

『栃社山』記録写

栃社山記録写

一、森大膳重政公御逝去　元和四戊年六月五日　』

瑞應院殿前光禄桂林俊芳大禪定門

尊牌并ニ御廟處ニ五輪石塔、高九尺余ノ大塔有

一、森中将様御養母御逝去　寛永四卯年四月十四日

生光院殿心誉祖栄大禪定尼ト号ス、

尊牌并ニ間四面之御霊屋あり、尊體』御葬地者御霊屋之内也、中将様御代寛永五

辰年摂州大坂ヨリ番匠被召寄、御霊屋御建立在之、同年十月十四日致成就、依
之生光院様御所持之本尊立像弥陀如来一躰并尊牌被安置候、其後ニ至り御修復、
森内記(長継)様御代御霊屋葺替
森伯耆守(長武)様御代　同断
森美作守(忠政)様御代　同断　』
御代々様叮嚀ニ御修復在之候處、御国替後是迠何之御沙汰も無御座、當寺住職之
僧も数代相替り、中頃、炎焼ホ之災難、旁々以御霊屋等敬率(軽)ニ相成候、乍併當国
御在城之時御代々尊霊委敷過去帳ニ在之、月忌御祥月ニハ叮嚀御回向申上候、』
一、御先祖忠政公當寺へ厚ク御帰依御座候ニ付、為當寺領五拾石余御寄附在之、
御代々様不相替被下置候、委敷事ハ森様御役所御記録ニ可有之候、
御霊屋棟札ニ
　御施主　森美作守中将忠政
奉建立為　生光院殿心誉祖栄大禅定尼御菩提也
　于時　寛永五年十月十四日　大工大坂住人勝右衛門　』
一、明和四年亥六月五日
瑞應院(森重政)様百五拾回忌ニ付、五月十八日従赤穂飛脚之者壱人、且状箱差出、開封

〈生光院殿〉
柴田勝家の女、塙備中守直政に嫁し、直政の死により、原隠岐守に再嫁せるも、隠岐守戦死、その子長満を生光院殿保護せり、秀吉は長満（四歳）勝家の外戚に当たるを知り殺害に及び、生光院落胆す、
生光院殿、寛永四年（一六二七）四月十五日没、遺言により誕生寺に葬る、
生光院殿御霊屋は現在の観音堂なり、墓は墓地

瑞應院殿

いたし候處、右御年間之追善之事ニ候、
五月十四日
松本太郎左衛門
斎外記左衛門
津田権右衛門
作州誕生寺様　貴下
』
同年六月三日七ツ過、赤穂より御使者本名多次右衛門殿御代香被相務候、御法事之節、水引紺地金襴舞鶴之縫紋打敷ハ、先年和泉守様より御寄附在之候、金襴ニ舞鶴之縫紋、是を相用、尤尊牌臺へも舞鶴之角打敷相掛ヶ候、扨其節、生光院様尊牌臺へも同様打鋪相懸ヶ御供養申上候、
』
右、大檀那御法事之事故、別而厳重ニ相勤候趣ニ相見へ候、御法事中相用へ候水引打敷等ハヽ只今ニ至り候而者形も無御座候、
一、先年瑞應院様(森重政)二百囬忌御法事之節者、御書翰并御香料而已、御代香之使者無之候、
』
五月廿二日
藤本監物左衛門
津田権右衛門

使者代香
寄進の打敷を使用、

瑞應院殿二百回忌のおり、代香の使者なし、

十、欄社記（文政三年）

誕生寺様　宮地権右衛門
貴下　藤田　薫

森左近母

寛永十八年二月十五日
星誕院殿光誉照壽大姉　森左近母　名乗ハ相分り兼候、
尤五輪石塔八尺余ノ大塔、當寺内ニ在之候、
右等之儀、御尋ニ付、旧記表略之、如斯写取差上候、以上、』

赤穂大蓮寺返簡
香資

覚　大蓮寺より返翰来写
一、金子　三百匹　御霊位へ香資
一、同　百匹　御使亀之進殿へ
右之通、至而軽分ニ御座候得共、火急之事故、追而又此方ヨリ御沙汰も在之候様、用人松本太郎左衛門殿ヨリ拙寺へ被仰聞、近年』厳敷倹約一統へ申付置時節柄ゆへ、為差義有之間敷候段、拙ヨリ御断り申上呉候様被仰聞候、先此度乍軽分御笑納可被下し置候、以上、
誕生寺御役者中　大蓮寺』

華頂宮御殿使者先觸

文政十三年寅三月
　華頂御殿御使僧より之先觸写
　先觸
一、長持人足　　三人
一、宿駕籠　　壱挺
一、分持　　弐荷
〆』

使者浄国寺

右者今般浄国寺　御用之儀ニ付、作州津山誕生寺迠被罷越、尤大坂方より備前御野郡米倉村迠渡船ニ而、被罷越候間、津山宿迠道中人足船川渡等無滞様、継立可給候、尤御定之賃銭相拂通行被致候ものなり、

通行手形

　寅三月廿八日　　華頂御殿　浄国寺役人』
　　作出数馬　印
備前御野郡米倉村より作州津山誕生寺迠、右宿々問屋中、村々年寄中、
　泊り覚』
廿八日　金門村　　廿九日　着
右之先觸、今廿九日弓削より持参いたし候間、被讀致候處、右之次第ニ御座候

出迎
歩行にて五人
使者の主旨、御殿扶助金
願なり、
作州扶翼献金
好身御用掛寺院
誕生寺も客殿再建中、借
財あり、
銀十枚にて不承知、十両
を分納となす、

間、為出迎早速駕籠壱挺、両僧人足三人、弓削迠遣し候處、無程御見へ御使僧御歩行ニ而役僧壱人、外ニ侍三人〆五人御出ニ御座候處、弓削より駕籠ニ而今八ッ時當寺着、尤石牌迠為役人門前長左衛門、先拂作右衛門是両人』遣し申候、扨御殿より之御使僧之事故、饗應等取分丁寧ニいたし、格別御使僧之趣承り候處、御殿御扶助金之義ニ御座候、尤此義者昨年以来無上風聞在之事にて、則御殿ヨリ之御帳面之表左ニ記ス、

作州御扶翼献金連印録』

一、當御殿御改正ニ付、惣御門末寺中へ御扶翼之儀、今般御達在之義ニ付、御好身御用掛之寺院之内、浄国寺御使僧ニ被指下候間、篤と示談之上、各々連印ヲ以御請可被申上候、已上、

文政十三寅年三月

華頂御殿年預 御役所 印』

扨當寺出銀之一義、密ニ示談いたし候通り、客殿再建造作中之折柄故、借財等在之趣ヲ以、銀拾枚献納可仕旨、申出候處、中々不承知之様子ニ御座候而、無余義金拾両献金之極ニ相成申候、尤内四両相渡し残金』之分、来ル卯辰(天保二、三年)五月限り献上之申合候、依之證書壱通差上置、

華頂御殿、誕生寺を三十両程の寺柄と見込むも、十両のみ、

路次、継立人足川渡し等滞りなき様

覚

御扶翼　一、銀　　五百五拾目
御造営　一、同　　　百目
〆銀　六百五拾目 』

此内、金四両奉献納候事、残り六両卯辰五月限り急度奉献納候事、

文政十三寅三月廿九日　　　　誕生寺　印

華頂御殿　浄国寺 』

扨また、先方被申候ハ、當寺事ハ金三拾両程之寺柄と被申候得共、先無何角、右拾両ニ而相断申候、翌早朝津山泰安寺へ差而發足被致申候、是又、前口之通り駕籠ニ而沙彌壱人、役人として長左衛門相添送り申候、其後壬三月五日役僧津山泰安寺へ参り御使僧ニ対面いたし、右約速（束）通金四両、外ニ金弐歩浄土院分相渡し申候、 』

其後、四月八日津山御殿達書至来、

華頂御殿御使僧浄国寺

右者今般御扶翼一条ニ付、国々へ御差向候通り、来ル廿三日頃京地發足、其地御門末寺へ被差下候条、路次其處之寺々分、次ニ寺院へ継立人足』并止宿萬端御用向ニ不指支様、執斗可在之候、尤船川渡し等之場處ニ而も無滞様、肝煎ニ可詰

候、已上、
三月十四日　華頂御殿年預　御役處　印』
誕生寺　泰安寺　本覚寺　成覚寺　大信寺　栄巌寺　延命寺　高田安養寺　久
津山門中
世重願寺　津山成道寺
物御門中　三ケ山御門末中　又末中　臨末　塔中』
津山三カ山、妙法寺・本源寺・泰安寺
追啓、三ヶ山門中へも同様不洩通達在之度候、尤寺々最寄寺院順達、泊寺へ預置
可給候、已上、
別紙ニ、
以手紙致啓達候、然者當　御殿御取締ニ付、御改正被　仰出候、』右ニ付、従来御
勝手向御不如意被為達諸般御差支多、御苦慮不少被思召候、然ル處、近年御好身
一宗一室門主制
寺院より右御寺義、奉敬承御取持被申上候、就而者一宗一室　御門主御方被為在
候得共、一般之僧徒御取持申上候可為本意事ニ候、追々一宗寺院へ被』仰出候類
例ヲ以、此度其地へ御好身浄国寺為御使僧被差下候間、御内々故之趣、被致敬承
御扶翼一条精々程能御取持可被成上候、別紙御印證へ御請調印可在之候、右之
如、依御沙汰為可得御意、如此御座候、已上、』
三月十四日　華頂御殿年預　御役所　印
作州津山　誕生寺御房

寺柄を見定め、寄附を募る、

夏中、律山門中にて代行難しく、延引を願ふ、

御殿より御用状至来寅六月忌

以手紙致啓達候、然者御使僧浄国寺巡廻之節、同人へ被申聞候、御寄附之品々』御願之趣、委細致承知候、貴寺儀ハ不外成寺柄ニ付、御寄附有之候而も差支無之候間、早々参　殿可被成候、面時之上、取斗可申候、此段得御意度如此候、已上、

四月十七日　　華頂御殿年預　御役所

作州誕生寺

追而、先達而御扶翼献金請取書参上候砌、相渡可申候、』

四月十七日御認之尊翰難有奉為悉誦候、然者先般御使僧浄国寺様御巡廻之砌、内々御願申上候御寄附之一件、今般御聞済之段、難有仕合ニ奉存候、右ニ付、早々参　殿可致候様、被仰下承知仕候得共、夏中之事故、律門ニ而者代行ホ甚夕六ツケ敷奉存候間、参　殿之儀、奉恐入候得共、何卒當八月迠延引と被為成下候様、偏ニ奉願上候、先ハ右御請迠』捧愚書如斯ニ御座候、恐惶謹言、

四月廿九日　　作州　誕生寺

華頂御殿　御役所』

天保に改元

松仙登城の先例にならひ、霊浩登城す、泰安寺同道す、

百萬遍札、束本献上す、

御目見

登城九人の供揃ひ、

目録

文政十四改元、天保二年卯三月三日津山江御目見登城諸事、先年御初入之節、松仙和上登城之先例を以、泰安寺ゟ取斗呉候、尤前日泰安寺沾参居、當日同道ニ而五ツ時登城、献上物ホ先例を以、百萬遍御札并束本、但し束本者役所ニ而取斗之呉候様、跡ニ而代物七匁五分相納候事、

供廻り

両若黨、両役者、箱持壱人、挟箱持壱人、長柄持壱人、合羽籠持壱人、草履取壱人　〆九人、』右道具之内、長柄、合羽籠、挟箱者鉄門和上控片箱而已、玄関前沾持セ参候、是ハ中ニ御祷祈（祈祷カ）之札有之候故、伴僧者玄関之脇口中ノ門様之所ゟ上ル、控所ホ先例之通り、九ツ時ニ御目見相済、先儀者右登城帰り、直様役人廻り致候へ共、此度者時齋之期相後候処、直ニ泰安寺江引取、齋相仕舞候、九ッ半過御城之使門傍沾参、御目録并書状文面先儀之通、尤書面者杦原ニ而本封之事、

名宛左之通、

小沢又右衛門　朝（花押）

上原掃〔部〕守

渥美求馬　元（花押）

上原掃〔部〕守　尋（花押）

上封名前

小沢又右衛門』

返書ホ先儀之通り、右御使引取ニ而、早速役人廻り名前進物ホ左ニ記ス、手札ホ先儀之通り奉書内、

家老、年寄

寺社奉行

寺社取次

門跡より、尊牌・竪額賜ふ、

御見目礼之手札のミ
家老　氷見
　　　山田
年寄　黒田
　　　海老原極人
　　　御見目礼之手札のミ　渡邊勘解由

寺社奉行　渥美求馬
　　　　　月番　上原掃守
　　　　　小沢又右衛門
　　　　　永井甚太夫　此三人江者手札両様　風呂敷　扇子

寺社取次　月番　青木源左衛門
　　　　　金井長栄　手札両様　風呂敷　扇〔子〕　菓子箱

寺社下代　植月源受　銀札三匁　』

右諸般無滞相済、同日七ッ半過津山出立ニ而、初夜ニ帰寺致候事、』

天保貳年三月十九日京都　（尊超法親王）御門主より之尊牌并竪額ホ御免許有之、津山泰安寺迠御着之由、申来候故、右之段、弓削江相届候文面左之通、

以書付御届申上候、

一、今般従　（尊統法親王）華頂御門主御方、御代々尊牌被為在　御安置并御染筆之御額御紋附

華頂宮門跡寄進
宮門跡代々尊牌
額
紋付提燈

院家
金百匹と進物

法然上人旧跡へ思召

御挑灯ホ御寄附有之、則明後廿一日津山表御出立ニ而、當寺江御着有之候間、
右之段、御届申上候、以上、』
天保弐年卯三月十九日
里方村之内　誕生寺　印
弓削御役所
右之通、同日夜四ッ時ニ役所江差出し置候事、』
華頂御門主御代々尊牌被為在　御安置并御染筆之御額、御紋附之提燈ホ御寄
附在之候一件　上京役僧戒定、随伴定厳
天保貳〔年〕二月十六日發足ニ而、同月廿三日大阪（坂）着、同廿五日夜船ニ而伏見江
着、翌日古門前通り丹波屋勘兵衛と申もの方へ着、同日昼後定厳ヲ以、信行寺江
遣ス、尤當和上より之進物金百匹と書面壱通』、役僧より大阪（坂）寅屋饅頭五程、左
為持遣し、後剋戒定参上可致故、御在寺被下候様、相頼置候而、同日八ッ過役僧
被参、面談之上、委細申入候處、折も宜承知之上ニ而、院家方江も一両日之内、
此方にも及示談可申と答在之候故、早速引取一両日宿ニ而、見合居候之内、亦々
信行寺へ参り、右之段如何候哉、相尋候之處、御額頂戴、其外紫幕ホ之御冥加金
之儀、外々之振合ニ候得者、余程相掛り候趣ニ候得共、其寺之儀者祖師根本之御
旧跡之事、殊ニ此度之儀者内々』御殿より思召も在之候趣、去年来度々御掛合ニ

悉皆金五十両

里方、田舎なりと、

竪額、尊牌、紋付提燈渡さる、

清浄香院

信行寺の取持なり、

役所へ御殿よりの書簡二通

および候事故、右御禮之儀者如何様ニも被致候間、暫時當地ニ而御滞留可然様被申候、且同上人咄ニ者、内々　御殿向相伺候處、悉皆金五拾両程在之候ハヽ、永世御院家地ニも御取立、勿論紫幕外ニ制札御紋附之提燈ホニ至迄、出来候様可被申候得共、中々當時貧地、殊ニ田舎之儀ニ候得者、左様之大金ハ兎而も調達出来兼候間、此度ハ去年来』被仰出候御額斗り頂戴仕度候間、此段、可然御頼候様、申置候而、宿へ帰り候之處、外之用事も在之候ニ付、同日晩伏見高瀬ニ而、大坂へ下り一両日逗留ニ而、三月七日之夜船ニ而帰京、早速信行寺へ参候之處、同上人被申候者、御殿向も昨年（文政二年六月十二日）之地震已来御普請ホ何角御繁用ニ候間、先一両日相侍呉候様被申聞、夫故、宿元ニ而十八日迠相待申候處、同日信行寺上人宿へ御入来ニ而、兼而、被仰出候御染筆之竪額、且御結縁之為尊牌并御紋附』御提燈ホ御渡し在之、後剋参殿在之候様、被申聞、則同日九ッ時過参殿、清浄香院上人へ拝面ニ而、菓子料として金弐百匹進上之候、直ニ玄関方へ相廻り同所ニ而、御額地并尊牌ご提燈ホ御渡し在之、夫より直様帰り掛、信行寺へ立寄、萬端貴上人之御取持ニ而首尾よく相済候也、難有存候段、挨拶申宿元へ帰り、直ニ夜船ニ而下阪（坂）、又々四五日斗りも滞留、十五日出立いたし、同十九日津山迠帰る、泰安寺へ着、直ニ熊（役カ）人當寺へ差越候、』尤弓削役所へ御殿より之御達書并當寺より之届等も弐通共持参、同夜四ツ時差出し申候處、程能承知被致呉、廿一日津山より帰寺之剋ハ、領

上首尾

十余人亀甲へ迎へ、

分之内、村々役人出向旁以上首尾なり、外ニ津山泰安寺へ向、御院家より之書翰壱通持参、尤津山邊より者帰寺之儀麁（粗）忽無之、萬事見聞ホ宜敷被致候様、御殿より被申附候、就而ハ泰安寺ニ而、夫々入用之もの借用、且帰寺之節、檀方荒増共

浄土院檀中之もの』拾余人亀之甲迠出向、沙弥衆両人同断、尤　尊牌御入寺之剋、山主（霊浩）前大門迠御出向ひ、無程御着、　尊牌長持直ニ玄関へ御通し客殿鷹之間ニ而、　尊牌前荘厳御開扉、大衆拝禮、讀経念佛壱會、證而寺内之もの、檀方之もの共梅之間ニ而為拝候事、

尊牌等帰寺行列供揃

津山より帰寺行列　先拂壱人　同心壱人　御紋附長持尊牌入

祐山西堂

侍ニ長左衛門

沙弥衆　伴僧壱人　　本坊旦中　　挟箱壱人

乗もの　　草履取

同断　伴僧壱人』　浄土院旦方　合羽籠壱人

冥加料銀二十枚献納

華頂御殿御門主御方江献金之覚、

今般左之通、御染筆、竪額（尊統法親王）并御紋附御提燈ホ御寄附被為致達ニ付、御冥加金として銀弐拾枚献納之、外ニ壽経光院尊牌ハ當寺不外成御旧跡之事故、格別之思召ヲ

以被為達御安置候様相成申候、依之永々御供養可申成ものなり、」

年頭御礼

覚　御殿江年々相勤可申覚

一、金百匹　年頭御禮
一、金五拾匹　院家以下重役中
一、銀三文目　年預中
一、銀壱文目　御役僧

右之通可相勤候、已上、

卯ノ三月」

扶翼献金

證

一、金三両也

右者為（尊超法親王）御門主御扶翼被献上、及披露候之処、御満足之御事神妙之至思召候、仍御収納書如件、

（天保二年）卯二月晦日　華頂御殿年預御役所　○

作州　誕生寺」

華頂宮御殿から弓削役所へ達簡

華頂御殿より弓削役所へ向之御達書写之、

律寺不行届なり、

一筆致啓達候、然者作州里方村之内誕生寺儀、當御宗門格別之御由緒在之候ニ付、今般當門御代々尊牌并御染筆御額、御紋附御提燈ホ御寄附在之、尤律寺之儀

ニ候得者、法縁之外者不行届之儀も在之哉ニ御在候間、肯其御領分邉之御事萬事宜御指含被下度奉存候、右之段、可得御意旨重役共申付候条、』如斯ニ御座候、

三月十日

知恩院宮御内
鈴木右近
岡本帯刀

土井大炊頭（斎孝）様

寺社役所中

返簡
土井家から華頂宮御殿へ

左土井殿より華頂御殿江之返書

土井家、誕生寺律寺につき不行届、と記す、

貴札致拝見候、作州里方村之内誕生寺様、其御宗門格別之御由緒在之候ニ付、今般其御門室御代々之　尊牌并御染筆』御額、御紋附提燈ホ御寄附被成候旨、尤律寺之儀ニ候得者、法儀之外ハ不行届之儀も在之哉ニ御座候間、肯リ當領分邊之事御座候故義事宜差含置候様被成度旨、右之段、可被仰越、御重役中被仰付候旨致承知候故、御報可得御意、如斯ニ御座候、恐惶謹言、

三月廿二日
坂本分治郎　○
笠井只太　○

鈴木右近　様
岡本帯刀　様』

公儀触簡
葬式、墓地石碑、戒名等華美の制限
葬式役僧等十人まで、墓碑四尺まで、院号居士号は付さず、
墓石等修復の節、取縮

公儀御觸書之写し

一、近来百姓町人共、身分不相應大送（層）之葬式致候、又者墓所江壮太之石碑ヲ建、院号居士号等附候趣ニも相聞、如何之事ニ候、自今已後百姓町人共葬式者、假令富有、或者由緒有之ものニも集僧十僧より厚執行者致間鋪候、挽物ホも分限ニ應し寄附致し、』墓碑之様も高サ臺石共四尺ヲ限り、戒名江院号居士号ホ決而附申間敷候、尤是迠有来り候石碑者其侭差出、追而修覆ホ之節、院号居士号相除、石碑取縮候様可致候、

右之趣、御料取（マヽ）領寺社領共、不洩様可觸寄ものなり、』

塔頭清浄院地所混地につき旧地に復し度

書附ヲ以御願申上候

一、當寺内塔頭清浄院地所殊之外混地ニ而、床抔及破損、修復ホ甚難渋仕候、依之當寺領内字孫四郎坂と申處ニ、清浄院旧地御座候故、此度元形ニ修復仕、右之地江相移し申度奉存候間、御聞済被成下候様、御願申上候、已上、』

天保弐年卯四月　　北庄里方村之内

誕生寺　印

弓削御役所

染筆竪額、向拝に掛る、

以書附御届申上候、

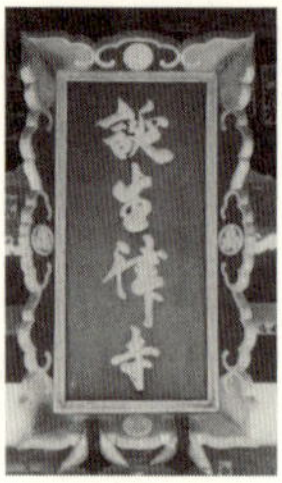

染筆額、御影堂向拝見上げ

赤穂森家から使者来る、

瑞応院殿、生光院殿廟所の見分

津山本源寺
赤穂大蓮寺法誉取次

両位牌、修復のため使者に渡す、

一、先達而御届申上置従　華頂御門主御寄附御染筆之額、但し』竪六尺、横三尺
大師前御拝(向拝)ニ可掛置旨、被仰渡候ニ付、則此度相掛申候、依而右之段、御届
申上候、已上、
　天保三年辰年二月廿七日　　　北庄里方村之内
弓削御役所　　　　　　　　　　　誕生寺　印』

瑞應院殿(森重政)、生光院殿(同養母)御両牌一件ニ付、赤穂ゟ御使者山本浅之助、外ニ僕壱人
召連レ至来、
天保貳卯霜月中旬為見分被来り候處、依而翌日右御両牌御廟處并生光院殿御葬地
ホニ至ルまて、具ニ案内いたし候、尤此度ハ津山ノ城、本源寺へ用向在之候ニ
付、被罷越、乍序ニ被立寄候様子ニ御座候、然ル處、右一件ハ上来ニ記し在之通
り、赤穂大蓮寺法誉和尚初發より取次、』諸端世話いたし候ニ付、則此度右寺よ
り之書翰持参被致、披読之上返書遣ス、其後十二月九日、又々彼地より御使者小
池良助、僕壱人被来り、此度も同様津山表へ罷越、便宜ク被立寄申候、右大蓮寺
和尚より之書翰持参ニ付、披見いたし候處、御両牌共、修覆(復)ホ仕度故、何卒此人
へ御渡し被成下候様申来り候ニ付、早速右御両牌とも相渡し、翌日早朝致出立申
候、』

天保三年四月両位牌修復成る、

誕生寺宛書翰、修復完了の旨

天保三辰四月十三日、赤穂より使者大嶋曽一郎、外僕壱人光来、瑞應院殿、生光院殿御両牌修覆（復）出来ニ付、則彼地御用人より書状并大蓮寺和尚より書翰至来、外ニ御茶湯料として金弐百匹被相備申候、尤森忠政公御年回ニ付、津山ノ城下本源寺方へ参り候よし、帰懸ニ而一夜止宿、翌日早天出立いたし候、書翰之趣、左ニ記ス、　』

一筆致啓上候、春暖之砌ニ御座候處、愈御安全可被成御寺務、珍重ニ奉存候、然者先達而大蓮寺まて其談儀候瑞應院殿、生光院殿位牌修覆之儀、致承知候、則出来ニ而、此度為持致進達候、尤為御茶湯料金弐百匹被相備候間、御寺納被下可然様、御取斗可被下候、右為可得御意、如斯ニ御座候、恐惶謹言、

村上農夫也　花押　』

四月十日　松本太郎左衛門　印

宮地粂之進　印

誕生寺様

返書

貴札披見仕候、如仰暖気之砌御座候處、先以首各々様御壮健ニ可被成御勤役、珍重之至り奉存候、然者今般瑞應院殿、生光院殿』御両牌御修覆出来ニ付、御差越

被為成候、委細承知仕候、且御茶湯料として金弐百匹被為御備忝寺納仕候、尚厚ク御囲願可申上候、右貴答申上度、如斯ニ御座候、恐惶謹言、

四月十四日　　誕生寺　霊浩（花押）

――――
――――
――――』

五月十二日　至来

今般（知恩院代六十七世）聴誉説行大和尚惣本山御住職被為蒙　仰御入院首尾好相済候条、先格之通、御祝儀可被相勤候、已上、

三月廿八日　　惣本山　役者　〇

作州里方　誕生寺
泰安寺
惣門中』

副書

御當職御方御誉号御実名差合之寺院ハ、謙譲相改可申候、勿論御當山江其趣書面を以可被相届候、已上、』

霊浩自署と花押

〈聴誉説行〉鎌倉光明寺より天保三年（一八三二）二月二日台命により昇進、同四年四月十四日任官、同七年十二月二十八日辞職、嘉永三年（一八五〇）四月十七日没、知恩院第六十七世

誉号実名差合寺院、謙譲改め、

朱印地改め、平野役所

御朱印除地ホ御改ニ付、平野役所より下書至来、依而　公儀江書上之趣、左ニ記ス、

上紙ニ、

御朱印地高書上帳

美作国久米南條郡北庄里方村之内　誕生寺　』

一、高五拾石　　御朱印地高

一、高拾三石八斗三升七合　山内境内竹木ホ迠御免除

右者、御朱印地并御免除高書面之通、相違無御座候、尤右之外改出新田高ホ無御座候、已上、

天保三年辰七月

美作国久米南條郡』北庄里方村之内

浄土宗誕生寺　印

実名　書判

御役所

法然上人真影巡行、防長二カ国断り、

一、本尊大師尊影西國筋御巡行之節、防・長両州差支有之候ニ付、彼地寺社役人中より御断之返書、左ニ記ス、』

貴札致拝見候、如仰春暖相催申候處、先以御安全諸州御順行被成候通、珍重ニ奉

常念寺ほか、倹約中による由

院代栄周院

存候、然者御當山圓光大師御真影西国邉御順行、此方領内にも為御結縁為拝之儀、旧年常念寺（萩市、触頭）其外之御門流にも被仰越候次第、致承知候處、近年国中一統困窮仕、厳重之倹約中ニ而有来り之儀さへも、願而及御断ニ御頼之事ニ付、其訳を以、先達而同寺院代栄周院其外ゟ御断申越候處、一通り御承知被為成、猶又、此度御紙面之趣、且御使僧』御口演旁致承知候、此度再應無余儀次第を以、被仰聞候儀ニ御座候共、最前及御断候様、一統差詰専倹約被懸候時節ニ候得ハ、於諸處為拝之儀者、彼是差支筋有之儀ニ御座候故、幾田（重）ニも御断度候、然ニ重而被仰越候儀、不損難御堪事ニハ相考居候得とも、右之訳都能御聞済可被成下候、委細ハ御使僧へ栄周院其外ゟ染々御断申入候様、申付候間、旁被聞召被下候様、希罷居候、右貴答御断為旁如斯ニ御座候、恐惶謹言、』

三月十八日

松平大膳大夫（慶親）内

宍戸猪之助　煕知（花押）

山田図書　元直（花押）』

誕生寺様

華頂宮院家浄国寺書簡

華頂御殿宮様御扶翼一件、御好身寺院之内、浄国寺御丈室北海筋御巡行之砌、當寺一夜止宿ニ而、津山へ罷越、泰安寺滞留中之内、書翰至来之記し、

宮家扶翼の儀

六両のうち四両二歩納め、請取書

以手紙致啓達候、愈御安全珍重ニ奉存候、然者御扶翼之儀ニ付、御取持被申上候儀、此方へ極内々ニ申事故、門中江内々致置候處、其役院も参候節、金四両弐歩を致献納、宜落手候、其節門中江』献納萬事咄し被置候趣、帰寺被致候跡ニ而承り、御用之儀、彼是差支ニも相成候事も有之候得共、先其侭ニ而、右済申候、猶亦、献納金調印請取を遣し候、呉々申置候得共、門中一統被申事故、當寺ニ而觸頭之印形ニ而為相済候間、左様承知被成候、已上、

壬三月十一日　　　華頂御殿　浄国寺

誕生寺　』

追啓

先日書附を以て被願候儀、萬々致承知置候、尚帰殿之上、委細可及言上候、早々、御役所ゟ其寺へ御達し在之候様、取斗可申候間、其節早速ニ御請被上度候、以上、』

この記事から霊浩の筆にあらず、

霊浩、多病につき隠居

後住、松仙弟子大坂龍興寺察厳約束

天保三辰七月、山主霊浩和上近年多病ニ付、御隠居被成度、松仙和上遺弟大坂龍興寺察嚴和上へ後職之御約束有之候ニ付、為御迎忍立、長谷川亀之進（岡本）十七日發足にて出坂、尤願書并泰安寺添書持参、同廿六日察嚴和上法類灘光明寺定賢和尚同道ニ而上京、古門前丹波屋勘兵衛止宿、』

霊浩隠居願
後住、鏡誉察厳

法類、灘光明寺、二条大光寺

京師二條信行寺（北門前町）和尚、先代ゟ厚御世話故、相尋候処、故障有之、同人直弟大光寺（北門前町）和尚萬事相頼、廿七日本山江罷出願書差出ス、

奉願上候口上書

一、拙僧儀、近来多病ニ付、寺務難相成、隠居仕度御願奉申上候、後住之儀ハ、松仙和上弟子鏡誉察厳へ被　仰付被下候様、宜御披露』奉願上候、法類一統塾（熟）談之上、以連印奉願上候、以御憐愍右当様、速ニ御聞済被為下候ハヽ、難有仕合奉存候、以上、

天保三辰七月

誕生寺　印

霊　浩　書判

知事　戒　定

役院　浄土院

檀方惣代　神坂新右衛門　』

杉山孫三郎

法類惣代　灘　光明寺（岡本）　見誉

同　二条　大光寺（北門前町）　見誉　』

惣御本山　御役者中

右以書付奉願候處、即御相済、尤隠居仰付　知事役院、且中惣代、法類惣代於御

隠居御礼

役所役者中御申渡、

隠居御禮

一、銀五両　一包　一、同三両　壱包　一、金五十疋　一　一、銀一両　二包

一、三匁　一　一、壱匁八分　臺料　一、銀　壱匁四分五厘　掛入包料　一、同四

分　小玉分』　合、金弐朱　銀四十九匁六分五厘

廿九日、表仰付當人察嚴法類物代、知事、役院、日中惣代四時　本山江罷出、

仰付相済、御前拝禮、

檀林大寺格

表御禮　次檀大寺格

一、銀五両　十弐包　一、金弐両　一包　一、銀壱両　三包』　一、銀壱枚

壱包

一、銀七匁壱分五厘　臺料　一、四匁五分　掛合包料　一、弐匁一分　小玉分

〆金弐両　銀三百三十七匁七分八厘

本寺證文御礼

本寺證文御禮　是者是迠無之候へ共、役所控ニ有之候故、相勤申候、

一、銀三両　一　一、金五十疋　一　一、銀壱両　弐　一、銀三匁　弐　一、壱匁八分

臺料　一、壱匁四分　掛入包料』　一、三分　小玉分
〆金弐匁　銀三十一匁　惣〆金弐両一分銀四百十八匁三分五厘
諸般無滞相済、綸旨無之ニ付、別段願書差出、

一札

一、今般作州誕生寺住職蒙　仰難有奉存候、然處、未　綸旨頂載不仕、未出世』ニ而ハ、住職難相成候處、格別御憐愍□□（虫損）住職被仰付候段、法類旦中一統難有奉存候、然上ハ帰国之上、拝綸可仕候、為後證仍而如件、

誕生寺　鏡誉（察厳）　印
役院　浄土院
法類惣代　光明寺（灘、岡本）　見誉
大光寺（二条、北門前町）　見誉』

惣御山御役者中

〈未だ綸旨なし〉とは、浄土宗僧侶の分限がない、ということ
拝綸仕る、

大光寺格別取持故、金百疋、虎饅百遣ス、同日六役囬勤、廿九日夕船帰坂、八月朔日ゟ大坂講中ホ囬勤、風呂敷、扇二本宛、同廿日大坂出帆、同廿五日岡山着岸、以飛脚申越、廿八日入院決而已、』

大光寺格別の取持
虎饅
六役回勤

〈伯耆札〉伯耆のみ通用した紙幣、藩札は寛永七年福山藩、寛文元年福井藩などが早い、

新住職迎へ、

入寺次第

役所届書

大坂北野龍興寺察厳住職す、

知恩院添簡

廿七日弓削岡部玄武宿、玄関紫幕、門紋白幕、誕生寺方丈伯耆札出ス、廿八日本格迎、

先箱 〃 手替 打物 徒士三人 沙弥 侍 伴 沙弥 侍 〃 輿 長柄 随箱 草履 〃 沓箱 三 捍 大坂講中選 長谷川亀之進 本寺旦中 浄土院旦中

五半時着 門前長左衛門小休 入門 洒水 念事 和上一偈』登殿 御開帳 弥陀経 念佛 尊牌 拝礼

古和上前拝礼 厨神柵 念経 （霊浩）隠居前 拝礼 大方丈 一山受礼 旦方受礼 斎

當日津山泰安寺本格にて登山、本堂御所間毛氈着座後、虎間にて斎、尤金百疋、中啓隠居へ、巻紙知事へ、足袋ホ持参、宮様尊牌江線香献上、拝礼、』

弓削役所江

以書付御届申上候、

一、誕生寺霊浩儀、近年多病ニ付、寺務難相成、依之今般隠居仕度、本山表江願出候処、七月廿八日願之通被申渡、跡無住ニ付、同廿九日大坂北野龍興寺察嚴へ當住職被申付候、依之則本山知恩院ゟ之添翰相添、右之段御届申上候』、以上、

察厳自署、花押

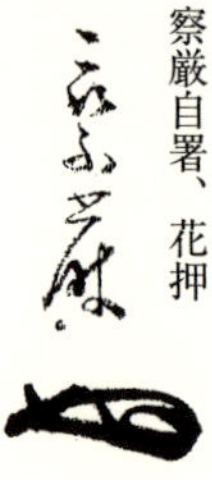

新住、役所へ出す、

入寺振舞、一汁五菜と饅頭

住職を「方丈」と記す、

茶碗一揃、中啓等進物

天保三辰九月二日

北庄里方村之内
誕生寺　印
察　嚴（花押）

弓削御役所

四日、丈室役所江御出、
金百疋　當役　　同五十疋　舎弟　風呂敷　河原弥四郎
風呂敷　　　　　扇箱
扇箱　　　　　　五十匹
扇弐本　足軽二人　大庄屋ニて丁寧取扱
銀札弐匁　　　　菓子ホ出ス
』
檀方入院振舞里方村四時、西幸村九時、一汁五菜、津山まんちう弐宛
檀方入院披露使僧沙彌静山、随伴小僧、供一人、扇弐本袋入、頭旦方風呂敷添、其外
茶碗一揃四五軒、』津山泰安寺へ方丈御直参、金百疋、風呂敷、金中啓箱入、懐紙
弐束院内へ、駕籠四人、伴僧弐人、侍、草履取江両掛外、門中金中啓箱入、風呂敷一
宛、玉道、濱方、山本方風呂敷扇子箱、久世勝山門中へ使僧静山、風呂敷金中啓

箱入、久世講中へ扇子弐本宛、壺（坪）井称念寺入院之節、取持被申候故、風呂敷、中啓、金百疋、菓子』料遣ス、壺（坪）井安藤鹿右衛門江風呂敷一、殿中扇ニ遣ス、

津山松平氏法事、泰安寺より出勤依頼

九月廿六日、泰安寺ゟ来翰、當廿八九両日大守御法事ニ付、西堂両人、小僧一人出勤頼来、承知之旨返翰遣ス、

十月三日、弓削役所ゟ知事可参由申来、定嚴遣、先般住職従本山書翰之返事、箱入相渡ス、』

本山触簡

本山来翰

開基由来調べ、一冊は当山、一冊は増上寺出す、天保五年正月納め、

其地門中各寺者勿論、孫末、曽孫末至迄、其寺開基由来相調、別紙雛型之通、於觸頭入念相仕立可被差出候、尤一冊ハ御當山江相納、一冊ハ縁山表へ指出候間、弐冊共同様ニ相仕立、来々年正月中ニ可被相納候、此段相達候間、入念』可有之候、以上、

八月廿九日　惣本山役者

作州里方　誕生寺

泰安寺

惣門中

覚

何国何所何寺

惣本山知恩院末」
何国何郡何村何寺

一、開山名　并寔年月日　年付　生国、剃髪師名共、
一、開基大旦那　名并卒去年月日共、
一、勅筆其外武家方文書類、」
一、城主ゟ寄附ホ有之分、
一、末寺地中有之分者、其寺院名、
一、當領主方之名并郡村名、
一、表立候什物有之候ハヽ、写書、

右之通、今度取調書上申候、以上、
年月日　何国何處何寺
惣本山御役者中」

天保四巳稔五月七日卯刻、閑居霊浩慧月大和上寂、
一、當節、山主（察嚴）大和上三月廿七日御發錫ニ而、御出坂被成候ニ付、則飛脚門前吉之丞遣ス、三日之間、閉大門、百姓不残閉戸、尤遠慮ハ七日、急達近邊法類中

書出し雛型
開山上人、その年月
開基旦那
城主の寄付物
末寺
領主名
什物
天保四年（一八三五）五月七日隠居霊浩没す、
山主察厳、三月二十七日に大坂発錫、飛脚にて知す、

三日間閉門

并御門中へ使札を以申遣ス、』

態々一翰啓上仕候、昨日當寺隠居和上事、急病差發り、種々手ヲ尽し候得共、不相叶、今曉天命過仕候、明日中ニ密葬仕度御座候間、此段御承知可被成候、尤此節和上事上坂仕居申候ニ付、表葬之儀ハ、日限追而御沙汰申上候、右ニ付、如斯御座候、以上、

五月七日　　誕生寺知事

門中使札

御門中當法類中江も　』

密葬

表葬日限追て、

奉律第三世
在蓮社現誉上人霊浩慧月大和上
巳五月七日遷寂

建札大門之前ニ出ス、

役所宛、霊浩死亡届

以書附御届申上候、

一、當寺隠居霊浩儀、両三日不快ニ御座候處、養生不相叶、今朝命終仕候、依之左之如ク御届申上候、已上、

天保四巳五月七日　　誕生寺知事

戒定　書判

弓削御役所　』

法類
久世重願寺
備中清雲寺
坪井称念寺
獅子間にて密葬

密厳、法善寺授戒
北講中授戒願ひ、

六月五日帰寺

隠居和上表葬十二日と決す、

早速旦頭分之ものへ沙汰、翌八日門前百姓不残上下ニ而相慎焼香、法類久世重願寺、備之中州清雲寺(総社・福井)、外ニ坪井称念寺(久米)和尚、御門中泰安寺(触頭、津山・西寺町)代僧成道寺(津山・同上)、大信寺(林田)来臨、獅子之間ニおゐて密葬、満中陰まて初夜前、別時惣出るよし、

十五日、飛脚吉之丞返書持帰ル、大和上御事初出坂、浪華表殊之外御繁栄、南法善寺(難波)ニおゐて授戒、前行中故、帰寺難被成、尤遠国法類へハ大坂より披露状、旦禮まき用之遺物御遣し候よし、北構(講カ)中よりも授戒相願ひ、』御断りも被成度思召ニ候得共、構(講カ)中世話方之内、仰之咄合出来、無據授戒御勤之よし、尤當月中ニ御帰り積り之處、廻構(講カ)、且授戒後御不快、無詮方乗船、出帆後風多ニ而、海上日数積もり候故、荷物ハ岡山へ相廻し、兵庫より陸地御發福、

六月五日御帰福、翌六日表葬之日限取極メ之使僧定壽泰安寺へ遣ス、和上より之書翰持参仕、来ル十二日五七日ニ相當り、本葬相當中度御差障無之候哉、示談ニおよひ候之處、程克承知被致呉、何れも差支之儀無之よし、直様御門中へ披露ス、翌七日勝山并備中へ使札を以申遣ス、』

同日旦方、浄土院旦方之内、荒増之分御上書、来ル十二日正九ツ時、隠居大和上表葬相當度御座候間、五ツ半時より上下ニ而御出可被下候、以上、

月日　知事より

行列記録原本

導師泰安寺

三衣、両脈

「貫主大和上」の名称

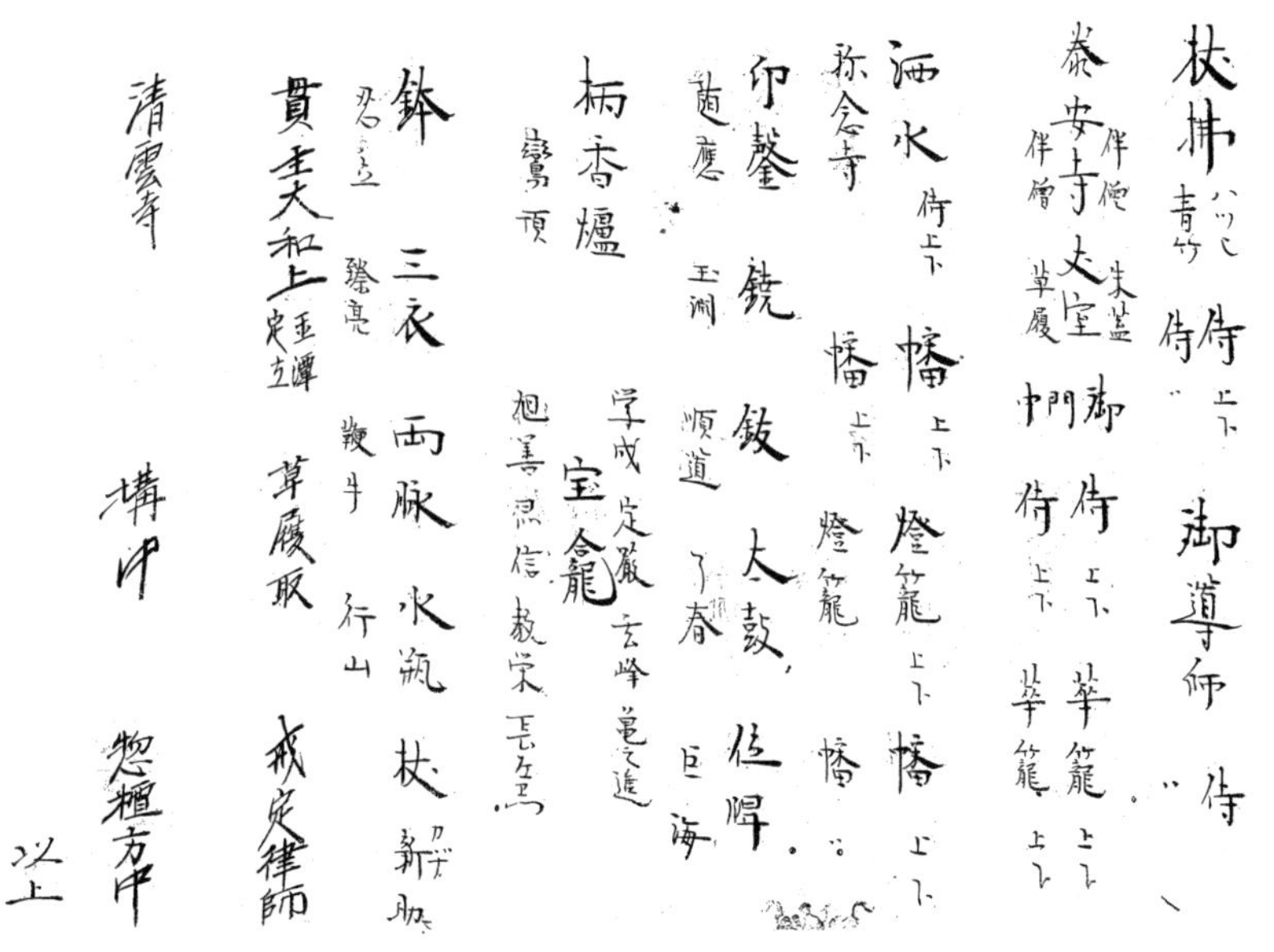

六月十二日午ノ刻葬式行列

杖 拂《ハッス》 青竹 侍 上下 侍 御導師 侍 、

泰安寺 伴僧 朱傘 大笠 御 侍 上下 華籠 上下

伴僧 草履 中門 侍 上下 華籠 上下

洒水 侍上下 幡 上下 燈籠 上下 幡 上下

称念寺 幡 上下 燈籠 幡

印磬 鐃 鈸 太鼓 位牌

随應 玉洲 順道 了春 巨海

柄香爐 学成 定嚴 玄峰 竜之進

宝龕

鸞頂 旭善 憲信 教栄 長左ヱ門

鉢 三衣 両脈 水瓶 杖 新助

恩ヶ江 瑞亮 鞭牛 行山

貫主大和上 玉潭 定立 草履取 戒定律師

清雲寺 構中 惣檀方中

以上

廣庭葬禮式　如左

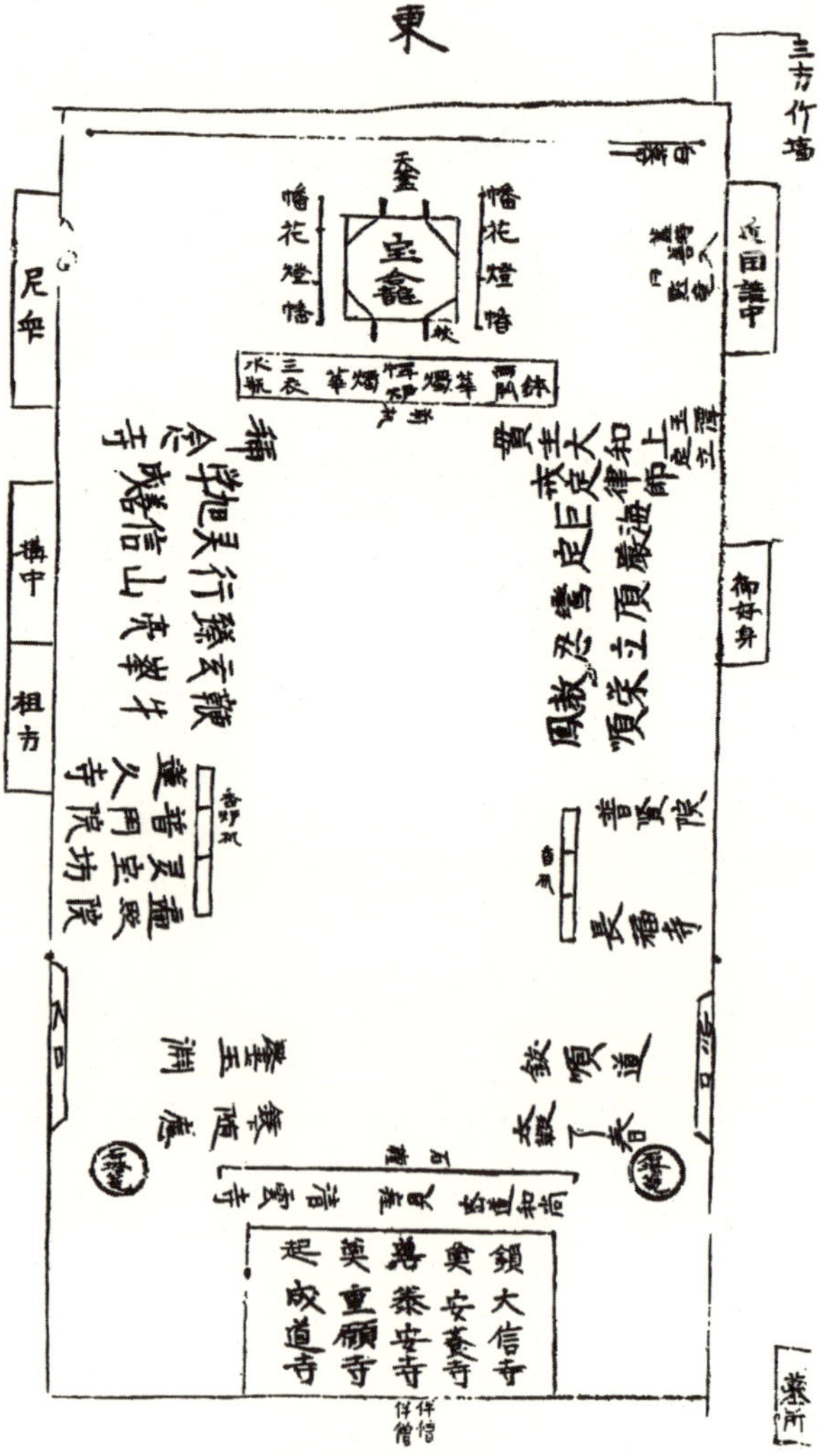

導師泰安寺
奠湯、奠茶、鎖龕・起龕、座見

葬儀法施・回向料
泰安寺

一、白銀壱枚　導師　泰安寺
一、金弐百匹　〃　囬向料
一、金　三朱　随伴三人

十、欟社記（文政三年）

安養寺

一、金　百匹　侍四人
一、札五拾四文目　供十八人
一、金弐百匹　安養寺
一、銀六文目　家来へ
〆

成道寺

一、金弐百疋　成道寺
一、金壱朱　回向料
一、金壱朱　随伴へ
一、銀三文目　供一人
〆

大信寺

一、金弐百匹　大信寺
一、金壱朱　回向料
〆

重願寺
称念寺

一、金三百匹　重願寺
一、金三百匹　称念寺
一、金五十匹　同隠居へ
〆

門満寺

清雲寺

一、金弐百疋　　　　備之中州　門満寺』

一、金弐百匹　　同　清雲寺

諸寺香料ほか別記

右葬式之条、荒増覚、尤諸入用并遺物遣し候分、別書壱冊巨細記し在之、且諸寺
より香料其外至来もの同断之事、』

知恩院第六十七世聴誉説行、天保四年四月大僧正任官

祝儀献物、登嶺なし、

七月初旬泰安寺ゟ持来り、

(知恩院)御丈室御方、當春継目御参府御礼ホ首尾よく被　仰上於　御城大正僧(僧正カ、聴誉説行)御任官被為
蒙　仰候、右ニ付、御祝儀献物并登山之儀者、先儀御容赦之事候、此如可被得其
意候

四月廿五日　　　　惣本山役者

誕生寺

泰安寺

惣門中』

報謝滞納不埒なり、

別達

三ケ年壱度之御報謝相滞不埒之至ニ候、依之是まて不納分取調、早々上納可
有之候、已上、

四月

報謝割合

割合

滞りにより、両年分報謝納む、

一、五匁ッ、　誕生寺　泰安寺　安養寺 」
一、四匁ッ、　重願寺　成道寺　大信寺
一、三匁ッ、　成覚寺　本覚寺　栄巌寺
一、壱匁五分ッ、称念寺　念仏寺　浄土院
此度両度分上納ニ付、
一、拾匁　　本坊　外ニ三匁　浄土院之分 」

一筆致啓上候、然者今般　大師前御報謝之儀、相滞候、如被　仰出奉恐入候、目録之通り金弐百匹ッヽ、文政十弐丑ノ年、其後天保三辰年、右両年分上納仕候間、宜御執成奉願上候、恐惶謹言、

七月二日

惣門中
泰安寺
誕生寺

――
―― 」

大僧正任官、門中総代登嶺なし、

一筆致啓上候、當四月廿五日御書翰相届拝見仕候處、（聴誉説行）大僧正御任官被為蒙　仰

候旨、承知仕、恐悦至極ニ奉存候、依之御祝儀献物、門中惣代登山之儀、先例之通り、御容赦被成下難有仕合ニ奉存上候、右恐悦可奉申上候段、御序　御前宜御披露奉願上候、恐惶謹言、

七月二日　　　　　　　　門中
　　　　　　　　　　　　泰安寺
　　　　　　　　　　　　誕生寺

本山触簡
光明寺良忠上人五百五十回忌、檀林寺院会評の上、影堂、諸堂修復の勧化

『鎌倉光明寺記主禅師、(良忠上人)来ル未年(天保六年)五百五拾囬御相當之処、影堂并諸堂舎及大破修覆難叶自力、仍之檀林會評之上、一宗之寺院募縁之儀、被及評決、御當山御門葉勧進觸流之儀、願来候、尤　記主良忠上人者御宗門之学徳、一宗之僧徒蒙恩(徳カ)得候事ニ候得者、報恩之志を励ミ、明和三年戌年中觸出候先規之通、末々之寺院迠致出精、各々勧進之員数寺号致書記、當巳年十二月を限り、無相違御當山江可被相納候、以上、』

八月朔日　　　　　　　　惣本山役者
作州里方村　誕生寺

明和三年の例による、

泰安寺
惣門中

尚以、明和三戌年、其門中ゟ上納有之候員数、別紙為心得差遣候間、弥以致
出精助成可有之候、以上、
』

覚

一、金壱両弐歩　誕生寺
泰安寺
惣門中

右明和三戌年上納員数為心得申達候、已上、
巳七月

門中勧化割合

同勧化銀割合

一、銀弐拾壱匁　誕生寺
又、九匁　御寺門中

〃四匁　御檀中』

〆

一、銀拾六匁五歩　泰安寺

又壱匁　檀中

一、〃拾三匁五歩ッ、　安養寺　成道寺

一、〃拾匁五歩ッ、　重願寺　大信寺

一、〃五匁五歩ッ、　本覚寺　栄巌寺　成覚寺

一、〃壱匁五歩　延命寺

一、〃三匁ッ、　又末念仏寺　称念寺

右先例之通ニ御座候、以上、

十二月』

貴翰致拝見候、如仰寒冷之節ニ御座候処、弥御安全被成御勤役、珍重ニ奉存候、
然者例歳之通、瑞應院様（森重政）、生光院様（同重政養母）御茶湯料金弐百疋御備被為成、慥ニ受納仕厚
御供養可奉申上候、右御』酬迠如此御座候、恐惶謹言、

十一月　誕生寺　鏡誉（察厳）　花押

魚住武平次様

松本太郎左衛門様

先例の通りなり、

赤穂藩へ茶湯料、察厳の受納書

鏡誉察厳筆跡と花押（前掲と異）

宮地粂之進様」

十一、欟社之記（天保十三年）

（表紙）

天保第十三稔孟冬中旬

欟社之記

進誉戒定代　其四

（綴本　縦二九、六糎×横二一、三糎）

戒定の筆記なり、奉律第四世住職鏡誉察厳慧顕没す、

察厳病気、天保十三年七月二十七日没す、二十八日密葬

○天保第十三年七月廿七日九ッ時

奉律四祖察厳慧顕和上遷化

依之近邊法類好身家并ニ檀方江被知遣ス、

一翰啓上仕候、残暑之節ニ御坐候処、先以御丈室様御機嫌能可被成御坐、奉恐壽候、然者當山主和上（察厳）事春来病気之処、養生不相叶、今廿七日九ッ時正念』遷化仕候、密葬之儀、明廿八日七ツ時相営可申候、本葬之儀者、追而定日之上、為御知

津山泰安寺に焼香願

可奉申上候、最御焼香御願奉申上度候間、此条宜御披露為成置可被下奉願上候、
恐々謹言、
七月廿七日　　　　誕生寺
　　　　　　　　　　遺弟
津山泰安寺様　　　　法類
　御役僧中　』

門中に伝達願ふ、

追而
御願申上候、取込中御地御門中様一々不能呈書候間、左之様乍憚宜御傳達可
被成候様、奉希候、以上、

察厳、春以来病

一翰啓上仕候、然者山主和上事、春来病気之処、養生不相叶、今廿七日九ッ時正
念遷化被致候、密葬之儀、明廿八日七ッ時相営申候、本葬之儀者、追而定日之上
為御知可申上候間、早々御入来可被下候様、御願申上候、恐惶謹言、
　　　　　　　　　　誕生寺
　　　　　　　　　　　遺弟
　　　　　　　　　　　法類　』

密葬泰安寺使僧瑞巌焼香

二十八日、密葬七ッ時　御棺上段之間　焼香　泰安寺使僧瑞巖西堂　遺弟戒定和

遺弟戒定
勢至堂上の地にて荼毘
四十八夜別時念仏
門前建札
浄土院、本坊兼帯す、
戒定、浄土院住職す、

上以下大廣間愼詰　尼衆　檀頭分其外好身方鶴之間愼詰、
　法式
香偈　三宝禮　開経謁（偈）　護念経　念仏一會　各々焼香終テ、玄関ゟ御出棺、勢至
堂之上ニ而放』火、四十八夜別時念佛開白、両僧交々輪番、門前江建札出之、

奉律第四世
對蓮社鏡誉上人明阿察嚴慧顕大和上
寅七月二十七日九ツ時遷寂

浄土院無住中、本房（坊）兼帯処無之、且同院檀中ゟ知事戒定和上一應名前ニ相付遺候
様、願出候ニ付、早々』弓削役所江相願立候事、
　以書附御願申上候、
一、當寺塔中浄土院無住ニ付、拙寺弟子戒定与申僧江、今般浄土院江住職為致度、
奉願上候、最右檀家之者共江及示談候処、故障之儀無之候旨、申聞候間、右之
段、御聞濟被成下候ハヽ、難有奉存候、以上、
　天保十三年寅七月十日　北庄里方村之内　誕生寺　印』
弓削御役所

浄土院住職、土井家聞済終るまで延期す、

故察厳和上死去届之事、弓削役所表江内々聞合候處、右浄土院住職一条、平野（土井家）表御聞濟有之候迠、可致延引旨、御内意有之候ニ付、相見合候事、

北庄里方村之内
誕生寺
同寺弟子　戒定

戒定、役所へ来られたし、

右之者、明十一日御役所江罷出候様、被仰渡候間、早々』御出可被成候、以上、

八月十日　　大庄屋
　　　　　　池上久太郎

誕生寺
御用筋

戒定、疝通にて代僧、

〈疝通〉大小腸、腰のひきつるように病む、この場合、腰痛ならん、

名札

十一日、五ツ時、知事戒定和上疝痛歩行難相成ニ付、代僧罷出候事、

名札

戒定病気ニ付 専阿

浄土院住職、平野役所承知す、

先達而御出願被成候浄土院御住職一件、平野』表御聞濟ニ相成候間、其旨御承知可被成候、右役所ニ而被申渡候口述、直々下宿江引取候上、故密厳和上死去届書、并ニ浄土院住持自分一札指出ス、

住職察厳死亡届

以書附御届申上候、

一、誕生寺住持察嚴儀、近来不快ニ御坐候処、養生不相叶、昨十日届書延引ニ相成候ゆへ命日相違正九ッ時命終仕候、』尤無住中者拙寺兼帯仕候、依之右之段、御坐奉申上候、

以上、

天保三年八月十一日　　誕生寺塔中
　　　　　　　　　　　　浄土院　印

弓削
　御役所

戒定、身分一札

十八檀林中、深川霊巌寺にて宗・戒両脈を受く、

備中形部村生れ、四十七歳

父母、浄土宗なり、

浄土院住持自分一札之控

一札

一、切支丹宗門御改ニ付、浄土宗江戸深川靈巌寺』於大照寮両脉相承相濟無紛段申上候、

一、生國備中賀陽郡形部村百姓槌五郎伜ニ而、生年十四歳之時、當山江入寺剃髪仕、今年四拾七歳ニ相成、當院住職仕候、

一、父母共浄土宗ニ御坐候、

一、不審成宗門之者、於見聞仕候者、急度可申上候、右之趣、於偽申上者可蒙佛

倦労＝うみてつかるの意

祖之罰者也、』

年號月日　　誕生寺塔中

弓削　　浄土院　印

御役所　　戒定　花押

入院披露の進物

役所向浄土院入院披露進物、扇子箱三本入、風呂敷一、御役所扇子弐本、舎弟笠井傳次殿、同
弐本、組弐人、同弐本大庄屋両家、

本葬日程、恭安寺の都合伺ふ、九月四日、本葬に決す、門中通達恭安寺に頼む、

故察嚴和上御本葬一件
津山泰安寺者御領主（松平家）御菩提所之事ニ候へハ、御仏』参日等繰合も有之候へハ、前
以使僧相遣し候右寺、無指支日柄相伺、泰安寺ゟ定日々柄相定申来候上、諸方書
状可致候事、同所御門中江ハ同寺ゟ御通達被下候様、相頼置候事、
為知文面、
一翰啓上仕候、穐冷砌相催候処、先以御丈室様御清福ニ御渉可被成候条、奉壽
候、然者故亡』和上表葬、愈来ル九月四日定日ニ相成候間、遠路乍御倦労御出勤
可被成候様、御願奉申上候、右御案内奉申上度候ハヽ、如斯ニ御坐候、恐惶謹言、
八月廿三日　　誕生寺
遺弟

法類
重《久世》願寺様　安《勝山》養寺様　最別書
御高徒中　――――』

檀方へ表葬の通達
裃被着

以廻章申上候、秋冷相催候処、各様御平安ニ御坐可被成候条、奉賀候、然者先主（密厳）和上様御表葬之儀、来ル九月四日愈定日ニ相成候間、當日正四ツ時（十時）より惣御檀方中、上下ニ而御詰可被下候様、早々御通達可被成下候様、御頼申上候、右之趣、御案内申上致沾如斯ニ御坐候、以上、

八月廿六日　誕生寺知事』

里方村園平様　西幸村佐七郎様　順次郎様　杢太郎様　頼元村為右衛門様
北庄下村代次郎様　頼元村周蔵様　北庄上村喜次郎様

尚以早々御巡達可被下候、以上、里方為持遣ス、
右前文之通、別書相認、浄土院檀中江も申遣ス、

本葬
導師、泰安寺

九月四日御本葬式
御導師泰安寺丈室、并ニ御門中休息處奥居間、諷経方寺院休息處浄土院、』泰安寺御丈室門外下乗、尤立石廣岡屋方小休所早朝ゟ相しつらひ待請候事、沙弥衆弐人

近住之もの両三人大門迠出迎、戒定和上伴僧両人玄関迠出迎、茶菓膳部ホ可致入念事、

御門中應對巨海園平 杢太郎　諷経方玉潭弥七郎 与七郎

好身方福田順次郎 定之丞 勇四郎　本堂司静山　帳場佐七郎 肇右衛門 元太郎 長左衛門　諷経方休息所帋次郎 為右衛門 兼右衛門』

檀中詰所念佛庵番清蔵 熊平 七郎兵衛

同日午之下刻御本葬式

内焼香

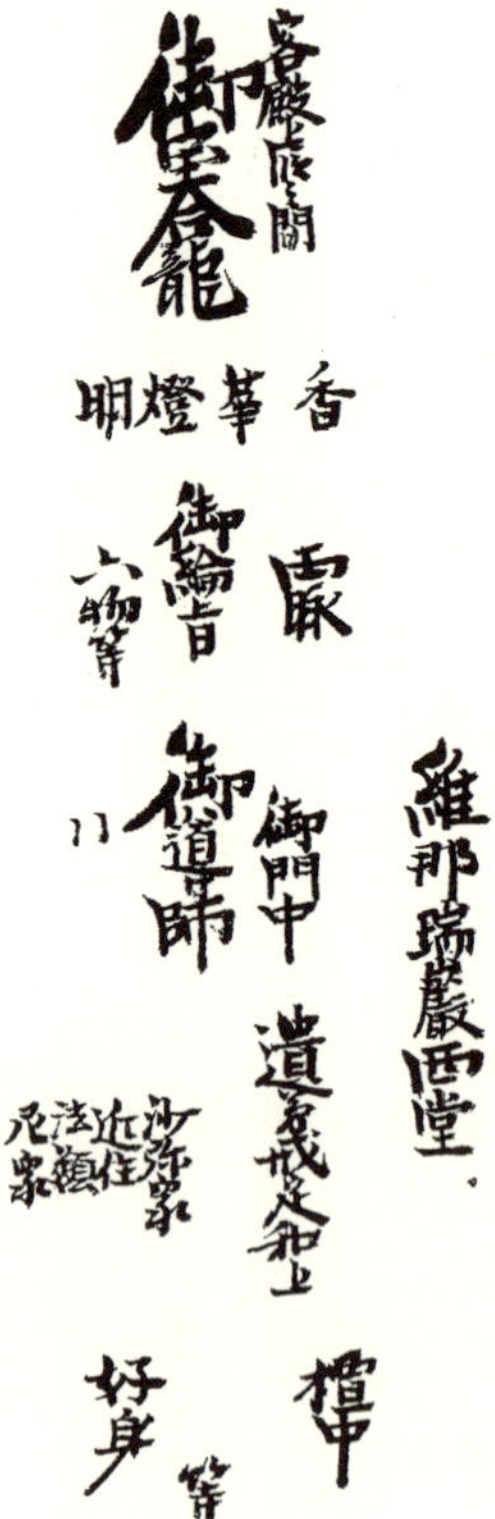

維那瑞巌西堂

遺弟戒定

導師恭安寺

沙弥衆

法式
玄関より出龕

法式

香謁(偈)三宝禮　護念経　念佛一會　囬願』各々焼香終而玄関ゟ御出龕、

行列記録原本写

門中

華籠

位牌戒定

鳴物

三衣、綸旨、両脈

行列

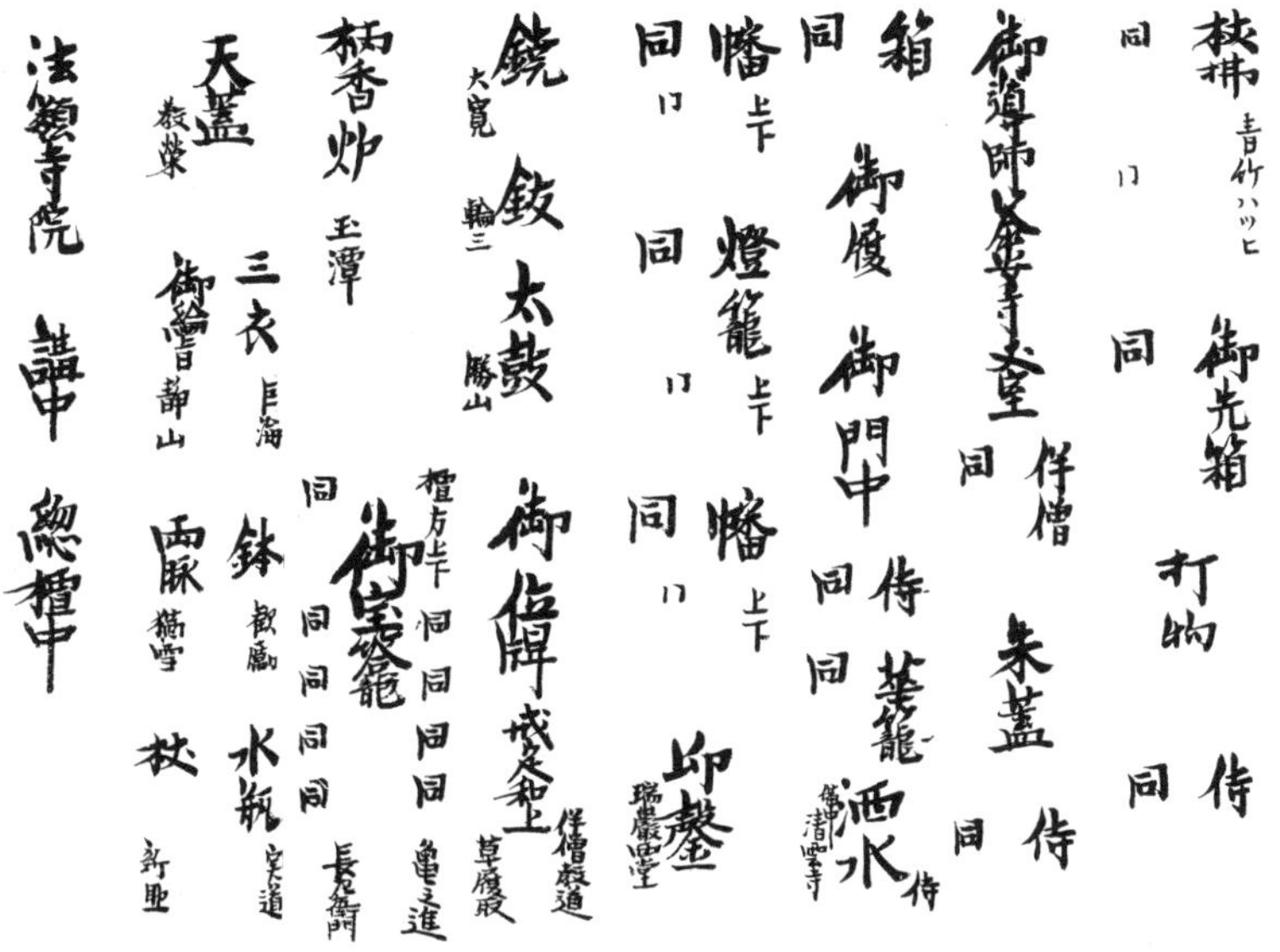

花籠

進誉戒定
門弟八人
前札綸旨、三衣等供物

導師泰安寺
津山門中役配
龕湯、龕茶
鎮龕、起龕
座見

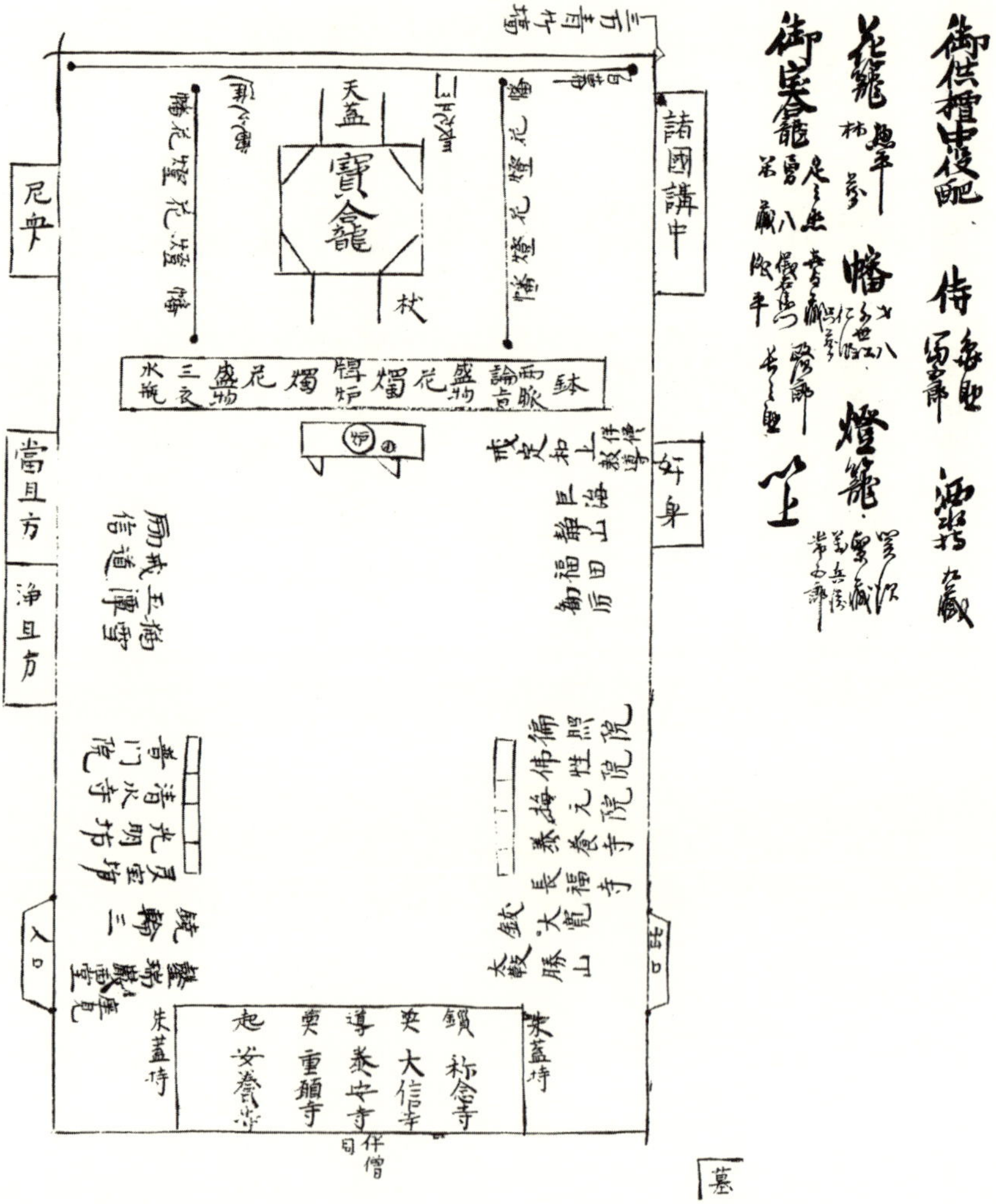

十一、櫔社之記　（天保十三年）

門中施物

御門中施物控

一、銀壹枚　導師　泰安寺

一、金百疋　囬向料

遺物

一、錦坐蒲團　一　遺物

〆

一、金五拾疋　同山内　瑞巖西堂江

一、四匁　伴僧　壹人

一、拾六匁　侍　四人

一、四拾八匁　平人　拾六人

一、金百疋　大信寺

一、同五拾疋　囬向料

一、貳匁　供　壹人

一、金百疋　久世　重願寺

一、同貳百疋　囬向料

一、八匁　伴僧　貳人

一、金百疋　カツ（勝）山　安養寺

一、同百疋　囬向料

一、四匁　　伴僧　壹人
一、三匁　　供　壹人
以上

香料

本山様、諸方好身寺院、諷経寺方、山内大衆遺もつ（物）ホ別記相記し置有之候事、諸方ゟ香料同断、』

戒定、継目本山登嶺

〈継目〉住職を継ぐこと、

遺弟戒定和〔上〕本山継目上京一件

以書附御願申上候

旅行届

一、拙僧事、今般京都本山知恩院まて就法要、来ル廿二日出立ニ而罷越候、帰寺之儀ハ、来月下旬ニも相成可申候、尤留主中弟子巨海と申僧江申付、両寺要向指支無之様申聞置候、尚、道中御法度之趣、急度相慎可申候間、右願之通、何卒』御聞濟被成下候ハヽ、難有奉存候、以上、

天保十三年寅九月　　誕生寺塔中

浄土院　印

弓削

御役所

泰安寺の添簡

銭別

印鑑管理を要す、

戒定、本山登嶺につき随侶二名、檀家二人を供ふ、

岡山宿

大坂北野龍興寺宿、法類なり、

本山へ住職願

法類総代龍興寺

檀家総代神坂杢太郎、西幸村庄屋なり、

一、出立両三日前、泰安寺江使僧遣し本山表添書相頼遣置、村々檀方のもの共呼寄、上京出立日限相定、本山表願書向等相認、印形致し候事』泰安寺ゟ頼遣置候、添書相認為銭別菓子一筥持参使僧来、

一、寺印、知事印、浄土院印、法類請何寺印、檀中惣代誰印失念無之候様、可心得事、

一、同年九月廿二日後住願として戒定和上發足、山内定賢・福田随侶、北庄上村嘉平、同下村多吉御供、岡山平野屋利兵衛方一宿、廿三日同處磯屋』儀兵衛船乗船出帆、海上風波穏ニ而、一昼一夜ニ而、大坂着船、北野龍興寺止宿、廿六日夜舟ニ而上京、古門前池田屋金蔵宅下宿、本山表願書之控、

奉願上口上覚

一、作刕誕生寺無住ニ付、以　御憐愍遺弟進誉戒定江住職被　仰付被下候様、』宜　御披露奉願上候、以上、

天保十三年

寅九月廿七日

作刕　誕生寺

知事　定賢　印

役院　浄土院　印

法類惣代　龍興寺　印

旦中惣代　神坂杢太郎　印

惣御本山

律僧、綸旨なし
後日、拝綸願

御役者中』

一札

一、今般作刕誕生寺住職蒙　仰難有奉存候、然ル處、未　御綸旨頂戴不仕、未出世ニ而ハ住職難相成候処、格別之以　御憐愍住職被　仰付候段、法類旦中一統難有奉存候、然上ハ帰國之上、速ニ拝綸可仕候、為後日之、仍而如件、』

年號月日　　　　誕生寺　印

進誉　花押

知事　定賢　印

後　法類　龍興寺　印

前　役印　浄土院　印

惣御本山

御役者中

本山へ着届
先住回向料
宿にて待機

右弐通之願書、廿七日朝五ッ時着、届旁持参ニ而、』外ニ金百疋先住（察厳）和上御回向料、御前江可呈分共ニ、（取次）良正院江向、定賢・福田罷出候処、院主直ニ登山、後刻可有沙汰旨、被申渡候間、下宿江引取候事、

本山差紙

一、斎相済候ハヽ、早々登山可有之候、以上、

惣本山　帳場

作刕誕生寺』

住職御礼式物

右之趣、下宿へ向御達し有之候ニ付、早々登山致し候事、尤御禮式包物ホ持参、左之通、

極大寺並礼

次極大寺表御禮

一、銀五両 拾弐包　一、金弐両 壱包　一、銀壱両 三包　一、銀壱枚 壱包　一、銀拾七匁壱分五厘 臺料壱包　一、銀四匁五分五厘 掛入包料　一、銀弐匁壱分 小玉分』

本寺證文御禮

一、銀三両 壱包　一、金五拾疋 壱包　一、銀壱両 弐包　一、銀三匁 弐包

一、銀壱匁八分 臺料壱包　一、同壱匁四分 懸入包料　一、同 三分 小玉分

合

金弐両弐朱分ト

銀三百六拾八匁七分

懸所銭屋新兵衛差配
律制守り如法たること

右之通、御懸所銭屋新兵衛江申遣、為掛合其儘』銭屋ゟ良正院へ向指出之、尤登山之節、律製(制)相守可為如法事、

寺檀和合すべし、

廿七日、九ツ時登山、集會堂ニ而休息、表帳場對面、追付住職被仰付候様、被申渡、引續　御役所ニ而、作劢誕生寺無住ニ付、願之通進誉戒定江、住職被仰付候間、戒律堅固如法専務寺』檀和合相続可致候様、被仰候事、

前三、後一

御前向表御禮式　前三　御十念　後一　檀中之者共江、別段御十念御授與、帳場ニ

て土井家役人江之本寺證文封箱被渡之、大師前拝禮、退散、

本寺証文
役者回勤

廿八日、八役者（六役者・二寺役）廻勤、

名札

今般住職被　　作夃 仰付難有　　誕生寺 奉存候　以上

』

大坂講中へ入院披露す、
北野龍興寺、山城屋

廿九日、昼後下宿御發駕、伏見ゟ夜船ニ而帰坂、大坂諸講中御入院御披露、進物
風呂敷、扇子ホ見合遣し候事、北野龍興寺、山城屋利右衛門両所止宿、

定賢一句
就任式終り、随従定賢安堵す、

十月十二日、大坂出帆、備前岡山磯屋又兵衛船、海上順風波静ニして、明石之沖
夜景月さへ渡りけれハ、　随僧　定賢
播磨潟汐路はるかに舟とめて一夜あかしの月をミる哉　』

新住職入寺の供揃、先触
引戸籠

同十五日、備岡着船、平野屋利兵衛両日滞留、尤國元御入院仕度用意日積りニ
付、同所本陣江向先觸出ス、

覚

一、人足　四人
　但引戸籠　壹挺
　分持　壹荷

通行手形

右者今般作刕誕生寺住職ニ付、去ル十二日従大坂乗』船、昨日當所江被致着船、来ル十八日暁六ッ時出立ニ而、通行被致候間、宿々川渡等遅滞無之様、宜肝煎頼入存候、以上、

月日　　誕生寺役人

長谷河亀之進　印

従備前岡山作刕弓削迠

宿々川々　岡役人中

弓削宿、高張、幕打、各宿掛札

同十八日、岡山御出駕、弓削山手屋常五郎宅、御宿山手屋露地門両方江、御紋附高張指出ス、同御』幕内外江打置、

掛札　誕生寺宿

十九日、早朝、以使僧内々御役所江當日入院之趣、口上ニ而相届候事、檀頭分上下ニ而、當所まて御出迎、五ッ半時御出駕、御入院行列次第、

行列次第記録原本写　切棒駕

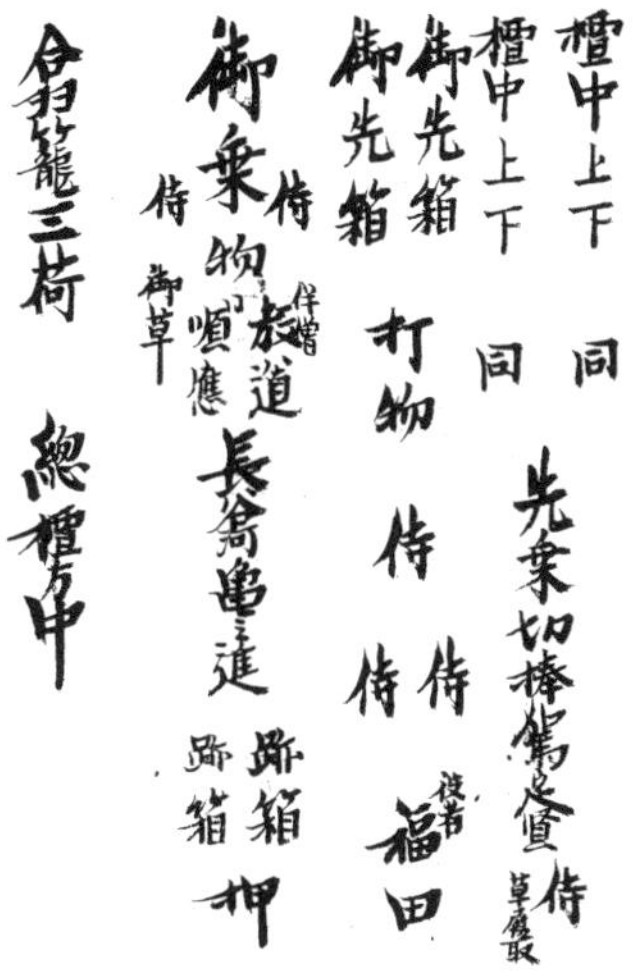

大門下乗式

山主一句、開門

本堂式

十念

総振舞

役所へ帰山届、本山添簡

誕生寺、浄土院兼帯す、

四ツ時御着輿　大門御下乗式

山主前　御一句　秘山貫衆薫修力　十方恒沙佛ノ文
有時偶然入真門
開門　大衆御出迎　御十念
洒水　定賢

』

本堂式　香偈　三宝禮　本尊御開扉　護念経　念佛一會　神棚法楽　内佛御捻香
御朱印御黙躬
上段之間御着座、大衆尼衆檀方御恐悦御十念、御居間ニ而大衆御齋、上下檀中物
振舞、

以書附御届申上候

一、拙僧儀、就法要先達而中御願申上候而、』京都本山知恩院迠罷越候処、於彼地
誕生寺住職被申付、昨十九日帰寺仕候、依之本山表ゟ之副翰相添御届申上候、
尤浄土院之儀ハ無住ニ相成候間、拙寺兼帯仕候、右之段御届申上候、以上、

天保十三年寅十月廿日

北庄里方村之内
誕生寺　印

弓削
御役所

』

山主弓削役所直参

同日弓削役所江山主（戒定）御直参、
金百疋
扇子箇　當役笠井氏江　舎弟江
風呂敷
金五拾疋
扇子弐本　組両家江
風呂敷一ツツ、
扇子弐本
風呂敷
小杉壱束ヅ、
大庄屋
田部源内
津上久太郎

入寺披露

檀中入院披露、使僧玉潭、浄土院檀中披露、使僧福田、進物扇子弐本、頭旦方分
風呂敷、或ハ念珠ホ添、』

泰安寺直参

津山泰安寺方丈御直参　駕籠四人　侍　進物
伴僧弐人　御草
金百疋
中啓箇入　寺内僧分進物見合　外門中
風呂敷

浜屋山本屋等、外護者なり、

扇子弐本、風呂敷　大橋修理殿、関十次郎、玉置一統、濱屋、山本屋高木藤一郎、二ノ宮
立石助右衛門ホ進物不同、

久世・勝山門中、久世講中

久世勝山門中使僧静山沙弥、進物風呂敷、扇子弐本、久世講中　坪井称念寺檀頭福本安左
衛門、安藤氏一統五軒江進物同断、』

好身門中入寺披露す、

天保十四年夘三月初旬、因㕘好身御門中、入院為披露使僧相遣ス、尤書翰相添、

戒定、鳥取門中交流厚し、
慶安寺・玄忠寺入念に、と記す、

檀頭調印従前西幸村・里方両村、頼元村加印を申出る、
西幸・里方両村不承知、示談不決

三村和談の上、法然上人前託籤《たくせん》にて西幸村一印に決す、以降、無印を役所承知す、

神阪杢太郎の一判

弓削組福島氏扱ふ、

用ケ瀬大善寺進物風呂敷、扇子、鳥取光明寺・真教寺・正定聚寺同断、（触頭）慶安寺・玄忠寺
二ケ寺ハ別而進物入念、中啓筥入、上風呂敷、極菓子料等、

去ル夘九月御継目御上京之節、惣本山表願書向檀頭分調印一条、従来西幸・里方
両村ゟ』調印致し来候処、頼元村且方中ゟ此度御願書向江両村同様一判相加江度
旨、申出候ニ付、早々両村江渡合候処、先儀無之義ゆへ、頼元村調印不承知之
趣、示談不一決、付て里方・西幸両村ニも少々意味合之事出来、両村調印互ニ相
もつれ候旨、手間取已ニ御出駕之時日延引ニも可相成候間、双方和談之うへ大
師前　相伺候処、西幸村』神坂杢太郎ニ相當り候故、佛祖之御指揮ニ任なり、同
人一判ニ而相濟候事、其後調印一条ニ三村共、兎かく意味合申立、和談難相成候ニ
付、弓削御組福島氏取あつかひくれられ候て、頼元村ハ先儀無之ゆへ、向後共ニ
無印之趣、承知いたし、以来御代替り出京、御継目節、本山表諸願書向、里方・
西幸両村之中、檀頭分両人調印』致候様、示談一決相成候間、右之趣、後来之者
急度相心得候事、

誕生寺知事　定賢
弓削御組　福島氏
里方村庄屋　園平

同　与七郎
西幸村庄屋　左七郎
同　順次郎
同　杢太郎

巨海、浄土院住職す、

『浄土院記録』別にあり、

御礼式

院主

包返し、

表御礼

前三、十念、後一

巨海沙弥浄土院住職一件

弓削役所向願主進物如先儀、巨海浄土院記』録ニ相記し有之候事、

院主、伴僧猶雪、役僧玉潭、長柄、跡箱・草履取総檀中北庄上下　本房(坊)檀中　村役人頭分之者　入院

後御前より為親標使僧御遣し、進物金百疋、中啓、寺内大衆より銀札壹包、八ッ

時浄土院方丈江御禮式、

献上物金百疋、山吹貳斤、寺内大衆包返し之事、

院主、北庄上下檀中凡頭分之者三拾人余、　』

表御禮

上段之間御丈室　知事　浄土院　門院檀中　前三　御十念　後一　退散　院主御居間御内

礼、知事寮向惣衆等、

増上寺、察厳牌前へ百疋供ふ、

芳墨令披閲候、大僧正（瑞誉巨東）御方御機嫌能被成御座候、然者七月廿七日和上（察厳）命終ニ、為御回向料』金百疋被指上之遂披露候之處、驚黙千萬別而往昔之事共被思召出、厚御回向被申候、従是も牌前江金百疋御備被成候、右等宜申述旨如斯御座候、恐々不備、

十月廿七日　増上寺内役

孝賢

美作　巧嚴

誕生寺

遺弟中　』

増上寺密賢、察厳と馴染なり、

別啓、各方嘸々御愁傷御察被申候、大僧正（梵誉密賢）御方ニも従来御馴染、別而御残念思召、厚御回願被申候、且乍序　當御方ニも八月十七日於　御城御住職御任官被為蒙台命候、右等従来御懸念も被成上ニ候事被傳承之候ハヽ、嘸々満悦可被存候之処、存外之蒙札何角と御残情不少思召候、斯折角御追孝被成候様と之御事ニ御座候、以上、』

深川霊巌寺、悔み及び回向料

貴章十一月十三日相達致披露候、偖者兼々御懇志被申上候察嚴大和上様、春以来御病床之処、種々御養生も被成上候へとも、御化縁相備御介抱之御印も無之、七

月廿七日御遷化之段、御贈翰、殊ニ金百疋御回向料御叮嚀之御事、併平生御壮達之御方被驚入、深残情被申居候、右御悔等宜可及御報旨被申付候、折角御追孝可』被成上候、恐々謹言、

十一月廿日　　霊巌寺内役

謙翁

密順

誕生寺

御遺弟中

加行の序

香花料五十疋供ふ、

尚以、早速御答可申上筈之処、若哉御遺弟中之内、當冬加行ニも御出府被成候半歟と御待申上候処、當冬御下り無之御最(尤)之次第、依之乍延引金五拾疋為香花料御備被申候間、宜御取斗可被下候、海苔ニ而も指上度被為候へ共、』序便延引も難斗存略、是ホも程能御挨拶申上候様被申付候、以上、

三カ年一度の報謝金・献上金・宮家御殿扶翼金等怠り延引す、

本山江献金之一条

御歎奉申上候叓

三ヶ年ニ壹度之御報謝金、并献上金、御殿御扶翼、當國御門中取集、其度ニ急度上納可仕筈之處、近来之年柄故、一統必至と難渋仕、銘々寺房(坊)之淩方六ヶ敷御座候而、自然と無據延引ニ相成候処、一同』奉恐入候、依之是迄相滞候分ハ當卯歳

毎年五百疋宛上納す、

ゟ毎年取集、金五百疋ツヽ上納可仕候、尤御報謝金并御殿御扶翼献上金とも、惣都合之處ニ而、右之員数上納仕度、乍恐奉願上候、此段御許容被成下候ハヽ、一同難有仕合ニ可奉存候、右之趣、宜被仰上可被下候様、奉願上候、已上、

六月廿五日　　惣門中　印

泰安寺　印

誕生寺　印

良正院様　』

上納金、門中割り、

一、金壹歩ツヽ、泰安寺 誕生寺　拾匁ツヽ、（安養）勝山 成道　八匁ツヽ、重願 大信　七匁ツヽ、成覚 栄厳 本覚　三匁ツヽ、念仏寺 称念寺

五百疋上納約定の願書

一翰啓上仕候、然者三ヶ年壹度之御報謝金、其度ニ上納可仕之處、近来之年柄ニ付、無據延引ニ相成候處、奉恐入候、此度金五百疋上納仕候間、宜執成御披露被下候様、奉願上候、恐々謹言、

二月廿五日　　惣門中　印

惣本山　　――　印

御役者中　　――　印　』

天保十四年九月十一日

宮門跡永続扶翼金取集の触
檀林会談にて集財評決す、
関東十七カ国、増上寺集財
その他四十七カ国知恩院集財
各寺一己の力集結す、
勧財金増上寺管轄し利潤により永続すべく賄ふ、

惣本山御達書

當門室（宮門跡）御永續且　御附宮御手宛之儀ニ付、去、年来　御當山并ニ縁山江も御頼被仰候へ共、時節柄及遅々候所、去春　御向関被為在、縁山　大僧正（梵誉密賢）御方江度々御紫毫を以御頼、且檀林一同江も　御直命加之、重御筋より鶴声有之、旁以難黙止、檀林方再三會談有之候所、外ニ趣法無之、一宗門葉末々ニ到まて可為集財旨評決』、就而ハ関東拾七ケ國者縁山より勧財取集、其餘四拾七ケ國ハ　御當山より集財可申と之事ニ候、此節困窮之折柄、於　御當山も深く御痛心ニ被思召候へ共、難黙止場合ニ付、別記等を塾讀之上、一宗之僧徒出格之　御扶翼可申上義ハ當然ニ候へ共、各寺一己之力を以　御扶翼之義ハ出来兼可申、無據檀方助勢相頼候外有之間敷、尤先年来　御扶翼筋ニ付、相煩之事候へとも、此度之勧財ハ一具ニ、関東江御預、毎年利潤を以萬端御取賄候、御永続之御備ニ相成候、左候へハ、向後御頼之義無之、此度限之』義ニ候へハ、一宗之末々ニ至るまて抽丹誠御扶翼金献納候様　大僧正御方厚頼思召於當役所も深く頼存候、當邊々御使僧御指向巨細可及演達ニ候間、速ニ御請可被申上候、此段申達候、以上、

壬九月十一日　惣本山役者

作劢里方　誕生寺

泰安寺

惣門中

尚々、合印并ニ印鑑指遣置候間、御使僧罷越候節、見改之上及示談　御扶翼割付可被下候、委細可被承候、』

一、御使僧及召連候ものへ饗應ヶ間敷義、決而可為無用候、為念此段申達置候、

以上、

華頂宮門跡永続扶翼趣意書

家康、宗門興隆の一つに門跡を立つ、後陽成天皇、第八王子をして浄土門主となす、

宮門跡永相続願ふ、

御門室御永続御扶翼御趣意書

當御殿御創建之儀者　御太祖新田義重公　元祖大師を御師範ニ御仰御宗門御帰依ゟ　神君様迠御十八代之間、連綿として弥増御帰依不浅、別而　神君様ニハ浄土宗門ニ　宮御門跡なき事を深く御歎敷被思召候ゆへ、御宗門光輝之ため　御門跡被為立候様、御掟之上奏聞し給ひけれハ　後陽成帝叡感不斜　皇子第八之宮を以　神君様之』御猶子と定、法親王御門主之御開祖と定め給ひしより御代々御門主、関東之御猶子ニならせ給ふ、御永格ハ全諸宗超過之御宗門と御仰、一天四海専念之要道を輝せ給ふ御神慮ニて、　御門主被為立候事、是まて稍もすれハ御無住師資之御相続不被為在、　神君様御宿願之思召ニも不被為契御事と、當　御門主御方深く御懇歎之あまり、御神慮を被為継、永々御附弟宮御相続被為成度思召禁中ハ勿論公邊江被仰候ても、被為濟候御義ニ候、御勝手向御室柄不相應御手

十一、欟社之記　（天保十三年）

現門主尊超法親王、解行兼備

円頓戒・布薩戒伝法成す、

建治二年、良忠宮中参内賜紫衣（『貞享版然阿伝』）

天保十四年二月五日、拝綸以上の僧徒、公私領帽被着勅許（『知恩院日鑑』）

薄ニ候、兼々』厳敷御節検被仰出、御手許之義ハ猶更御省略被為在候へとも、累年多度之御不足相積り、弥増御取續も難被遊程之義ニ而、御附弟宮御入室御得度ホ之御手宛者猶更、被為行届兼候御事ゆへ、時節柄迷惑之筋と深く御通心ニ被思召候へとも、無余義御頼被仰候、一体無左とも一宗内より如何様共、御扶翼可成上筈ニ候、當　御門主御方ニハ御幼年より御聡明ニ被為在、殊ニ解行兼備し給ひ、時々　主上江も浄土之法門を御講談、且御授戒抔も被成上、加之関東ニおひても格別之御帰』依、古来無馳之御事ニ候、度々御登　城被為在、公方様（将軍家慶）御座之間ニおひて圓頓戒・布薩戒ホ御傳法被成上、御宗門之光輝と難有御事ニ候、別而宗法興隆之ためニハ、自ら夜寝食をもなんし（マヽ）給ハす、今度も往昔第三祖記主禅師（良忠上人）
　後宇多帝より御拝領之帽子、年久敷中絶之廉も　公邊江被仰立之通、當二月五日格別之依　台命、以来拝綸以上之僧徒江如先格、法服として帽子免許被在之、公私ともニ着用いたし候様、被仰出、従　御門主一宗拝綸已上之僧徒江御許圖被成候、』幸ニ祖禅師御忌日ニ當り、二月六日御年禮之向ハ御目通江一同着用いたし、宗幸不過之候、難有御事ニ候、當山御門末之向ハ、追而帽子　御許圖状被成下候間、此段兼而可被相心得候、斯　御宗門厚く被思召候御事も、都鄙一同御供恩之程難有可奉感戴義、旁以御永續方為冥加御宗門之末々ニ至まて抽丹情、御扶翼上納有之候様、大僧正御方厚く御頼被仰出候事、』

達
全宗門僧侶、破戒不律の儀取締、寺社奉行達、本山触達、被着・傳法・倫理等の徹底
天明・寛政・文政、今回天保期申渡しの如し、
貪欲の情を絶ち、学徳を務むこと専一
略服美服嘆く、
仏戒に背く、質素節倹の徹底
不如法の僧処罰す、

天保十四卯年七月、中本山達書、泰安寺ゟ至来、

御直達

諸寺院之僧侶破戒不律之儀ニ付、天明・寛政・文政之度、遂々取締方申渡、殊ニ先般流弊改革之御趣意厚被　仰出候後も、今以不如法之僧徒有之趣、時々相聞候、右者本寺、觸頭、法類、師兄ホ厚教流ニおよひ、宗祖之戒行法儀之軌範ヲ研窮いたし候ハ、、風俗も堅固ニ不相成處、追々申渡次第心得方等閑故ニ候、出家之儀ハ殊更貪欲之情ヲ絶、学徳ヲ相務専一ニ可相心懸處、利欲之』念深放逸無愧之事不少、歎ヶ敷事ニ候、市井抱鉢修行之僧徒行作不宜、又ハ略服美服を着し、往来致し候類も今以相見候、或ハ開帳、宗祖之法會釋門ニ在之間敷、造物ホいたし候段ハ、佛戒を背くのミならす、自ら世上之風俗ニ推移、質素節儉之儀、御改正憲法ニ相闖以之外ニ候、向後本寺、觸頭等修業勿論、精々宗風興隆之儀、厚申合、夫々末流之もの、如法質朴ニ勤学修行いたし候様、厳敷教誡ヲ加へ、旧弊相去候様、可取斗、一体不如法相聞候輩ハ、吟味之上、夫々可処罰科、當然之儀ニ候得共、此度厚ク　御仁政之御改革ニ付、今一段教流いたし取締方念入申付候ハ、、如法質朴ニ移リ候ものも可有之、若し』不取用もの於在之ハ、其段本寺、觸頭江可申出、向後何事ニよらす不如法可及吟味候間、其旨兼而心得可罷在候、

十一、欟社之記　（天保十三年）

寺社奉行、内寄合席にて下達

如法精修

廃学懶随、戒行ゆるがせの現況

申渡法則八カ条、月六度の講釈、集会時に着帳

触頭・老分の監督を要す、

右之通、寺社御奉行松平伊賀守（忠優）殿御内寄合席ニおゐて御達し在之、尚又當處御奉行四於伊勢守殿ニおゐて、同様被仰渡、厚御趣意之旨、深敬承可仕候、既ニ先般弊風御改革之折柄、御宗門之僧侶如法精修可際相立候之様、遠近一般学業策勵可在之處、兎角悠慢ニ差心得如法精修之躰、今以不相見　御改革之御憲法相聞之段、本寺、觸頭ニおゐて取締方等閑、時々之教流不行届ニ落入、奉勵　公邊江何とも深重恐入事ニ候、右御直達』之同出家之儀ハ、殊更貪欲を絶し、学徳を相應、寺務専一ニ可相心懸處、利欲之念深く放逸無愧之輩多ク在之旨、実以恐入事ニ候、右御仁流之通、所詮廢学懶随ニ而、戒行ヲユルカセにし、出家發心之根元、佛家住在之身を忘候者、支起り破戒無愧ハ、尋常之事ニ成行、別而近来間々心得違之族在之、一寺住職分上ハ寺役而已、専務と心得学業策勵ハ因位可之事抔と僻見を廢し、名利之為に奔走し檀越之摂化とも踈く懇欲至極ニ候、元来檀林所修学全備之僧稀ニ而、法則を不弁故之事ニ候、仍而今般左ニ申渡し候、

一、例月六度ツ、念續講訳之事、右大組小組互ニ申合、宗部』其外とも時日書物相定置、無欠滅可令修行、集會帳仕立置、念日當番之人着帳明順ニ可相渡、時剋ヲ限リ退出し不順世語互在、正論之法則相守、觸頭或ハ老分ゟ行状之不否風聞たりとも無遠慮、會演講訳後留置、及糺明教流可申候、年ニ一度ツ、右着

臈位高峯の振舞なく、

帳、出不出とも明白ニ相認、其所觸頭各々老分ヨリ　御當山江可被差出候、尤如法精学之もの江ハ思召も被為在候間、精不精とも可被相届候、別而日講日念訳等殊勝ニ積学之聞在之僧ハ、或臈位次之高下為扶宗護法、高峯之振舞なく可抽丹精儀ゟも不致嫉妬誹謗令随喜、学業栄勵可在之候、右席上之弟子同宿ニ至迠召連、有信之道俗とも聴聞可為致候、左候ヘハ道徳殊勝之ものも出来、宗規相整弊風自相念自行安心も堅固ニ相成、仏祖』感應檀越教化自利之儀、宗法興隆必然之叓ニ候、

○添状なくして香衣着用すべからず、触頭・組・法類の連帯責任

一、御添状而已ニ而、香衣着用之族も在之趣ニ相聞、不埒之事ニ候、右ハ全ク偽勅許罪科不軽奉恐入ニ候、以来觸頭并組、法類ホニ而、急度可遂吟味、若風聞たりとも達御聴も當人ハ勿論觸頭、組、法類迠嚴敷可申付事、

○宗制の法服着用のこと、

一、金襴袈裟并緋衣、紫衣ホハ不及申、地紋色遠之道具衣、且紫、或ハ地紋貫白ニ紛敷差貫兼而御制禁ニ候処、近来猥ニ相成、御宗制ニ相背不届ニ候、右之外たりとも都而不同意法服着用可在之候、右等之儀ハ、以来觸頭并ニ組、法類ゟ相互遂吟味紛鋪品召上　御當山江可被差出候、

○分限相応の袈裟被着のこと、

一、觸頭等ニおゐて内金襴抔と申觸し、私ニ金襴袈裟着用之族も在之哉ニ相聞、不届之事ニ候、右ハ白銀金入袈裟』御免之格寺者悉く遂吟味無遠慮可申出候、

○制禁の諸服停止のこと、

一、綾綸子ハ勿論、都而花美之高價之品御制禁ニ候処、着服之類所柄差構無之杯

と心得違、且惜當無差別、被布合羽ホ着用之向見聞不少、不埒之事ニ候、以来御制禁ハ申達も無之、俗服ニ紛鋪類堅ク令停止候、

○入院、及び入院登嶺等手軽に、格録相当のこと、

一、入院并ニ諸法要之節、三寶供養之外可相成丈致手軽、尤可為禁酒、年古仕来り之儀とも外見を餝り、持物供立等実像を欠、格録不相當之儀ハ堅令停止、觸頭、組一同申合、入院ハケ様、集会ハケ様と省略仕法立置可申事、

○不浄説法・付法停止のこと、

真実如法の勧誡

旱省の勧化

一、不浄説法、且附法ホ　御條目ハ不及申度々　御代々之旧制厳重ニ候へ共、近来不法之聞不少、真宗之制教ヲ不相弁、道俗ヲ狂惑し、就中旱省之勧化ホ無慚無愧甚敷人已来』　御制禁急度相守、真実如法之勧誡、且附法ハ自宗之道俗信心之厚薄ヲ鑑察し、格別為懇望ニおゐてハ、両三人許可状之通可任願、其餘堅ク令停止と、右道場之荘厳口傳之趣、如法真実ニ可致修行、組、法類、取持之寺院相互ニ遂吟味、旱省之勧化、且宗意ニ不相振候様、指弾可在之候、若不法之聞於在之ハ、組、法類、取持之寺院迠可及厳重沙汰事、

○本山参拝不登嶺なきこと、

不報謝

一、為報恩例歳　御忌拝参、且継目拝礼として登山可致旨、度々達し置候得とも不参、勝〔手〕ニ相成不報謝之至ニ候、以来觸頭ヨリ厚ク遂吟味、登山可致事、

不如法、即ち女犯のみにあらず、出家の法儀に悖るをいふ、

右箇條ハ前来之雖為制禁、尚相改被　仰出候、且　公邊御達之内、向後何事ニ不寄不如法之儀ハ厳重御吟味之旨被　仰渡奉恐入事ニ候、』

若輩之もの共、不如法と申をハ、女犯一通り之事と心得違之族も在之候得とも、

出家之法儀ニ相漏候事ハ、都而不如法ニ候間、御達之通ニ候、篤と致領納御宗門
一体之風儀一(不脱カ)際目立候様、如法精学可在之候、此上自然如何致儀於相聞ハ、聊無
容赦厳重咎可申付候、此段又末、寮舎弟子、同宿ニ至迄、不洩候様、可被相達
候、尤於各處、是迄取締定書差出在之候得ども、尚又今般取締方箇條差加、受書
印形可被差出候、此段申達し候、已上、

天保十四年卯四月　　惣本山

役者

作州　誕生寺

泰安寺

惣門中

尚々、住持訓、僧門訓、蒙合巻壹冊ツ、被下候間、篤と熟談可在之候、以上、』

別紙御書附写之通、寺社御奉行於阿部伊勢守(正弘)殿、御達在之候之間、御直末ハ不及
申、又末再末々之寺院ニ至迄、早々取調雛型之通弐通り相認、来ル七月迄ニ御當
山江被差出候、以上、

五月晦日　　惣本山

役者

触頭宛

住持訓・僧門訓合冊にて配布す、

〈『蓮門住持訓』〉正続二巻、貞極・佛定の述、寺院住職たるものの心得を項目別に記した書、続編は佛定の述で寛政二年の成立、刊本としては文政七年

調査のうえ、本山へ報告

直末(じきまつ)、又末(ゆいまつ)

作州里方
誕生寺
泰安寺
惣門中

尚々、當時無住ニ候とも相除、後住出来候分ハ早達可被下候、已上、』
御達書并住持訓壱冊相達し候間、御入掌可被成候、已上、

六月　　惣本山内
良正院

作州
誕生寺
泰安寺

無住寺の寺役法要開筵取調

於寺社御奉行御渡ニ相成候御書附写

末寺之寺院無住之節ハ、寺役法要ハ其本寺、法類、組合ゟ相勤候事ニハ在之候得共、邊鄙之場処ホニ而、右本寺等程隔之節ハ、他組合抔唱候ものニ而、相勤候事ニも在之哉、當時末寺ニ而無住之分、凡何軒程在之、何年之頃ゟ無住ニ而留主居而已、差置分、又ハ留主居も無之法類、組合持ニ相成候』訳巨細ニ取調、早々可被差出候、

無住寺書出雛形

半紙堅帳、但し壱枚ニ四ヶ寺宛可認事、

覚

何寺末
国処村名
何寺

何年何月ゟ無住ニ而

一、當時寺役法要ホ　本寺組合法類

何寺ニ而相勤申候、

一、右同断

右之通ニ御座候、已上、

月日　　觸頭　何寺　印

』

加行終りし帰国の僧、書状等託さることあり、

寺社奉行書簡

宗風の綱紀粛正策励、懈怠なく、如法精実の教行者、格寺に昇進さす、道徳学業抜群の者、申し出る、

別紙御達書尼ケ崎如来院（寺町）江差出置候由ニ而、寺内歎勵加行帰国之節、持帰り候分、左ニ記し直様津山泰安寺江送り遣ス、

別紙御達之趣、寺社御奉行於戸田日向守（忠温）殿被仰渡候御書附之旨、厚ク可被相心得候、就而ハ　御末山住職之僧侶教行双修如法清潔、檀越勧導可為精一儀ハ勿論、弟子随従ニ至迠苦修学業、宗規一際相立候様、常恒ニ淳々示教可在之旨、毎々及嚴達候得共、策勵之儀不相見、兎角懈怠不行状之輩不少、毎々　公儀江奉懸御苦労、其身之犯科者不及是非、一宗之汚名無此上、実ニ悲歎之極ニ候、今般世上御改革之御趣意、別而諸寺院江御觸達之御仁旨』深く相貫候様、如法精実之教行夙

○住職交代、継目登嶺、御礼式従前通り、三年に一度の報謝金、年序未納滞の者、住職仰付ず、

住職入用檀家にて賄ふ、自己雑費

○金銭による後住契約禁ず、

夜ニ策勵可有之候、自然解行相進候分ハ、追々格寺江移轉可被　仰付候、猶又道徳殊勝学業抜群之輩、鳥鄙（都カ）ニ相埋レ居候而も有之候ハヽ、其所觸頭其外へ行状叓実巨細ニ可被申出候、

一、諸寺院住職交代之節、遠近とも国主領主ゟ被申付、且役寺、觸頭ヨリ申付候分ハ、是迠之通、尤継目登山御礼式ホ、是亦従来之通、且三ヶ年壱度之御報謝物、使僧を以可相納候、其余一寺建立由緒之檀越、并ニ内寺ハ格別、其外住職之義、雖為直弟、年序未滞不應之僧江者、住職不被仰付候、尤入寺證文及綸脉相属、師匠同道登山相願候ハヽ、取調之上、是迠之通可令許容候、其餘在来於御當山被　仰付候寺院ハ、御定法之通、御目鑑を以、寺格相應之僧江可被　仰付候、然ニ組、檀中之　御目鑑を以、相應之住持被』仰付候様、請待願書乍差出置、何之頃ゟ歟有名無実之弊風ニ相成、前廣組、檀中江取繕置、甚敷ハ住職入用ホ雑費檀中ニ而差出之、且又前廣組相見之節、土産と称し目録ホ持贈之、又ハ登山路費ホも住職願之僧ゟ為出之候様之弊風、不策之事ニ候、組寺ハ相互之事ニ候、以来召状遣し候得ハ、組并檀中格之自己雑費を以、上京可在之候、其節御目鑑之僧江後住被仰付候間、訖度旧弊相改前廣取繕ホ之儀、決而在之間鋪候、

一、金銀を以後住之契約不可致義ハ、従来　御制禁ニ候之處、通談と唱江専相貪

礼式、寺格通り、冥加一切不用

候族も有之由、不届之至ニ候、以来右体之儀、於相聞ハ取調之上、嚴重之咎可申付候、向後住職被仰付之節、御礼式之儀、寺格之通、可相勤之候、其餘へ多少とも御冥加之儀』一切不及相納候、

○朱印寺、先納年貢等隠居時持退くこと禁ず、借財禁ず、

一、御朱印寺住職之輩、領地百姓共江先納申付、甚敷ハ隠居之節、持退候族も有之義ニ相聞、以之外之次第、不届之至候、且祠堂田畑山林ホ質物ニ差入、借財決而致間鋪候、若以来右様之儀、於在之ハ、當人ハ勿論法類とも取調之上、嚴重之咎可申付候、

○住職中の借財、後住に引受けさすこと禁ず、その借財は、当人・法類にて引き取ること

新寄付、減借

一、住職中自分借財、後住江相懸不申儀ハ、従来御定法之處、無其儀多分ハ後住江引受と相成、追々寺衰廢之基ニ候条、不埒之事ニ候、以来當人并法類江訖度引取可申候、若没後ニ候へハ、法類相償可申候、将又相應之遺金、諸道具ホ銘々之心懸ニ而、相贈罷在向も在之哉ニ候得ども、処詮ハ其寺之餘沢ニ而出来候処、近来其寺附借財ハ、其侭捨置、後住之困難ハ聊も不相顧、其寺減借、且新附と申義一切無之故、益難渋相嵩候間、以来右之申合、其寺』相應之新寄附、或ハ、減借ホ可在之候、且命果出寺ホいたし候節、早速　御當山江可相届之処、無其儀、内々後住之手段ホニ日を送り候条、不埒之至ニ候、以来所禮ホ之節ハ、急速ニ可相届之、且寺上後住願書、其節可差出置候、追而御目鑑を以可然後住可被　仰付候、前條　御條目并毎々被下置候御下知状、別而今般御改

学徳有りて行堅固の者、身分法臘に拘らず申出

革御趣意之旨を以、相達置候之間、諸末山、又末、曽孫末及弟子随従ニ至迄、学業精苦行状如実之儀ハ勿論、其外共厚為申聞置、聊ニ而も心得違無之様、嚴密ニ可相守之候、若後来違犯之輩於有之ハ、急度可及沙汰候、此段申達候、已上、

卯九月

惣本山

役者　印

作州里方

誕生寺

泰安寺

惣門中

』

別紙至来

諸般御改革之折柄ニも在之、寄（奇）特之もの世に埋れさる様いたし度候間、當時一宗一派之内、学徳殊勝、戒行堅固之聞へ在之僧侶、内々厚ク取調身分之高下法臘順次ニ不拘、尤法臘相知候分ハ、其趣并行状ホ巨細ニ相認、役寺又者本山ゟ可申出、尤奉行処ニおゐても、尚取調候間、見込違之分ハ不苦、其もの江ハ、勿論相役寺たりとも不及相談、一己存寄之処、銘々封書ニ致し可差出候、

後住、法類になき場合、学徳僧を選ぶ、

大寺新住入院祝物、法類弟子など全員にて契す、

金銀蓄なき者、住職なしがたく、

旧幣一新、学徳兼備の者、住職及び昇進すべし、

僧侶の身限、宗祖の寺跡なり、

出世名聞、本山上納金等による昇進、学徳の励を失ふ、

一、諸寺院後住之儀、相願之砌、法類ニ無之而ハ、後住ニ不願宗派も在之趣ニ付、今般夫々取調ニ及ふ処、品々申意も候へとも、学徳を可撰本意薄く相聞候、且又重立候寺院江住職致候ニハ、品々物入も』相懸、入院式其外向々被礼物ホ多分ニ差出、法類弟子譲も内実金銀を以、後住契約致し、両様共、道徳法臘相備候ても、金銀之蓄無之ものハ、住職難成次第ニも相聞、釈門ニおゐて在之間鋪義、入院式ホ檀林其外格合之仕来も可在之候へ共、御改革之折柄、此度右体之旧弊一洗致し、何れも学徳法臘相備候もの無差支、重立候寺院江昇進ニ相成候様、可取斗事ニ候、元来一流之僧侶等者宗祖之徒弟ニ付、一同法類候処、専受(修カ)業之師資相承を唱、重立候寺院ニ而も、学徳之撰も薄く人情因縁ニ寄、弟子法類ニ而相続致候様ニ而ハ、假令抜群之もの候とも、金銀ニ乏敷、或ハ法類之内明き無之者多分埋れ居、未熟之僧案外昇進致候様可相成、左候而ハ自然不斜之儀も生し易く、中興開基ホ之熟労を以、弟子法類』相續致候而も、在之趣ニ候へども、元来僧侶ハ其身限、寺ハ一派、宗祖之寺跡ニ在之処、未熟之法弟ホ余沢を以住職いたし、或ハ学徳之勵之薄く、世才ニテ長し出世名聞を好ミ、本山江上金ホ致し、又ハ居寺之修復ホ行届候而已之類を百労熟積と唱、昇進致候様ニ而ハ、学徳研窮之もの励を失ひ可申候、尤宗派ニ寄、中等以下並寺ニ至候而ハ、我物に譲受寺務不取援一助ニ而弟子相続いたし、末々分ハ無餘

十一、欟社之記　（天保十三年）

住職、法類によらず学徳兼備、法臘世寿により選ぶ、

内実金銀、厳重の咎なり、

改正趣意の徹底

華頂宮家永続扶翼金津山門中へ歎願

美作浄土宗全寺院上納分として五十両献金

儀筋も在之候間、其侭居置已来後住願出寺々ハ勿論、重立候寺院江住職之儀、法類ニ不依学徳相備法臘世壽相應之ものを相撰、宗風興隆いたし候様、本山役寺ニおゐて厚可相心懸候、

右之通相達ニ而も、内実金銀之多少を論し、或ハ法類を専一ニ而已、廣ク捜索も不遂、未熟之ものを積徳之躰ニ取繕申立候類々心得違候ハ、、』糺之上、叓実次第厳重ニ咎申付、後住ハ奉行所ニおゐて人撰之上申付候儀も可在之候間、聊も無等閑御改正之御趣意行届候様可致候、

昨年（天保十四年）来御扶翼一条御使僧御差向、當國御門中御断之歎願、惣代（津山、林田）大信寺和尚上京、

旧年相達置候　御當山御門室御永續方御扶翼為御頼　大僧正（方誉順良）御方御使僧御差向候儀、其国内寺檀とも少数、且貧檀旁迷惑之筋も在之義ニ付、今般右御諸伺旁門中惣代大信寺登山紙面之趣、且同寺ゟ歎願之旨、承届之候、仍而御使僧御差向之儀ハ』御延引之事ニ候、就而ハ、其国内惣門中ゟ金五拾両献納可在之候、此段申達候間速ニ御請、来ル二月中限早々献金候様、一同至厚可被申達候、尚大信寺江巨細申達候、已上、

正月十九日　　惣本山

泰安寺由緒別格、出格の献金を要す、

戒定、弘化元年（一八四四）六月十八日没す、

記録の中断は極めて短日なり、

勝山安養寺、法然上人前に百疋供ふ、

六月十九日、密葬、荼毘

余宗の本山寺・泰山寺等縁故をもって本葬立会、

密葬導師大信寺

門中法類、好身寺院、先代の葬式に準ず、

巨海、遺命により後住職

巨海、登嶺につき六月二十三日出立、北野連華庵泊り、

表葬導師泰安寺

役者〇

美作國　泰安寺

誕生寺

猶以、泰安寺儀ハ於　御殿格別之御由緒も在之儀ニ候ヘハ、出格丹誠献金候様、可被相心得候、已上、』

戒定和上長々病気之所、種々薬醫相加へ候得共、其無甲斐、終ニ弘化元年辰六月十八日迁化、此時節従　華頂御殿諸國江御使僧、當國ノ勝山安養寺ゟ為知来候、用向無之共、大師降誕之靈地故、参詣致度旨、被申聞、則御参詣為報恩金百疋大師前江被備之、紫帛紗を被下之、於當山一宿、主、伴僧壱人、侍壱人、供壱人、翌朝津山表御出立、此砌亀甲茶屋迠相送、勧厲沙弥添也、駕四人、両掛一人、

六月十九日、戒定和上密葬、總衆茶毘、泰安寺為使僧、導師大信寺、諸般如先代、』

本山寺、三隗清水寺・泰山寺、防長福寺・泰養寺、各寺院方へ諷看、倹約ニ付、出勤相断、布薩金五拾疋宛為囬向料遣之、右之内本山寺一山ハ、本葬之節、以深切立會有之、残寺院ハ表葬一日前ニ各々棺拝ニ被罷越、焼香ホ被成候旨、

八月六日、表葬式、大導師津山泰安寺瑞誉上人、門中、法類中好身是等之儀者、

古門前池田屋宿

十一月三日、取次良正院同道、住職申付らる、

巨海、備前形瀬村生、正道の弟子、深川霊巌寺にて両脈受く、

帰路、蓮華庵宿

諸講回り、

先代察巖和上如葬式、勤式ホも前代』和上同様之事、依遺命当山弟子巨海沙弥入職一件、弓削表諸願参向、無滞相済、同年十月此地出立、岡山へ間合渡海舟都合能直ニ乗船、主人、伴僧玉禅沙弥、外之供、

同廿三日、出帆、廿八日兵庫江着岸、其夜分大坂北野蓮華庵泊、十一月朔日夜淀川乗船、二日朝伏見江揚り、宿大黒屋、彼家ニ而御斎』、其店出立、京都　本山古門前宿池田屋金蔵へ着泊、翌三日良正院同道ニ而、本山御役所江罷出、則御役者中ゟ誕生寺住職被申附、大僧正順良御前（方誉、第六十九世）　拝禮、此座ニ而、祖師御遺跡之御咄し、且僧正様御自身御隠居被遊度御咄し、染々被申聞、謹而痛心、但本山向願書ホニ知吏実賢、役院浄土院、法類惣代重願寺、檀中惣代、』

本山知恩院江差上候由緒書之事

一、生國備前磐梨郡形瀬村中村儀右衛門伜、廿七歳入寺、

一、師範正道、

一、卅五歳冬東武於靈巖寺恵學寮ニテ両脉相承、

此外願向萬端如戒定和上、此由緒書ハ代々住職入用、可相心得、』

本山向相濟、帰路ニ従伏見乗舟ニ而、同月六日大坂大川町ヘ揚ル、蓮華庵ヘ宿ス、

次ニ諸講中廻り、元蓮花庵遠路故、安堂寺町堺筋山城屋利右衛門方ニ而、四宿程

講中披露

西幸村神坂宅宿

巨海、神坂宅より入院す、

書院上段着座す、西幸村、里方村席を分つ、

役所直参にて住職披露

津山泰安寺へ直参

滞留、此内講中披露相濟、同月十五日備前岡山船主角又渡海へ乗、海中安全ニ而、同十九日岡山へ着、平利・平氏両家ニて滞留、右同所ゟ下人和助を作州へ帰し、用弁ヲ次第ヲ（之カ）告、』

同廿三日彼地出立、忍ひニて垂篭持参仕、福渡り迠迎ひ、夫ゟ寺ヲ打過、西平村神坂杢太郎宅泊り、翌廿四日彼宅ゟ入院、本格ニ而迎ひを請入門、山主一句偈唱之、次ニ本尊前弥陀経、念仏一會、早而両尊牌前拝、世々上人拝、御朱印一禮、神明棚拝、心経讀誦、』書院上段へ着坐、一山衆徒三拝、十念 尼僧准之、檀方中拝禮、御齋、尼僧旦方も同断、故有テ西幸村、里方村坐席ヲ分ル、出脱之后、各引取ニ成ル、

廿五日弓削役所江右住職之披露、直参、但役所玄関ヨリ揚ル、

常役笠井氏江、金百疋、風呂敷、扇子箱三本入、虎漫（饅）五十入箱

同所舎弟嫡子、銀壱両、風呂敷、扇子二通、

組菱沼氏・福嶌氏、金五拾疋、風呂敷、扇子、まんちゅう廾、右二通り両家江　』

廿七日泰安寺へ直参、尤切棒駕、随伴合羽持、侍、草、

進物（記載なし）

成道寺、本覚寺、濱屋元太郎、美濃屋浮助、玉置宇左衛門、小田屋伊兵衛、一宮立石助右衛門、風呂敷扇子宛

久世重願寺使僧　坪井両所共講中、

鉦講《かねこう》
勝山安養寺使僧
役所へ住職継目願書、檀頭印形不定、三村鬮にて一村と決す、
継目時、印形押印の変遷
「継目時檀頭印形の件」、五代前、惣代西幸村庄屋印形、四代前、惣代印形無し、三代前、惣代西幸村・北庄里方村印形

鉦講へ扇子壱対宛、
勝山安養寺使僧、
』

（以下ノ五行ハ、書入ニシテ欄上ノ記載ナリ、編注）
當山律院改格已来、住持交代之砌、旦方印形有無不定之処、先住戒定和上住職之砌、里方、西幸ヨリ元三村之中、彼是故障申立候ニ付、其節大師前御鬮ヲ引、西幸邑杢太郎ニ相當り相濟候処、又候、此度當住巨海和上交代之砌、再發、三村之内別テ里方・西幸両邑意味合出来候ニ付、大庄屋池上久太郎證シ人ニタノミ候得ども、訳附不申、依之無拠弓削役処へ願出ス、一条左ニ決ス、

以書附奉願上候、
一、當寺五代以前住持代り目之節、本寺表江願立候願面々旦家為物代、西幸村庄屋嘉兵衛と申者致印形、四代目住持之節者、惣代印形無之住職相濟、三代目之節者、惣代印形西幸村庄屋神坂新右衛門、北庄里方村庄屋園平両人致印形、其后先住之節、』右体両村ニ而致印形候ハヽ、頼元村ニ而も惣代致印形度旨申出候ニ付、其段西木(幸カ)村、北庄里方村江申聞候處、故障申立致、混雑差掛候義ニ付、

急場取證人立入　大師前ニ而御鬮を引、西幸村庄屋杢太郎致印形相濟候處、亦復拙僧住職之節、致混雑、是又差掛候義ニ付、右同様取證人有之、右園平致印形相濟候得共、右三ケ村熟和不仕、會式其外法要之節、彼是と差支之義申出、迷惑仕候ニ付、大庄屋池上久太郎江』熟和之儀、相頼度々取斗呉候得共、相済不申、當寺之儀者律寺ニ而法義之外者不心得之義ニも御坐候間、何卒以御威光熟和仕、會式者勿論法用(要)之節、差支無御座候様、被仰附被下置候様、偏ニ奉願上候、以上、

弘化三午正月　　北庄里方村之内

誕生寺　病気ニ付

代　浄土院　印

弓削

御役所』

差上申御請一札之事、

一、北庄里方村之内、誕生寺五代以前、住持代リ目之節、本寺表江願立候願書ニ、旦家為惣代西幸村庄屋直原嘉兵衛印形仕、四代目住持之節者、惣代印形無之住職相濟、三代目之節者、惣代印形西幸村庄屋神阪(坂カ)新右衛門、北庄里方村庄屋園平両人印形仕、其后先住之節、右体両村ニ而印形仕候ハヽ、頼元村ニ而も

二代前、前両村に加え、頼元村の印形申し出によるも、前二村承知せず、三村鬮により一村印となす、

三村不和、法要に差支ふ、

檀家三村不和による差支なきよう役所に調停願ふ、

律寺にて法儀のほか、不心得の儀

住職巨海病気

同請書

西幸村庄屋印形にて決す、

法然上人真影前鬮にて決す、

惣代印形仕度旨申出候ニ付、其段』西幸村、北庄里方村江申聞候処、故障申立致混雑、差掛候義ニ付、急場取證人立入　大師前ニ而御鬮を引、西幸村庄屋杢太郎印形仕相濟候處、亦復當住之節、致混雑、是亦差掛候義ニ付、右同様取證人有之、右園平致印形、住職者無滞相濟候得共、右三ヶ村熟和不仕、會式其外法要之節、彼是差支之義申出、迷惑仕候ニ付、大庄屋池上久左衛門殿へ熟和之義相頼、色々取斗被呉候得共、相濟不申、同寺之儀者、律寺ニ而法義之外者不心』得之儀ニも御座候間、何卒以御威光熟和仕、會式或者法用（要）之節、差支之義不申出候様、被仰附被下置候様、御役所江被願上候ニ付、此度私共旦家為惣代御呼出之上、旦家之儀者、旦那寺ニ而不寄何事、差支無之様、取斗候者勿論之儀ニ付申合、旦家為惣代壹人致印形候而、住職無滞様可取斗筈之処、印形之儀者、彼是申及混雑候者心得遠之義ニ付、以来者先前之通、西木（幸カ）村ニ而致印形、三ケ村熟和仕、會式者勿論法用之節、差支無之様ニ致旨、厚御理解被』仰聞候処、頼元村ニ而者、一旦惣代印形致度申出候得共、右様故障有之候上者、強而申立候存者無之旨申上、北庄里方村ニ而者、居村之儀ニも有之候処、右願書ニ印形仕候義、相成不申候而ハ、一同不承知申立候段、強而申上候処、右印形一條之儀ニ而熟和難相成儀ニ候ハヽ、右印形之儀者御手前様方ニ而、長く御預り置ニ御取斗可被下候間、右ニ而三ヶ村共、先前之通、熟和仕候様、御理解被

三カ村熟和す、
会式、法要差支なし、

檀家総代三カ村連印
里方村
西幸村
頼元村

大庄屋田外源内

仰聞外、旦家之者共江も篤と御聞候上、否申上候様被仰聞、一同引取申聞候処、何れも御理解之趣、至極感服』仕、已来印形之義者御手前様方江御預ケ申、三ヶ村共無申分熟和仕、會式者勿論法用(要)之節、其外何事ニ不寄、先前之通申合、差支之義、決而無之様仕候、依之請書印形仕差上申処、仍如件、

弘化三年午二月

北庄里方村
誕生寺旦家惣代　惣平　印
同村庄屋　園平　印
西幸村
同寺旦家惣代　儀兵衛　印
同断庄屋　李太郎　印』
頼元村
同寺旦家惣代　長之介　印
同断年寄　為右衛門　印

大庄屋　田外源内　殿
同断　池上久太郎　殿

右之通、一札差出申候ニ付、奥書印形仕候、已上、

奥書印形

午二月

北庄里方村
　　庄屋　与七郎　印
同村年寄　米蔵　　印」
西幸村
庄屋
新無村　池上仙右衛門　印
　年寄　儀右衛門　印
同断　虎次郎　印
頼元村
　庄屋　周蔵　印
　同断　清四郎　印」

（コノ上段六行、備忘記ナラン）
右檀中一条相済、弓削役所江
礼ニ参、使僧白雄沙弥伴僧共、
進物葛襟地三下
當役笠井菅右衛門殿
　〃　傳治郎殿
〃　鍵太郎殿江

十一、欟社之記　（天保十三年）

大僧正入院祝儀触達
〈赫誉歓幢〉
新田大光院から弘化二年（一八四五）五月二十六日台命昇進、同三年五月十四日任官、嘉永元年（一八四八）七月二十六日没す、

今般（知恩院第七十世）赫誉歓幢大和尚惣本山御住職被為蒙　仰御入院首尾克相済候条、先格之通り
御祝儀可被相勤候、以上、
　弘化二年八月日
　　　　　　　　　　　　　惣本山
　　　　　　　　　　　　　　役者　印

誕生寺
泰安寺
惣門中

追而、門中落候寺無之様、御祝儀可被申上候、以上、

総本山知恩院住職、小石川伝通院昇進が順席なり、次いで鎌倉光明寺、新田大光院という推輓順序が基準
今回は、大光院なり、

爰許小石川傳通院様ハ、惣本山江御住職之所、順席ニ有之候得共、依御病気御差招、次ニ鎌』倉光明寺ハ御圓寂之儀ニよつて、今度者上州新田大光院様惣本山江御入職ニ相成候、

従知恩院御達

祝儀、先例の如く容赦のこと

御丈室御方當春継目御参府御礼ホ首尾能被　仰上、於　御城大僧正御任官被為蒙仰候、右ニ付、御祝儀献物之儀ハ、如先例御容赦之事ニ候、此段可被得其意候、以上、

(弘化三年)
午五月廿八日　惣本山
役者

作州里方

津山門中総代、勝山安養寺出立す、

定厳、東大寺戒壇院にて比丘授戒受く、戒師眉目寺純道、證明師新禅院

次いで増上寺へ赴き本堂修復勧財を願ふ、巡回十日間程の日程ならん、

増上寺願書

本堂修復、関東筋寺院の勧化

御府内、関八州、駿遠三勧化許可を乞ふ、

本寺、触頭、組頭助成金取集の触簡を願ふ、

』

追而、此状相達候ハヽ、承知之旨、御請書可被差出候、以上、

右御住職御歎ニ付、門中惣代として、勝山安養〔寺〕和尚午正月出立ニて上京被致候、

弘化三午四月六日、當寺出立、浄土院定嚴沙弥上京、追而南都東大寺於戒壇堂比丘授戒早、御戒師眉目寺純道大和上、證明師新禅院大和上、外ニ若干人、次ニ出立、江戸表増上寺江願上、御府内諸寺院、関八州、駿遠三之諸寺院ェ誕生寺本堂修復之勧財、於同所三田寺町林泉寺滞留ス、程能巡寺集財余程之事、弘化四年未四月中旬帰寺、　』

増上寺江願上之写

乍恐以書附奉願上候、

一、作刕誕生寺儀、本堂始及大破候之處、従来貧地ニ而修復難行届候ニ付、関東筋之諸寺院相勤勧化之儀、奉願候之所、御當山始御府内、且関八州并駿遠三沾御許容被成下難有仕合奉存候、右ニ付、御府内之儀者、檀林方始各寺江者格別之以思召厚　御聲懸被　下置候様、奉願候、左候得者、檀林方者勿論諸寺院へ

罷越助成相願度奉存候、其外関八州并駿遠三之儀も、各寺江罷越可相願之處、遠路之儀、里数も余程有之、年数も相懸り可申と奉存候、兼而申上候之通、貧寺之儀ニ付、諸雑用多分相懸候而者難渋仕候之間、最寄之』本寺、觸頭或者組頭等へ取集ニ相成、其向江罷越、勧物請取候様、御觸達被成下度奉願候、右様勝手ヶ間敷儀、奉願候段、深奉恐入候得共、一宇御再建之思召を以、何卒願之通被　仰附被下置候様、奉願上候、已上、

弘化三午六月日　　作州誕生寺代僧

増上寺　　浄土院　印

御役者中

右、同月二日再願仕候處、同六日萬般御聞濟ニ相成候事、

諸方江御觸達如左』

作刕誕生寺儀者、

(法然上人)
圓光大師御降誕之御旧跡ニ而、常行念佛之道場有之候之處、(将軍綱吉の母、光子・お玉の方)桂昌院様御繁昌中御宗門御信仰被為在候處、厚思召を以御願立之処、御朱印も被為得候ニ付、猶又　大師根本之御旧跡、常行念佛為道場事、海内ニ致流布御宗門之光輝不過之、然ル處、御朱印而已ニ而、外ニ檀施等聊無之、数代

増上寺触達
法然上人降誕の旧跡、常行念仏の道場、律寺とは言はず、

格別の霊場、本堂他諸堂修復看過できず、誕生寺役僧巡行勧化

組頭勧化物の取集、あるひは誕生寺役僧へ直渡

三田、深川、浅草、山之手

之住持日々之相続方ニも差支必至困難ニ罷過候故、是迠　本堂始諸堂舎修復之毎度　惣本山江願立』中国者勿論西国、北国筋迠も相對勧化許容有之、右を以小破損修復ホ差加漸雨漏相凌来候へ共、近来別而本堂始諸堂舎ニ至まで極及大破、当節雨露之防方も難出来次第、殊ニ従来貧地之事故、修理差加へ手宛も無之難渋之趣を以　御當山始御府内并関八州諸寺院巡行勧化願出候ニ付、則遂披露候之所、余寺格別之霊場ニ在之、此侭看過候而者奉対　大師前不報謝之至ニ被思召、御聞濟之御事ニ候、依之午年（弘化三年）歳ゟ誕生寺役僧巡行勧化可致候間、各寺得其意、配下并末寺、塔頭ハ勿論、旦家有信之向々をも勧誘有之、厚丹誠いたし、修復助成ニ相成候様、相当之寄進可有之候、以上、　増上寺

午七月　役者』

追加

勧化物者最寄組頭江取集置、其名前可被相届候、尤其向江役僧罷越候而、一具ニ可被相渡候、右之段、誕生寺役僧江も相達し候間、可被得其意候、已上、

三田筋　寺院當

深川筋　寺院當

浅草筋　寺院當

山之手　寺院當

増上寺役者

右増上寺智典大僧正（第六十五世、章誉）御代　役者　典了和尚　貞也和尚
昌泉院　浄運院」

覚

増上寺役者扱ひ、浄土院へ渡し、

一、金拾両　内（合カ）百六拾五両貳歩銀五匁五分
内　金五十両　依願関東ニ而浄土院へ相渡候事、

一二五両二歩

差引　金百貳拾五両貳歩
右増上寺役者中ゟ相廻り候分、

駿遠三寺院分

一、金拾五両三歩　駿遠三之諸寺院
銀貳枚　勧物浄土院ゟ預リ候分、
此金壹両壹歩、銀六匁」

増上寺分

一、銀拾枚　御當山
此金六両貳歩貳朱也、
銀六匁也、
合　金百四拾壹両壹歩
銀五百貳拾壹匁五分

二口合せ一四九両七歩二朱

集財高回金

増上寺、津山藩経由泰安寺受取る、

白雄、比丘授戒を東大寺戒壇堂に、三日間受く、戒師眉目寺純道、證明師新禅院

引続き知恩院各本山本堂修復の勧化願ふ、

喜捨

此金八両貳朱ト壹匁五分
二口合　金百四拾九両七歩貳朱
　銀壹匁五分
右者誕生寺勧物御當山始縁山并御府内、関八州道中筋諸寺院集財高廻金候事、』
弘化四年未四月廿四日
　惣本山
　作州　役所　印
　泰安寺へ
右者本山様ゟ津山御屋敷江被相頼、国許泰安寺へ着従當受取ニ参事、』
弘化四年未五月二日、此地出立、白雄南都東大寺於戒壇堂比丘授戒　五月十四、十五、十六日𠯁　御戒師眉目寺戒壇院長官純道大和上、證明師新禪院、外ニ若干、右𠯁而次ニ上京、惣本山様願上候儀、如左、
乍恐奉歎願口上書
一、拙寺本堂及諸堂舎及大破修覆難叶自力、依之昨年　御門室并　惣御本山江大師前御由緒柄申立、御寄附物奉願候處、速ニ』御喜捨被為在無限難有奉存候、就而者　御本山ゟ縁山様御寄附之御添書頂戴仕候而、出府仕奉願候得者、同様御下金被成下、深難有奉存候、尚　縁山様より檀林方其余関八州、駿遠三

近江、伊勢、周防、長門、石見の十カ国勧化

浄土院登嶺、本山安居中

総本山聞済

之御末山御觸流被成下、夫々以御陰相當御寄附有之、累重難有奉存候得共、何分極々大破損之上、殊ニ貧地莫大之入用ニ而、尚又今般五畿内、近江、伊勢、周防、長門、石見、右拾ヶ國御末山相勤勧化之儀、惣本山出願候處、御聞濟ニ而、前書之國々觸頭へ御觸達可被成下候、且又恐多御願ニ者候得共、不外義御霊場ニ付、何卒再建御取立と思召御當山御同様御寄附物奉願候、且五畿内者勿論』前件之國々御末山江御觸達頂戴被為　仰附候様、一向奉歎願候、尚追而代僧浄土院上京、登山之上、委細御願可申上候得共、此節安居中ニ付、使僧白雄を以奉願置候間、出格以御慈斗願之趣、宜御沙汰之儀、幾重ニも奉歎願候、以上、

弘化四年未五月　　作州

誕生寺　印

(大本山)金戒光明寺

御役者中

惣本山様江歎願申上候処、御聞濟被附置候儀ニ依而、黒谷へも願書差上候、随分之御沙汰御坐候様ニ被仰附候、』前書之願文(大本山)清浄華院、(同)知恩寺ホへも差上候

役者源光院返簡

内表聞済、表向達書指出されたし、

十カ国、国々へ触簡

十カ国勧化

惣本山役者源光院ゟ返書

貴簡致拝見候、向暑之節御坐候處、弥御安康可被成、御清務珍重之御儀奉存候、然者先般中浄土院師御上京之節、内話有之上方筋御末山寺院勧財被成度、就而者今般白雄律師為御願被成御指登、委細貴面ニ而承り候趣、内表共願試候所、則御聞濟ニ候間、何時成共、泰安寺以添簡御出願候ハヽ、表向御聞濟ニ、夫々御達書指出可相成候条、御承諾呉候、巨細ハ白雄師ゟ御聞取可被下候、右貴答如此御座候、恐々謹言、」

五月十九日　源光院

誕生寺様

其后、秋八月和上、京、右之趣、願上候得者、内々御聞濟故、速ニ十ヶ国被　仰附候、直ニ御達書前件之国々へ被相觸候、其節和上上方筋并諸方へ直ニ勧物頼之事、玉潭、勧禮之両僧も所々へ手配り集財之事、

御達書之御趣、左ニしるす、」

作州誕生寺儀者、

大師（法然上人）御降誕靈場ニ候處、本堂并諸堂舎及大破修覆難及自力、依之相勤勧化巡行之儀、願出、則御聞濟ニ付、五畿内、近江、伊勢、石見、長門、周防拾ヶ国之寺院

喜捨の勧誘

并又末、塔頭ニ至迠為頼談、同寺役僧可罷越旨、夫々及觸達候間、大坂役寺所々
觸頭并門中得其意、於各所御申合喜捨有之度、且亦各寺檀越并有信之』輩致勧誘
助勢修覆成就候様、可尽丹誠もの也、

惣本山
弘化四未年八月　　役者

宮門跡、大僧正始め各本山助成
本記録に知恩院「幹事」の初見

一、宮御方　銀拾枚
一、大僧正御方　銀五拾枚　』
一、銀貳拾枚　惣本山　幹事
一、銀拾枚　同　山門中
一、銀拾枚　金戒光明寺
一、銀七枚　知恩寺
一、銀五枚　清浄華院
右本山向　余者畧之　』

改元、嘉永元年

弘化五申四月改号、嘉永元ト被　仰出、
嘉永元秋八月七日出立、使僧白雄、

白雄、石見・長門・周防・岩国巡回す、
六十両
萩常念寺
山口善生寺
岩国実相院・瑞相寺
弘化六年夏までに総本山へ出金
本堂総瓦葺替と向拝柱取替工事、七間に八間重層造り、
御法度の作事せず、
法然上人真影、工事中暫時書院奥へ遷座す、
誕生寺の印章

（印文「櫔」）

石刕大願寺（大田町、触頭）・長福寺（波根町）始彼壱ヶ国巡寺、相應之寄附物有之、都合金六拾両程、長門ハ觸頭萩常念寺（下五間町）へ頼置、周防ハ山口善生寺（古能、触頭）へ頼置、岩國実相院（触頭）ト同所錦見之里瑞相寺（岩国）へ頼置、一同申合来酉（嘉永二年）夏迠　惣本山江出銀可仕旨、調印ニ而御承知之事、同年極月四日帰寺、』

嘉永二皇歴己酉年巨海大和上代、本堂屋根替ニ付、弓削役所江、

以書附奉願上候、

一、拙寺本堂七間ニ八間ニ重作り、右及破損候ニ付、此度惣瓦葺替并向拝之柱取替、外ニ損場所少々手入、是迠之有来通相違無御座候様ニ仕候、尤来月中旬ゟ道拵ニ取掛り申度、且御法度之作事等仕間敷候間、右願之通、何卒御聞済被成下候ハヽ、難有奉存候、以上、

嘉永二年酉正月廿三日　北庄里方村之内

誕生寺（印）

弓削御役所』

酉正月廿六日午上剋　本尊大師御像暫時書院玄関之奥江御遷坐、仮安置、於鶴間勤行、左右脇壇之多聞天、地蔵大士并御位牌等ハ　御朱印ノ間江安置、午上剋念佛一會、次ニ洒水浄土院定嚴律師伴僧俊堂、恒三朗、香爐白雄律師、伴僧月峯、御鳳輩結衆掛り、添人等、住務巨海和上伴僧霊嚴潮海長柄、玉潭沙弥散華、歓厲沙弥散華、直原長左衛門、余ハ總供寺領之者若干、唐

仮遷座

会式まで本堂締切る、

万誉顕道、知恩院入院

〈万誉顕道〉鴻巣勝願寺から嘉永元年（一八四八）九月十日台命により昇進、同年十月二十二日任官、安政五年（一八五八）五月十二日没

門ョリ玄関安置之砌、護念経臺巻、開門、念佛、總囬向之文、退堂、』

右一件當時仮迁座故、御役所へも此段口上ニ而申込置相濟、且中へも就修復御迁座之叓、囬文ニ而相達、當日参詣ハ勝手次第、参上共臺所ニ而一飯も不差出様、一同江申附置、右萬端相濟候迠快晴、夕方ゟ雨降出シ、都合無残所、吉来ル、會式迠本堂〆切ニス、又會式ニハ本堂へ御出座之積、

惣本山ゟ酉正月出、閏正月廿九日着

今般萬誉顕道（知恩院第七十一世）大和尚　惣本山御住職被為蒙　仰御入院、首尾能相濟候』条、先格之通、御祝儀可被相勤候、以上、

正月十三日　惣本山

役者　印

作刕里方

誕生寺

泰安寺

惣門中

追而、門中落寺無之様、御祝儀可被申上候、以上、

御丈室御方、此度別段之以思召、去ル十月廿二日於　御城大僧正御任官被為蒙

誉号実名同称の寺院、謙譲改め、

本堂修復勧財約定の寺院等については、本山から催促願ひたし、

勧化金、修復入用金の半分に届かず、加へて雑費も多く、更に十カ国の門末寺院に勧化許可を願ふ、

仰、且即年継目御禮ホ被　仰上候間、別而』難有奉存恐談可被申上候、已上、

正月

副書

御當職御方御誉号御実名差合之寺院者、謙譲相改可申候、勿論御當山へ其趣書面を以、可被相届候、已上、

奉願口上書　知恩院御役者へ差上候一通

一、御當山御役所江御末寺ゟ勧財上納御預之分、此度御下渡可被成下、且巡行仕候先々ニ而跡ゟ　御當山江可差出旨、約定』之向々書記差上候間、何卒早々御當山江上納ニ可相成候様、御達書御遣可被成下候ハヽ、難有奉存候、右重々奉恐入候得共、御聞濟可被成下様、偏ニ奉歎願候、以上、

嘉永二酉年二月　作刕誕生寺　印

御當山

御役所衆中』

奉願口上書

一、拙寺儀、本堂諸堂舍大破ニ付、修復難及自力、依之先般中拾ヶ國御末寺相對

入用金の半分に届かず、雑費多要

十カ国回国勧化
紀伊、尾張、美濃、加賀、越中、丹波、丹後、但馬、備後、安芸

赤穂藩森家、重政・同養母の茶湯料として二百疋を供ふ、

勧化御許容之儀、奉歎願候之處、不容易御儀ニ御座候得共、速ニ御聞済被為成下、御達書頂戴仕候而、右国々以　御餘光無滞去暮迠不洩寺院順行仕、深重難有仕合ニ奉存候、則勧財帳奉備御覧候、然ル處、右勧物ニ而者、兼而奉申上置候通り大破ニ付、入用金半高ニも難行届、其上旅行地理不案内之儀ニ付、雑費等多分相懸り候ニ付、迚も修復成就之』場處ニ者難至候間、重々奉恐入候得共、不外成御靈場御再建と被為　思召分、此上紀伊、尾張、美濃、加賀、越中、丹波、丹後、但馬、備後、安藝、右拾ヶ國御門末、先年奉願候振合通り廻國仕度候間、何卒出格御憐みを以、御聞済被為　成下候様、只管奉歎願候、尤御聞届被成下候ハヽ、右御末寺江御觸達書御下渡之儀、奉願候、前条宜御沙汰之程、幾重ニも奉恐願候、已上、

嘉永二酉年二月　　作刕

惣本山　　誕生寺　印

御役者中

』

赤穂表ゟ　書状金子入、去申極月廿五日出、當酉三月卅日着、余り延引、

一筆致啓上候、甚寒之砌、御坐候処、貴寺弥御安全可被成御寺務珍重奉存候、然

者瑞應院殿（森重政）、生光院殿（同重政養母）へ為茶湯料金貳百疋被備候間、御奉納被下、宜御囲向可被
下候、恐惶謹言、

十二月廿五日

村上真輔
允修（花押）

伴　半右衛門
資達（花押）

松本太郎左衛門
泰通（花押）』

宮地久米進
高治（花押）

誕生寺様

誕生寺茶湯料礼書

返事

一筆啓上仕候、暖和相慕、弥御安清被為成御勤役珍重奉存候、然者　瑞應院殿、
生光院殿御両靈前江為茶湯料金貳百疋例年之通被為備寺納仕候、厚御囲向可申上
候、』恐惶謹言、

酉三月卅日

誕生寺
寶誉（巨海）（花押）

宮地久米進様

松本太郎左衛門様

宝誉巨海自署、花押

伴　半右衛門様

村上真輔様

返事之時、

上包　宮地 村上　両名面　状箱同様之事　』

嘉永度御觸達之写　此分備中門中江御觸之通写置、當国へハ爾今不来、

近来璽書無手次結縁五重致弘通候輩も有之哉ニ相聞、御制禁ニ相背不軽越法ニ付、檀林中ゟ急度取締有之事ニ候、就而者　御當山御末山、又末ニ至迄、右様之儀者有間敷候得共、逺心得有之候而者以之外、為　御取締毎歳三月十四日布薩御傳法被為在候事ニ候、然ル處、右同時差支候向も候ニ付、則願人有之、来ル八月十四日御傳法被　仰出候間、『無相傳』之向ニ御附法被　仰出候間、尤増上寺者格別、其餘於諸山相承之輩、當酉年迄之分者御再傳、所持之譜脉江御印證可相願、已来者諸山之相承御取用ニ不相成候間、御末山住職之向必新受可有之候、依之於御當山相承不致、寺院化他五重授戒等之儀、可令堅停止旨、被　仰出候事候、猶在住之寺院末々共、相傳有無　綸旨目次別紙雛型之通、觸頭、組頭、中本寺ホニ而取調帳面ニ仕立、當五月中此間』〔無〕逺可被差出候、勿論御附法相願候向者、新受再受共、香衣、七條、念珠、座具、随身前々日迄ニ登山、表論所江着帳

手次なく璽書、結縁五重が行はる、檀林は取締まるべし、

毎年三月十四日の布薩伝法時に取締り、八月十四日伝法時に附法す、

嘉永二年分は再伝、以降諸山相承なし、新受あるべし、

化他五重停止のこと

〈化他五重〉結縁五重ともいふ、各地の寺院で信行策励のために、伝燈師

が受者に対して浄土宗義を相伝する五重相伝をいふ、

寺院の相伝、綸旨の有無など差出すこと

附法願ふ者、香衣・七條・念珠・座具を持ち登嶺、着帳のこと

下谷幡随院・館林善導寺取用なし、新受あるべし、

病気の者、嘉永三年に願ひ出るべし、

帳面雛形

可有之候、此段不洩可被相達候、以上、

嘉永二年酉四月　　惣本山

役者 印

猶以、諸檀林、且三ヶ山者如本文、其外紫衣寺之分、又者宗脉之節、於下谷幡随院、館林善導寺相承之向者、』此度迄も御取用ニ不相成、新受可有之候、以来者本文之通諸山共、御取用無之候条、其旨可存候、将又此度無拠差合、又者病気ホ之分者断書差出、来戌（嘉永三年）三月可相願候、尤御附法前両日御別時御執行出勤可有之候、以上、

帳面雛形紙　美濃　何ヶ寺ニ而も如斯相認

何年何月何日　　何国何所

一、惣本山歟　　何誉大僧正御代　　何寺何誉誰印

増上寺相傳仕候、』

何年何月何日　　何国何所何寺

一、何寺何誉大和尚相傳仕候間　　綸旨御日付　　何誉誰印

當八月御再傳奉願候、　　何年何月何日

布薩相承調べ、
〈布薩〉天台宗相伝の円頓戒に対し、浄土宗独自の伝法として室町期末から江戸初期にかけて興る、しかし、布薩伝法史に明瞭性を欠くといふことにより「布薩妄伝」とされ、明治四十五年（一九一二）に廃止され、現在では用ゐない。しかし、その宣揚を主張した者も少なからずゐた、

何年何月何日従

何寺何誉大和尚相傳仕候間、　　何国何所

一、此度御再傳願候筈ニ候處、　　何寺何ヨ誰印

病気ニ付、其外差支訳相認、

来三月御再傳奉願候、

何ヶ寺ニ而も如斯相認　　何国何所何寺

一、未相傳ニ付、當八月　　綸旨日次　　何蓮社何誉誰印

御傳法奉願候、　　何年何月何日　』

未相傳ニ付、此度御傳法　　綸、、、　　何国何所何寺

奉願候筈ニ候処、病気者其訳其外　　、、、、、、　　何蓮社何誉誰印

来三月御傳法奉願候、　　差支相認、

當御門中布薩相承有無不残取調候所、右之通、相遠無御座候、何寺未相傳何ヶ寺

再傳何ヶ寺何ヶ寺此度御附法奉願候、以上、

何国何所

、、、、、五月
　　　　何寺　印
物本山
　御役者中
　　但触頭、組頭役寺中本寺等

別紙触達之趣、諸国各所触頭、組頭ホ、各々入念取調行届候様、無等閑可被相心得候、以上、』

　　　　　　　　　物本山
　　　　　　　　　　役者　印

備中笠岡
（備中触頭）
玄忠寺
倉敷
（備中触頭）
誓願寺
物門中

右之趣、備中（総社市福井）清雲寺ゟ写持参有之、依之写置也、』

紀伊大納言齋順死去につき諸事慎み自粛触

去月四日、紀伊大納言様 齊順卿 被為成御逝去候ニ付、今六日ゟ来ル十二日迠日数七日鳴物停止、諸事相慎、火の元別而入念候様、尤普請者六日ゟ八日迠三日之間、相慎候様、寺社方江も同様申觸候様、只今被仰出候間、此段得御意候、以上、

嘉永二酉閏四月六日　　治部常五郎　印

誕生寺御知事様

尾張中納言慶臧死去につき、諸事慎み自粛触

一、當月七日、尾張中(大カ)納言慶臧《ヨシツグ》卿様被為遊御逝去候ニ付、今廿九日ゟ来ル六月五日迠日数七日之間、鳴もの停止、諸事相慎、火之元別而入念候様、尤普請之儀者、今日ゟ三日之間、相慎候様、右之趣、被仰出候ニ付、村々小前末々迠』不洩候様、可申觸、且又寺社方江も同様可申達候、以上、

酉五月廿九日　　弓削

地方役所　印

本記録に「地方役所」の初見

右之通、被　仰出間、今日ゟ日数七日、諸事相慎事ニ御坐候間、為御知申上候、宜御取斗可被成候、以上、

月日　　大庄屋所　印

誕生寺御知事様

土井利位奥方（清亮院）死去、諸事慎み自粛触

一、去月廿七日夘之中刻、清亮院様土井大炊頭利位君之奥方之由、御病気之所、』不被相叶御養生、被遊御逝去、右ニ付、普請并鳴物停止、諸事相慎、火之元別而入念候様、右之通被仰出候ニ付、村々小前末々迠不洩様、可申觸候、尤寺社有之村方者、是又不洩様、

可申觸者也、

酉十一月十三日　　地方役所

右之通、被仰出候間、日限之儀ハ、追而御沙汰有之候迄、諸事相慎可被申候、以上、

月日　　大庄屋所

誕生寺御知事様　』

清亮院忌明を五十日となす、忌中に付き正月規式行なはず、寺社も同様なり、

以手紙得貴意候、月迫ニ相成候所、弥御勇猛被相成御寺務珍重奉賀候、然者　清亮院様御停止之儀、致承知候日ゟ日数も五十日相立候ハヽ、御忌明と相心得候様、尚亦當越年正月之規式不相成候ニ付、表通ニ注連餝相成不申、表向者餅搗不相成、年頭之禮一切不相成、寺社之禮も同様之義ニ而、寺社ニ而も同様規式相成不申旨被仰出候、来正月御役所御禮之儀者、寺社方者七日八日両日之内相勤候様、被仰出候、右之通被仰出候ニ付、此如御通用申上候間、左様御承知可被成候、已上、

酉十二月廿四日　　大庄屋所

田外源内　印

誕生寺御知事様　』

嘉永三星庚戌春ゟ、

五十日停止明《ちょうじあけ》の心得、寺社同様なり、

一、御停止之儀、別段御觸者無御坐候得共、村々ニ而も致承知候日ゟ五十日相立候ハ、、御停止明之心得ニ而、可罷有候、右之趣、村々并寺社方へも不洩様、可申觸候、以上、

戌正月二日

田外源内

右之通、被仰出候間、此段為御知申上候間、御承知可被成候、以上、

誕生寺御知事様』

尾張大納言齊朝死去につき諸事慎み自粛触

一、尾張従二位大納言齊朝《ナリトモ》卿被為在御逝去候ニ付、今廿六日ゟ来月二日迠鳴物停止、諸事相慎、火之元別而入念可申、尤普請者今廿六日一日相慎候様、右之通従　公儀被　仰出候ニ付、小前末々迠不洩様、相觸可申、寺社有之村方ハ、是又不洩候様、相觸可申者也、

戌六月廿六日

地方役所　印』

日数七日間

大庄屋江

右之通、被仰出候間、御通達申上候、今日ゟ日数七日御觸面之通、御慎可被成
候、以上、
六月廿七日　　大庄屋所　印
誕生寺御役僧

簾中死去、諸事自粛触
日数五日間、鳴物十日間
〈簾中〉貴婦人方、公卿
大名の妻の敬称

此御方者、昨年酉九月十五日京都一條殿より、関東へ御縁組之寿明君御方也、
一、御簾中様御逝去ニ付、普請者来ル十二日迠日数五日、鳴物者来ル十七日迠、
日数十日御停止之旨、右之趣、従　公儀被　仰出候間、村々小前末々迠、寺社
有之村方ハ不落候様、可申』觸候、已上、
戌七月八日　　地方役所
大庄屋へ

右之通、被仰出候間、不洩候様、末々迠相觸可被成候、尤承知之日ゟ日数相慎可
被成候、已上、
七月十九日　　大庄屋
誕生寺御知事様

寺領、海岸有無調
寺社奉行所取調
絵図添付
提出、知恩院
雛形

惣本山ゟ御用状着　七月十九日日中少し前、』

諸寺院領知海岸ニ有之分、
　御朱印地除地共、一村毎ニ海岸里数丁数、海岸ゟ沖江三十間目、一丁目、五丁目、十丁目、貳丁目、壹丁目、何十丁目ホ之浅深、海岸左右隣知名、前村名相詰、名前ホ迠巨細取調之儀、寺社御奉行　松平紀伊守(信篤)殿より取調被　仰渡候間、其地門中　又末ニ至迠不洩様吟味之上、来ル八月中迠ニ繪圖面并書附貳通り宛、別紙雛形之通』相認御當山江可被差出候、尤海岸地所無之分者其段書附、是又貳通相認可被差出候、此段申達候、以上、

惣本山
役者　印

戊六月九日
作刕里方
誕生寺
泰安寺
惣門中

一、美濃紙認寺院、、之繪圖面　壹枚　雛形有之』
海岸地所有之寺院届　下案

一、御朱印地
　　海岸地所何拾何間持地　　　　何寺末何国何郡何村
　　　　　　　　　　　　　　　　　　　　何寺
一、除地
　　海岸地所何拾何間持地　　　　何寺末何国何郡何村
　　　　　　　　　　　　　　　　　　　　何寺』
右海岸地所、別紙繪圖面之通、持地ニ御座候間、此段御届申上候、以上、
　年月　　　　　　　　　　　　　何寺末
　　　　　　　　　　　　　　　　　何国何郡何村
　　　　　　　　　　　　　　　　　　何寺　印

　　　海岸地所有之寺院地頭江差出届下案
　　覚　　　　　　　　　　　　　　何寺末
　　　　　　　　　　　　　　　　　何國何郡何村
一、御朱印地
　　海岸地所何拾何間持地　　　　　　何寺』
一、除地　　　　　　　　　　　何寺末何国何郡何村何寺
　　海岸地所何拾何間持地　　　　　　何寺
右海岸地所別紙繪圖面之通、持地ニ御坐候、尤地頭所何之何守殿江も委細繪圖面を以、御届申上候間、此段御届申上候、以上、

何寺末
年月
何国何郡何村何寺　印

海岸地所無之寺院届下案』

何寺末
何國何郡何村

一、御朱印地
何拾何石
何寺

何寺末
何国何郡何村

一、除地
何拾何石
何寺

右海岸地面所持之有無取調可申上旨、御達ニ付、拙寺并末寺支配下共、相改候処、海岸地所無御座候、此段御届申上候、以上、』

何寺末
年月
何國何郡何村何寺　印

右従惣本山被　仰出候也、

長門門中勧化金八両二歩、常念寺納め、

其寺勧財儀ニ付、先年弟子之内、白雄律師長刕萩(触頭、下五間町)常念寺江罷越、右頼談ニ及ひ置

本堂修復完了に付、本尊入佛、三月十九日より二十五日迄奏楽法要

法然上人両親七百回忌護念経一万部法要

住職巨海、知恩院へ出向す、期間二カ月間なり、

候由、今般觸下門中金八両貳歩差出之候、此段可被得其意候、以上、』

己十一月廿三日　惣本山

作刕　役者

誕生寺

追而常念寺ゟ之書面落手可有之候、以上、

右延着、今六月中ニ當寺へ相届写置也、

以書附御座申上候

一、當寺本尊入佛供養、来ル亥年三月』十九日ゟ廿五日迠奏楽法會并（法然上人）圓光大師御両親七百回忌相當、護念経壹萬部法要仕度候、依之門前石碑へ建札差出候間、此段御届申上候、以上、

北庄里方村之内

嘉永三年戌八月日　誕生寺　印

弓削

御役所

以書附御願申上候、

一、拙僧儀、今般就法要京都知恩院迠、来ル十五日』出立ニ而罷越候、帰寺之儀

者、十月下旬ニ相成可申候、尤道中御法度之趣、急度相慎可申候間、右願之
通、何卒御聞濟被成下候ハヽ、難有奉存候、以上、

北庄里方村之内
誕生寺　印

嘉永三年戌八月十二日
弓削　御役所

以書附奉願上候、

一、當寺儀者　圓光大師降誕之地、熊谷蓮生法師開白、常念佛浄土根元之旧跡ニ御坐候、然ル處、近来本堂始諸堂舎、以之外及大破候得者、何卒修復仕度志願相立候得共、薄禄不相應之建物、修復一条迚も難及自力、當惑至極ニ奉存候、右ニ付、去々午年中京都』惣本山表御歎申上、無縁之地迠も助成相頼居申候仕合ニ御坐候、就而者奉恐入候得共、御領分之内、摂播不寄多少、相對勧化御免許被為　仰附候之趣、平野表へ御願可被下候、誠ニ不顧時節柄、御歎願奉申上候儀、恐入奉存候得共、御餘光を以亮願成就仕候ハヽ、難有仕合ニ奉存候之間、何分ニも御憐愍之御沙汰、幾重ニも宜奉願上候、尚巨細之儀者、知事口上ニ而奉申上候、以上、

北庄里方村之内

〈熊谷蓮生法師〉
鎌倉前期の武将、蓮生、平家追討の功、武蔵熊谷郷の本領安堵さる、建久三年に久下直光と所領相論に負け法然上人の門弟出家、誕生寺を創す、

常念佛浄土根元の旧跡
修復、自力に及びがたし、

無縁地迄勧化
勧化御免の許可
摂播勧化

誕生寺領、海岸地面所持地なし、
嘉永三年戌八月　　　　　　　　　　　　　　　誕生寺　印
弓削御役所

以書附御届申上候
一、御朱印地　　　　　　　　　　　持
五拾石作刕
誕生寺
右海岸地面所持之有無取調可申上旨、御達ニ付、拙寺并支配下共相改候處、海岸地所無御坐候、此段御届申上候、以上、

作刕
嘉永三戌年八月　　　　　　　　　　　　　誕生寺　印
惣本山
御役者中

右之趣、従　公儀被　仰出候ニ付、今般惣本山ゟ為觸知候ニ付、差出可申候、此段御届申上候、以上、

北庄里方村之内
戌八月十四日　　　　　　　　　　　　　　誕生寺（印）
弓削
御役所

入佛建札一件、先例の有無を役所尋ねる、

弓削御役所ゟ手簡到来、如左之、

以剪紙致啓上候、冷気御坐候処、弥以御安康被成御寺務珍重奉存候、然者　御本尊入佛供養、来亥三月十九日ゟ同廿五日迠、奏楽法會并其外御執行被成候ニ付、門前江御建札御出被成度旨、先達中被届出候付、平野表へ申遣候處、左之通、右本尊入佛供養と申候儀者、是迄先例も有之候儀を先例も有之候ハヽ、聞届候上、先例之有無可申越候、右之通申参候間、左様御承知、先例之有無承り度御座候間、委敷御答可被下候、右可得貴意、如此御坐候、以上、

(嘉永四年)戌九月七日　　笠井堅太郎

誕生寺
御知事様(白雄律師)』

入佛、先例の尋、先例は元禄期森家領なり、練供養音楽法会住職京都出張中

八日早朝ゟ知事、弓削江罷越面會之上、時日之返答申上候、當寺　本尊入佛之儀、(嘉永四)亥年三月ニ仕度、此儀先例も有之哉之御尋、成程先例ト申ハ、元禄度當国一圓森(忠継)美作守殿之御領地之砌、入佛仕練供養音楽法會ニ御坐候、當土井様之御領知ニ相成候而者、甚敷入佛ホも無之候、兎角元禄度之儀を先例ホ仕候と申上置、何事も住持他行中故、帰寺之上、来ル亥年之入佛法則取究ニ御定可仕節、此如申上

候ハヽ、早速平野表へ相達可申上候而、御沙汰可申候と被申聞、直ニ引取、先方者子息堅太郎殿へ面會、逐一父菅右衛門殿江言上之様ニ候、

摂播両州勧化、先例なく願書差戻し、

入佛供養の儀、大事禁止のうへ許可

一筆致啓上候、秋冷相増候処、弥御清栄ニ被成御座珍喜之至、奉賀候、然者摂播勧化之儀ニ付、致添書平野表江御出之處、右者是迄例も無之事故、難聞』届候之間、其段御出之僧江申渡候趣ニ而、此度願書差戻候ニ付、則御戻申候、左様御承知御落手可被成候、且又御入佛供養之儀ハ御届之通、相濟申候ニ付、是又左様御承知可被成候、乍去大造成事者不相成候様、精々御心附申候様、申越候儀ニ御座候、右可得貴意、早々如此御坐候、恐々謹言、

戌九月十九日　　笠井堅太郎

誕生寺御知事様

勧財の残分取集

大僧正施主にて法然上人両親位牌の作製寄附金六両受

佛師山本茂助

靈寶長持壹棹

一、先達八月十五日出立ニ而、山主前兵庫、灘、西宮、大坂、上京等、此砌於所々別時并勧財之残分』為取集、浪花ニおゐて暫時滞留、又上京之節、本山知恩院江登山、大僧正（萬誉顕道）御方江御正見之砌、御前之御施主ニ而、大師御双親之尊牌被為御寄附金六両相掛り、佛師山本茂助へ申附置相仕立ニ成、則大僧正前ゟ

御法名江文字被差加、如左、

保延七年酉三月十九日　壽四十三　今天保九年戌迠七百年ニ成、

○菩提院殿源譽時國西光尊儀

久安三年寅十一月十二日　壽三十九　今弘化二年巳迠七百年ニ成、

○解脱院殿空譽秦氏妙海尊儀　』

右尊牌申請、大坂大蓮寺（天王寺・下寺町）ニて御両親之七百回御遠忌別時候節、組寺ゟ為御香奠金貳百疋ツ丶献備之事、且又従　本山表、右寺江別時随喜之御懇之達書被差出、尊牌彼地預ケ置、主従同所ゟ乗船ニ而、十一月三日備前岡山へ着岸、翌四日夜無恙帰寺、

浪花清福寺ゟ施主依取持

大師御宮殿彩色再建被下、代金五十両之余も相掛り候事、追日京都佛師茂助（山本）之手代壱人、引合ニ参り相渡、宮殿微細ニ解キ、船積ニて帰京之事　』

右大坂滞留中ニ講内銭屋七右衛門、河内屋次郎兵衛之両施主ニて赤地錦貳丈、代金九両之由、尤色品よし、是者御鳳輦巻之用ニ相成、外ニ御両親之御霊膳貳具出来、惣朱皆具共、大師之御紋附、金仕立三方對物也、又御経机壱脚、作花ホ持帰

「文字差加被れ」とある、両親の戒名、院殿号この時に整ふ、

時国公・秦氏七百回忌位牌

秦氏、三十九歳没、（通誉、四十二歳没と記す、二十九頁、四十頁）

大坂大蓮寺にて両親七百回忌別時会、その節、組寺二百疋を供ふ、

巨海帰寺す、十一月四日

施主取持にて法然上人真影宮殿修理彩色、五十両要す、

宮殿船積にて運ぶ、

大坂講中、銭屋・河内屋赤地錦二丈寄す、鳳輦巻用代金九両、色よく、諸道具揃ふ、

幕中洗張、野々口屋

入佛供養米紙袋、五六千袋

位牌到着、出迎へ、

西幸村銀札（藩札ならん）三十二匁献ず、原田村銀札五匁献ず

赤穂森家より例年の茶湯料供ふ、

ル、

一、十一月廿九日、白麻木綿共幕改、穢レ候故、是も津山野、口屋へ申附洗張之事、職人江手渡し早、

一、右之頃ゟ来亥年入佛供養米之紙袋拵ル、衆中相掛り、先物者五六千袋程試ミル、』

一、十二月十日、御両親之尊牌、岡山ゟ福渡へ御着之由、態飛〔脚〕入来、依之檀方有僧へ囲達、明日御着之旨、申聞、十一日御位牌為迎長持、但し御紋附之ゆたん共、福渡へ持行、迎僧勧勵亀〔甲〕迄、弓削ニ而御小休迄浄土院律師随伴、寺領之庄屋直原長左衛門迎出ル、次ニ御出立、途中南荘邊迄山主和上随伴、若干迎也、次ニ御寺着之上、讀経、念佛一會、焼香檀方江も申附、御香奠里方、西幸物旦那中より銀札三拾貳匁献之、追而原田村之檀那中ゟ銀札五匁献之、右有僧記之置、尊牌暫時上段江仮安置、諸人江為拝候もの也、』

一、例年之通、赤穂表ゟ瑞應院殿（森重政）、生光院殿（重政養母）江之御茶湯料被相備、金子入之書状到来、披見之上、返事遣之也、

嘉永四年米価上る、一石一七〇匁

嘉永四年辛亥春已来書留　米直段高シ、壹石ニ付、百七拾匁程万事應之、

入佛、役所へ差定届出る、

一、来ル三月入佛ニ付、七日之間、法式之差定書弖削役所江届置、正月七日朝知事白雄律師認役所行、

差定書如左』

十九日から二十五日差定
入仏供養音楽
十種供養
七百回忌練供養
滅罪会
放生会
総回向

一、三月十九日入佛供養音楽○廿日十種供養○廿一日大師御両親之七百回遠忌練供養○廿二日滅罪會○廿三日例年之通之練供養○廿四日放生會○廿五日惣囬向日中ニ御廟参以上此通台附差出、

宮殿到着、佛師組立

一、三月五日、京都佛師山本茂助手代弥兵衛登山、宮殿着、先へ参ル、七日宮殿福渡迠取越人数西幸村ゟ十人差出ス、夕景寺着、八日ゟ組立、十三日仕舞、十八日寺院出勤、先津山成道寺、成覚寺、諸寺院取持のため登山手傳ひ被呉、弥入佛執行、』

入佛式、行列式

行列式記録原本写

立石助右衛門

三月十九日雨、入佛行例式

一、書院玄関之間ゟ御鳳輦、掛り白丁八人但寺領之者共本堂之裏を南之縁江廻り表へ出ル、書役人ハ念佛庵之縁側ニ而差扣被居、

行列

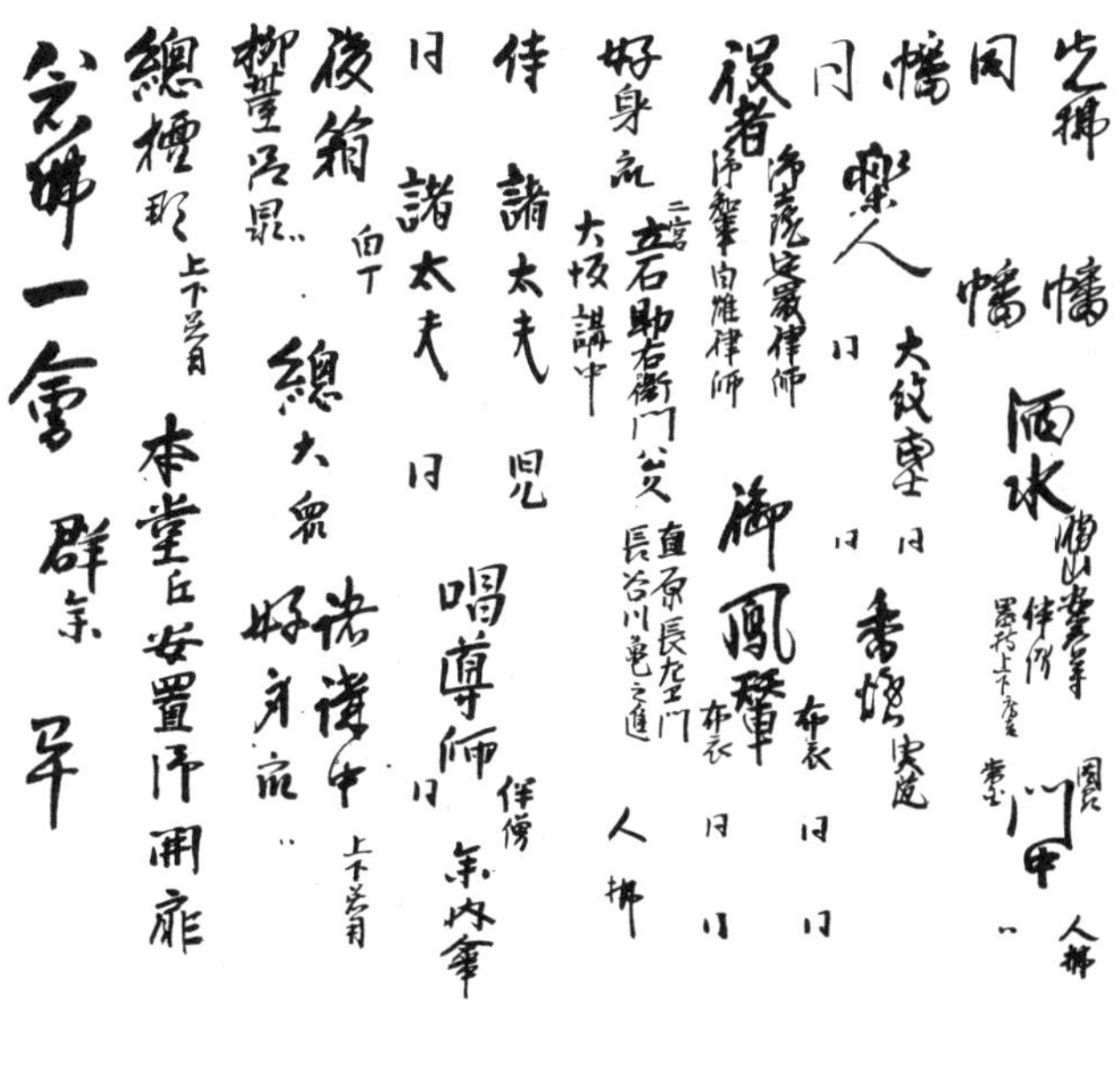
先挑　幡　酒水
同　幡
幡　楽人　大紋　書役
役者　御鳳輦
好身衆　立石助右衛門　大坂講中
侍　諸太夫　児　唱導師　伴僧
諸太夫
後箱　總大衆
總檀那
本堂ニ安置
群集

練供養

廿日　十種供養　廿一日　練供養　六地蔵堂へ　廿二日　滅罪會　廿三日　練供養　如前、』

放生会

唱導師

廿四日　放生會　廿五日　總回向　日中勢至堂江　御廟参、

右日数之内、唱導師因州、當国出勤之門中勤行、役人十九日終迠、菱沼六七八、福嶋理助相詰、尤福嶋氏ハ毎夜帰宅、菱沼氏ハ老人ニテ泊ル、

御役所出張ハ廿一日、廿三日、

楽人、備前衆

楽人連名

備前岡山　利光院閑居	久世　薬王寺	備前家中　森寺一郎
〃　杉山鐵之助	備前　杉本源之丞	〃　石野精吉
〃　月笠源左衛門	〃　万代團右衛門	〃　小禺東兵衛
	〃　軽部小圓太	現成院』

楽人宿浄土院なり、

此度書院向多人数ニ付、楽人宿、浄土院ニテ取持之人歩相附、御役所ハ念佛庵ニテ取扱、客應對折々見廻り、

法要畢而御役所へ届如左

以書附御届申上候、
一、去ル戌年八月中御届申上候當寺本尊入佛供養并大師御両親之法要、壹萬部讀
経法事等相濟申』候ニ付、此段御届申上候、以上、
北庄里方村之内
嘉永四年亥三月廿八日
誕生寺　印
弓削　御役所

奏楽次第
曲目等、後藤尚孝師点検

法要中音楽次第
十九日　奏楽曲目如左
壹越調　調子　乱聲
迦陵頻　破急　賀殿　急』
廿日　平調　音取　慶雲楽　三臺塩　急
陪臚　急
廿一日　双調　音取　春庭楽　入破
武徳楽
廿二日　黄鐘調　音取　桃李花　西王楽
越天楽』

廿三日　盤渉調　音取　青海波　蘇莫遮（者）　千秋楽
廿四日　平調　音取　甘州　皇麞　急　林歌
廿五日　太（食カ）倉調　音取　太平楽　還城楽 長慶子
以上』

太鼓　東隠　篳篥　万代静也
鞨鼓　森寺美郷　ツ山 大村成章
鉦鼓　ツ山 有元文鐘　石野帷精
笙　小禹嘉斗　笛　久世 薬王寺
ツ山 江見盛徳　杉本修
軽部看臣』

楽人の手続き、薬王寺が主ならん

右楽人発端者、久世法類重願寺（久世町）ゟ同所薬王寺へ申込、彼方ゟ備岡利光院江移合、連中相催、三月十八日當寺へ着、廿五日昼后ゟ廿六、廿七迠ニ不残出立、荷物者楽器類者後ゟ福渡り迠贈（送）ル、次ニ川舟、備前へ着岸之積、謝儀之所者格別何ト申訳も無之、只持参旁随喜之心得、乍併後而各宅ェ菓子等調、各禮使僧ニ及ふと、そ申侍るなり、』

鳥取門中
同門中の協力

余寺本山寺・正光寺
津山門中

監守

入佛御法事共香奠到来之連名如左

一、金 三百疋　因劦　慶安寺（触頭、鳥取・寺町）
一、同 貳百疋　〃　一行寺（同・戒町）
一、同 百 疋　光明寺（同・寺町）
一、同貳朱　（鳥取）用ケ瀬宿　大善寺
一、銀壹両　（同）野坂　光明寺
　　同　秋里　芦山寺』
一、銀壹両　願行寺（鳥取・上味野）
　　五匁　極楽寺（同・布勢）
一、金貳百疋　大坂　満足講
　　金貳朱　〃　綿七兵衛
一、金百疋　津山　泰安寺（触頭）
一、銀壹両　〃　成道寺
一、金百疋　久世　重願寺
一、金貳朱　鳥取　大谷文次郎
　　同　重兵衛
一、金壹両　二宮　立石助右衛門
一、同貳百疋　真教寺（同・戒町）
一、金貳百疋　同　玄忠寺（同・新品治町）
一、同貳百疋　本願寺（同・寺町）
一、金五拾疋　伯劦黒坂　光西寺
一、同五拾疋　〃　米子　心光寺（寺町）
一、八匁　〃　尾高　源光寺
一、金五拾疋　本山寺　正光寺
一、同五拾疋　同　庭貇院
　　同　佛性院
　　同　梅元院
一、同三百疋　大坂　元祖講
一、四匁　備中監守　正覚寺（倉敷・藤戸）
一、金五拾疋　伯劦境　光祐寺（境港市）
一、同百五拾疋　兵庫　濟鱗寺
　　同三百疋　同　寺旦中
一、金五拾疋　籾村　清水寺

入佛手伝及び雑用

一、金百疋　勝山　安養寺　一、金六両貳歩　施主立石助右衛門
一、銀壹両　ツ(津)山　成覚寺　大師御両親之牌前へ黒仕立ニ金紋
一、米貳俵　公文村　福山元太郎浄土院旦那也、　付三ツ具足貳組』
一、銀貳両　因刕真教寺(戎町)隠居
一、銀×匁六歩　河内村　稲岡新蔵　一、銀札入佛手傳　浄土院惣旦方中
一、荘り俵廿俵　同　檀方中
入佛手傳
一、銀札八百匁程、少々不足有之、　一、銭竹馬　津山　本覚寺発起也、
本坊　惣旦方中、　吹貫貳本　世話人右同寺、當寺鐘講中』
一、荘り俵廿八俵　同　檀方中　一、當百銭三枚　摂刕走水村間人市郎右衛門
一、炭三拾俵　寺領　百姓中一、金五拾疋　因刕浦留(富)　定善寺(岩美)
一、金貳百疋　米子　光西寺并檀邊一、銀札三匁　因刕知頭　天王寺』
共

大庄屋田外源内
津山藩若殿松平濟三郎参詣触

四月五日夜四ツ頃、高尾大庄屋田外源内ゟ飛脚至着、其趣者、
以急飛申上候、暖気相移候義、益御安嚴可被成御坐奉南壽候、然者若殿様御儀、明六日尊山江御参詣之旨、為知来候ニ付、其段御承知被成候哉、心得候ニ付、急渡為御知申上候、尤御通行筋、村々江も気を付候様、廻状取斗申候、右申上度、

総掃除
濟三郎、六日参詣
大門にて下馬、下乗
書院裏の上段着座
開扉、誕生椋、念仏庵参詣
弁当持参す、
拝見料
この折、熊谷像念仏庵にあり、

如斯御坐候、以上、
　　四月五日夜
　　　　誕生寺　　　　　　　　　　田外源内（大庄屋）
　　　　　　御知事様
』
津山表ゟ者、別ニ為御知無之候共、前夜之飛脚之趣ニ付、承知致し居候、早朝ゟ
本堂向始書院惣掃除之事、門内者格別寺領之家々へ申附掃除之事、
六日、朝四ツ頃ニ、若殿様御事松平濟《セイ》三郎殿御参詣、御先番林加藤太ゟ御尋之
儀、下馬之有無御尋申上度と申出、拙僧答、成程御尋之儀、勿論成御事、當山下
馬札無之候共、御額ホも御坐候間、先々も御参詣振合大門前ニ而、下乗被致候例
も有之候と申内ニ、殿様御来臨、中門前ニて下馬被成、御側之衆江此段申込、先
方談合之上、返答も有之、左候得者、御着』之砌ハ、大門ゟ御乗馬之事申上候、
其義相成、殿様御着者玄関ゟ書院之裏之上段江着座、御茶之后、本堂江御案内御
開扉、夫ゟ誕生椋、念仏庵熊谷入道像へ参詣、直ニ書院上段へ着、御持参之御弁
当、其后霊宝拝見被成度旨仰出、荒増霊宝差出し、獅子間大床江荘り附、拝見、
御尋候事逐一申上ル、附々之家中皆獨弁ニ而、茶斗臺所ゟ差出シ、
一、七匁五歩　拝見料　　一、拾五匁　菓子料　　一、拾五匁　一同ゟ茶料之心　至
而軽少也、』殿様江者菓子差上、御側役江惣菓子差出し、昼后八ツ時ゟ御出立、

忍びの様子、従人数五十七、八人、馬十疋

別段之為御知も無之、依而送り迎之儀ナシ、極忍之様子被申聞、従人数、殿様始家中拾人程、其次七八人程、惣人数五十七八人也、馬十疋有、

富、勧進元大損

寺領ゟ寄進荒居と申候而、入佛中ニ境内地面、亀之進前麦貳俵ニ而貸法要中富勝（マヽ）早候而、四月三日、四日、五日此三日追願之、』荒居勧進元大分之損ニ相成候承之、云云、

住職巨海閑居す、後住浄土院定嚴

里方、西幸、頼元、原田の檀家披露す、

浄土院後住、本坊白雄知事務む、各村檀頭、寺領庄屋等承知す、

四月十一日、巨海和上閑居可致旨被申聞、後住務之儀者、浄土院定嚴律師ヘ御内意被申渡、十二日、里方、西幸、頼元、原田等之檀邊ヘ内披露可致事、双方内談有之様申来候、其后十七日於檀方双方故障申立間敷旨、申参り、浄土院後住者本坊知事被相務候ハヽ、』檀邊一同故障無之旨、申出、依之同廿一日浄土院ニおゐて彼寺檀方状着之分、荒増江、

頼元周蔵、北庄下代次郎、西谷権二・米吉・岩之丞、上村喜二郎・又吉・樫右衛門・三郎四郎等、外ニ寺領庄屋長左衛門遂参會、一同承知、當院後住之儀、御知事白雄律師被相務候得者、無申分、是非其通ニ可相成様、仕度旨、一同申出如前文可致候と決心ニ相成、依而者参會中江知事罷出及對談、約諾ニ相成

白雄律師泰安寺へ、定嚴入寺に付、添簡頼む、

檀頭印、今回は里方・西幸の二印に決す、しかし双方印形なし、

印形、大庄屋預かり、

早、檀方引取本防（坊）山主前へ右御受申出、為惣代長右衛門喜次郎両人』御眼（目）見へニ参向、直ニ引取ナリ、
廿六日、知事白雄、泰安寺へ罷出、當和上（巨海）弥以閑居可致候ニ付、后住定嚴律師近日上京為致度候段、依之　惣本山江御添書被下、何レ上京之砌、定嚴登山へ立寄、申受候と願置、先方承知之事、翌廿七日帰寺、
廿八日、里方村庄屋園平ゟ談事、是迠印形相継レ、此度之儀者里方・西幸両判ニ候得者、一同落附、若左様無之儀ニ候得者、双方印形無之候而　本山表へ御出被成と申出、西幸ゟ者里方ニ印形為致間敷哉ニ申出、依之双方とも不落附、寺ゟ亀之進を以、大庄屋田外源内殿迠先年交代之節、印形相継レ候砌者、永く大庄屋所へ御預りニ』相成候儀ニ付、今般之印形之儀、如何致し候而宜哉之儀、大庄屋へ亀之進ゟ為相尋候所、先達之印形之儀、永く預りニ相成候義之、双方ゟ之濟口書上之写、持参可有之旨、被申聞、亀之進其写取ニ帰寺仕、直様写し為持源内殿江一覧申出候、成程是者御役所江伺ニと被申、則御役所之趣者、先此度之所ハ永く預り中故、檀方之印形無之候而　本寺表相濟候ハヽ、其通ニ御取斗可然と被申聞候由ニ而、亀之進承知致し帰寺之上、知事江可申聞旨、申置帰寺ス、
廿九日、印形無之候而、明卅日弥上京之出立可申定、右之段、両村江申通シ、』

本山添簡、良正院当て書状

出立、津山にて両村印形押印、鬮にて調印、和議なる、

巨海、自ら津山泰安寺へ閑居披露に出向

本覚寺別時

玉置氏、浜屋外護者ならん、

卅日、早天ゟ弥旅立之心組之場所へ津山泰安寺ゟ使僧、惣本山江之添書并良正院江之書状持参、直ニ帰ル、昼后八ツ時ゟ出立上京、惣御門外迄送り之事、四五丁余り候所江、西幸村より両村和談ニ而、印形致し度旨、申参ル、是ゟ弓削江参り候而、両庄屋共、大庄屋へ引合、都合能相考、先當代之所者鬮取ニ而印形致し度、已来ハ格番之積、大庄屋所へ申出、随分宜哉と被申候様子ニ候、今晩者是非津山御泊り之事ニ候得者、濟次第調印番之村庄屋ゟ津山宿所迄懸附調印之趣仕度旨、申出、夫ニ而者随分和熟承知スト云云、

（上部欄外ノ記事ナリ、枠ヲシテ書ス、編注）

鬮、里方村へ相當り候、就而者西幸村順八郎、私儀津山表へ参り、用向も御座候間、調印致し呉候様、園平江申聞、無何心印形順八郎へ相頼候所、津山表へ持参致し不申、取押へ候様子ニ相見、就而ハ園平ゟ掛合候へ共、兎角筋立不申、依之里方村ノ双方と庄屋園平不和ニ相成、萬事不都合千萬之事共出来、

五月朔日、巨海和上切捧駕ニ而、津山泰安寺(西寺町)江閑居為披露被罷出、随伴三僧草履』取、次ニ玉置氏、濱屋ホ江立寄、本覚寺別時惣囬回向、唱導師相頼候ニ付、被相勤、次ニ二宮立石氏江被立寄要用云云、』

記録所、本記録の整理・帳合を取る、

天保十三年ヨリ弘化、嘉永四年四月迄、余ハ別帳ニ〔記〕ス、

作刕

誕生寺（印）（印文　両幡椋誕生寺）

記録所

四冊目

』

十二、櫔社記（嘉永四年）

（表紙）

嘉永第四年 櫔社記 辛亥五月日　　五巻

（綴本　縦二一糎×横二九、五糎）

當山奉律七世
聚譽定嚴
和上入院已来

○嘉永四年辛亥　皇暦（寺印）

」

奉律第七世聚誉定厳代
誕生寺印
（原寸、三、六糎方形）

（印文、誕生律寺之印）

定厳、京都へ出立す、随伴学翁・勧励、定吉ほか一人
泰安寺の添簡謝礼す、

定厳、赤穂へ回る、赤穂大蓮寺止宿

新浜、舞子浜、室津

明石、兵庫

西宮、大坂、講中

牧方

京着、池田屋泊、上善寺
隠居臣海の書簡

四月卅日、晴天、昼后八ッ時上京之出立、定嚴律師随伴學翁長老、勧励沙弥、供定吉外ニ壹人分持、寺領栄吉此壹人者津山迠相送、今晩泰安寺江登山、御添書謝儀、旁以對面相應之取持、次ニ引取、宿所玉置淳助、翌五月朔日早々出立之所、荷物以之外高く相成、依而少し手間取、別荷拵勧励者壹人津山ゟ大坂江着向出立、餘者私用ニ付、播刕赤穂江廻ル、此日御齋』淳助ニ而、夫ゟ同所ゟ川舟ニ而下ル、備前佐伯泊り、翌、

二日、出立、

三日、石駅御齋、日没頃赤穂江行大蓮寺(加里屋)へ着、止宿、法類受相頼、外用事有之候ニ付、五日迠滞留、

六日、新濱ゟ乗船、夕方室津邊ニ汐カヽリ、

七日、雨天ニ付、同様、

八日、晴、朝出帆、明石迠、翌九日雨天同様、舞子浜江上り御齋、夫ゟ歩行、兵庫ニて泊

十日、出立、西宮御齋、夕方大坂旅宿着、一両日滞留、講中荒増へ沙汰、

十二日、朝出立、陸地牧方駅泊り、

十三日、朝早天ニ出立、京師江着、池田屋金蔵泊、直様学翁、上善寺(鞍馬口)江菓子料金五拾疋、隠居和上(宝誉巨海)ゟ之書状持参、内外頼置、

取次良正院に始末頼む、
十六日登嶺
集会堂控所
役者護念寺から住職申付らる、
大僧正内礼、一件書類受取る、
六役者へ回勤
御前拝悦
三河行福寺へ勧励遣す、
大坂講中、住職披露す、
元祖講講中回り、
寺町大蓮寺・難波法善寺
明石

十四日、取次御山内之良正院願書、外ニ両脉、且泰安寺添書持参之上』始末頼置、使人則即刻 院主（この時、無住ならん、『知恩院史』）申ニ者、明十五日者御當山少々差支有之候由、翌十六日五ツ時登山被致候様、内々沙汰有之、依之翌日右之時剋良正院江参り、院主同道登山、一應帳場江伺、集會堂ニ差扣候之所、后剋帳場面會、暫時相待候内、行者罷出案内ニ而、直ニ梅之間江通り扣居之所、無間御役者護念寺和尚、帳場外ニ両人罷出、表向住職申付、引續而 御前萬譽顯道（第七十一代）大僧正江御内禮成弁、早而表帳江下り候得者、両脉、且本寺證文并泰安寺江之返書翰受取之、直様御暇、 大師前江拝参、下山、

十七日、六役者衆へ廻勤、夕方迠ニ相濟、

十八日、早朝ゟ』御前拝悦、是者先例ニ者無之候得共、野子（定厳）、先年勧財一件ニ付、関東ニ而格別御厚意蒙り、向後者此儀無之候而も宜候歟、

十九日、出立、勧励ハ寺用ニ付、京都ゟ直様三河國用向ニ遣ス、餘者伏見江帰、齋后川舟、夕方着坂、早速講中江引合披露、廻講之儀、示談候へ者、只今中暑強ニ付、秋ニ相成別時ホ相勤、其上巡行致呉候様、申出、尤元祖講之分、講中之存意ニて廻講、其餘寺町（天王寺区寺町）大蓮寺・法善寺（中央区難波）ホ披露致し置、

廿五日、乗船、但赤穂船安治川ゟ出帆、

廿六日、明石邊ニ而汐掛り、

赤穂大蓮寺

廿七日、御齋前赤穂江着岸、(赤穂市加里屋)大蓮寺江帰り、

廿八日、以飛脚作劢へ相立、入山之日限下宿之儀、』問合旁遣す、

備前三ツ石、和気泊

六月三日、備前三ツ石駅御齋、同国和気駅泊り、佐伯通り泰養寺(南庄)江着、

入院式

定厳、役所直参披露

檀家総振舞

七日曇り、同寺ゟ巳剋入院式相濟先規之通、旦方惣而出迎、浄土院旦方有増之分、同様出迎ひ、大衆同様知事白雄表門迠、直ニ本堂先例之通、護念経、念佛、両尊牌、御内佛拝禮、御朱印江黙拝、庫裏神明棚心経、法楽也、御齋前一同受禮、御齋惣而早、但旦方惣振舞、献立香五菜也、

巨海の隠居届

九日、山主弓削御役所江披露、直参、切捧駕、挟箱、随伴両人、

先江前住巨海和上隠居届、本寺證文差出シ両用相濟、』

披露金品

弓削役所当役笠井菅右衛門

金百疋

一、三本入扇箱
唐更紗風呂敷
菓子渕濱壹　　御役所當役
笠井菅右衛門殿江

定厳の住職披露、歴代に増して叮嚀なり、

銀壹両

一、同断風呂敷
扇子貳本　　同嫡子堅太郎殿へ

一、右同断　　同舎弟傳次殿へ

南庄泰養寺

大庄屋治部常五郎
現治部邸（久米南町、山手）

定厳、久世重願寺、勝山
安養寺など津山門中披露
大庄屋田外源内

泰安寺

浜屋

一、銀壱両　　　　　　　同御組
扇弐本　　　　　　　菱沼六七八
風呂敷別段金五拾疋

銀壱両　　　　　　　御組
一、扇弐本　　　　　福嶋理助
風呂敷

中啓　　　　　　　南庄村
一、金百疋　　　　　泰養寺
毛氈様之敷物也　銀弐両御随身中江、

風呂敷　　　　　大庄屋
一、扇弐本　　　　治部常五郎
渕濱壱

』

十日、山主歩行ニ而、津山ゟ坪井、久世、勝山迠右披露、

風呂敷　　　　高雄村大庄屋
一、扇弐本　　　田外源内
渕濱

金百疋　　　　（触頭、西寺町）
一、中啓　　　　津山　泰安寺
風呂敷　　　　銀壱両御随身江
菓子壱折

風呂敷
一、扇弐本　　　濱屋元太郎
渕濱　壱箱

本覚寺
成覚寺
成道寺
大信寺
玉置
披露、畳屋に及ぶ、

一、風呂敷　本覚寺へ
雪洞
札三匁
一、風呂敷　成覚寺へ
中啓　（津山市西寺町）
一、右同断　成道寺へ（同林田）
一、雪洞　大信寺留守居江
一、風呂敷　玉置淳助
扇貳本　同女隠居江
東臺
渕濱
一、風呂敷　玉置宇左衛門
扇貳本
渕濱
一、扇貳本　出入ノ畳屋常右衛門
一、右同断　福本竹窓
一、風呂敷
扇貳本　茂渡儀右衛門
一、風呂敷
扇貳本　玉置六郎右衛門

』

坪井
二宮
河内村
重願寺弟子中
称念寺
鉦講

一、風呂敷
　扇貳本　　玉置悌助
一、風呂敷
　扇貳本　　小田屋伊兵衛
一、右同断　　坪井
　安藤善右衛門
一、右同断　　同武右衛門」
一、茗壹森（盛カ）壹斤
　扇貳本
　毛氈様之敷物　　二宮
　立石助右衛門
一、渕濱　壹折　　同隠居江
一、風呂敷
　扇貳本　　河内村
　稲岡新蔵
一、金百疋
　中啓
　渕濱　雪洞・うち羽　（真庭市）
　久世重願寺
　弟子中へ
一、右同断　　福本安左衛門
一、風呂敷
　中啓
　渕濱　　（津山市坪井）
　称念寺
一、扇貳本ツヽ　　重願寺旦、當寺鉦講中江
　但十五軒

安養寺

一、風呂敷
　　中啓
　　杉原貳帖
　　　　　　　　勝山 安養寺

神代村

一、扇貳本
　　　　　　　　神代村 正平江

公文村

一、風呂敷
　　扇貳本
　　茶壹袋
　　　　　　　　公文村 福山元太郎

一、札貳匁ツ、　寺内下男ホへ

右相濟候而、十一日御帰寺、

寺領庄屋

萬事取持

一、風呂敷
　　扇貳本
　　銀札四匁
　　　　　　　　寺領庄屋 長左衛門

侍役

入院之節、侍役

一、上手拭壹　侍ニ頼候方へ遣、亀蔵、
　　扇貳本　五人前　武吉、留吉、嶋屋、脱三郎

取持

萬事之取持、

一、風呂敷
　　扇貳本
　　札拾匁
　　　　　　　　寺領庄屋 亀之進

一、雪洞　壹本ツ、　惣衆へ

備中門満寺律院なり、奉律第三世霊浩、同寺の第廿三世なり、法類清雲寺・清光院

平野屋

天台宗本山寺

法類格

慶安寺

玄忠寺

大善寺

定善寺

一行寺

光明寺

一、風呂敷（律院也）　中啓　備中　門満寺

一、右同断（時之法類）　〃　清雲寺（総社市福井）

一、右同断（同断）　丸山　清光院

一、風呂敷　扇弐本　岡山平野屋　利兵衛

一、風呂敷　雪洞一本ツ、　本山寺四ケ院（天台宗）

一、扇弐本　南庄　青木加賀

代々法類格

一、金五拾疋　風呂敷　中啓　因州　慶安寺（鳥取市寺町、触頭）

一、右同断　玄忠寺（同新品治町、備中触頭）

一、風呂敷　中啓　〃用ケ瀬　大善寺

一、右同断　〃浦富　定善寺

一、右同断　一行寺（同戎町）

一、右同断　光明寺（同寺町）

真教寺
正定聚寺
大坂講中
鳥取講中
表御札、極大寺格
総本山へ交代納物
本寺証文礼物

一、右同断　（戎町）真教寺
一、風呂敷　丸山（因幡）正定聚寺
中啓
一、大坂諸講中
一、扇弐本ツ、　鳥取世話人講中十一軒
次、極大寺格表御禮
惣本山江交代納物次第
一、銀五両　拾弐包　一、銀壹枚　壹包
一、金弐両　壹包　一、拾七匁壹分五厘　臺料壹包
一、銀壹両　三包　一、四匁五分五厘　掛入包料
一、弐匁臺分　小玉分　一、弐匁壹分　小玉分
合金弐両と銀三百三拾七匁七分、
本寺證文御禮物
一、銀三両壹包　一、銀壹両二包　一、壹匁弐分　花料

」

巨海隠居礼物

合計、金二両一歩、銀四一八匁三分九厘

先住巨海、隠居所書院なるを念仏庵座敷に改む、老中戸田山城没す、嘉永四年（一八五一）七月二十六日まで老中忌触、大庄屋より、鳴物等慎み、火の用心

一、金五拾疋　　一、三匁　貳包　　一、三分　小玉分
合金貳朱ト銀三拾壹匁、』

隠居御禮物

一、銀五両　壹包　一、金五十疋　壹包　一、壹匁八分　花料
一、〃三両　壹包　一、銀壹両　貳包　一、四分　小玉分
合金貳朱ト銀四拾九匁六分五厘、』
惣合、金貳両壹歩、銀四百拾八匁三分九厘、

一、前住是迠書院鷹乃間ニ仮住居之所、念佛庵坐敷惣而普請成就ニ付、九月廿五日天社日（天赦日カ）也、御移ニ相成、随衣猶雪沙弥、先當時壹人附、
一、御老中戸田山城守（忠温）様御卒去ニ付、今八日ゟ九日、十日、右三日之間、鳴物停止相慎、火之元別而入念候趣、被仰出候ニ付、』此段申上候、早々、以上、

九月九日　　大庄屋所　印

誕生寺御知事様

右之趣、直ニ寺領庄屋江申渡、寺領中江為相觸可申もの也、

定厳、浪花行き、随伴寛立坊と人足三人、春岱姫路幡念寺勧財明石光明寺、尼ヶ崎如来院・甘露寺旅用金二歩と銭百文

一、山主定嚴和上、九月廿九暁出立、浪花行、岡山ゟ乗船之積、随伴寛立房(坊)入作、人足三人、荷物運送福渡り迠行、同日随伴壹僧春岱』西堂陸路ニ而、津山通姫路ニ而、幡念寺(姫路市北条口)へ勧財用ニ立寄、次ニ明石光明寺(鍛冶屋町、触頭)、尼ケ崎如来院(寺町)・甘露寺(同)ホへ立寄、大坂ニて行逢積り、別ニ出立申付畢、旅用金貳歩と銭百文相渡し置也、

旅行届、九月二十九日付法要にて大坂大蓮寺

以書附御願申上候

一、拙僧儀、今般就法要大阪(坂)大蓮寺(天王寺区寺町)迠、来ル十月朔日出立ニ而罷越候、帰寺之儀者十一月上旬ニ相成可申候、尤道中御法度之趣、急度相慎可申候間、右願之通、何卒御聞濟被成下候ハヽ、難有奉存候、以上、

北庄里方村之内

誕生寺　印

嘉永四亥歳九月廿九日

弓削御役所』

赤穂藩森家、例年の湯茶料二百疋供ふ、

津山本源寺回り泰安寺にて金子受取り、

極月六日、赤穂表ゟ例年之通、御二霊牌前(森忠政、養母生光院)江金貳百疋被相備(供)、先方之名面、松本太郎左衛門・村上真輔・伴半右衛門、右金子入之御状箱者津山本源寺へ廻着ニ而、直ニ泰安寺ゟ使差向受取之、白雄和尚預リ居候所、濱屋元太郎幸便ニ相渡、當寺江着、役寮へ受納畢、尤返書津山白雄師ゟ相認、先例之通、先方江可

役所先触、定厳帰寺の由

相達旨、申来候、無為着案（安）堵ス、

廿一日、日没頃、弓削ゟ先觸着、和上帰寺之由、大案〔堵〕其様届書相認置、明

帰山候之上、弓削江可相使僧、』

帰寺届、十二月二十三日付

以書附御届申上候

一、拙僧先達御願申上候旨、大坂大蓮寺迠就法要罷越候所、昨廿二日帰寺仕候

間、此段御届申上候、以上、

嘉永二（四）年亥極月廿三日　北庄里方村之内

誕生寺　印

弓削御役所　』

弟子白雄、津山泰安寺後住となす、

御用所評決、領主留守につき、飛脚にて江戸伺となる、

往返四十八日飛脚

白雄、住職仰付らる、生涯三人扶持

一、嘉永四年亥十一月十六日、當山弟子白雄儀、今般津山泰安寺江後住引受ニ相

成、先方諸役人衆江相談有之候所、一同承知之旨、依之右同日ゟ寺請取滞留罷

有候所、御用所評決之上、（松平斉民、将軍家斉の第十四子）太主公御出府中ニ御座候ニ付、當人住職之儀、表

向江戸伺ニ相成、往返四十八日之飛脚幸便ニ被申上候、則嘉永五年子正月八日

飛脚帰国、同十三日白雄江御奉書到来、明十四日御城内奉行所江罷出候様ニ御

沙汰有之、同日早天、住職被　仰付直面勤、（泰安寺先住）瑞譽も隠居願之通、於関東御聞濟

之旨、被　仰渡永勤之儀ニ付、生涯三人扶持被下之者也、忝奉受候と申引取

白雄継目上京す、
青蓮院、白雄の紫衣執奏、勅許成べく知恩院門主も頼込む、
奉律第二代正道三十三回忌法要、会所北野西光院ならん、

一、同年（嘉永五年）閏二月十六日、泰安寺出立、當山泊り、白雄上京、』内々御殿江継目院家職、且又先例之通、於　粟田御殿紫衣御執奏　勅許可相成様ニ當宗御殿ゟ格別之御存頼御頼込ニ相成　粟田御聞濟之旨、被　仰附、右内々取繕ひ之ため上京之所、願之通相濟引取、同三月八日當山迠帰路之砌、正道和上三十三回忌之取越法要之折柄滞留、十一日法用（要）相営ミ、十二日出立、泰安寺江帰寺、

表向継目
御殿用金六十両借受、銀札六貫文両替済む、

一、同年三月十七日表向為継目、御殿用金六拾両御役所へ拝借願書差上、折々御評議有之候所、四月十四日拝借之儀、銀札六貫匁被仰付、右札両替無滞相濟、再上京、継目四月廿一日泰安寺発足ニて、當山泊り、廿二日、廿三日滞留有之、用向旁長居ニ相成、廿四日出立、大戸通倉敷越上方往之事、

定厳、津山泰安寺泊、泰安寺継目打合せ大坂へ、ついで三河国上野行福寺赴く、
知恩院添簡約諾す、

一、當山主定嚴和上、先般十一日爰元出立、明石ゟ大坂、次に』三河国上野郷行福寺（豊田市桝塚東町）行、此地出立之砌、津山泰安寺立寄一宿之所也、其節、誕生・泰安打合咄置候、何レ近日被　仰出、泰安寺継目上京ニ付、先明石光明寺（鍛治屋町）ニ而、御逢可申、其節　惣本山江之添簡、於旅路相認被呉候様、約諾ス、其文相互ニ承知有之、左ニ記、

添簡
白雄は律名、泰安寺後住として綸旨名国誉泰冏、二重名なるが、律名名乗らず、

一簡啓上仕候、然者門中泰安寺無住ニ付、拙寺法類（白雄律名、泰冏綸名、）國譽泰冏住職仕
候、依之今般為継目登山仕候間、先規之通、宜御披露可被下候様、奉願上候、
右之段、御願申上度、如斯御座候、恐惶謹言、
嘉永五年子四月　　誕生寺　印
惣本山
御役者中
』

良正院

右之外ニ、良正院江壹通、（文例大躰前書之通也、）

継目之次第

本寺届礼式、国法を以て住職す、

本寺届御禮式有之事、泰安寺住職者國法を以、松平越後守（長孝）様ゟ被　仰附、本寺
者届斗、誕生添簡ホ、此余一簡も無用ナリ、

院家継目
華頂宮役人へ津山藩書簡

當宗御殿江院家継目
松平越後守（長孝）様御役人ゟ御殿御役人中江書面有之事、先規之条々、
』

青蓮院紫衣拝領願、華頂宮取持

粟田御殿、紫衣拝領之願者、當宗　宮様ゟ御取用ひ之事、
此御殿有職紫衣之旧例也、

生涯、正月・八月の礼書を要す、

諸門跡方、諸院家、諸宗共紫衣之届有之候時者、右御殿江執奏願込、是掟也、成

就之上者、生涯年始八朔（正月及び八月一日暑中伺）両度之御書翰往復有之事、

右御殿御両所取扱人　岩波法印

　　　　　　　　　　小山大蔵卿

　　　　　　　　　　松室近江守　』

許容物、金襴袈裟ほか

　　御許容物

一、金襴菊葵御紋附之御袈裟　一、紫幕　一、翠簾　一、金紋御挟箱先後

一、檜扇

一代限りなりしが、永世院家とす、尊牌等は寺付なり、

右之通、如先住御聞濟、但一代限り之事、継目永代可有之旨、被仰附、曰、永世院家ト、

尤　尊牌　紫幕　翠簾者寺附之書状相添永世之事、』

右泰安寺住職一件、此度者當寺法類より寺務有之候ニ付、書附相控置ものなり、

云云、

定厳勧誡、三河上野行福寺へ赴く、随伴学翁・勧励・青岱、亀之進なり、

一、今般三河行（行福寺）之法要、長持、明荷、分持、切捧、明石光明寺（鍛冶屋町）ゟ上坂、直ニ三州之積り也、

主人　學翁和尚（随伴）　〃勧励沙弥　〃青岱西堂　（侍）亀之進等也、

明石光明寺授戒、百人授者なり、正授戒

一、帰寺者八九月頃ニも相成候様子、随分之長途也、右上方江通行之砌、明石於光明寺（触頭）授戒被相頼、授者壹百人余、五月朔日正授戒ニ候事、』

三河行き中止

大坂講中、大蓮寺滞留

大坂御講中廻り、大蓮寺（寺町）境内ニ而滞留中、以青岱三劦行福寺江為引合候所、時節少々存遠ニ付、三河行見合ニ成候、従大坂長持壹棹、明荷壹駄、學翁・勧励明石迄乗船、荷物守渡、五月廿一日夜渡海乗、

光明寺泊り、

廿二日、明石江着、光明寺泊り、陸路次第ニ継立候、

廿六日、昼帰寺有之事、

泰安寺儀

継目届

〈万誉顕道〉嘉永元年（一八四八）九月十日台命により鴻巣勝願寺より昇進、同年十月二十二日任官、安政五年五月十二日没

先達當寺ゟ添簡、上京継目之事、

四月廿四日、此寺発足ニ而、五月六日朝辰上剋』本山顯道（第七十一世）大僧正江為継目御届表禮有之、首尾能相濟候事、役者智恵光院、山役先求院、取次良正院、

尊超法親王継目参殿、拝領袈裟被着

同月八日、華頂御殿二品宮尊超法親王江為継目参　殿、院家職蒙　仰御袈裟拝領、菊紋ト・葵御紋ト、御召金襴也、拝禮於松の間、

素木臺ニ而御吸もの　いそ巻のりかけ　御盃

膳

御錫　冷酒　菊蒔絵御三重　にしめ　一

くずかけ　二
したし　　三』
御菓子　千代乃松　白日の月　若竹
御相手衆　岩波法印　武田宮内卿　松室近江守　取次　磯田大炊

相手衆
取次

十一日
御用之儀、御座候ニ付、明十二日辰中剋参殿可被成候、尤遅剋無之様、御達如此御坐候、以上、
武田宮内卿
泰安寺務
翠松樹院御房』

泰岡の院号、翠松樹院を認可、青蓮院御殿参向す、伴僧二人、侍一人、用聞一人、草履取

十二日、朝天ゟ支度、香衣、指貫、緋菊紋白五條、中啓、坐具、念珠、當御殿江拝禮、御奥ゟ扇子五本被為下、取次御衆　安藤播磨介、表為祝儀本金中啓、坊官岩波殿被持出、次ニ是迠之通、院号翠松樹院殿と御名乗可有之候事と被申聞、同日巳中剋ゟ粟田御殿江参向、香衣、五條、伴僧貳人、侍壹人、用聞壹人、草履取、』

御殿内の設へ

内玄関ゟ上ル、取次貳人、御上使之間奥江通り荒扣居、此間之屏風柳ニ鳥探幽筆、向に金無地之屏風、無程取次出ル、茶臺ニて茶、書院田葉粉盆　きせる附、諸太夫被相見候事、次ニ白木臺ニ而御吸物、水仙寺海苔、御土器ニて、

接待、重箱、酒等

素木臺御盆
菊蒔絵重箱　一　にしめ　五品
　　　　　　二　くずもの　五品有
　　　　　　三　貝割気
御錫徳利冷酒、次ニ暖酒、銚子、茶道躰之者給仕ス、
相手衆 大谷法印　進藤加賀守、しはらくして引取、次ニ茶、
御菓子、萬歳の霜、綸旨梅小形、藤乃花紫白、素木臺ニのる也、
御許書、終身沾紫衣之御書被下、但此方ゟ御紋附之長箱持参ス也、
　大谷法印、進藤加賀守両人持出る、
』

青蓮院二品宮判例衆詰

青蓮院二品宮坊官諸太夫判例衆左右詰、
』

一乗院門跡から粟田へ移転、門跡異動なり、

華頂宮参殿、紫衣由緒書、見せる、

此度之御門主御事、
仁孝天皇皇子、是迄京都一乗院之御門跡、當粟田江御移転ニ相成候事なり、
右御殿巳午両剋之間ニ引取ニ相成候事、
帰路ニ　華頂王宮江参（門跡第六世尊超法親王）殿之事、宮様江粟田御殿ゟ之紫衣由緒書、以御取次御覧ニ入候事、
　武田宮内卿　松室近江守
』

正確には准院家の申付、
紫衣免許

良正院にて休す、

律名（白雄）を用ゐず官
名・綸名の国譽泰冏を名
乗る、

住職継目登嶺

無程受取之也、被申渡之趣、如左、

此度、當御殿准院家申附、且又紫衣御免許之御事、謹而着用被成候者也、

次ニ引取、良正院ニ而休息、湯附相濟候而、

廻勤手札

今般院家成被　仰付、紫衣御免許蒙　仰候、右御披露可申候、以上、

翠松樹院』

右相濟暇乞届、勝手次第帰国之事也、

本山江誕生寺ゟ添簡之写前ニ有、其御返簡如左、

其地泰安寺就無住、國譽泰冏今般住職、依之為継目御禮登山、紙面之通、及披』
露候処、首尾能拝禮相濟候処、可被得貴意候、以上、

五月六日　　惣本山役者

智恵光院　印

山役者

先求院　印

作劦里方

誕生寺』

十二、欟社記（嘉永四年）

本山触簡
法然上人六百五十回忌御遠忌大法要
門末寺院御忌法要執行を要す、
遺跡参拝奨励
一年一回の報恩参詣
勧誘記
報謝金の上納
十年間年割にて上納を要請

従本山御觸書写

来ル酉年（文久元年）宗祖大師（法然上人）六百五十回御遠忌ニ付、於 御當山勤會大御法要、諸國御門末寺院集會御修行之御事ニ候間、御末山之向々、又末、寮舎』に至迄、當子年より於各寺御恩謝豫修御法要如法執行有之、御相當之節者師檀共、必 御遺跡江遂拜参候様、相互ニ勧誘可有之候、且各々於檀中も一ケ年一度』宛も報恩相勤候様致度、依之夫々勧誘記被下候間、指支無之様、可被申諭候、

一、御遠忌ニ付、先格御報謝上納も有之事ニ候へ共、前後之例ニ不拘、出格丹誠之義頼思召ニ而』宗祖根元之御霊場、永世之御荘厳ニも可相成、御建立所御代々大僧正御方兼而之僧徒も志願、此事ニ有之、別而 御相當之砌者、莫太（大カ）之御入用高ニも候ニ付、何卒此度之』御遠忌ニ者、右御荘厳御手當向とも全備候様、被遊度、従来蒙 御恩沢罷在候、御宗門之輩、御報謝相運候ハ、此時候間、時節柄太（大カ）儀ニも可有之候へ共、本末弟子同宿有信之檀越為申合ニて、丹誠別紙員数之通、當子年ゟ来ル酉年迄十ケ年ニ割合上納可有之、尤昇券之勧化ホ無之、偏御宗恩報謝』之深志を募り、真実之浄財可被致奉納候、此如申達候間、来三月中迄ニ御請書可被差上候、以上、

子閏二月　　惣本山

作刕　　役者　印

誕生寺
泰安寺
惣門中

追而本文之趣、御使僧被差向候歟、呼出之上御頼被仰出度、思召ニ候へ共、互ニ苦煩、且失費も可有之趣と御斟酌、書面ニ而御達之事ニ、早々談之上、觸頭又者老輩之内ニても、登山委細被申承候様、致し度候、已上、』

覚

津山総門中百両、十年間に上納、高額なり、

一、金百両

作刕　誕生寺
泰安寺
惣門中
并末寺中、惣檀中』

右之通、當子年ゟ来ル酉年(文久元年)迄、拾ケ年中無相違上納可有之者也、

子閏二月

惣本山
役者　印

上納金、連印請書を要す、

奉指上御請書

本山触簡
法然上人六百五十回忌勧誘記
記念事業、大塔・廟所彩色・桜馬場入口大門・茶所・集会所等建立
時節柄、倹約の意

一、合金銀何程
　　但何程宛　毎年何月納　』
右者来酉年（文久元年）宗祖大師（法然上人）六百五拾囬御遠忌ニ付、當所御門中各寺為割合、當子年より来酉年迠拾ケ年中奉納御報謝之儀、御達之趣、奉畏候ニ付、則連印御請書奉指上候、以上

　嘉永五子年三月　　　　　何国何郡何所
　　　　　　　　　　　　　　　各寺　連印
　　惣本山
　　　御役者中
右紙品美濃紙帳ニ御認可被成候、以上、』

来酉年（文久元年）
宗祖大師六百五拾囬御遠忌ニ付、御達書壹通并勧誘記被遣候間、可被成御落手候、
一、御當山大塔、且御廟堂彩色、三門通り櫻馬場西入口大門、鞁樓、茶所、諸国御門末集會所ホ御建立之儀、従来御代々　貫主御方思召も被為在候所、何分不容易儀ニ付、早卒之御沙汰ニも難相成、尤御内分之御含ハ何卒此度之　御遠忌迠ニ御出来栄相成候之様、』被為運度、併近年之時節柄、御斟酌合も不少候へ共、　宗祖根元之御遺跡御荘厳之儀ニ候へ者、諸国御門葉之諸寺院師檀之丹誠

を以、速ニ御成就有之、永世之御備相調候ハ丶、御宗門之御光栄不過之候御
間、幾重ニも御宗恩為報謝、今般被　仰出之通、十ケ年中奉納之儀、早々御請
書御指出可被成候、右為御内意如斯御坐候、以上、』

子閏二月

惣本山内

良正院

誕生寺

泰安寺

惣門中

勧誘記何冊にても可、所望に応ず、

尚以、勧誘記御施本ニ相成候事故、御所望ニ有之、何冊ニ而も、可被下候
間、被申越可被成候、

一、本文御請書別紙雛形之通、御認、早々』御指出御座候様存候、以上、

総本山触簡

一宗僧徒法令遵守、綱紀粛正令

檀林掛錫せず、経論釈を読ぬ登嶺者あり、

惣本山より當国御門中御觸達左之通り、

一、諸国一宗之僧徒、法令相乱流弊押移り、専ら世壽を営ミ解行の志し薄く、諸
寺院之弟子高年ニ相成候而も、檀林所江不致掛錫、宗門之専務たる經釈をも不
得讀輩、猥りに為致』登山候故、在山中法問聴講ニも堪兼候様之もの多分有
之、無整之至ニ候、責而者三経要文四書五経ホ国許ニおゐて為読習実意を以、

三経要文、四書五経国元にて読習の教育必要なり、

法服持参せず、着寮後直に寺院に随身する者あり、

在寮永続せず、

改革し学業策励厳重に行ふ、

弟子教諭、行届くべし、

行跡不行届の者、帰国させ、再営なり、

正八会評

被位報謝料、寮主取替

被位報謝料未納

教育を加《応カ》ひ、世壽十五歳満候ハヽ、器量之程を試シ御規定之通、入寺願出相應之年齢ニ相成候ハヽ、為致登山候様有之度候、然ル處、登山之僧侶ニ修学之資料不相贈のミならす、法服ゆ衣ホも、持参無之、或者着寮早々寺院へ随身いたし、両度之加行をも自力ニ而為相濟候様、申聞』越候類往々有之、甚歎至ニ而者、師弟内鑑ニて為致出奔、着寮之上、當用之手當も是非なく遠路の處、為致帰国候ニも脇前ニ差支難渋之程、看過〔し〕かたく、無據為致在寮《（事カ）》候而も永續難叶、間もなく寺院へ致随身、檀林之規則不相弁、学業を廃し世壽に奔走し、遂に放逸ニ成行候族不少、慨歎之至候間、兼而登山之砌、三経一論ホ日用の書籍相求候程の手宛いたし、且在寮之間、加行入用ハ勿論原定《常》共、相應之資料相眉《（具カ）》為』致在寮、修学有之度候、尤御當山ニおゐても、正八會評の上、前来之弊風改革いたし、学業策励之規則、一際厳重整候様、仕法候、就而者一宗の寺院宗法興隆の志を記し、弟子ホ之教諭行届候ハヽ、師恩の程も感佩いたし峯然孝順之者も出来可申候、尤在山中者、其寮主ニて精々教育差加へ候へ共、萬一性質ニより、其行跡不見届もの有之ニおゐて者、其師近法縁之ものへ遂断為致帰國、所々より、附添人同道相送り、今日以後再営無之様、取斗』都て其寮主ニ任差引聊も異儀無之様、可被相心得候、且年々被位報謝料之儀も各寮主より取替へ、積年ニ相成候而も未納向も多分有之、同庵多衆之面々者、甚致迷惑之

同料不納者消帳
加行伝法、在山年限、五重相承等の緩み、
門主一品宣下、勅使参向
遠路、祝儀免除

由、向後三ケ年被位報謝不相納、音信不通之ものハ、其師近當人へ不及断、可及消帳筈ニ候、尚亦両度の加行傳法之儀ハ、宗部塾覧在山年限ホ古規厳重候處、近来相馳ミ師匠老衰、亦ハ病身ホ申立不得、年限域之堪ふを論せす、初登山即年五重相承、引続き翌年』長々付、於　御定ニ御先例不被為頼処、格別之依　叡慮、一品　宣下被　仰、如則、當十二日　勅使御参向、萬端無御滞被為濟、誠ニ以　御宗門之光輝弥増一宗内僧侶志慶不過之、難有可奉存候、依之諸国御門末之寺院、早速ニ御祝儀可奉申上候、猶亦又末小庵ニ至迠、不洩候様可被相達候、以上、

八月　　　　　　　惣本山
　　　　　　　　　役者』

作刕
　誕生寺
　泰安寺
　惣門中

追而、右為御祝儀、門中惣代登山可被仰出候処、遠路之儀ニ付、此段被免候、尚亦献物之儀ハ不應事、此度之御儀ニ付、格別心配可致筈ニ候へ共、時節難渋之折故、天保八酉年十一月午庚　宣下之栞例を以、献上可有之候、以

嘉永六年、定厳代なるも記録の記載なく、同七年に続く、

家定将軍就任、嘉永六年十月二十三日なり、

〈朱印改〉
幕府が、寺社に対して朱印状を下付し、その領地の確認として将軍交代時に朱印改あり、

赤穂藩より例年の茶湯料供う、

上、」

嘉永七寅年」

一、公方様（将軍家定）御代替りニ付、當年御朱印御改被　仰出候付、萬事先例之通り、取調
相心得可申事、尤巨細別帳ニ相證可申事、

赤穂城より例年之通り来状左之通り、

一筆致啓上候、寒冷之砌、御座候所、其寺愈御安全可被成、御寺務珍重奉存候、
然者瑞應院殿（森忠政）・生光院殿（同養母）』為御茶湯料金貳百疋相備候間、御寺納被下置候而、御
囲向可被下候、恐〔々〕謹言、

十月廿九日　藤田九十九
村上真輔
伴半左衛門
宮浦粂之進

誕生寺様

例之通り返翰差出候事」

朱印改、参府手続、手間の掛かることなり、

役所に出府届

平野役所へ添簡

明石、大坂、平野役所月番笠井に添簡渡し口演す、

平野役所、江戸屋敷添簡の例無し、

嘉永七寅八月　御朱印御改参府一条

一、今般　御朱印御改ニ付、為代僧寺内浄土院出府為致候間、此段御届申上候、
　　書付を以御届申上候、
以上、
　寅八月十二日　　　　北庄里方村之内
　　弓削　　　　　　　　　誕生寺　印
　　　御役所
』

右之通り相届候処、当役望月文内・中里小三郎殿、両人ゟ平野役所へ添翰有之事、

一、同十五日出立いたし候処、明石表ニ而二日滞留、廿二日大坂抹香屋太兵衛方着いたし、則平野表へ参り、郷宿枡屋相頼案添翰持参ニ而、御月番笠井堅太郎殿江相掛り、添翰差出し口上相演候処、何分重役へ申入候間、其上返答との事故、枡屋へ引取り居候処、早速使参り候故、亦々笠井氏江罷出候処、口上御届候趣、早速重役へ伺申処、当役所』御届候而已ニて江戸屋敷へ御添翰之先例無之候間、何時御引取りニ相成候而も宜敷との事、用濟ニ付、七ツ時ゟ大坂へ引取申候、

法林寺中利見院
本山役者長栄寺病中、知恵光院へ頼む、

〈手札〉身分証明書と今回の役目を兼ねて書いたもの、

増上寺へ添簡例有り、

病中代僧
添簡願

一、同廿三日、夜船ニ而上京、同廿四日四ツ時、三條橋詰法林寺中利見院へ着、
則日惣本山御役者長栄寺（上京・栄町）へ相伺候処、折節御病中ニ而、御出勤も無之由ニ而、
御同役知恵光院（上京）江委細御頼込被下、其上表帳場へ使僧右御願入被下候由、明廿
五日帳場迠御手札相伺候様、申渡し有之事、』

手札左之通り

今般
御朱印御改ニ付、　作州誕生寺役院
出府仕候、依之致登　浄土院
山候間、宜敷御取次
奉願上候、以上、

右之手札持参ニ而、帳場隆丈和尚へ罷出候処、先例之趣、御尋御座候へ共、旧記
無之由、申上候処、御役所ニおゐて記録御調被下候処、増上寺へ御添翰先例有之
候由ニて、　惣本山御出願左之通り、』
書付を以奉願申上候、
一、今般　御朱印御改ニ付、参府可仕候処、折節持病甚難儀仕候間、代僧を以、
右御改奉願度、右之趣、可然増上寺へ御添翰被成下候様、奉願上候、以上、

嘉永七寅八月　　　　　作州
御役者中　　　　　　誕生寺　印
』

本山御礼式

右ニ付、惣本山江御禮式目録左之通り、
一、金百疋　御禮
一、銀壹両　月番
一、〃三匁　山役
一、〃貳匁　表帳
一、〃貳匁　行者
一、〃五匁　書記方
〆
右ニ付、都合金貳歩ほと相掛り候間、已来相心得置事、』則日御添翰頂戴ニ相成候、全く長栄寺上人御頼込ニ付、火急ニ出来候也、
一、同廿六日、利見院ヲ發足いたし、石部宿泊り、
同廿七日、関宿泊り、同廿八日、四日市宿より乗船ニ而、宮宿着船、併し天気
風ヲ見合乗べし、同廿九日、三州上野（桝塚）行福寺へ立寄り候処、同寺丈室御病気ニ
都合金二歩
長栄寺の役効多し、
関宿、四日市宿、宮宿、
三河上野行福寺へ、

江戸本所霊光寺着、同寺誕生寺旅宿、随身春岱住職なるが因由なり、

候へ共、誠ニ叮嚀いたし被呉候、折節雨天ニ而両日滞留、
九月二日早天出立いたし、同十二日江戸本所中之郷竹町』霊光寺（吾妻橋）へ着、此寺之義、一昨年来山主定嚴大和上出府折から誕生寺旅宿として、随身春岱和尚住職ニ相成候因縁を以、同寺ニ滞留いたし居候事、

縁山表帳場弁宿

一、九月十六日縁山表帳場弁宿和尚ニ掛り出府届、惣本山御添翰差出し候事、尚亦　御朱印御写之義、御願申上候処、御年寄ニ而祐筆殊之外多用之事故、廿一日帳場迠伺候様、御申聞候事、』

出府届

出府届手札左之通り、

今般
御朱印御改ニ付
出府仕候間、此段
御届奉申上候、
作州誕生寺代
浄土院

天陽院取次が先例なり、

右出府届之手札、先例者天陽院（芝公園）取次ニ而、廣間へ相掛り候事なれとも、此度者参府いたし振合少々相居候事故、左様手かるく相成候事、已来ハ廣間へ相掛り候事、左候へ者、玄関番ニ少々くわし料も入候事、』

菓子料

土井家江戸屋敷へ出府届

同十八日、土井大炊頭(利位)殿御屋敷へ参り、内玄関ニ而手札差出候処、取次役岡野小右衛門殿罷出、御届候趣、留置申入候ものニ而、引取り手札左之通り、

> 今般
> 御朱印御改ニ付
> 出府仕候、此段
> 御届申上候、
> 　　作州誕生寺代僧
> 　　　　浄土院

寺社奉行へ出向申渡し、

一、同廿一日、帳場弁宿和尚迠罷出候処、御祐筆殊之外多用ニ付、両三日之内、出来相成候様、取斗ひ候間、今少々心長く存居候様、御申聞ニ付、霊光寺へ引取り候事、』

一、同廿三日、早天使者長谷川亀之進を以、帳場迠相伺候処、御写出来ニ相成候間、明早天寺社御奉行所へ参上候心得ニ而、罷出候様、申渡し候事、

朱印改一件書式

一、同廿四日、早天浄土院、長谷川、供栄吉召連れ、芝山(増上寺)へ罷出候処、帳場弁宿和尚より御渡しニ相成候所、左之通り、

御朱印写
　奉書写　壹通り
美の紙写　貳通り

代僧願

手目録　貳通り』
御添翰　壹通り
代僧願添翰　壹通

寺社奉行へ出府届

右御渡しニ相成、尤御本紙ハ別日ニ御渡し相成、則刻青山大膳亮（幸哉）殿御屋敷へ参り（抹消文字十二字有リ）、掛り本多中務太輔（忠民、寺社奉行）殿御屋敷へ参り、出府届手札玄関廣間ニ而差出候処、留置申達しとの事、

夫より水道はし外、青山大膳亮殿御屋敷へ参り候処、先門番ニ而手札差出し、玄関へ上り取次へ手札差出』候処、席へ通り扣居候様との事故、惣席へ通り居候処、寺社役坂寄平四郎殿罷出、廣盆之様もの持参ニ而御写、并目録増上寺御添翰

着帳

ホ被受取、奥へ持行、慚（暫カ）々して被罷出、御着帳ニ相成候由、尚亦代僧願之義も増上寺添翰を以相願候事故、御聞済之事申渡し有之、尚晦日朔日両日之内、伺ニ参り候様、申渡し坂寄平四郎右手札相被渡、早々引取候事、』

尚々本多殿御屋敷へ参り代僧願御聞済之届、左之通り、

代僧願

美作国久米南條北庄里方村　作刕
誕生寺義　今般　御朱印御改出府可仕　誕生寺代僧
候処病気ニ付、代僧を以御改相済　浄土院

候様、青山大膳允様江奉願候処、御聞
被成下難有奉存候、此段御届申上候、已上、

手間を要することなり、

一、十月朔日、早天、青山大膳允殿御屋敷へ罷出、玄関ニ而手札差出し候処、席ニ而扣居候様、被申聞、席へ通り暫相居候処、』掛り役人板寄平四郎殿被罷出

朱印写本内見、写を渡さる、

御朱印御写御持参ニ而被申候様ハ、御内覧相済候間、写御下ケニ相成候様、被申候間、御渡し候ニ相成候、尚十日頃、伺ニ罷出候様、被申渡罷帰り、

青山家、日時指示あり、

一、同十二日、朝、青山大膳允殿御屋敷へ罷出候処、当十八九日之内、伺ニ罷出候様、御申渡し候故、引取り候事、

延引

一、同十九日、朝、同所江伺ニ参り候所、尚廿三日多分御改ニ相成候間、廿一日伺ニ罷出候様、被申聞引取候事、

手札

一、同廿一日、朝、罷出候処、手札相渡り文言左之通り、』

来ル廿三日六ツ時
大膳允宅寄合
前日尚亦可伺出候、

右之通り手札相渡り趣、明日写持参いたし候様、被申聞罷帰り、

写本持参

一、同廿二日、早朝、御写持参いたし、亦々青山殿へ罷出候処、是迠とハ相違ひ、御廣敷役人差圖ニ而、是迠伺ニ罷出候席之外、惣席へ相詰居候所、役人衆

帳読次第

帳読被致、次第ニ入輪へ順次ニ并居候処、奥より帳讀次第写差出候処、役人衆請取、重ネ様儀』差圖ニ而、猶明日之御禮いたし候様、被申、奥へ通り役人差圖相濟、罷帰ル事、

御礼

一、同廿三日、正六ツ時青山殿江罷出候処、御朱印持参候事故、表門ニ而玄関へ上り、手札差出前日之通り、席へ通り　御朱印護持いたし候処、』

弓削役所へ届書

一、弓削役所届書左之通り、

何院様 御朱印	作州 誕生寺

雛形

右之通り雛形　御朱印之枚ほと美の紙壹枚に壹本ツ、相認、尤御本紙の御文言雛形の續ニ相認、帳面ニとじて相納可申候事、』

覚

本寺　京都知恩院末

作州久米南條郡北庄里方村

浄土宗
栃社山
誕生寺

一、御朱印高五拾石
右者、嘉永七寅年十一月廿三日青山大膳允殿ニ而、御朱印御改相済申候、
以上、』
(安政二年)
卯正月　　　　北庄里方村
誕生寺　印

土井大炊頭(利位)様
御役人中

右之通り、相届候処、落手ニ相成事、』

宗制願

誕生寺朱印地扱い格別別席あるべし、別席願ふ、

書付を以御願申上候、

一、拙寺宗制之儀、例年代僧ニ而相届居候処、当日諸寺院数多集會之折から、早天ゟ出席ホ仕候得共、末席ニ相成及遅刻候、御朱印地之諸寺院被相凌候儀、世情通途事ニも存居申候、然ル処、他所　御朱印地聞合候処、多分　御朱印地ハ格別之儀ニ付、別席ニて相営候様、相聞ひ候ニ付、何卒拙寺儀も已来別席調印被　仰付候様』奉願上候、全く自己偏執之証事ニハ無之候得共、

公儀尊牌の安置あり、

公儀尊牌ホ御安置御供養申上候得者、実ニ恐入奉存候之間、右ホ之簾を以、前文之次第速ニ御聞濟被　仰付被下候ハヽ、外聞実儀共、難有奉存候、以上、

夘二月　　北庄里方村之内

弓削　　誕生寺　印

御役所 』

知事代判なれば上席、ほか代僧なれば従前通り、

右之通り、相認持参いたし候処、役人衆落手被致、御尤事ニ御座候得者、本国ニも　御朱印地も御座候事故、已来知吏ニ而代判相勤候事なれハ、諸寺院為上席、且亦知吏も是なき節、外代僧なれハ是迠之通り、尤浄土院ニ而相勤候事ハ役所〔院〕之儀ニ付、上席と相定メ候由、申渡し候、則当年三月宗制浄土院ニ而相勤候処、上席ニ相成事、』

』

東都三上人、縁山・天徳寺・霊巌寺

永世不朽東都三上人御寄附史

一、金百両　縁山前大僧正章誉（智典）御方

一、金百両　前天徳寺仁誉澤栄上人

一、金百両　靈巌寺温誉大宣上人 』

当坐修復料トシテ御寄附上人方

一、金貳拾両　縁山貫主慧嚴（冠誉）大僧正

一、同拾両　傳通院主善誉上人
一、同五拾両　瑞蓮院（現、小金井市）閑居信阿上人
一、同廿五両　最勝院（芝公園）閑居名阿上人
一、同貳拾両　神明溪巌城御寮主
一、同金五百疋　方丈御寮司密童和尚
一、白銀壹枚　御内役密翁和尚』

規定證券

一、金百両者　但シ保（持）字金ナリ、
壹ケ年八朱利、

右者
前大僧正章誉（智典）御方御寄附、
抑美作国誕生寺者、
吉水（法然上人）大師根元之御霊場候処、檀越之助成ヲ以、堂舎修理之儀、従来難出来候、』
章誉御方ニも殊之外被為歎、
大師之法燈為奉暉之　思召ヲ以、今般金百両御寄附被遊候間、御別當年番ェ永預
ケ年八朱之子分、六ケ年之間、積立四拾八両也、相滞候節者華頂年頭使ェ相頼、
貴寺江無相違相達候様、可取計旨、愚院ェ御任被遊候、依之於愚院も難有御随喜
奉感佩、且者、

規定証券

縁山前大僧正百両寄付す、

増上寺役者年番預り、年八朱（両ならん）の利子分なり、六年積立四十八両なり、知恩院年頭使経由誕生寺渡し、

万代不朽の永続

大師之重恩為奉報酬、且者万代不朽之』永続可懇祷者ナリ、前書之通、向後為令
無遠乱規定、依テ如件、
嘉永七甲寅年五月　御隠室御内役
亮典　華押
美作国　瑞蓮院當職
誕生寺　契誉典了　華押
定嚴和上』

天徳寺寄付証状

佛具

寄附證状

一、真鍮燈籠並臺　二基　一、油皿並臺但搔立添　二通
一、真鍮生花瓶　臺對　一、黒塗華瓶臺　壹對
一、真鍮生花押中筒　二本　一、日用供花中筒臺　一通

永世、灯明料・日供生華料・日別回向料

一、金百両
永世常燈明料
永世日供生華料
永世日別回向料

元金総本山預り、利子益毎年五両渡し、

右元金』
惣本山御役所ェ永世御預り相願、毎年子益金五両ツ、、貴寺江御渡之旨、万代不

易規定𪜈、但シ證券ハ當方江預り置、右金五両ツ丶、貴寺江御渡之分ヲ以可被備、永代長日供養燈華之資料者也、

右者　宗祖大師根本御旧跡之地ニ付、為上酬慈恩、今般寄附之以悃嘱、永世日別供養無怠緩、且回此功徳所冀、先師考妣諸靈儀、及ヒ』愚衲身後永代日別回向也、寄附状、依テ如件、

嘉永七甲寅二月　　　武陽天徳寺三十九主

美作国　　　　　　　　仁譽（澤栄）　華押

誕生寺　　　　　　　　　　別ニ朱之印

聚誉定嚴和上　　　　　　　　　』

証券は預り、

誕生寺、法然上人根本旧跡

定厳寄付請書

規定御請證書

一、真鍮燈籠並臺　二基　　一、油皿並臺但掻立添　二通

一、真鍮生華瓶　壹對　　一、黒塗花瓶臺　壹對

一、真鍮生花押中筒　二本　　一、日用供花中筒臺　壹通

一、石華瓶　壹基

佛具

百両

一、金百両　｛永世常燈明料
　　　　　　　永世日供生花料
　　　　　　　永世日別回向料｝』

右者、
宗祖大師根元之靈場ニ付、格別之以思召、御寄附被為下置、冥加至極難有奉存上候、然ル上ハ、御佛具ホ永世太〔大カ〕切ニ護持可仕候、尤御供養料元金者　惣本山御役所ェ永世御預ケニ相成、毎年子益金五両ツヽ、無闕減御渡被成下候旨、万代不易御規定之赴、奉敬承候、右ヲ以永世常燈明二基　大師影前及御双親御廟前』日別生華一對ツヽ、御供養可申上候、且六時勤行之毎度御所志之諸灵儀、厚御回願可申上候、前件無怠慢長日勤修可仕候様、後来異変最無之、御請規定證状奉指上候処、依テ如件、

嘉永七寅年三月　　　作州誕生寺奉律七世
　　　　　　　　　　　　聚誉定嚴（花押）

武陽前天徳寺
　仁譽大和尚前
　　御尊弟中』

定厳自署、花押

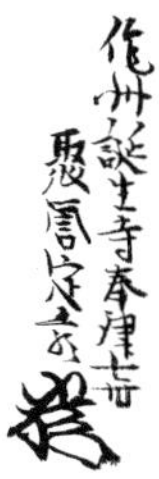

増上寺山内大真、霊巌寺
寄付状

寄附状

一、金百両（永代常念仏資助金
諸霊日別囬向料）

常念仏資助金百両

右者
宗祖大師依為御旧跡、今般令寄附候、元金者　惣本山御役所ェ御預ケ相願、子分

元金、知恩院預け、

ヲ以、永世日別御囬向処希候、寄附状依而如件、』

嘉永七寅年五月　　増上寺會下
大真　〇
武陽靈巖寺廿九主
温誉(大宣)　花押

美作國
誕生寺
聚誉定嚴和上』

定厳請書

御請證書

一、金百両（永代常念佛助金
諸靈儀日別囬向料）

右者、

以後、天徳寺・霊巌寺二カ寺に御下金願ふべからず、

深川正源寺・浅草宗円寺の取持にて前大僧正寄付

宗祖大師根元之靈場ニ付、格別以思召、今般御寄附被為　下置、冥加至極難有奉存候、然ル上者、元金　惣本山御役所ェ御預被為成下、右子分ヲ以、前書之通、永世、　』

大師前におひて勤行之毎度御処志之諸旲儀、無怠慢厚ク御囬願可申上候、向後異變為無之、御請書奉指上候、依テ如件、

嘉永七寅年五月　　作州誕生寺奉律七世

聚誉定嚴（花押）

武陽靈巖寺御貫主

温誉大和尚前

増上寺御山内

大真和尚前　』

上来三上人とも万代不朽之約定にヨツテ、御寄附之御事ニ候、然ル上ハ、後来之住侶如何様差支ィ在之候とも、御両山江御下ケ金ホ御願ひ申上間敷事、

一、前大僧正御方ェハ、御請書差上不申旨、趣ハ最初随喜取持深川正源寺博譽上人 浅草宗円寺得譽上人　此両寺相頼（澤栄）仁誉上人（大宣）温誉上人　御寄附之次第ヲ以、御内願申上候処、早速御承知被為成下御返答　當時修復ナレハ三十金、永世ナレハ百両ト』被仰候、依テ両

別当、大切に護持の旨、伝ふ、

三上人因縁の記述

前大僧正、三河出生なり、七十二歳、鎌倉光明寺より昇進、隠寮三蔦渓亮典寮なり、

勧財、新規は無理

上人ゟ此方江内尋在之候ニ付、後世之為ト存心、強百金永世之分御願ひ申上候之処、速ニ御聞濟ニ相成、即日御別當随蓮院契誉上人御召出シ、諸般世話可申候之様、被仰付、規定書文言之通ニ御座候、翌日契誉上人ゟ使者参り候ニ付、急速登山面會候之処、上人之仰ニハ、此度　前之大僧正ヨリ御寄附之次第、諸事此方承知之上ハ、大師前ェ報恩之一端ニ厚く世話可致候之様、併御互ひニ無常之境界ニ候へハ、此方ニも委敷記録ニ写し置、勿論』　御朱印同様、太切ニ護持可仕、自然交代之後も候へハ、後職ェ篤ト申聞、聊麁忽無之様、取斗らひ可致、且當年番（役者）之儀ハ、通元院ニ御座候、始末此方ゟ示談ニおよび、同院ヨリ證書壹通受取置候トノ事ニ御座候、前条之次第に依テ、此方ゟハ御請書ホ差上不申事、万一後来ニ至り壹ケ年ニ而も不納之節ハ、規定證書ヲ以、随蓮院ェ引合候様、為念爰ニ記ス、

一、前大僧正憲蓮社章誉（第六十五代）如實真阿知（智）典上人者参州之御産ナリ、當寅御歳七拾二歳、鎌倉光明寺ヨリ』縁山ェ御昇進、御隠寮三蔦渓亮典寮ナリ、縁山住職中、去ル弘化三午年五月本堂修復勧財ニ付、先住宝譽（巨海）和上名代浄土院住職中出府、同年四月中上京、本山表取繕之上、東都ニテ通人ヲ以　御前向御伺願申上候処、新規許容甚タ六ケ敷被申候、痛心ノミ候得ば、諸方旧馴之寺院、段々聞合候之内、當時　本山大僧正萬誉（顕道）上人鴻洲勝願寺御住職中ナリ、章誉御方御法

万誉顕道と章誉智典法類なり、加へて深川玄信寺の取持ありて勧財せり、奥州云々（未詳）

勧化古刹に準ず、

関八州、駿遠三の国々勧化

別記あり、

二百両余の集財

三田林泉寺、旅宿なり、

定厳三十九歳なり、随蓮院契誉、役者筆頭なり、

天徳寺仁誉澤栄、播州明石の出生、下谷幡随院より転住、後隠居五十三歳なり、

類之由、承之、折節御出府山下谷道本寮御滞留之様相聞江、依之』深川玄信寺和尚ヲ以　御前向之処、取繕御願ひ申上候事、其後両三度も道本寮江御窺申上候ヘハ、内々　御前向御聞済之様、始而承之、終ニハ、奥州眞似牛　大師之勧化、過年御免許之古列（例カ）ニ準シ、御許容在之御事、御山内始メ御府内惣シテ関八州之諸寺院向、其上駿遠三之三ケ国ハ、作州ェ飯路ナレハ迚、自然ト御免ニ相成候事、委敷ハ別記在之、爰ニ略ス、集財高都合金貳百両余、別段御暇之節、御囬向料トシテ、金拾両御自筆御名号ホ頂戴之、一ケ年』計逗留ニテ、翌年未三月初旬、東都出立、飯路三ケ国順行、上京　本山表御窺四月中旬飯寺、東都旅宿三田寺町林泉寺（三田）ナリ、随徒寮嚴和上弟子教道沙弥、下男備中州松山在之者仲助出府、定嚴三拾九歳、教道三拾一歳、仲助廿三也、

因ニ云、随蓮院契誉上人ハ、志州之人也、先年勧財ニ付、出府之砌ハ、御役者典了上人・貞也上人之筆頭也、毎度登山厚ク御世話之事、當寅四拾八歳別懇之縁ヲ以、此度　章誉御方御寄附一件諸事都合宜敷事なり、』

一、前天徳寺貫主信蓮社仁誉澤栄上人者、播州明石之御産、藩中池田姓ナリ、同所光明寺（鍛冶屋、触頭）之高弟、再関之後ハ、御山内最勝院（芝公園）閑居、性阿上人者依師也、下谷幡随院ヨリ西ノ久保天徳寺ェ御轉住、三四年ニテ御隠居、御山中三嶌谷澤善寮ェ御移之事、當年五拾三歳ナリ、去ル天保九戌年四月中察嚴和上　御朱印御改ニ

定厳、江戸にて法話・授戒

天徳寺と懇意なり、

天徳寺、諸方へ寄付、其金三千両

持丸衆

霊巌寺大宣、信州の生れ、

大真寮、良俊寮

定厳、霊巌寺十夜法会法話

天徳寺隠室の取持百両寄付なり、

三上人篤実の人

上席、下席

〈一文字席〉

法会の折、導師と同列して仏に向ひ一文字に座すこと、等一に列すゆえに一文字席といふ、

付、出府、江都諸寺院ニテ法話授戒ホ、翌亥年(天保十年)再出府、至ル処群参也、別記アリ、略之、両年トモ愚子(定嚴)随心、其頃ヨリ右三上人トモ知人ナリ、』其後勧財一件出府之砌、天徳寺御住職中取分懇命ヲ蒙、毎度登山御齋ホ御相判、四方山之御内話之席、當山内所向御咄シ等在之、其節ヨリ御助情御含願ひ上置候事、當時東都ニ於テ持丸衆(富裕寺)四五輩之内也、愚子見聞スル処、是迄凡ソ金三千両程諸方エ御寄附在之、委シキハ下ニ至テ記スベシ、

一、深川靈巖寺貫主恭蓮社温誉大宣上人者信州御産、在藩中ノ由、小石川傳通院御先代寂誉大圓上人之高弟、芝御山中山下谷當時大真寮是ナリ、當寅(嘉永七年)御年四拾九歳、』過ル弘化年中勧財出府之中、深川御山内柳谷良俊寮ヨリ招請、十夜中法話、折々拝謁申上、十四日御前之名代、本堂ニテ一坐法話、群参、御前昨年中御乗出シ之様子ナリ、今般百両御寄附之儀ハ、天徳寺御隠室之御取持被下候事、右之三上人トモ篤實謹行之誉レ世上能知ル処也、粤ニ安政二卯年春ノ頃、依テ　台命永代紫衣地於　御城蒙　仰、則チ縁山貫主冠誉(慧厳)大僧正御召連御登　城ノヨシ、同年夏方上京　御参殿ホ首尾ヨク御成辨之由、是迠諸寺院之中、』例シナキ世説也、依之愚老(定嚴)、皈国後ニ候得ども愚書ヲ以、御祝詞申上候事、天徳寺御隠室ヨリハ、余程下席ナリシヿ、去ル天保度察厳和上出府之頃ハ、章誉(増上寺六十五世智典)御方ハ飯沼弘経寺御住職中ナリ、天徳寺仁誉上人ハ、一文字席上ノ

部ナリ、　靈巖寺温譽（大宣）上人ハ、一文字ノ末席ナリ、以上、』

』

荘誉浄厳、知恩院入院

〈荘誉浄厳〉安政五年八月、鎌倉光明寺より昇進、同十二月大僧正、翌年一月着山、入院す、在住約三年、文久元年四月十日没す、謙譲改め

○御住職被　為在候ニ付、御廻章安政六年未歳次

今般　荘譽浄巖（第七十二世）大和尚總本山御住職被為蒙　仰、御入院首尾能相濟候、先格之通、御祝儀可被相勤候、以上、

惣本山

正月十四日　　役者　印

作刕

誕生寺

泰安寺

惣門中』

別書

御當職御方御譽号御実名差合之寺院者、謙譲相改可申候、勿論　御當山江其趣書面を以、可被相届候、已上、

正月

大僧正任官、継目御礼

御丈室御方、此度別段之以　思召、去ル十二月三日於　御城、大僧正御任官被為蒙　仰、且即年継目御禮ホ被　仰上候間、別而難有奉存、恐悦可被申上候、以上

定厳筆録終る、

正月　　　　　　　　　　　惣本山

役者　印』

右ニ付、割合、』

（記載ナシ）』

安政四巳十一月十四日玉潭入院以来

今般従　知恩院隆宮御方依御頼、伏見殿御所御構内ニ有之灰筋壁、長延貮拾五間

御寄附相成候条、依　仰執達如件、

安政四巳年十月

御牧左衛門権大尉

景福　花押

後藤因幡守

義紀　花押』

田中信濃守

雅惟　花押

美作國久米南條郡

北荘（庄）里方村之内

櫔社山誕生寺

金譽玉潭和上

金誉玉潭代、安政四年住職す、玉潭筆記に移る、知恩院門主隆宮の頼により、伏見殿御所内灰筋壁二十五間誕生寺へ寄付なり、現在の壁これなり、

大切にされたし、

上包ニ添状

今般　宮御方依御頼従』伏見宮、灰筋壁御寄附有之候ニ付、右御寄附状御渡ニ
相成候、不容易事柄ニ付、大切ニ相心得可被申事、

御殿月番
武田宮内卿　㊞

橲社山
誕生寺金譽玉潭和上

上包ニ、作州里方村
誕生寺
惣本山　役者

今般其寺江従』伏見宮御方、灰筋壁御寄附被成下、則　大師御旧跡之御荘厳
（万誉顕道）
大僧正御方深御随喜、依之白銀五枚　大師前江被遊御備候事、』

安政四巳
十月
惣本山
役者　印

作州里方村
誕生寺

この件内実、備中門満寺
励信の発願なり、
伏見宮へ冥加金五十両上
納、礼金二十一両

尊超親王染筆の名号寄
付、

右内實者、備中門満寺励信和上發起願主也、
伏見宮様江為冥加金五拾両上納、其外ニ御殿始諸役向江礼金凡貳拾両、

上包ニ、證書

御寄附之事

大光明一品尊超親王御染筆

一、御名號　一枚

右其寺就御由緒、此度御寄附有之候、永』可為護持候、仍證書如件、

安政四年

巳十月廿六日

谷野土佐守
常彰　花押

角田加賀守
俊徳　花押

武田宮内卿
信徵　花押

美作國久米南條郡北庄里方村

誕生寺金譽玉潭和上

』

上包ニ添状

かしこしれの御染筆

御懐紙　　　　一副

御紋附表具并御文庫添

右者、

大光明院一品尊超親王

御染筆、文政六年専念寺順阿江被下置候処、由有而越後新發田大善寺（大栄町、触頭）近誉入手

御室江被相納候処、此度　思召を以、其寺江被下置候間、永々大切ニ可為』護

持、依執達如件、

安政四年巳十月廿六日　　　法印信徴

花押

美作國久米南條郡北庄里方村之内

櫔社山

誕生寺金譽玉潭和上

懐紙一幅

染筆渡り経過

文政六年専念寺へ、新発田大善寺へ、御室へ、今回誕生寺へ、

』　』　』

誕生寺相続困難
増上寺助成、勧化御免

喜捨七百両
増上寺大衆年番預り、年八朱の利子

増上寺役者花押写

證状　写

其寺従来難渋寺ニ而、相續方ニも差支困難之折柄、来酉年(文久元年)稀成御遠忌ニ被為當候付、無餘儀、御當山始御配下寺院助成之儀、此節柄難被及、御沙汰候得共、餘寺不共之御旧跡格』別之訳を以、勧化御免被　仰出候、依之追々諸向より喜捨有之候内、金七百両者永々御供養向、其外修復為手當、御當山江御預申上置度旨、右者無餘儀次第ニ相聞候間、願之通、御當山大衆年番江永世預置、年々八朱之子分相渡候、然ル上者、向後大師前御供養向者勿論、致喜捨候施主』家之囬向無怠慢、諸堂舎修復ホ常々心掛、後代住持心得違無之様、堅致規定置、弥以可為真俗警策之条、如件、

冠譽(慧厳)大僧正御代役者

安政七申年三月

廣度院
萬迪（花押）』
常照院
満誾（花押）
宥厳
槃譽（花押）』
豊舟

祠堂財として七百両預り、

〈祠堂財〉
位牌などの寄託により寺に回向料を納めた、その金員を運用し、寺の維持費に当てる、この場合、運用は増上寺が行ひ、利息の一部が誕生寺維持に回付、元金は渡さず、大衆年番、二臈、学頭

作州誕生寺
　聚譽定嚴
祥譽（花押）』

證　　写

一、金七百両也、
右者貴寺祠堂財、永々大衆年番江預申候処、実正也、利足（息）之儀者、年八朱之割合
を以、毎歳六極両度ニ御渡可申候、尤貴寺御由緒之儀者、』
宗祖根元之霊場ニ而、餘寺不共之御舊跡ニ候處、素ゟ無檀無禄ニ而、平常之備も
不相立、従来困難之趣を以、此度御當山江助成筋被願立候ニ付、御役所ゟ金百両
御寄附、大衆年番ゟ令百両喜捨、右貳百両を為元立、諸向寄進被相頼集財之内、
書面之金高為寺門相續、永世ニ備令相預り候上者、已来再建修復向其外臨時』如
何様之入用有之候共、於元金ニ者永く相渡申間敷候、仍而如件、

安政七庚申年三月　増上寺大衆年番
　　了廓　印
同　二臈
　　徹定　印

同　学頭

察彦　印

』

作州

誕生寺

聚譽定嚴和上

和上

前書之通、相違無之候

豊舟　印

宥厳　印

』

〈参考〉
左、記録文書の原本、
（誕生寺蔵）

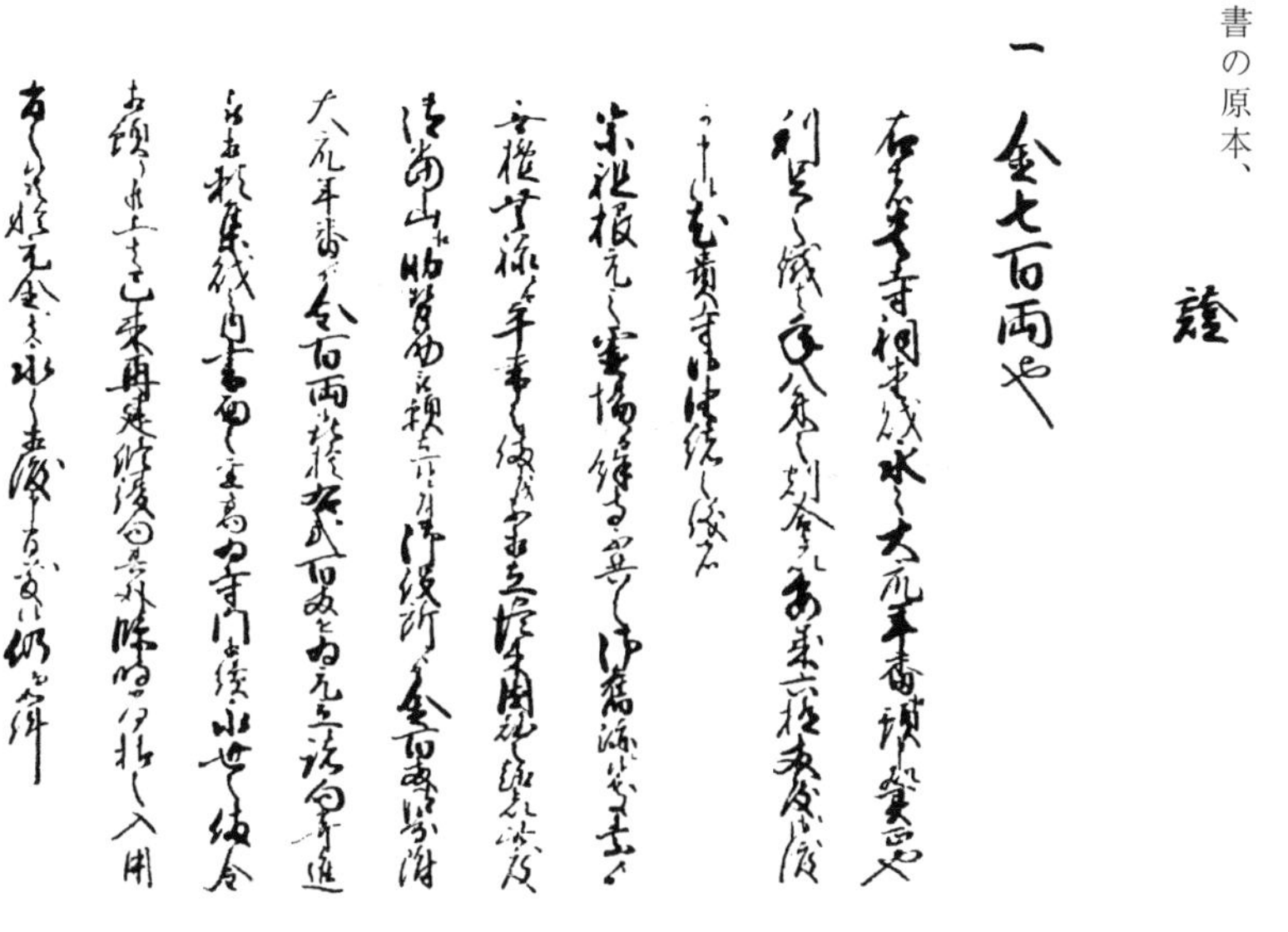
證
一金七百両也

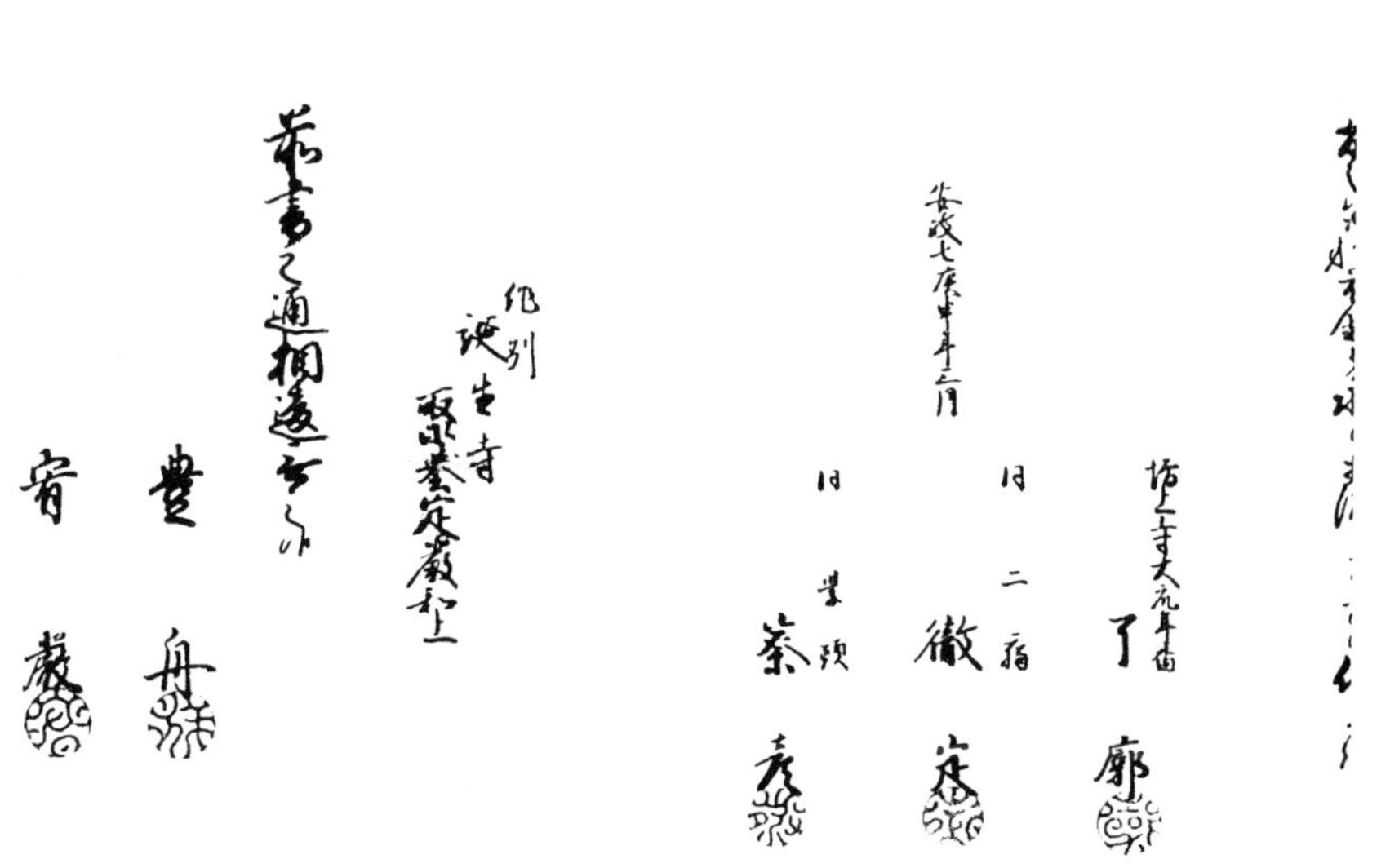
安政七庚申年二月

十三、日　鑑（正道　文化十一年）

本記録、明治七年農商務省の検閲を受けしものならん、

（表紙）

（付箋）農商務省　明治七年二月五日第一三四五號検閲

（付箋）日　鑑

答申書附済　近江

漢方方剤

本記録、薬草方剤の記載散見せり、正道、漢方の素養あらん、

（長帳様　縦二五糎×横一一糎）

胡麻　白シホリ（絞）　一合ノ割
唐胡麻　皮ヲサリ（去）　二十位
黄バク（蘗）　キサミテ（刻）　一文目
生姜　五分皮ヲサリ
山椒　実ヲサリ　五分
ソウカクシ　八分

艾の製法

ミヤウバン（明礬）　一文目
外　櫁ノ葉一枚、
右一度ニ入テ土鍋ニテ煎ス、竹ノヘラニテカキマセ、櫁ノ葉ヨクアカルヲ相圖ニ
ヲロシ、サマシテリイリノ紙ニテコス、
モクサ（艾）セイ（製）法
能々煮揚水ニテ能モミ出シ、悪汁ヲサリテ揚テ朱ニ交ル、』

文化十一年（一八一四）十二月から記録の書始め、終りは、文化十四年十一月四日なり、正道の誕生寺入院、文化二年（一八〇五）十一月なり、（『栃社記』其二）文化十二、十三年の記述は住職期に当る、

十二月　大　廿六日　節分
朔日　巳　晴
二日　午　晴
三日　未　晴
四日　申　晴　松ヲ植ル、
五日　酉　曇　松ヲ植ル、
孔子曰、生與《ハノ》レ人事子《スラヲ》尚《ヲ》未《タ》レ知、死與《トトハ》ニ鬼神一、我正与能測《ソクラン》

孔子『論語』「先進」章参照

六日　戌　晴　當日ヨリ例年佛名會、

仏名会

七日　亥　晴
八日　子　雪

田楽

性漸、是里虚空蔵入仏

大掃除、煤取り、

田楽

永寿尼
善子大和屋平七没
京都堺屋支払、
支払・金員の記載随所にあり、

痰漢方方剤

九　日　丑　晴　田楽、
十　日　寅　晴　コリ(是)里(久米南町北庄)ヨリ虚空蔵ノ入佛、十二日ト申来ル、
十一日　卯　晴　』
十二日　辰　晴　性漸帰山、コリ里入佛、
十三日　巳　晴　ス、トリ(煤取)、
十四日　午　晴　浄土院齋、田楽、
一山帰寺、永寿尼大坂京平ギン、堺善子大和屋平七死去告来、
善光寺三尼八月十四日帰着、諸方書状来ル、京堺屋拂卅九文目
五分、
十五日　未　晴　兼四郎齋、
十六日　申　曇
痰
茯苓《ぶくりゅう》 十二文目　陳皮《ちんぴ》 同　香附子 同　薿冬花 拾文目　桔梗 八文目
鼠松實 五文目　乾姜《ミカケ》 四文目　甘草 二文目
ミソ(ゾ)レフル、
十七日　酉　晴
十八日　戌　晴
十九日　亥　曇

廿　日　子　晴』
廿一日　丑　雪
廿二日　寅　晴
廿三日　卯　晴
廿四日　辰　晴
餅搗き
廿五日　巳　晴　モチツキ、
廿六日　午　雪
廿七日　未　晴
廿八日　申　晴
廿九日　酉　晴
晦日　戌　晴

文化十二年

文化十二年乙亥正月

年暦日

大　正二四八十極　小　三五六七九霜　彼岸　二月八日　八月十九日　土用　六
月十四日　寒　極月八日』

日月蝕

日月蝕　六月朔日一分　五月十四日皆既　十一月十六日皆既

節

節　雨水正月中十三日　啓蟄二月節廿八日　春分二月中十三日　清明三月節二月廿八日　穀雨三月中三月十四日　立夏四月節三月廿九日　小満四月中四月十五日　芒種五月節四月晦日　夏至五月中五月十六日　小暑六月節六月二日　大暑六月中六月十七日　立秋七月節七月三日　處暑七月中七月十八日　白露八月節八月五日　秋分八月中八月廿日　寒露九月節九月五日　霜降九月中九月廿日　立冬十月節十月七日　小雪十月中十月廿二日　大雪十一月節十一月七日』冬至十一月中十一月廿二日　小寒十二月節十二月八日　大寒十二月中十二月廿四日

正月受礼

朔　日　亥　雪　大衆受禮、百性禮、

二　日　子　晴　新右ホ禮、

三　日　丑　晴　弓削者共禮、

弓削役所礼

四　日　寅　晴　弓削役所禮、

五　日　卯　晴

六　日　辰　雪

七　日　巳　晴

別時回向

八　日　午　晴　日中別時囬向、

九　日　未　晴

津山浜屋
十　日　申　晴　津山行、濱屋へ、

百万遍、因果経の説法
十一日　酉　晴　ヨル例年ノ説法、百万返（遍）、因果経、カサ子、キク、

大忍
十二日　戌　風　大忍来ル、

十三日　亥　晴

十四日　子　晴

十五日　丑　雪　」

十六日　寅　晴

十七日　夘　晴

十八日　辰　晴

御忌、性漸道場に入る、
十九日　巳　曇　御忌、性漸師入道場、浄者一山、

廿　日　午　晴

廿一日　未　晴

廿二日　申　晴

独国
廿三日　酉　晴　獨國和尚来、

〈百八燈〉万燈供養
廿四日　戌　雨　百八燈、

廿五日　亥　晴

金比羅
廿六日　子　晴　獨國和尚、昆（金）比羅参詣、

巨海
門前の領民を呵る、
文澄五十回忌
巨海
独国
彼岸説法
淳道壱周忌

廿七日　丑晴
廿八日　寅雪
廿九日　卯晴　巨海、岡山へ遣ス、京、大坂諸方年頭状差出、
晦　日　辰雨　門前長・半・清呼出ノ呵ル、

二月　大

朔　日　巳晴　浄土院斎、文澄西堂五十囬〔忌〕、
二　日　午晴降　初午
三　日　未晴　巨海、獨國禅師皈、京、岡山ヨリ便、
四　日　申晴
五　日　酉晴
六　日　戌晴　獨國禅師往、
七　日　亥晴
八　日　子晴　當日ヨリ彼岸説法、
九　日　丑晴　淳道一周忌、
十　日　寅晴
十一日　卯晴

小原山
是道
出雲誓願寺
泰安寺
米子同行衆泊り、

十二日　辰　晴
十三日　巳　晴
十四日　午　晴
十五日　未　晴
十六日　申　晴　小原山へ行、是道来、
十七日　酉　夜　祐四郎（大社町）方へ齋、
十八日　戌　晴　雲州誓願寺和尚来、
十九日　亥　小雨　是道帰、
廿　日　子　晴
廿一日　丑　晴風
廿二日　寅　風寒シ
廿三日　卯　風
廿四日　辰　晴
廿五日　巳　晴　泰安寺（津山門中、触頭）来、
廿六日　午　雨　米子（鳥取）同行来、
廿七日　未　晴風　米子衆皈ル、
廿八日　申　晴

」

玉山、随伴、琢善
門弟、律師・禅師・和
尚・師等書分けあり、
大和上の迎

心英、黒谷の心鏡西堂
〈西堂〉禅林でいふ職
位、当時の前住を東堂に
他山の前住を西堂とい
ふ、
心英一句

廿九日　酉　晴

晦　日　戌　晴』

三月　小

朔　日　亥　晴　玉山律師来、随伴琢善、

二　日　子　晴

三　日　丑　晴　和上（大坂深江、法明寺旭仙ならん、）迎ノ為、巨海岡山迠ヤル、

四　日　寅　晴

五　日　卯　晴　坪井（津山）称念寺弟子心英和尚、京二条南禅寺近処ニ住ス、心鏡西堂京黒谷寺中、参詣一宿、

稲丘霊跡久　千古一禅堂　山鳥鳴春樹　天花落石床
上人心地直　高話法風芳　邂后承清誨　終身豈敢忘
春日登欟社山奉呈主上人某大和上（正道）　心英

六　日　辰　晴　両和尚（心英・心鏡）帰ル、

七　日　巳　晴

八　日　午　晴

九　日　未　晴　巨海岡山ヨリ帰、去ル七日』大和上（旭仙）岡｜（山）へ御迎ヒ、

大和上と龍興着

十日　申　晴　今日、大和上、龍興律師着、金川御齋迠慈恩遣ス、福渡迠了因・定賢、人足御迎ヒ、御随伴忠山、暮六時御着、

生実大巌寺
摂津口分寺宥恵
専念寺、上一色円成寺
仙台正雲寺智訓
東福寺、法善寺、西光院、法明寺、永昌院、浄土寺、善恵庵、臨迎庵等、正道の密接なる法縁ならん、

十一日　酉　晴　生実(千葉市)大巌寺ヨリ海苔廿葉、襟巻来、内役聖仙摂州國分寺宥恵和上、専念寺茶碗香合　円成寺(津島市中一色)年頭状　奥州仙臺正雲寺(新寺)智訓和尚ヨリ金一分　東福寺銀一封、法善寺(難波)白銀一両、京律師(西光院)ヨリ貮通、千山方ヨリ平右衛門貮通、泰嶺、求寂、法明寺ヨリ、飯田律師(永昌院)ヨリ貮通、浄土寺ヨリ、善恵菴ヨリ海苔十枚　臨迎菴ヨリ、寂道、勝因、然道ヨリ、林勇助、

今治来迎寺
授戒会、料理人を呼ぶ慣か、

十二日　戌　晴　家来岡山へ遣ス、料理人三人来ル、今治来迎寺(山方町、触頭)ヨリ使僧来ル、知頭ヨリ冏聞・吉右衛門、國米ヨリ銀子返ル、同処ヨリ野菜等贈リ来ル、

十三日　亥　晴　今治使僧帰ル、授戒荘厳、

法冏沙弥授戒
授戒作法、大門を閉ず、〈羯磨〉受戒・懺悔の作法
比丘授戒

十四日　子　晴　法冏沙弥授戒、小食後受者入湯、茶菓子米饅、居間集會、大門閉、口々へ番人ヲリ、入道場、謁(羯)磨竟テ鏧打、大衆入道場、戒経、念佛一會、退堂、齋献』立有別記、

十五日　丑　晴　比丘授戒如前日、

十六日　寅　晴　燈明松御齋、

石見西福寺

用瀬、倉吉講中、倉敷
誓願寺
起然
岡山吉原屋、平野屋
倉敷坂田屋

練供養
諷誦七十五本
諷誦六本
〈諷誦〉供物、特志回向

大和上と龍興帰路
大和屋、河内屋、京屋、
和泉屋

十七日　卯　晴　石州銀山（太田市）西福寺来ル、
十八日　辰　雨　浄土院齋、
十九日　巳　曇　會席、
廿　日　午　雨　兼四郎齋、
廿一日　未　朝雨　久瀬庄五郎親子二人、
廿二日　申　晴　用ケ瀬（鳥取市）悦冋母姉二人、倉吉講中男女六人、久瀬男女同行来、倉鋪誓願寺（阿知、触頭）和尚来、津山超然来、備前岡山吉原屋・平野屋ヲトラ・寅吉・平養子来、平福ヨリ女中六人、石州増田（益カ）今市ヨリ夫婦来ル、米子ヨリ五左衛門、外ニ四人来ル、倉シキ（敷）坂田屋夫婦来、其外大坂五人、
廿三日　酉　晴　参詣多シ、安養寺和尚来、練供養七ツ前ニ済ム、諷誦七十五本
廿四日　戌　晴　参詣多シ、説法、諷誦六本、
廿五日　亥　晴　夜雨、
和上説法、
廿六日　子　晴　大和上（旭仙）、龍興（察厳）、丸山（玉山）出立、平野屋立、大坂大丸屋トノ カ子、大和屋タミ、河内屋カ子、京屋ミチ、和泉屋喜兵衛、大平ヨリ書状来ル、平吉死告来ル、
』

縁山御住職　淳信院殿（将軍家重）御焼香

観蓮社前大僧正
妙譽定月上人
（第五十四代）

- 本山住 海譽祐月上人（第五十八代）
  - 縁山住 倫譽念海上人（第五十四代）
  - 縁山住 典海上人（教誉、第五十六代）
- 傳通院遷化 遍譽在定上人
  - 縁山住 在禅上人（薫誉、第五十五代）
  - 本山住 在心上人（泰誉、第六十四代）
- 妙随上人
- 本山住 誠譽定説上人（第六十代）
  - 館林 定学上人
  - 生實 徳定上人
  - 玉蓮社遷化 定旭上人――定龍和尚

』

廿七日　丑　晴　大坂ノ者トモ（共）逗留、増田（益田、七尾）暁音寺弟子皈ル、

廿八日　寅　晴　當日出錫、明ケ六ツ時出立、性漸律師、如海、慈恩、霊山、戒定福渡（津山）ヨリ船、大坂戸帳講中老女四人、荷持男二人、同州邊路一人同船、七ツ時岡山着、九太夫、市兵衛、寅吉、惣八迎ニ来ル、竹屋船（岡山、山科）二人乗船ヨリ船へ荷物移ス、吉原屋、平野屋へ立寄、本願寺ニテ布薩、群参、其夜九ツ時乗船川口迠出ル、

廿九日　卯　晴　旭夕日トモニ赤キ事朱ノ如シ、田ノ口へ着、瑜伽参詣、開扉寶物多し、用ケ瀬烟草屋家内ニ逢フ、

増上寺

惇信院殿焼香

〈妙誉定月〉伊勢の人、貞享四年（一六八七）生、爪連常福寺を経て小石川伝通院、宝暦六年（一七五六）増上寺第四十六世に昇進、明和三年十一月、麻布一本松に隠居、その後妙定院に閑居、同年十二月三日没、

正道、今治教化に出立す、随伴性漸ほか四人、五月四日帰寺

福渡、岡山、大坂戸帳講中

吉原屋平野屋

本願寺布薩説法

田口

真影開扉（以下開闢、と表出す、）

入湯、牛頭《ごず》天王社参詣す、

伊予白鹿嶋、今治着
今治光明院教化、松源院、西蓮寺
直末三カ寺

開講、小消息、万徳章

菩提所松源院
円浄寺
正法寺
松源院、開山一五〇回忌
月牌料

四月　大

朔日辰晴　八ツ頃迠西風、八半頃出船、下津井迠、入湯、牛頭天王社参、
朝夕日色朱ノ如、

二日巳晴　備後田嶋迠、日色朱ノ如シ、

三日午晴　夜八半頃出船、伊豫白鹿嶋ニテ接待、八ツ半頃今治着、光明院
和尚先ツ来ル、當住末寺弟子講中迎ニ来ル、松源院(今治、触頭)隠居法譽、
西蓮(風早)院(寺カ)隠居一阿對ス、直末三ケ寺ニ對ス、講中檀方追々對面、
日色朱ノ如シ、

四日未晴　松源院和尚来ル、當日開講、昼九ツ時夜六ツ時、昼小消息、夜
万徳章、』

五日申晴

六日酉晴　門中囬禮、菩提所松源院、近来圓(浄カ)成寺(今治、本町)・西蓮寺(今治、風早)・正法寺(風早)、三嶋
別宮へ参ル、

七日戌雨風　松源院和尚来ル、開山百五十回忌回向料百疋、斎料百疋持参

八日亥晴　光明上人老師両親賜月牌料、

大浜八幡
点心蒸草子、正道甘党な
らん、随所に見ゆ、

泰山寺

西条善導寺

前行

浄光寺

紀ノ国屋

大山積大明神、大三嶋に
有り、本地仏大通智勝仏
開帳

授戒二〇六人

九　日　子　雨

十　日　丑　晴　大濱八幡参詣ス、絶景也、光明上人同伴、松源院ヨリ轉(點カ)心蒸菓
子来ル、

十一日　寅　晴

十二日　卯　晴　泰山寺(片山)参詣、

十三日　辰　晴

十四日　巳　晴　西条善導寺(朔日市、触頭)和尚相見、中津屋治兵衛斎、檀頭黒部武右衛門、鹿
島某、

十五日　午　晴　今日ヨリ前行、

十六日　未　晴　岩城嶋浄光寺(岩城)和尚ニ對ス、　』

十七日　申　雨　紀ノ國屋與宗兵衛齋、

十八日　酉　晴　別宮村大山積大明神御本地佛大通智勝佛開帳ヘ参詣ス、大山積(大山祇神社)
大明神ハ元来大三嶋(宮浦)ト云嶋ニアリテ、日本惣鎮主大山積大明神
ト云額アリ、佐理卿筆トカヤ、其ヲ爰移シ崇奉ル也、

十九日　戌　晴

廿　日　亥　晴

廿一日　子　晴　當日授戒二百六人、

板・石・油紙の書法、付子の粉（当時「お歯ぐろ」染め用に常備）

布木綿の書法、ぬれ手拭

塗物の書法、砥の粉

広き物書、縦横に糸を用ゐ字数大小を知る、

今治出立

大三嶋

本地堂、大楠

大山積大明神

瀬戸田光明坊

廿二日　丑　雨　黒部武右衛門齋、

廿三日　寅　雨

○一切ノ板ニ物書ニハ、ふし（付子）の粉ヲ一ヘンスリ付テ書ヘシ、墨チル事ナシ、其外石ニテモ油紙ニテモ左ノ如クスヘシ、

○布木綿類ニ物書ニハ、手拭ヲヌラシシボリ、カルク一ヘン磨テ後書ヘシ、

○塗物ニ物カクニハ、砥の粉ヲ細末ニシ指ノハラニテ磨付、ウルシノ油気ヲ去リテ書ヘシ、

○廣キ物ニ書時、字数知レ難キニハ、縦横ニ糸ヲ引ワタシテ、其字数大小ヲ知ルヘシ、』

廿四日　卯　晴　當日今治出立、門中檀頭老婆共見立銀子丸、友蔵、陽市舟、了典和尚送リ、順風ニテ七ツ頃大三嶋（宮浦）へ着ス、市ノ中ニテ大ニ賑フ、石鳥居ニ額アリ、佐理卿ノ筆、日本總鎮守大山積大明神大社ナリ、本地堂アリ、楠ノ大木アリ、一本ハ十二カ（抱）、イ、一本ハ十一カ、ヒ、其外大木数本アリ、

廿五日　辰　晴　朝再ヒ社参、九ツ時出船、瀬戸田へ九ツ頃着ス、光明坊（瀬戸田、御寺）へ参、別ニ縁起アリ、

廿六日　巳　雨　八ツ過瀬戸嶋御寺ヲ立テ、弓削嶋(上島町)迠押テ来ル、大網ヲ引ヲミ
ル、翌日三里余来、今治ヨリ是迠八里、
廿七日　午　曇　八ツ過弓削出立、押テ往ク、四百文程ノ放生會スル、備後トモ(鞆)
へ着ス、
廿八日　未　晴風　□(墨損)朝五ツ時出立、順風ニテ七ツ前讃州田渡津(多度津町)へ着ス、船問屋
嶋屋ニテ水風呂ニ入髪ヲソル、
廿九日　申　晴風　六ツ時ヨリ上船シテ、人足一人頼ミ弥谷(弥谷寺、札所)ノ方へ行ク、山坂ケ
ハシ裏ヨリ上ル、弥谷本堂観世音井、護摩岩屋堂、地蔵堂、茶
堂、鐘楼、本坊、岩屋岩石弥陀三尊ノ像、名号六行九品ノ』浄
土ト云、大師(弘法大師)一夜ノ御作トカヤ、其大門へ下リ善通寺ノ方へ行
キ、北ノ門前ニテ齋、善通寺本堂弘法大師、薬師堂丈六、五重
塔アリ、金毘羅、本地堂十一面、繪馬堂、大日堂、輪塔経蔵、此
節金堂立、実ニ大山ナリ、暮七ツ時丸龜へ着ス、タドツ(多度津)ヨリ弥
谷マテ七拾丁、弥谷ヨリ善通寺マテ七十五丁、善通寺ヨリ金毘
羅迠七十五丁、金ヒラヨリ丸龜へ百四拾丁、丸龜船宿那波屋、
　道霈禅師浄土偈
摩尼在リレ手ニ常ニ放二光明一憶念弥陀是大悲父

御寺
弓削嶋
弓削
放生会供養料
讃岐、多渡津
水風呂にて剃髪
弥谷寺
名号六行九品の浄土
〈善通寺〉空海の誕生地、高野山・東寺と共に三大霊跡といはる、金毘羅、大山なり、
丸亀着、船宿泊
道霈禅師浄土偈
〈道霈《どうはい》〉（一六一五～一七

〇二）福建省建安、曹洞宗永覚の弟子、鼓山に二十年住す、

〇一聲佛號摂二無量佛一 佛々現前原ト非二他物一ニ

〇三界火宅熱悩ノ攸（修カ）レ長スル 一聲佛號當所ニ清涼

丸亀留

晦日 酉 雨 丸龜滞留、

月食

五月 小 十四日月蝕皆 十六日中』

岡山着
本願寺、吉原屋法話

朔日 戌 晴 川口三里程先ニカヽル、

二日 亥 晴 岡山着岸、九太夫来ル、本願寺（山科）へ立寄、吉原屋へ来リ、知乗尼来ル、森ノ隠居逗留、森善左衛門始而相見法話、其夜同行大勢来リ法話、

光明庵法話、吉原屋
性漸律師

三日 子 晴 當日逗留、終日法話、光明菴ヲ訪フ、其夜大勢来ル法話、吉原屋へ引移ル、荷物ハ舟ヨリ舟へ移シテ、性漸律師、慈恩上乗ニテ福渡へ遣ス、

帰寺、三月二十八日出立、三十六日間の教化なり、

四日 丑（寅） 晴 當日帰寺、金川齋、平野屋宗八・寅送ル、七半着ス、

五日から干支の一日狂ひ有り、十七日迄

五日 卯 晴

六日辰（卯）晴
七日巳（辰）晴
八日午（巳）雨
九日未（午）雨
十日申（未）晴
独国
十一日酉（申）晴　獨國和尚来ル、
鐘銘
十二日戌（酉）晴　鐘ノ銘ヲ見ル、」
十三日亥（戌）晴　獨國和〔尚〕毘ヒラヘ行
十四日子（亥）晴
了因
十五日丑（子）晴　了因帰ル、
十六日寅（丑）晴
十七日卯（寅）晴
十八日を欠く、
十九日辰晴　初雷大ナリ、
廿日巳晴
廿一日午晴
廿二日未小雨
廿三日申雨

泰安寺使札

丸山手引草版木

麦行
性漸津山行

廿四日　酉　晴　昼ヨリ雨、（触頭、津山）泰安寺ヨリ道意〆ニテ使札来、
鴻漸鄭都宦不レ愛ルノセ之徒、時々作レ隊ヲ賛寧始皇帝、未レ坑ン也輩
往々為ニ群ヲ時皆善トス二其犍對ヲ一、
廿五日　戌　晴
廿六日　亥　雨　有脚陽春ト者、唐ノ宗璟愛二惜民物ヲ一、時人謂二有脚陽春ト一、言ハ所』
至レ如ルニ陽春ノ及フカレ物ニ也、
廿七日　子　雨
廿八日　丑　雷雨
廿九日　寅　曇　（鳥取・正定寺）丸山より十二日出ノ書状来、手引草判（版カ）木出来、

六月　小

朔日　卯　晴
二日　辰　晴　用ケ瀬《麦行して》治右衛門弟安井兵右衛門、（矢掛）大善寺添書持テ出家願ニ来ル、
三日　巳　晴　（性漸）律師津山へ行
四日　午　雨

書会

道意

学成出家

書物屋

西光院、勝安寺法観、円満寺

広布薩戒

広布薩

慈恩、琳海、諦賢

〈布薩〉月に二回、罪の懺悔を行ふ、満月の日、新月の日、年一度、大布薩を行ふ、

五日 未雨 書會、

六日 申雨

七日 酉晴 道意津山へ遣ス、

八日 戌雨

九日 亥晴 顕譽学成(出家)作法、

十日 子晴 柳ヤ伊兵衛、佐市倅、大坂ツシホウ来、

十一日 丑雨 書物屋来、

十二日 寅晴 京都(西光院)和上、湖東(野洲)勝安寺法観律師、庭田(円満寺)ヨリ書状来ル、

十三日 夘晴 廣布薩誡、禮書物屋帰ル、

十四日 辰晴

十五日 巳晴 當日廣布薩、慈恩維那、琳海、諦賢、小者、参詣存外アリ、

十六日 午晴

十七日 未晴

十八日 申晴

十九日 酉晴

廿日 戌晴

廿一日 亥晴

土井家、宝岸院二十五回忌

〈南鐐〉江戸時代、二朱判銀

出羽上山も、里方同様松平家領地なり、

正道の在所寒河江なり、正覚寺檀家の生れ、

信耕転衣

廿二日　子　晴　當日、江戸土井（里方領主松平家）屋敷下田永治郎殿ヨリ、寳岸院廿五回忌トテ南鐐一片添テ』弓削ヨリ届ク、則チ返書弓削迠出ス、

廿三日　丑　晴　出羽上山役所両人来ル、称念寺（北町本町）ヨリ書状添、

廿四日　寅　晴

廿五日　卯　晴　参詣多シ、信耕轉衣、

廿六日　辰　晴

廿七日　巳　晴

廿八日　午　大雷雨　不覚大雨、

廿九日　未　晴

七月　大

朔　日　申　晴

二　日　酉　晴

三　日　戌　晴

四　日　亥　晴

五　日　子　晴

学山一周忌
千山守山
筆
書会
性漸
大掃除、本願寺
鴻巣
戒定
書状、本願寺・吉原屋・平野屋・誓願寺
北野西光院に支援の金子ならん、
上山

六　日　丑　晴　学山一周忌、京都ヨリ六月十九日出ノ書状到来、和上前、律師
千山守山ヨリ筆届ク、中三文目、並一文目二歩、
七　日　寅　大風　書會、』
八　日　卯　風
九　日　辰　雨
十　日　巳　晴　性漸律師歸寺、
十一日　午　晴　大坂ヨリ書状来ル、大掃除、本願寺ヨリ書状来ル、
十二日　未　晴
十三日　申　晴　武州鴻ノ巣(鴻巣市)ヨリ鈴木治兵衛母、同苗久右衛門、酒巻藤兵衛母、
伊藤氏母参詣一日逗留、
十四日　酉　晴
十五日　戌　晴
十六日　亥　晴　戒定親里へ行ク、本願寺、吉原屋、平野屋九太夫、誓願寺へ書
状差出、京都へ金子入ノ書二通サシ出ス、
十七日　子　晴
十八日　丑　晴　上ノ山(上山市)(マ、)奉増戸武兵衛殿来ル、佐藤此右衛門、成橋八郎太、
十九日　寅　晴

上山役所
三僧（諦賢、戒定、冏聞）関東下向申渡し、増上寺加行入寺許可金
信耕、冏聞
霊山・戒定、丸山授戒
花火
雲州隠居
干うどん
月末の布薩

廿　日　卯　晴
廿一日　辰　晴　當日上ノ山役所、性漸律師使僧諦賢随伴、冏聞来ル、
廿二日　巳　晴　戒定帰ル、
廿三日　午　晴　諦・戒・冏三僧関東下向申渡ス、寮主へ書状、入寺許状金三両渡ス、』
廿四日　未　晴　信耕、知頭へ冏聞替ニ遣ス、霊山・戒定両僧丸山（鳥取・正定寺）授戒随喜ノ為ツカハス、當夜花火諸人群集、
廿五日　申　晴
廿六日　酉　晴
廿七日　戌　雨　従雲州為隠居見舞使者来、儀満彦三郎方ヨリ書状并干温飩来ル、
廿八日　亥　晴
廿九日　子　晴　布薩、雲州使帰、

八月

朔　日　丑　雨
二　日　寅　晴　暫時風雨、

三日卯晴　たてまつるひとへ衣のあらけれはうすき心のみえやしぬらむ

四日辰雨　返し、賜りしひとへ衣ハうすけれとあつき心を身にそきにける

五日巳晴

正道、真影を奉じ備後・周防教化に出立
「三度スハル」とあり、正道立行中ならん、
平野屋、吉原屋風呂、平野屋説法

六日午晴　七ツ半時出立、福渡ヨリ船、廿目、途中ニテ三度スハル、暮六ツ過岡山着、御旅へアカル、九太夫、寅吉、小僧迎ニ来ル、平野屋、吉原屋ヨリ灯燈ニテ迎ニ来、吉原屋ニテ風呂、平野屋へ立寄、其夜説法、』

知乗尼巣物ほか、恵脱尼茶腕
米崎

七日未晴　吉原屋ニテ茶ノコ（朝食）、森氏へ立寄、同家ヨリ齋、ツメ来ル、森了阿来、知乗尼・恵脱尼来、知乗單物、志玄砂糖、懐中蝋燭、恵脱御所茶碗賜、吉平両家ヨリ船中入用品々供養、八時乗船八十目、其夜米崎へカヽル、

鞆瀬戸内一番の景勝地なり、

八日申晴　備後鞆（福山、鞆）迠来ル、竹屋舟二人乗、

九日酉晴　西風ニテカヽル、

祇岡

十日戌晴　西風ニテカヽル、祇岡へ参詣ス、

阿伏兎観音

十一日亥晴　西風ニテカヽル、アブト（阿伏兎）ノ観音へ参ル、七ツ過出船、二里程行テカヽル、

鯀
木ノ根
上関着、神事あり、
西方寺教化、廿日間なり、
隠居所
長府本覚寺断り、
画師月嶋
三河岡崎昌光律寺に絵を
置いた月僊あり、その同
門ならん、
説法、開扉、小消息、遺
誓
彼岸
性漸
室津西方寺
来迎院
嵯峨心光寺
開扉
貞行

十二日　子　小雨　一里程行テ鯀へカヽル、
十三日　丑　朝雨　半道程行テ、木ノ根へカヽル、
十四日　寅　晴　朝五ツ時コキ出ス、一里ホト行テミタライへカヽル、
十五日　卯　晴　朝五時出船、（廿五里馳ル、）順風波アラシ、八ッ半時上ノ関着、同所今日神事、和尚船へ来ル、隠居所へ揚ル、長府本覚寺（下関、長府）ヨリ断ノ状来ル、
十六日　辰　晴　三州来迎院（岡崎、上青野）和尚ニ對ス、画名月嶋（津山）、本覚寺へ返書差出ス、
十七日　巳　晴風
十八日　午　晴　當夜ヨリ説法、開闢、昼小消息、夜遺誓、』
十九日　未　雨　當日ヨリ彼岸、
廿　日　申　晴　山へ登ル、
廿一日　酉　晴　性漸師柳井へ遣ス、室津（上関）西芳（方）寺和尚ニ對ス、
廿二日　戌　晴　柳井（佐賀）ヨリ帰ル、来迎院和尚長崎へ出船、
廿三日　亥　晴　嵯峨心光寺和尚来、
廿四日　子　晴　當日ヨリ開扉、心光寺和尚来、貞行和尚着岸、
廿五日　丑　雨　當日開扉、
廿六日　寅　雨
廿七日　夘　晴　貞行和尚ニ對ス、

前行
心光寺
平尾庵主
月光山、額の揮毫
称念寺
潮了軒結縁作法
願行寺、瑞相寺
新点三部経、大雲点以前の新点ならん、
正授戒七十六人
佐賀に移る、心光寺教化、十五日間なり、
開講
上関阿弥陀寺、玖珂阿弥陀寺

廿八日　辰　晴
廿九日　巳　晴　當日ヨリ前行、十五日ブリトテ上リ風吹テ多クノ舟トモ出テユク、心光寺(平生)和尚来テ法話内聞、
晦　日　午　曇　平尾庵主来ル、月光山ト云額ヲ認ム、称念寺来ル平僧、村尾清左衛門子息来、

九月

朔　日　未　晴風
二　日　申　晴　潮了軒結縁作法、外ニ八人、』
三　日　酉　晴　八嶋ノ和尚、願行寺、瑞相寺(岩国)来ル、貞行和尚齋、新点三経賜ル、
四　日　戌　朝雨　瑞相寺和尚帰ル、潮了軒妻来ル、
五　日　亥　晴　當日正授戒、受者七拾六人、
六　日　子　晴　當齋後嵯峨(佐賀、心光寺)へ移ル、西堂檀方一人迎ニ来ル、関ヨリ送り舟、俵屋茂助、豊後屋長左衛門、忠右衛門三人舟ニテ送、和尚佐賀マテ當夜開講、昼一夜小、
七　日　子　晴　阿ミタ寺(上関、長鳥)帰寺、

祭礼につき説法休む、
日中休む、
大恩寺・智願寺
前行
増野氏宝徳院百回忌
玖珂阿弥陀寺・請待願
結願
正授戒七十五人
佐賀出立

八　日　丑　晴　當日祭禮ニテ、説法休ム、
九　日　寅　晴　日中休、夜群参、
十　日　夘　雨
十一日　辰　晴
十二日　巳　晴
十三日　午　晴　大恩寺（田布施、波野）、智願寺（平生、堅ヶ浜）和尚、潮了軒来ル、
十四日　未　晴
十五日　申　晴　當日ヨリ前行、阿弥陀寺（上関、長島）』和尚、伊勢屋内外ニ三四人来、
十六日　酉　晴
十七日　戌　大風雨　増野氏宗徳院百囬忌法叓勤ル、
十八日　亥　曇　玖珂（大島・久賀）阿ミタ寺和尚請待ニ来ル、
十九日　子　晴
廿　日　丑　晴　説法、結願、
廿一日　寅　晴　當日正授戒七拾五人、大恩寺、願行寺、常春寺（平生）、智願寺、秀巌（平生）
寺随喜、
廿二日　夘　晴　當夜玖珂ヨリ迎船ニ艘来、定観、大黒屋三郎兵衛来ル、
廿三日　辰　晴　早朝ニ佐賀出立、上ノ関へ直、ヨル北風ツヨク八時迠見合、八

上関
大嶋小松津
大畑の瀬戸
玖珂着
阿弥陀寺教化
久賀阿弥陀寺教化二十三日間なり、
開講、御伝、小消息

晋書

長命寺

時出船、暮過ニ大嶋（周防大島）小松ノ津ニ着ス、是マテ佐賀ヨリ八里、上ノ関ヨリ五里、此處ニ大畑（おおばたけ）ノ瀬戸ト云テ、日本三ケ處ノ瀬戸アリ、塩ヲ待合セテ二三合塩ニ落ス、夜四ツ頃落ス、九ツ時玖珂（久賀）へ着ス、大勢迎ニ出ル、

廿四日　巳　晴　當日中開講、神宮寺（大島、西方）和尚来ル、昼御傳、夜小消息、

廿五日　午　晴　濱面巡遊、』

沙汰子ノ事、晋書五十八云、孫綽典二習鑿齒一並行ス、綽在レ前ニ謂二鑿齒一曰テ、汰シ之汰ス之、瓦石在リトレ後ニ、齒曰簸カ之颺シ之、糠粃在スレ前

廿六日　未　雨

廿七日　申　晴　河村又兵衛齋、

廿八日　酉　晴

廿九日　戌　晴

十月　大

朔日　亥　晴　鎮守八幡へ参詣、長命寺（柳井、遠崎）和尚来ル、菓子一箱 銀一封、

西光寺

二日　子　晴　末寺西光寺来ル、砂糖曲、河又ニ對ス、

耕禅詩

耕禪和尚詩（砂糖曲）、楽國勝因何ノ所ソ修スル、称名日夜竟ニ無レ休シヿ、我カ生若
不ンハ遂二西邁一ヲ、恐クハ使三如来レヲソ還二比丘一ニ

阿弥陀寺

三日　丑　晴　上ノ関阿弥陀寺隠居（長島）、小田屋廣嶋屋妻来、塔崎（遠）』長命寺へ約ス、

心光寺、神宮寺

四日　寅　晴　心光寺（平生、佐賀）和尚、天満屋祖母来、神宮寺和尚来、新屋徳兵衛齋、

五日　夘　晴　布袋屋吉右衛門齋、

開扉

六日　辰　晴　今日ヨリ開扉、

長命寺

七日　巳　晴　長命寺御隠居来、

浄土寺

八日　午　晴　浄土寺和尚来、

九日　未　晴

開扉

十日　申　晴　當日限閉扉、始終群参、

前行

十一日　酉　晴　當日ヨリ前行、

十二日　戌　晴

十三日　亥　晴

授戒四二五人

十四日　子　晴　カケ出シ大群参、中囬向授戒四百廿五人、

授戒、正授戒の区別あり、

十五日　寅　晴

十六日　夘　晴

正授戒
遠崎長命寺教化、十八日間なり、
大畠の瀬戸、「周防の鳴門」といふ、うず潮
開講、小消息、法蔵抄
放勇尼
阿弥陀寺
大恩寺
開扉
徳山無量寺請待願
瑞相寺
笠佐島

十七日　辰　晴　當日正授戒、
十八日　巳　晴　布袋屋齋、』
十九日　午　晴　當日遠崎(玖珂、大畠)へ移ル、迎舟二艘来ル、和尚旦方弐人来、西風波アリ、大畠ノ瀬戸ヲ見(ル)ウハ巻テ恐ロシ、
廿　日　未　晴　今日ヨリ開講、昼小消息、夜法蔵抄、
廿一日　申　晴　放勇尼来ル、
廿二日　酉　晴
廿三日　戌　晴　阿ミタ寺上人尊来、
廿四日　亥　晴　大恩寺(田布施、波野)西堂来、
廿五日　子　晴　潮了軒来、
廿六日　丑　晴　當日ヨリ開扉、
廿七日　寅　晴　徳山無量寺(青山町)和尚請待ニ来ル、
廿八日　卯　晴　瑞相寺(柳井津)和尚来ル、
廿九日　辰　晴
晦　日　巳　晴　船ニテ螺嶋笠島へ至見ル、』

霜月　小

前行
瑞相寺
大恩寺
徳山無量寺
正授戒二四六人
長命寺結願
無動寺不動尊
長命寺出立す、
料理人
随伴船酔
鯨子の施餓鬼、百万遍

朔日　午　晴　當日ヨリ前行、
二日　未　晴
三日　申　晴
四日　酉　晴　瑞相寺和尚来、
五日　戌　晴風　長谷川伊勢蔵対ス、大恩寺（田布施、波野）和尚来ル、無量寺ヨリ書状来ル、
六日　亥　晴
七日　子　晴　當日正授戒、受者弐百四拾六人、瑞相寺（岩国）、戒善寺（大畠）、智願寺（平生）随喜、長命寺結願、
八日　子　晴　當日齋後、無動寺不動尊へ参詣、潮了軒、脇屋平兵衛、胡屋、脇屋伊三郎、長尾治郎右衛門、典暢、霊應同船、帰テ根上リ松ヲ見、町中念佛、西方村ヨリ迎舟二艘来、
九日　丑　晴昼前風　當日遠崎出立、朝六ツ半時出立、迎ヒ人西堂檀方一人乗船、荷船二艘、送船一艘、五嶋屋十右衛門、胡ヤ何某』送ル、治郎右衛門、典暢、料理人由兵衛、北風強シテ瀬戸波荒シ、随伴酔フ、地ヘツケテ齋、片帆ニテ浮ヵ嶋ヘ渡ル、當嶋ニテ五年已前鯨ノ子ヲ取ル、其後鯨ノ親、毎度尋子来テ海ヲアラシテ猟

假屋を建て塔婆を造る

大島西方神宮司教化、二十七日まで開講、絵伝、小消息

寿源寺

仙鳳

久賀阿弥陀寺

山県玄敬

父像の讃を書く、

皆既月食

沖家室泊清寺

春龍寺

開扉

前行

油良寿源寺、日前最勝寺

ナシ、此ニ由テ菩提ノ為、予ヲ招テ施ガキ百万遍ヲ勤ル、磯白濱ヘ假屋ヲ立テ塔婆ヲ造テ、嶋内少長集り、久賀ヨリモ五三人細屋ノ者来ル、暮六ツ前西方ヘ着船、

十　日　寅　晴　當日ヨリ開講、昼御繪傳、夜小消息、

十一日　夘　晴　油良村寿源寺（大島、橘）和尚来、

十二日　辰　晴　河村吉郎右衛門、布袋屋吉右衛門来、

十三日　巳　晴　仙鳳和尚来、

十四日　午　晴　林藤右衛門齋、

十五日　未　晴　久賀（大島郡）ヨリ大勢参詣、

十六日　申　晴　阿ミタ寺（久賀）和尚、山縣玄敬老、親父ノ像ニ賛ヲ頼ミ来ル、月ショク皆カケテ一時斗少モ影見ヘス、薬師尓今ハ佛ニナリヌラン七十四歳人ヲ救フテ（続文アラン）』

十七日　酉　晴　久賀ヨリ大勢マヒル、

十八日　戌　晴　沖家室泊清寺（大島、東和）和尚来ル、春龍寺和尚来、今日ヨリ開扉、大群集、

十九日　亥　晴　寒風、吉兼御齋、

廿　日　子　晴　當日ヨリ前行、油良ノ寿源寺（大島）和尚、日前ノ最勝寺（西正カ）和尚来、

廿一日　丑　晴　沖加室泊清寺和尚来、

結願
正授戒三六八人
典暢
日前西正寺に移る、十二月三日までの教化なり、
油宇浄西寺
迎数百人、道々十念
達了
裏山八十八ヵ所
開扉
〈八斎戒〉在家の男女、一日一夜に限って受戒する戒法、不殺生戒から不過中食戒まで八戒

廿二日　寅　晴
廿三日　夘　晴
廿四日　辰　晴
廿五日　巳　晴　結願、
廿六日　午　晴　當日正授戒三百六十八人アリ、典暢来、世話人市左衛門、
廿七日　未　晴　治郎右衛門帰ル、
廿八日　申　晴　齋後日前（大島、西正寺）へ移ル、檀方二人使僧迎ニ来ル、西方ヨリ和尚、吉右衛門親子、藤重二郎送来、沖加室林弥右衛門、油宇浄土（西ヵ）寺弟子励俊、仙鳳同道、乗下着岸共、老若数百人、十念、道々十念、』
廿九日　酉　晴　昼夜大群集、林藤右衛門親子、庄吉妻、藤左衛門、達了来ル、裏山八拾八ケ所参詣、

十二月　大

朔　日　戌　晴　當日ヨリ開扉、吉兼久右衛門、長屋市左衛門来ル、八幡へ参ル、
二　日　亥　晴　藤左衛門来、
三　日　子　晴　八齋戒、

日前西正寺出立す、

四日　丑晴　當日日前出立、仙鳳、浄土寺弟子励俊、帯石観音普門寺へ参詣、和尚ニ對ス、弘法大師大字ノ名号アリ、是迠大勢送リ来ル、久賀ヨリ吉郎左衛門、典暢、岩國屋久兵衛迎ニ来ル、當夜ヨリ久賀(阿弥陀寺)ニテ説法、

久賀阿弥陀寺教化、三日間なり、

布薩

五日　寅晴　河村又兵衛へ對ス、布薩勤ル、

説法・結願
西正寺、泊清寺、無量寺

六日　卯晴　當夜説法結願、終始群集、日前西正寺来ル、沖家室泊清寺へ(へ、衍ナラン)来、秋説法約ス、無量寺、泊清寺、長屋治郎右衛門、林弥右衛門へ返書差出ス、

久賀出立す、

七日　辰晴　今朝久賀出帆、角屋庄三郎舟拾二□(出カ)帆、其夜カヽル五里為老戸へカヽル、是迠八里、其夜出帆、翌日白石迠来、廿八里、(澤井迠(墨消シ)来ル)

下津井

八日　巳晴　下津井迠来ル、入寒』

九日　午晴

末崎

十日　未晴　末崎ヨリ一里前ニトマル、夜雨、

十一日　申晴　少シ来テ塩待、西風ハケシク一夜風強シ、雪霰フル、

九番

十二日　酉晴　七ツ時九番へ移ル、

本願寺着、平野屋、吉原屋

十三日　戌晴　四ツ時福嶋へ入ル、齋後一山アケル、暮六ツ時本願寺(岡山、山科)へ着ス、

大勢参詣、平野屋、吉原屋問、

十四日　亥　晴　明六ツ時乗船、一山定賢、陸地、久賀船頭二人参詣、金川ヨリ三十丁南ニ泊ス、

（金川）

十五日　子　晴　七時福渡着、五ッ時帰寺、

（福渡、帰寺、八月四日出発、四カ月に及ぶ教化なり、）

十六日　丑　晴　道意来ル、

（道意）

十七日　寅　晴　京大佛称名寺和尚来、

（京大仏称名寺）

十八日　卯　晴

十九日　辰　晴

廿　日　巳　晴

廿一日　午　晴　浄土院祐篤廿三回忌、

（祐篤二十三回忌）

廿二日　未　晴

廿三日　申　晴　行僧帰ル、諸方ヨリ書状到』来、栄林命終ノヿ申来ル、

（行僧帰る、栄林尼命終の奇瑞）

文化十二年乙亥五月五日ヨリ病付、同十日ノ夜ノ夢ニ人アリテ扇子ヲ持来、此扇貰タル人直ニ命終スト、多人ノ中ニ貰人ナシ、當人進ミ出テ貰ハント云、即座ニ與フ、開キテ見ニ、弥陀ノ三尊厳然タリ、有難キヿ言ン方ナシ、夢心地ニ画像トモ思ハレス、此ノ扇ヲ貰シ者ハ、實ニ命終致シマスルヤト、観音ニ問奉

（弥陀三尊）

レハ、実ニ命終スルナリトテ、其上ニ告玉フハ、其扇貰ヘ請タル人ハ、極上ノ玉ヲ得タルナリトテ、夢サメヌ、
六月初方ノ夢ニ黄金ノ地ノ上ニ、御長一丈有餘ノ弥陀如来二菩薩ハ画像ナリト拝ソ夢サメヌ、

観音菩薩の迎え、

同月廿日夜ノ夢ニ、観音菩薩ノ御迎ニ預リ、極楽ニ往テ阿ミタ如来ノ説法ヲ聴聞シ奉ルヿ暫クノ間ナリ、時ニ観世音井一ツノ物ヲ指シテ、此ハ法幢ト云モノナリト仰セラレテ、何カ有難キヿ三言分リ、仰ラレシカ覚ヘズ、又仰セラル、ハ、此所ヘ参ルニハ、娑婆ノヿ思ヒ切ラ子ハ参ルヿカナハス、先今日ハ帰テ両親ヲ勧メテ再ヒ来ルヘシト、仰セラル、ト思フテ夢サメヌ、枕元ニ臨終佛ヲ懸置ケルカ、病人シケ〴〵ト拝シ奉テ申シケルハ、極楽ノ宝幢ハ是ヨリ美シキヿ限リナシト云テ念佛ス、同《六》月廿三日昼八ッ時断』末魔ト見ヘテ大ニ苦ミアリ、其夜八ツ時ヨリ気分常ヨリモ捷カニ近所ヘモ聞ユル程ニ高聲念佛、體ヲセメテ廿四日八ツ時迠休ミモセス相続ス、八ツスキ西ニ向セヨト云故、西ニ向セケレハ、合掌シテ念佛スルヿ五十遍餘、漸々ニ聲低ニナリ、眠カ如ク息絶ヌ、実文化十二乙亥六月廿四日八ツ時、行

臨終仏

断末魔

二十歳の往生

年廿歳、栄林慧昌法尼、命終一時程前、何よりも一ノはれなる往生そ日にいくたひも死てこそ見よ、と三返繰返して唱フ、

餅搗き、安楽寺霊旭尼中陰回向

廿五日　酉　晴　恒例餅撞、安楽寺靈旭尼方ヨリ、住持俊靈尼中陰囬向頼ミ来ル、

霊山、諦賢

廿六日　戌　晴　靈山、諦賢両僧津山へ紙買ニヤル、

廿七日　亥　晴

廿八日　子　晴

廿九日　丑　晴

晦　日　寅　晴　』

文化十三年

文化十三丙子年正月

年暦日

大　正　二　四　六　八　十　十二

小　三　五　七　閏九　十一

彼岸　二月廿日　八月廿九日

土用　六月廿五日　十月十六日月帯ソク七分

寒　十一月十九日　節分　十二月廿日

（当年方位）

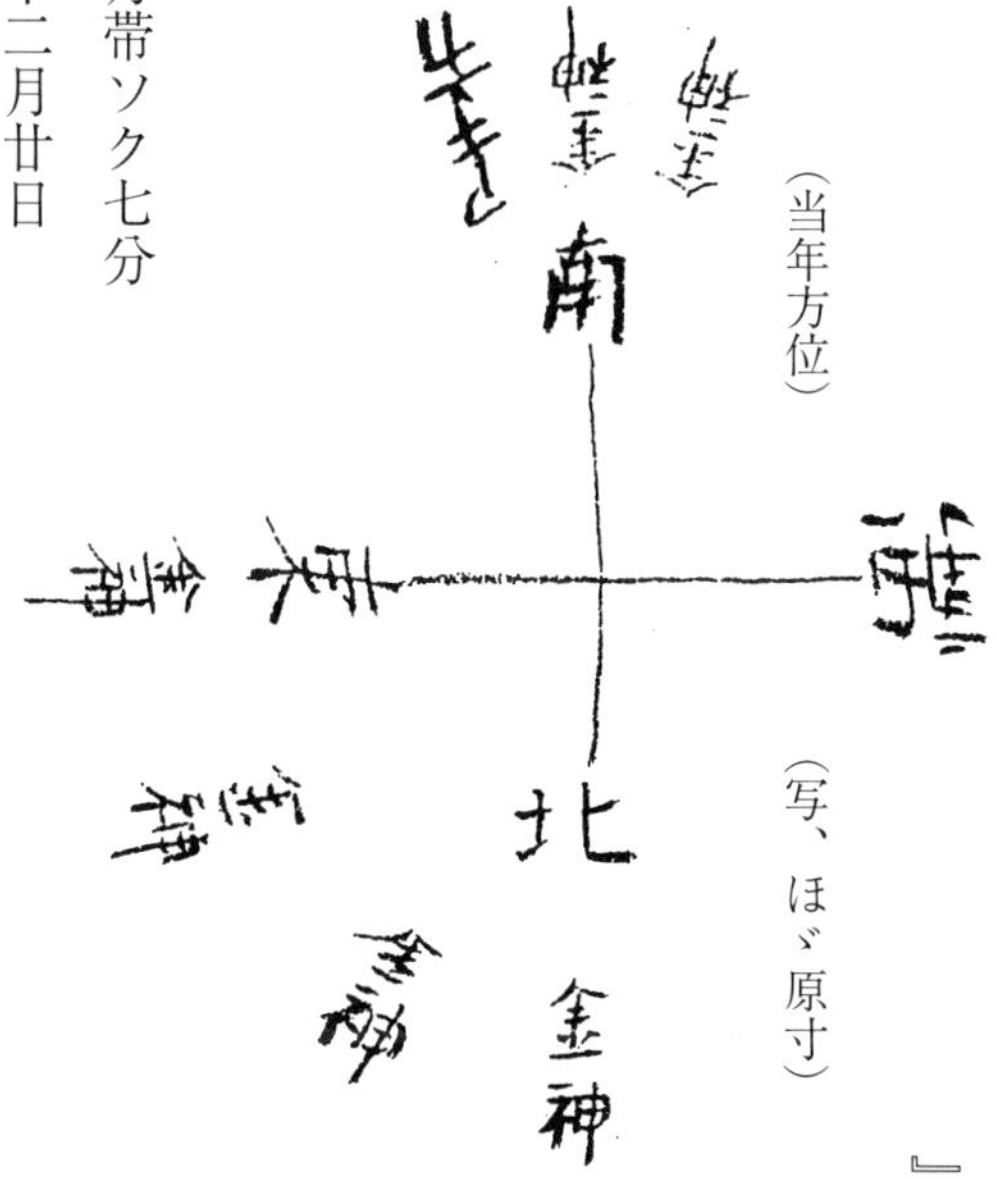

（写、ほゞ原寸）

正道津山へ、戒定岡山へ、

倉敷

諦賢、戒定、岡聞沙弥授戒、前行始

朔日　巳　晴

二日　午　雪

三日　未　晴

四日　申　晴

五日　酉　晴

六日　戌　晴

七日　亥　晴　律師返禮、

八日　子　晴　同

九日　丑　晴

十日　寅　晴　津山行、戒定岡山行、

十一日　卯　晴　倉鋪ヨリ使僧来、

十二日　辰　晴

十三日　巳　晴

十四日　午　晴　戒定帰、

十五日　未　晴

十六日　申　晴　諦・戒・岡沙弥戒、前行開闢、

尼剃髪
泰安寺
称念寺
三僧沙弥授戒
法然上人逮夜、百八灯寄進
備中倉敷誓願寺（触頭）教化
慈戒、琳海、巨海
開講、護念章
巨海
御忌御供吉原屋他

十七日　酉　晴
十八日　戌　晴
十九日　亥　雨
廿　日　子　晴　好松、行山、山之城小尼剃髪、泰安寺（津山）和尚来、
廿一日　丑　晴　称念寺（久米、坪井）和尚来、
廿二日　寅　晴　称念和尚帰、諦・戒・冏三僧沙弥授戒、
廿三日　卯　晴
廿四日　辰　晴　御逮夜参詣多シ、百八燈南庄石牌ヨリ寄進、
廿五日　巳　晴　参詣多、御供丸（マヽ）、
廿六日　午　晴風　今日出立、備中倉鋪（阿知）へ至ル、足森通リ、同処一里餘前マテ迎ヒ、人足馬源右衛門トノ来ル、段々迎ヒ西屋大治郎、房右衛門、國作兄弟、其外三四人近迎ヒ、老人達四五人使僧来ル、慈戒・琳巨随伴、
廿七日　未　晴　當夜ヨリ開講、護念章、孝心、吉田儀左衛門ニ對ス、
廿八日　申　晴　巨海岡山へ遣ス、御忌御供吉原屋、平野屋、金岡屋、森善左衛門、花屋、銭屋へ遣ス、小野小左衛門ニ對ス、
廿九日　酉　晴　吉猶右衛門、坂田屋老女ニ對ス、井筒屋伊左衛門ニ對ス、

晦日　戌晴　カス山老女ニ對ス、」

二月

朔日　亥晴　郡屋老女對ス、

二日　子雨

三日　丑雨　當初雷大雨、

檀頭回礼

四日　寅曇　今日檀頭囬禮、伊筒屋三家、小野七太夫、吉田儀左衛門、國作ヲ訪フ、

五日　夘曇　岡山知乗方ヨリ書状ニ菓子来ル、

心鏡寺
鎮守妙見

六日　辰晴　心鏡寺(倉敷、羽島)へ行ク、和尚留守、當所鎮主妙見へ社参、麗妙方へ齋、坂田屋へ立寄、岡山へ返書、手本ノ編衫ツカワス、元廣嶋屋万之丞母ヨリ虎屋ト砂糖ト来ル、同人ニ對ス、

知足院
羊羹、山椒餅、正道好物ならん、

七日　巳晴　知足院ニ對ス、岡山吉原屋内羊羹、山椒餅来ル、

誕生寺、結界石注文

八日　午雨　岡山へ書状出ス、石屋大坂屋清助ニ結界石掛合別ニ注文書アリ、貮百八拾三文目ト余壹分トニテ定ル、

淳道三回忌、放生会

九日　未晴　為淳道三囬忌、放生會、九ツ時大嵐氷(雹)降、」

授戒、前行
慈恩疱瘡

慈恩病に付、霊山を呼ぶ、看病の老婆

説法
正受戒一〇八人
放生会、慈恩の見舞

観音霊験記
永井屋平次郎十九歳
中山の観音、三つの誓ひ、

十　日　申　晴
十一日　酉　晴　授戒、前行、
十二日　戌　晴　慈恩疱瘡、
十三日　亥　晴
十四日　子　晴　中囲向、
十五日　丑　晴　今日自坊（誕生寺）へ飛脚立ツ、慈恩疱瘡ヲ知ラセ、霊山ヲ呼ヨセル、看病ノ老婆ヲ頼ム、
十六日　寅　晴　當夜説法、結願大群集、霊山来ル、
十七日　夘　晴　西本屋文蔵齋、當夜正授戒百八人、（奉律五世）戒定父薬師寺槌五郎ニ對ス、
十八日　辰　晴　當日放生會、作州ヨリ心月、智霊両尼慈恩見舞ニ来ル、伊筒屋伊左衛門ヨリ菓子香茸箱入両種、小野七太夫、吉田儀右衛門、吉田直右衛門、水沢喜太郎、水沢新平ヨリ白紙百枚、又串、又平次郎助ヨリ菓子、カス山郡屋廣嶋屋老母来、

備中倉敷永井屋平次郎観音灵験ノ略記

當人十九歳ノ夏ヨリ、腰ヲ痛テ療治祈念験ナシ、妻貞心ニシテ、夫ヲ勧メテ當國中山ノ観音へ立願シ、夫婦七日参籠』三ツノ誓ヲ立、一ニ生涯観音一体ニ帰〆餘佛餘井ニ心ヲ移サシ、二ニ罪障深多本身ニ帰ル間敷ハ、夫婦共御堂ノ側ニ有テ諸

三十二歳夢告
霊験

腰の痛み快気す、

倉敷出立す、二十三日間
の教化なり、
吉原屋茶ノ子、平野屋
岡山教化

人ニ對〆罪障ヲ懺悔シ、後世ヲ願ヒ二度我家へ帰ラシ、三に所願成就シ本身ニナラハ、御堂ニ人ノ助トナルヘキ建立ヲナサレ、然ルニ七日満スル夜半ニ気高キ御聲ニテ、汝先家ニ帰ルヘシト告玉ヘハ、難有存家ニ皈ル、其後夫婦信心退轉ナク、祈リシニ、三年ノ後、腰痛シナカラ家業ノ舟ニ乗テ旅ニ出ケルニ、年三十二歳ノ秋、八月十七日ノ夜ノ夢ニ、菩薩告玉ハク、汝等夫婦ノ信心ヲ感シ救フテ得サセントテ、勿体ナクモ御手ツカラ痛メ腰ヲ撫サスリ玉ヘハ、其快キヿイハン方ナシ、又其上御手ニスヘテ御堂ノ椽ト思シキ所ヘヲロシ置キ、又押サスリテ本身ニナルヘシト、御告アルト思フテ驚ヌ、餘リノヿノ難有サニ、塩コリ取テ手ヲ合セ、救セ玉ヘ大慈大悲観世音ト、臥シ倒シテ涙ニクレツ、伏拝ミ奉リ、早ク我家ニ帰リ、此叓ヲ妻ニモ語リ喜ハセント急キ帰テ語リ合セテ、夫婦信心増進シ、唯一筋ニ護念ヲ祈リシカハ、其志ヲ愍ミ玉ヘシニヤ、翌年四月十七日ヨリ計ラスモ腰ノ痛ミ、洗シ如ク快気シ、十五年フリニテ本身ニ返リ、今ニ身体堅固ナルハ、偏ニ大悲尊ノ御利益ナリトテ、妻女来リテ委シク語リ、諸人語聞セ玉ハレカシト願フニ由テ、其言葉ヲ此ニ略記ス、

十九日　巳　晴　當日倉敷出立、宿端和尚、僧衆、』源右衛門、國作、坂田屋立場迠、大沢二郎、霊妙来、岡山マテ送リ人足庭瀬迠、吉原屋内虎茶ノ子ヲ持テ来ル、九太夫、平野屋又槌五郎、市兵衛、吉兵

教化道場、山科本願寺ならん、

衛、（欠字）、隆吾来ル、其夜冬助、平ノ屋伯母来、銭屋、花屋来、

廿　日　午　雨　今吉来、夜森善左衛門来、

開講

廿一日　未　晴　今日ヨリ開講、森了阿来、智乗、恵脱小尼等ニ對ス、知乗母兄娵来、銭屋善治郎、土佐屋某来、吉原屋、平ノ屋へ訪フ、マロヲ屋母、黒田母、須、木母来ル、吉原屋嘉兵衛来、

光明庵

廿二日　申　晴風　森氏光明庵ヲ訪、

彼岸中日

廿三日　酉　晴風　吉原屋、ス、木ヨリ茶菓子、今日彼岸中日、又八内来、

『孝感冥祥録説』出版

廿四日　戌　晴　孝感冥祥録説出ス、嶋屋庄二、花屋、銭屋ヲ訪、又八郎来、

森氏宅にて前行

廿五日　亥　雨　今日ヨリ森善左衛門ニテ前行、

廿六日　子　晴　金岡屋ヨリ飴一重、

廿七日　丑　晴

月並、布薩

廿八日　寅　晴　當夜月並、布薩群参、

廿九日　卯　晴

前行結願、薬師院法師

晦　日　辰　晴　當日森氏前行結願、薬師院法印聴聞ニ来ル、福田丑之助母へ編袗遣ス、

三月　大　』

朔日　巳晴　自坊（誕生寺）ヨリ春岳来、鳥取（戒町真教寺）ヨリ使僧来ルヨシ告来、返書遣ス、

二日　午晴

三日　未七ツヨリ雨

四日　申雨　嶋屋荘二郎齋、三州相當村中右衛門妻ヨリ回向料金百疋、授戒披露、

五日　酉雨　銭屋善次郎齋、

六日　戌晴　光明庵齋、常念寺、泰崇寺へ立寄、

七日　亥晴　吉原屋齋、

八日　子晴　薬師院ヨリ温飩（うどん）来、

九日　丑雨　放生會、

十日　寅晴　當日ヨリ前行、

十一日　卯晴

十二日　辰晴　人別改、

十三日　巳晴　入齋、

十四日　午晴　善治郎齋、

春岳

三州相当村回向料、授戒

光明庵、常念寺、泰崇寺

薬師院、温飩

放生会

前行

〈人別改〉宗門人別帳、江戸時代、村ごとに宗門改の結果を記載、一戸ごとに戸主以下の名前等を記した戸籍簿、寛文十一年に制度化、七年に一度の書出し、明治四年戸籍法制定により廃止

正授戒一六〇人

総回向

帰寺、岡山教化三十日間なり、

寿皓

練供養、参詣多し、

倉吉講中、鳥取、久世久世、岡山、安井、楢原、龍野、勝又、備後、阿波徳島

泰安寺、安養寺、重願寺、岡山本願寺

誕生寺出錫、随伴栄巌寺この教化、津山栄巌寺ならん、

十五日　未　晴　濱田屋傳治郎齋、

十六日　申　晴　當日正授戒、受者百六十人、

十七日　酉　晴　惣回向、

十八日　戌　晴　當日帰寺、

十九日　亥　雨　大坂ノ尼、岡山寿皓、老婆一人、姫路四人来ル、外二人、

廿　日　子　晴　浄土院斎、久瀬庄五郎子外一人来ル、

廿一日　丑　雨

廿二日　寅　晴　岡山嘉太郎、外五人来ル、倉吉講中来ル、鳥取四人、岩井得左衛門、久世十九人、岡山拾二人、安井五人、楢原十人、龍野弐人、勝又拾九人、備後四人、阿波徳島二人、参詣群集、

廿三日　卯　晴　八半時練供養濟ム、泰安寺ヨリ使僧、安養寺（勝山）ヨリ使僧、重願寺（久世）和尚来ル、岡山本願寺（山科町）和尚来、

廿四日　辰　晴　大坂夫婦ノ者来ル、

廿五日　巳　晴　山ニテ齋、吉原屋、平野屋、本願和尚、ヲトラ、嶋屋虎吉、雲』州平田ノ清兵衛帰ル、

廿六日　午　晴　當日自坊出錫、栄巌寺随伴、平田隠居、奥州和尚、了因、霊山、諦賢、玄道、悦問、當夜開講、

津山教化

廿七日　未晴　山本屋祖母、源右衛門家内、鍛冶長右衛門對ス、

二宮

廿八日　申晴　二ノ宮（高野神社）参詣、

泰安寺

廿九日　酉晴　泰安寺（津山、触頭）齋、

四月　大

昼座説法

朔　日　戊雨　當日ヨリ昼坐説法、濱屋齋、

カンベ山

二　日　亥晴　カンベ山（神南備山）へ登ル、泰安和尚同道、

一宮、『一遍上人絵伝』に出ず、牛市が立つ、

三　日　子晴　一ノ宮（中山神社）へ参詣、

四　日　丑晴　山本屋御齋、

授戒

五　日　寅晴　受戒披露、七ツ時ヨリ雨、

二文字屋、山形屋、瓦屋

六　日　卯雨　泰安寺檀方、二文字屋ノ清治郎、山形屋与治兵衛、瓦屋権六、坪屋御齋、二階町畳屋野菜持参、』

七　日　辰晴　染屋、野呂屋七郎右衛門ゟ菓子来、吹屋八右衛門方ヨリ菓子来ル、

八　日　巳雨　鍛冶長右衛門齋、文右衛門宅へ立ヨル、川上氏ヨリ菓子来ル、諦賢寺へ遣ス、

前行
本性、善明、貞随、仰孝
暁音
正授戒、一二五人
泰安寺、大信寺、本覚寺
総回向
授戒施物金員、栄巌寺に寄付す、栄巌寺教化二十二日間なり、
鳥取教化、津山出立す、知頭、用瀬
用瀬大善寺

九　日　午　雨　山本三郎左衛門齋、
十　日　未　雨　當日ヨリ前行、
十一日　申　晴
十二日　酉　晴
十三日　戌　晴　本性、善明、貞随、仰孝来ル、
十四日　亥　晴　暁音来ル、玉置左衛門伜来ル、濱屋源右衛門ニ對ス、角屋菓子ヲ持来ル、
十五日　子　晴　諸方ヨリ菓子ノ折来ル、
十六日　丑　晴　當日正授戒、受者百二拾五人、泰安寺（触頭）、大信寺随喜、本覚寺受戒、
十七日　寅　晴　惣囬向、群参、
十八日　卯　晴　授戒施物三百目ト金弐歩弐朱、栄巌寺へ寄附、
十九日　辰　晴　當日津山出立、関本齋、七半時』知頭へ着ス、其夜法話、
廿　日　巳　晴　山へ登リテ齋、松巌師来ル、
廿一日　午　晴　齋後用ケ瀬（大善寺）へ移ル、
廿二日　未　晴　安井兵右衛門齋、
廿三日　申　八半ヨリ雨　烟草屋長四郎入齋、古城へ登ル、

鳥取真教寺教化

廿四日　酉　大風雨　當日鳥取（戎）へ移ル、檀方檀外大勢迎ヒ、

開講、御伝

廿五日　戌　晴　當日開講、御傳、群衆

廿六日　亥　晴

真教寺中興草誉一五〇回忌逮夜別時

廿七日　子　晴　眞教〔寺〕中興信蓮社草譽上人百五十回忌逮夜一夜別時、光明（寺町）寺和尚来ル、加路屋浄栄来ル、

廿八日　丑　晴　本房齋、殿村屋子息、茶清家内ニ對ス、

一行寺、本願寺、慶安寺、光明寺

廿九日　寅　晴　魚町岡村屋伊三郎斎、一行寺（戎町）、本願寺（寺町）、慶安寺（寺町、触頭）、光明寺（寺町）、善三郎、萬屋重兵衛、鳥羽屋、津山屋弥七、坪屋猶助、百足屋四郎右衛門、クワ屋、坪屋太郎兵衛、香具屋ノ和助、松屋平三郎、油屋惣兵衛、塩屋彦兵衛、若木屋ヲ訪、圓山（丸山・正定寺）へ行ク、

玄忠寺

寿光院、慶安寺

晦　日　卯　晴　油屋文右衛門、喜八、玄忠寺（新品治）』加路屋、木屋□（虫損）兵衛、判木屋治郎七、秋里屋半右衛門、竹ノ内藤右衛門、秋里屋藤左衛門、松田屋佐兵衛、殿村屋市三郎、茶清、増屋十兵衛、高木足立ヲ訪、横田寿光院、慶安寺（寺町、触頭）和尚来、

五月　小

朔日　辰晴　一行寺和尚来ル、檀屋、樽屋、小田屋、百谷屋二軒、油屋ヲ訪、秋里屋藤左衛門ヨリ蒸菓子、松屋小薄飴・坐禅豆、砂糖餾・香ノ物等高木ヨリ来ル、

二日　巳晴　玄忠、本願両和尚ニ對、小林ニ對、善明母ニ對ス、今夜土屋敷出火、

三日　午晴

四日　未晴

五日　申晴

六日　酉晴　油屋惣兵衛齋、松屋油屋、

七日　戌晴　善明、慧穏剃度結縁、優婆塞優婆夷拾五人、用ケ瀬ヨリ空慧母老婆来ル、

八日　亥大雷　一行（戎）寺舎利講、説法、齋、

九日　子晴　木屋嘉兵衛齋、

十日　丑晴　松屋平三郎齋、

十一日　寅晴　香具屋和助、百足屋四郎右衛門ヨリ轉心（点）来ル、

十二日　卯晴　判木屋治郎七齋、一行寺行キ、諦良師ヨリ茶ヲ賜、青屋駅芦崎友賢ニ對ス、

一行寺

蒸菓子、小薄飴、座禅豆、砂糖餾、香物

玄忠寺、本願寺

火災

義明・慧穏剃度

〈優婆塞優婆夷〉在俗の仏教信者男女十五人

一行寺

〈舎利講〉仏舎利を供養する法会、仏舎利の代りに金・銀の枝を用いる場合あり、

一行寺

因幡国領主松平斎訓帰国

十三日　辰　晴　領主(松平斎訓)帰城、㭘屋九兵衛齋、

十四日　巳　晴

十五日　午　晴　樽屋儀左衛門齋、

十六日　未　晴　米屋重兵衛齋、

倉吉藤村元禎

十七日　申　晴　倉吉藤村元禎来、

十八日　酉　曇　岩井了玄来、

清智院、寂静院、香教院、長寿院

十九日　戌　雨　清智院、寂静院、香教院、長寿院齋、

廿　日　亥　晴

廿一日　子　晴

廿二日　丑　晴

廿三日　寅　晴　木屋儀兵衛齋、』

廿四日　夘　晴　殿村屋齋、

慶安寺、説法

廿五日　辰　晴　慶安寺(寺町、触頭)齋、説法一坐、

廿六日　巳　雨

香具屋

廿七日　午　晴　香具屋和助齋、

一行寺より豆腐他

廿八日　未　雨　一行寺(戎町)ヨリ豆腐来、山城屋理兵衛茶菓子、平井善三郎ヨリ書状

十念請

来ル、岡村屋伊三郎ニ對ス、サチ谷ヨリ老人十念請ニ来ル、

廿九日　申　晴　増屋彦兵衛齋、

六月　大

円山

朔　日　酉　晴　圓山（丸山・正定寺）齋、船ニテ迎送ス、當住、鳥羽屋九兵衛、木屋嘉兵衛、百谷屋三郎右衛門道同、

円相院講中

二　日　戌　晴　圓相院（覚寺）講中齋、

三　日　亥　晴

四　日　子　雨

五　日　丑　晴　圓山斎、鳥羽屋、百谷屋、木屋来ル、

六　日　寅　雨

七　日　夘　雨　」

八　日　辰　雨

九　日　巳　雨

中回向、放生会

十　日　午　晴　中囬向、放生會大群集、

十一日　未　雨

十二日　申　雨　大津屋齋

十三日　酉　雨　油屋惣兵衛齋、
十四日　戌　雨　大群集、海老屋治兵衛斎、木屋藤右衛門ヨリ禮物来、
十五日　亥　雨
十六日　子　雨
是得
十七日　丑　晴　是得和尚弟子書状来、
十八日　寅　雨
八齊戒
十九日　卯　雨　授与八齋、鼠屋九兵衛、和田屋、百足屋四郎右衛門妻、桑屋妻、清右衛門入齋、
廿　日　辰　晴　加路屋助治郎齋、
円山
廿一日　巳　晴　圓山齋、本屋嘉兵衛、百谷屋、茶屋、津山屋弥七、鳥羽屋九兵衛、判木屋治郎七同道、往来船、
廿二日　午　晴
廿三日　未　晴
光明寺
廿四日　申　雨　光明寺齋、』
廿五日　酉　晴　群参、
廿六日　戌　晴
茶ノ子
廿七日　亥　雨　嘉《キ(喜ナラン)》兵衛ヨリ茶ノ子キタル、清右衛門姉、徳左衛門母、和田屋来

布薩授戒

ル、
廿八日　子　晴　津山屋弥七單物持来ル、木綿、
廿九日　丑　晴　大谷文治郎齋、
晦　日　寅　晴　布薩授戒披露、

七月　小

朔　日　夘　晴
二　日　辰　晴　竹内藤右衛門齋、
三　日　巳　中前晴雷少雨、
四　日　午　雷雨、

儒教の根本徳目

仁　仁ノ過タルハ柔カナリ、丹羽ノ何某
義　義ノ過タルハ堅クナリ、
禮　禮ノ過タルハ諂ルナリ、
智　智ノ過タルハ偽ルナリ、
信　信ノ過タルハ損スルナリ、

鳥取教化四月二十四日以降七十日に及ぶ、

垂すきて泥ニよこれなと柳　（以下七月五日以降、及び八月の条を欠く）」

九月　大

朔日　晴　戒定岡山へ遣ス、

二日　晴　戒定皈ル、

三日　晴

四日　雨

五日　雨

六日　晴　如海師同和出立、

七日　晴

八日　晴

九日　雨

十日　雨

十一日　雨

十二日　晴

十三日　風　慈恩岡山へ遣ス、

十四日　晴　船賃十八、今日防州へ出立、随伴慈寛・諦戒・浄土院同道ニテ、

九月より干支の記載なし、

戒定

如海

慈恩

正道真影を奉じ、周防教化に出立す、

随伴慈覚・諦戒・浄土院

定賢関東へ、
吉原屋
九太夫家教化
布薩、百万遍

十五日　晴　定』賢關東へ出立、暮六過キ岡山へ着、吉原屋へ立ヨル、九太夫迎ヒ、其夜話、
今日布薩、百万遍後乗船、船頭棟上屋平九郎、船賃八拾目、森ヨリ野菜等入ル、

船賃

十六日　晴北風　アブト（阿伏兎）マテ来ル、

沖家室泊清寺留錫教化二
十七日間に及ぶ、

十七日　晴　朝間北九ツ過ヨリ南風ニナル、沖家室ヨリ二里、前ニカ、ル、

檀頭、無量寺、神宮寺

十八日　晴　九ツ時沖家室（東和町）へ着岸、和尚（泊清寺）、檀方三人迎ニ出ル、嶋中老若男女出テ十念ヲ受ル、檀頭来ル、徳山無量寺（青山町）、神宮寺（東和町西方）、晴ノ治郎右衛門へ書状差出ス、

初夜開講、万徳章、小消息
寿源寺、西正寺

十九日　晴風　今日初夜開講、昼万徳章、夜小消息、檀方三人来ル、寿源寺（橘町由良）、西正寺（同日前）両和尚来、

鰐地蔵縁起

密夫

廿　日　晴風　鰐《フカ》地蔵尊へ参詣ス、此ノ地蔵尊ハ往昔此濱ノ街ニ立セ玉ヒシカ、當浦ノ漁人善衛門ナルモノ、此地蔵尊ヲ信仰シテ、朝夕歩ヲ運ヒケルカ、同人妻不義ニメ密夫アリテ、夫ヲ失ンヿヲ密夫ニハカル、此嶋ノ西南ニ當テ千貝トイヘル瀬アリ、當嶋ヲ去ルヿ廿余（二・二km）丁沖ナリ、潮干ナルトキハ顕シ、潮満ルトキハ水底トナル、或日彼密夫』善右衛門ヲ勧誘メ潮ノ干ルヲ考ヘ、彼ノ千貝ヘ磯遊ニ出

我を捨置帰る、

大鰐の背中に小刀を突立て乗る、

地家室の磯につく、地蔵の浦

我が命助せしは地蔵尊なり、

ツ、貝類ヲ捕テ楽ム、中ヨキ折ヲ見合、善右衛門ヲ瀬ニ残シ、船押出シ帰リケレハ、何トテ我ヲ捨置帰ルソト呼叫ヘモ、見向モセス船ヲ早メテ帰リケレハ、善右衛門ハアサムカレシヿヲ深ク口惜シト思トイヘトモ、廿余丁沖ナレハ詮方ナク、兼テ信仰シ奉ル地蔵尊ヲ念〆何トソ命ヲ助玉ヘト、深ク祈願シケル、日ハ早暮ニ及ヒ、潮ハ次第ニ満来ル、既ニ溺レ死スヘク見ヘケルニ、不思議ヤ一丈餘リノ大鰐浮ミ出テ瀬ニ際ニ背中ヲ出、是ニ乗レト云ンハカリニ見ヘケレハ、恐ロシクハ思ヒナカラ、兎テモ死ナン命ナレハト思ヒ、持タル小刀ヲ鰐ヲ背中ニ突立乗リシカハ、鰐ハ其侭地家室ノ上浦ノ磯ニツキケリ、其ヨリ其所ヲ地蔵ノ浦ト名ツク、千貝ヲ地蔵ハイ(拝ならん)トイ、傳フ、寔ニ夢ノ如ク現ノ如ク不思議ニ命助リテ鰐ハ海ニ入去ケリ、早速船ヲ借テ沖家室ヘ立帰り、直ニ地蔵尊ヘ参詣セシニ、磯ノ方ヨリ尊像ノ御裾マテ血流テアル故ニ、驚テ能々拝シ奉ルニ御背中ヨリ血流シ出ル故ニ、心ヲ付テ見奉ルニ、千貝ニテ鰐ニツキ立タル小刀突立テアリシカハ、扨ハ我ヲ乗テ我命ヲ助タルハ、地蔵尊ノ方便ニテアリケルヿノ難有サヨトイヨ〳〵信心ヲ増進シ、一宇ヲ建立セントスレトモ、自力ニ叶難カリ

下関赤目ヶ関

シニ、折節旅僧来リテ、助力シテ程ナク所願ヲ成就シケル、是ヨリ此尊像ヲ鰐地蔵ト申奉ル云云、下ノ関赤目カ関山形屋庄右衛門』娘ノヿ、云云、

廿一日　雨

廿二日　晴

病人に十念授く、

廿三日　雨　日々水三升程ツ、ノミ、食ヲ大ニ喰、日々ニ衰ル病人十念受ニ来ル、

鰐地蔵参詣す、

廿四日　曇　鰐地蔵へ参詣

廿五日　晴

神宮寺、西光寺

廿六日　昼後雨　（神宮寺）西方老和尚、（東和、外入）西光寺和尚、市左衛門、林吉右衛門夫婦来、

正覚寺
大恩寺
久田松

廿七日　雨　無量寺ヨリ返書、（防府）（熊毛町）今市正覺寺和尚、（田布施、波野）大恩寺西堂来、（十月）十七日出立、百三丁、（久田）クダ松迠送ラレ、（同）十八日久田松迠、今市ヨリ迎ヒ来ル筈ニ約ス、

廿八日　晴　林庄吉来、

廿九日　晴

十月　大

朔日　晴　弥左衛門帰ル、

久賀

二日　晴夜雨　西方林藤右衛門、日前ヨリ五人、久賀ヨリ七人来ル、

荒神社恵比寿大黒宮

三日　晴　河村又兵衛来ル、祖母閏八月三日ニ死ス、整譽積善妙慶大姉、同処ヨリ女中四人来、情次郎、右衛門来ル、石崎勘左衛門齋、林弥左』衛門、同長左衛門ヲ訪フ、荒神社恵美須大黒宮へ参、鰐地蔵へ参、

開扉三日間

四日　晴　今日開扉、

五日　晴　嶋囲リヲスル、弥左次郎衛、伊豫客、西正（橋町）上人衆同船、

閉扉

六日　晴　今日閉扉、三日共ニ群参、

前行

七日　晴　當日ヨリ前行、

八日　晴　布袋屋吉右衛門久賀ヨリ来、

九日　雨　林長左衛門齋、神宮寺（東和町西方）和尚来、西方藤左衛門来、

蕎麦

十日　曇　神宮寺和尚帰ル、西方市左衛門蕎麦持参、

十一日　雨

十二日　朝雨四頃ヨリ晴

正授戒四六八人

十三日　晴　當日正授戒、受者四百六拾八人、吉兼久右衛門外三人来ル、八人、

十夜、参泊
溺死者回向、百万遍
ネズミ害

泊清寺結願
上関西方寺教化
説法

荷舟

上関出立
舟泊、心光寺

室津井普賢
下松周慶寺教化
説法、日課六百人
今市正覚寺教化、十三日
間に及ぶ、

十四日　晴　十夜、通夜多シ、嶋田リシテ溺死ノ囬向スル、今夕百萬遍囬向ニ鰐地蔵へ行ク、鼠多ク出テ作物ヲ荒ス故ニ、（脱文アラン）

十五日　晴　當日結願、囬向後直ニ』西方（上関、室津）へ行ク、林弥左衛門、布屋庄治郎同道、舟一艘ハ引船、平野ノ裏濱へツケル、此迠駕籠ニテ迎へ来ル、平野治右衛門、弥左衛門里へ立寄ル、七ツ半頃西方へ着岸、其夜説法、群集、

十六日　晴　朝説法、林藤右衛門齋、隠居吉右衛門、所庄吉宅へ立寄ル、吉兼久右衛門方へ寄ル、眷龍寺へ登山、留主、藤左衛門外ニ三人送ル、地家室（周防大島）林治郎右衛門方へ立寄ル、當ミナトニテ雲州ノ大舟ニ乗ル、七ツ半時帰ル、

十七日　晴　齋後出立、乗船、荷舟二艘、弥左衛門、円福寺送ル、西風ニテ波アリ、夜五ツ前上ノ関（熊毛郡）へ着ス、其夜阿弥陀寺（上関町）へ立寄ル、其夜八ッ前上関出立、佐賀（平生町）へ七ツ前ニ着シ、舟ニテ夜ヲ明シ、心光寺（佐賀）へ立寄、

十八日　晴　室津井普賢様へ参詣、七ツ時下松（久田）へ着ス、周慶寺（下松市中市）和尚始、門末檀方大勢迎ニ出ル、其夜説法、大群集、日課六百人、

十九日　晴　徳山（青山町）無量寺和尚来、今市（防府）正覚寺和尚人足同道ニテ来ル、七ツ時着

ス、

開講、小消息、一枚起請文

廿　日　晴　當夜開講、夜小消息、昼一枚起請、

廿一日　晴

廿二日　晴夜雨

授戒　周慶寺

廿三日　晴　授戒披露、周慶寺(下松)ノ西堂来ル、

廿四日　風　弥左衛門帰ル、

開扉

廿五日　晴　當日ヨリ霊宝開扉、

廿六日　晴　無量寺(徳山、青山)ヨリ使僧来ル、

閉扉

廿七日　晴　開扉(閉カ)、終始羣参、

廿九日　晴

晦　日　晴

霜月　小

朔　日　晴

二　日　雨

正授戒二三〇人、周慶寺、無量寺

三　日　晴　正授戒弐百卅人、周慶寺和尚来、無量寺和尚来、

今市正覚寺教化終る、今市出立
道々十念、大群衆なり、
徳山着

四日　晴　當日斎後今市出立、花岡迠送ル、同処迠迎来ル、道々十念ノ人群集、七半時徳山着、町中一面人ヒトヒト、十念、

徳山無量寺教化、十一日間に及ぶ、
開講、小消息

五日　晴　開講、小消息、』

六日　晴　世話人河村彦右衛門・同幸尓、熊谷喜左衛門・重岡八郎右衛門・國弘彦郎左衛門・小西弥兵右衛門、

七日　晴

前行

八日　晴　當日ヨリ前行、

開扉

九日　晴　當日ヨリ開扉、

周慶寺

十日　雨　周慶寺来、

閉扉

十一日　晴　隠居殿十念ニ来ル、倶十五人程、女中三人、開帳ヲカマス（マヽ）閉扉、終始群参、

八正寺

十二日　晴　野村平兵衛十念ニ来ル、八聖（正カ、徳山）寺へ行ク、夜火事、

正授戒二五〇人

十三日　晴　當日正授戒弐百五十人、

総回向、無量寺

十四日　晴　惣回向、無量寺ヨリ西堂一人、講中一人、

無量寺教化終る、下松周慶寺宿
三年後の説法約す、

十五日　風　當日斎後出立、小僧一人、人馬共ニ遠崎迠送、下松周慶寺宿、卯年説法約ス、

大恩寺宿

十六日　晴　下松出立、船越ノ長老、下松ノ西堂送ル、波野村（田布施）大恩寺宿ス、説

智願寺

法、智願寺(平生)和尚ニ對ス、

下松観宗寺、大恩寺
柳井瑞相寺宿、説法

十七日　晴　船越ノ西堂、下松観宗寺、大恩寺(田布施)西堂、徳山ノ小僧送ル、柳井瑞(柳井津)相寺宿、説法、

柳井出立
遠崎長命寺宿、説法

十八日　晴　柳井出立、小僧一人、人足送ル、船越下松観宗、大恩(田布施)西堂送ル、
遠崎(大畠町)長命寺宿、説法、

朝説法
久賀阿弥陀寺教化
開講、七日間留錫

十九日　晴　遠崎朝説法、五ツ時出立、船』越観宗、下松大恩西堂送ル、徳山ヨリ送リ人帰ル、四ツ半時久賀(大島町)浦着船、瀬戸平波、舟下観三西堂(来脱カ)ル、今夕ヨリ開講、七日留錫、河村又兵衛、新屋徳兵衛、元敬老等對ス、

廿　日　晴　布袋屋吉右衛門斎、河村ニ對ス、群集、

伯清寺
木綿

廿一日　晴　伯清寺(東和、沖家室島)和尚、弥左衛門来ル、乕之助出家シテ霊察ト云、老婆両三人木綿ヲ持テ来、岩国屋久兵衛齋、

廿二日　晴　伯清寺和尚帰ル、

山県玄敬

廿三日　晴　山縣玄敬、岩国屋治助齋、

由村浄西寺逗留願

廿四日　晴　由村浄土(西カ)寺ヨリ使僧来テ逗留ヲ願フ、

久賀結願
布袋屋不和の取持

廿五日　晴　當日久賀結願、新屋徳兵衛斎、布袋屋兄弟不和ナルヲ和合センヿヲ取持、早速承知ス、斎、弥左衛門先ニ由ヘ行ク、齋後出船

阿弥陀寺教化終る、久賀出立、一船二艘
伊保田着
油宇浄西寺教化十二日間なり、
開講
山県玄敬
阿弥陀寺

廿六日　晴　當日久賀出立、一船二艘、和尚様、大黒屋三郎兵衛、熊大三郎、由兵衛同船、七ッ前伊ヨ（保カ）田へ着岸、是迠和尚并ニ檀頭衆迎ニ出ル、當夜ヨリ開講、新屋徳兵衛齋、

廿七日　晴　浅海五郎衛門母子ニ對ス、是ハ阿ミ陀寺和尚母兄ナリ、久賀布袋屋治助、同吉右衛門、山縣玄敬老和合取持ノ礼ニ来ル、

廿八日　晴　阿弥陀寺和尚帰寺、」

廿九日　晴

極月　大　五日大寒　十九日節分

前行、開扉
閉扉
家老岩本静馬
村上氏舎弟

朔日　晴

二日　晴　當日ヨリ前行、霊宝開扉、

三日　晴

四日　晴　當日閉扉、始終群参、

五日　晴　岩本静馬ニ對ス、村上寛兵衛殿家老、

六日　晴　村上氏舎弟殿参詣、舟ニ乗テ磯兵衛ヲ囲ル、

七日　晴　浅海進、中濱屋茂左衛門ニ對ス、倅茂吉、傳長来、

正授戒七五人

八　日　晴　當日正授戒、授者七拾五人、社屋桑原喜平治ニ対ス、

油宇浄西寺教化終り出立す、

九　日　　當日由（油）宇浄土（西カ）寺暮七過出船、岩本静馬暇乞ニ来ル、浅海五郎右衛門内同ク進ミ、藤田藤作・同熊治郎、富田吉右衛門、桑原喜平二親子、同茂左衛門親子、其外大勢濱迠送ニ出ル、傳長、察應、由兵衛、弥左兵衛、熊大郎同船、夜六ツ半時情嶋へ着ス、モロ嶋へ

引舟四舟情嶋着、モロ嶋平尾家教化

カ、リ傳馬ニテ、引舟ノ迎ニ往ク、引舟』四艘来、平尾次郎右衛門伜百助、新左衛門、権之助、直治郎、舟ハ和田　三人乗、八反帆、

逗留、看経所、廟所、法話

十　日　晴　逗留、看経所、廟所、鎮主荒神参ル、此夜法話、群参、

十一日　晴　四ツ時出船、五里程来テ　龜《アキカ》クビト云所ニカ、ル、

備後田嶋

十二日　晴　西風、従々四里来テ備後ノ田嶋ニカ、ル、明ケ六出船、

米崎

十三日　晴　西風、廿六里来テ米崎ニカ、ル、

岡山着
山科本願寺説法

十四日　晴　朝五半時岡山着、金岡屋九太夫来、其夜本願寺（山科）ニテ法話、但州民右衛門ニ逢、

吉原屋、平野屋

十五日　晴　吉原屋、平野屋十屋、ヤ森氏、光明庵、銭屋善治郎・傳治郎、銭屋市兵衛訪フ、當夜布薩、同行中ニ對ス、

布薩

岡山、福渡

十六日　晴　當日岡山立帰寺、荷物船ニテ十六日福渡ヨリ、人足銭三拾五文

九月十三日出立し帰寺、二カ月半に及ぶ、大いに疲労す、
節分
行僧帰る
餅搗
信耕、円真
百姓へ十文当
文化十四年

目、暮六ツ半時帰寺、大ニ単（草カ）臥ル、
十七日　晴
十九日　晴　節分、
廿　日　雨　立春、
廿一日　晴
廿二日　晴
廿三日　晴
廿四日　晴　行僧皈、
廿五日　晴　餅搗、
廿六日　晴　信耕、圓真因州へ皈ル、
廿七日　晴　百姓共へ銀十文目宛遣ス、
廿八日　晴
廿九日　晴
晦　日　晴

文化十四年丁丑歳正月

大　正　三　四　六　八　霜
小　二　五　七　九　十　極
彼岸　二月朔日　八月十日
土用　春三月四日　夏六月六日　秋九月九日　冬十二月十二日』
大寒　極月十五日　　小寒　霜月晦日
節分　極月廿九日
八専　正月八日ヨリ十九日マテ　三月九日ヨリ□（墨損）日マテ　五月九日ヨリ廿日マテ
七月十日ヨリ廿一日マテ　九月十一日ヨリ廿二日マテ　十一月十三日ヨリ
廿四日マテ、
十方暮　四月十一日　六月十二日　八月十三日　十月十四日　十二月十五日
日月ソク　四月朔日二分　十月朔日三分』

（原本写、原寸差渡5.6糎）

（当年方位）

干支復活
繞堂
朔日　巳晴　繞堂、百姓御禮、
二日　午晴　新衛一統禮来、
大庄屋礼
三日　未雨　堅蔵、大庄屋禮ニ来、
役所へ、
四日　申晴　役所へ禮、
五日　酉晴
檀中返礼
六日　戌晴　檀中返禮、
栄巌寺
七日　亥晴　同、栄巌寺并檀方鍛冶屋文右衛門禮ニ来、治部《（久米南）》金之助方ヨリ使来、
八日　子晴　別時囲向、』
泰安寺来る、
九日　丑雪　泰安寺来臨、
津山行、泰安寺、本覚寺、栄巌寺、浜屋、山本屋、三室屋等年始
十　日　寅晴　津山行、泰安寺、本覚寺、栄巌寺、濱屋、山本屋、三室屋訪フ、六ツ過帰寺、
説法、因果経
十一日　卯晴　今夕ヨリ説法、因果経、
十二日　辰晴
十三日　巳晴
十四日　午晴
十五日　未晴

信耕、順教
茶清病死
円真

津山講中二十四人

順教、戒定

慧学出界

十六日 申 晴
十七日 酉 雨
十八日 戌 晴 信耕、順教来、茶清病死ノヿ申来、
十九日 亥 晴 圓真来、
廿 日 子 晴
廿一日 丑 晴 』
廿二日 寅 晴
廿三日 卯 雨
廿四日 辰 晴 津山講中位牌持参、廿四人来、
廿五日 巳 晴 津山講中齋後帰、
廿六日 午 雨
廿七日 未 雪
廿八日 申 雪 順教帰、戒定、民右衛門岡山行、
廿九日 酉 晴 慧学出界、
晦 日 戌 晴

二月 小

彼岸
朔　日　亥　晴　當日ヨリ彼岸、
二　日　子　晴
三　日　丑　晴
四　日　寅　晴
五　日　卯　晴　」
六　日　辰　晴
説法結願
七　日　巳　晴　説法結願、
戒定
八　日　午　晴　戒定帰山、
正木屋樗堂
九　日　未　雨　岡山正木屋喜右衛門画名樗堂来ル、
性漸
十　日　申　晴　性漸律師来ル、
長良国分寺
十一日　酉　晴　長良國分寺ヨリ年始書状来、
十二日　戌　晴
十三日　亥　晴
十四日　子　晴
十五日　丑　晴
樗堂帰
十六日　寅　晴　樗堂子帰、

十七日　卯　晴

十八日　辰　晴

十九日　巳　晴

廿　日　午　雨

廿一日　未　晴

巨海

廿二日　申　晴　巨海岡山へ行、」

廿三日　酉　晴

授戒

廿四日　戌　晴　授戒、野菜物百五十文目餘、

西光院、龍興寺衆
沈香、茶
羊羹

廿五日　亥　晴　巨海岡山ヨリ帰ル、京師和上(西光院・一道)ヨリ使僧トシテ龍興寺衆、學円来ル、大師前和上前へ沈香、茶一壷小倉野下サル、岡山吉嘉ヨリ羊羹来ル、

円満寺、西方寺、東福寺
〈西方寺〉関通上人以降、円成寺となる、

廿六日　子　雨　京ヨリ書状来、律師ヨリ沈香、庭田(円満寺)・中一色(西方寺・円成寺)、東福寺書状来、

廿七日　丑　晴

素麺
浄智
明荷到着

廿八日　寅　晴　大坂大川町多田屋ツヤヨリ一森(盛)、念称子ヨリ素麺、道明寺村宗善寺浄智師ヨリ扇子来、明荷来、数囬ニテ九拾文目餘、細引一筋三文目八分、

正定寺玉山、琢善

廿九日　卯　雨　圓山、玉山師来、琢善随伴、野菜来ル、吉原屋世話ニテ嶋屋ニ

吉原屋、野菜

テ調ヘル、

如海別行、料理人三人
別行の時、料理人を頼む
慣例ならん、
如海沙弥戒、二汁五菜
比丘授戒、二汁五菜
落雁
布施
松仙法事
泰安寺焼香料
周防蓮生寺、辨達
智海五十年
無量寺呈書献茶
津山泰安寺開山上人前へ

三月　大

朔日辰晴　如海師別行囬向、津山ヨリ料理人三人来ル、

二日巳晴　當日如海師沙弥受戒、辰時上刻下分料理二汁五菜、菓子津山饅頭三ト、一羊羹、』

三日午曇　比丘受戒、辰時上刻上分二汁五菜、菓子、岡山アルヘイ（マヽ）カルメル、落雁外二種、五文目、上分二文目、中分七分、下分布施二歩、比丘二文目、沙弥壱文目、近住菓子料一両、

四日未晴　故和上（松仙）法事取越、津山泰安寺ヨリ使僧来、焼香料五十匹、菓子両日分遣ス、

五日申晴　周防ヨリ蓮生寺和尚、辨達親外ニイトコ来ル、

六日酉晴　智海五十年、田楽花ノ下ニテ、

七日戌晴

八日亥晴　防州九郎左衛門外一人帰ル、無量寺（徳山）へ呈書、献茶、

九日子晴　津山行、泰安寺開山前へ沈香南一（南鐐）、故和上南一、妙生囬向料献

栄巌寺説法

ス、栄巌寺ニテ昼夜説法、

十　日　丑　晴　上山へ参詣、　』

十一日　寅　晴

鳥取

十二日　卯　雨　鳥取治右衛門五人宿ス、

岸和田

十三日　辰　晴　泉州岸ノ和田ノ者五人宿ス、

丹後成合

十四日　巳　雨　丹後成合ノ者五人宿ス、

善光寺法伝

十五日　午　雨　善光寺法傳来ル、

周防見利入律、因幡善明転衣、用瀬貞淵剃髪

十六日　未　晴　防州見利和尚入律、因州善明轉衣、用ケ瀬貞淵剃髪、

十七日　申　晴

十八日　酉　雨　慈恩帰、海老屋治兵衛、茶屋徳兵衛来、

泰安寺、本覚寺

十九日　戌　晴　（西寺町、触頭）泰安寺、本覚寺来、

廿　日　亥　晴

貞随入律

廿一日　子　晴　貞随入律、尾上船渡来

吉原屋、本願寺、鉦講、大覚寺、大信寺、称念寺、正覚寺

倉吉講中、念仏講、不退講

廿二日　丑　晴　吉原屋、平野屋ヲトラ、栄本銭ヤリ、中橋三人、虎久、本願寺和尚、鉦講六人、綱干大覚寺、（林田）大信寺、（坪井下）称念寺、平福正覚寺、神吉、佐市、紺屋、駕籠屋、倉吉講中六人、鳥取殿村屋、津山屋弥七、濱屋カヽ、念佛講六人、不退講、大工源右衛門、五十人

播州寺々より仏餉料

練供養

真影を奉じ、信州教化に出立す、

岡山

布薩

光明庵

犬嶋

余来、播州寺々ヨリ佛餉料来ル、用ケ（瀬脱カ）悦冏母、岩井笹屋得左衛門法体ヲ願、當年参詣大群集、防州弥左衛門来、」

廿三日　寅　曇昼後ニ雨　練供養ノヒル、

廿四日　夘　晴　椽通ニテ練供養、

廿五日　辰　晴　諸方ノ客不残帰ル、

廿六日　巳　晴　廣嶋保衛門夫婦来、

廿七日　午　晴

廿八日　未　雨　當日出立、見利和尚、林弥左衛門同船、七ツ過岡山（正覚寺ナラン）へ着ス、當夜布薩大勢来、

廿九日　申　晴　光明庵齋、

晦　日　酉　晴　嶋屋治郎左衛門斎、今日乗船犬嶋ニカヽル、平九郎船天神丸

絵嶋泊り、
兵庫浦
大坂着
法善寺
龍興寺泊
人足銭
千日に移る、法善寺教化、二十日間
嶋内回礼
開講
蒸物、葛
船場嶋内、市川

四月

朔日 戌晴 繪嶋泊リ、
二日 亥晴 昼過沾風ナク押テユク、八ツ時ヨリ山瀬吹来ル、七ツ時兵庫浦ニ着船、風アリテ船ヲ川ニ入ル、
三日 子朝雨風 八ツ時出船、暮六時大坂へ着ス、
四日 丑晴 今朝荷物ハ船ニテ、直ニ法』善寺（難波）へ遣ス、分持一荷ニテ龍興寺（門弟察厳の寺、兎我野）へアカル、人足賃銭弐百廿四文、
五日 寅雨 當日千日（法善寺）へ引移ル、道清、和喜、大平息五兵衛迎ニ来ル、
六日 卯雨 當日嶋ノ内囬禮、
七日 辰晴 當日念称師齋、道頓堀生玉邊嶋ノ内囬禮、
八日 巳晴 當日開講、供養生玉、高津、道頓堀、難波新地囬禮、参詣群集、蒸物供養、門中法類囬禮、葛一袋、
九日 午晴 船場囬禮、群集、
十日 未晴 同所囬禮、松屋於香トノ齋、群参
十一日 申晴 船場嶋ノ内市ノ川囬禮、大和屋タキ齋、高津新地囬禮、

阿波座橋元町
龍興寺泊
専念寺
専修講
勧進所泊
正授戒新受一〇二人、再授一二〇人
総回向、施餓鬼
勘定、二十二両残る、手当

十二日　酉　雨　阿波座橋元町へ使僧遣ス、
十三日　戌　晴　境屋善兵衛齋、
十四日　亥　晴　大和屋平兵衛齋、
十五日　子　晴　和泉屋夘三郎齋、龍興寺へ行宿、
十六日　丑　晴　濱ノ庵太助、山家屋、明石屋、照円、播磨屋、専念寺ヲ訪、』
十七日　寅　晴
十八日　夘　晴　炭屋休兵衛齋、
十九日　辰　雨　松永忠蔵齋、
廿　日　巳　晴　河内屋齋、
廿一日　午　雨　専修講供養、
廿二日　未　晴
廿三日　申　晴　勧進所へ泊ル、
廿四日　酉　晴　嶋屋貞円斎、如法恒七ヲ訪、
廿五日　戌　晴　兵庫屋齋、正授戒新受百二人、再授百廿人、
廿六日　亥　晴　惣回向、施餓鬼、供養蒸物、
廿七日　子　晴　當日勘定弐拾弐両残ル、和尚様へ金百疋、所化両人へ弐朱ツヽ、納所五百文、小僧家来共へ三百ツヽ、伊兵衛ニ五百文、

講中より法善寺へ礼
京都北野西光院に移る、

廿八日　丑　晴　右ハ講中ヨリ金五両寺ヘノ禮、壹両寺ヨリ大師前ヘ奉納、當日北野（西光院）へ引移ル、伊助、道清、小郎、和泉屋、泉喜、太平、女中大勢送ル、

国分寺、明石屋尼説法

廿九日　寅　晴　濱ノ玉圓庵齋、國分寺和上訪フ、明石屋老尼ヲ訪、説法、伊助、道清来ル、嶋屋貞婉ニ對ス、』

説法
船にて上京

晦　日　夘　晴　山家屋齋、多田屋、播磨屋、ツンボシ殿ヲ訪フ、説法、大和屋タキ・イク、泉喜母等暇乞ニ来ル、今夕夜船ニテ上京、

五月

伏見着、随伴霊山、慈恩
宇治、北野着

朔　日　辰　晴　明六半時伏見着、分持ニツケ了因ヲ京ヘツカハス、霊山、慈恩随伴ニテ宇治（了誓）へ立寄齋、暮六ツ時北野（西光院）へ着ス、

随念寺、善念庵、照臨庵
善念、安楽、円通

二　日　巳　晴　随念寺茶菓子、善念庵、齋ツメ照臨庵（洛東）善念、安楽、円通ヲ訪、

三　日　午　雨　修学ソバ齋、

京出立す、大津、伏見
守山泊り
弟子達に銭支給

四　日　未　朝雨　今日京出立、四ツ頃大津へ着ス、問屋向フノ茶屋ニテ齋、四ツ半頃伏見ノ方ヨリ荷物来ル、守山小間物屋泊リ、弟子共百卅文ツヽ、自三百、茶代二百、（大津、大島居）浄土寺ヲ訪、清閒ニ逢フ、

越川、番場泊
垂井、合戸泊
鵜沼、御嶽泊
大久手、中津川泊
馬込、飯田まで通し人足馬三疋
広瀬泊り
大平、町中十念
飯田永昌院着
開講、小消息、万徳章
法尼
徳本講（徳本行者を信奉する講中）
布薩
巡礼法中
ぼた餅

五　日　申　晴　越川（中山道第六五宿）齋、番場泊、丸屋伊兵衛ハタコ百卅ニ三百、
六　日　酉　晴　垂井齋、合戸（〃五四〃）泊、升屋、
七　日　戌　晴　鵜沼齋、御嶽（〃四九〃）泊、薬屋、
八　日　亥　晴夜雨　大久手齋、中津川（〃四五〃）泊、問屋、
九　日　子　雨　馬込（〃四三〃）ヨリ立場ニテ齋、馬込ニテ』飯田迠通シ人足頼ム、馬一駄二貫百文ツ、二駄、尤荷カサニ付、彼方ニテ三疋ニテ来ル、人足一人壹貫五十文ツヽ、廣瀬泊リ、桔梗屋、
十　日　丑　晴　大平（飯田・伝馬）齋、峠下迠実善、八弥来ル、漸々大勢迎来、町中十念、八過永昌院へ着ス、
十一日　寅　晴　今日中開講、小消息、夜万徳章、
十二日　卯　雨　法尼共ニ對ス、
十三日　辰　晴　智方貞生方ヨリ蒸物来ル、
十四日　巳　晴　徳本講、群参、
十五日　午　晴　布薩、群集、
十六日　未　晴
十七日　申　晴夜雷雨　町巡禮法中訪、
十八日　酉　晴　ミノセ野口屋ヨリホタ餅養来、

十九日　戌　晴　松屋同行對、

来迎寺

廿　日　亥　晴　中半豊治對ス、智芳斎供養、来迎寺（飯田・伝馬、触頭）ヨリ箏来ル、』

西教寺

廿一日　子　晴　西教寺（飯田・伝馬、触頭）和尚来、

快林

廿二日　丑　曇　快林来ル、

貞随

廿三日　寅　晴　殿岡庄右衛門、藤内老婆二人来ル、貞随ニ對ス、

廿四日　卯　晴　三原屋小作、同孫太郎、岐阜屋仙右衛門ニ對ス、角兵衛ニ對ス、

廿五日　辰　晴

廿六日　巳　晴

廿七日　午　晴

廿八日　未　晴　西（脱アラン）

西教寺、即因

廿九日　申　晴　西教〔寺〕和尚来ル、即因善光寺（長野）へ行、

六月　大　六日土用

運松寺、智芳、勇西

朔　日　酉　晴　運松寺（飯田・鼎）和尚来、智芳ニ對ス、牛牧（現・明照寺）勇西、八幡五左衛門、御坊ニ對ス、

暫く説法休む、

二　日　戌　晴　今日限ニテ暫ク説法休ム、

白山（風越山）登山
籠堂、宮にて念仏一万五千遍、礼拝百礼

三　日　亥　晴　今日白山へ登ル、明ケ六ツ前、寺ヲ出テ、矢立ヨリ御宮ノ間テ白雲ニ逢』皆濡レル、籠堂ニテ齋、後御宮ニテ念佛一萬五千返、礼拝百、奥院参詣、今宮へ参七ツ過帰寺、五助、九助、治竹同道、

運松寺教化、十五日間開講、一枚起請文

五　日　子　晴　今日運松寺（鼎名古能）へ移ル、廿人程迎ニ来ル、今日中開講、一枚起請〔文〕、

六　日　丑　雨　吉川兵治郎、溜屋栄助、丸の屋金兵衛逢フ、

七　日　寅　雨　磯大三郎母ニ逢、

八　日　夘　雨　馬之助齋、

九　日　辰　雨　智芳齋、

十　日　巳　晴

開扉
永昌院に帰る、

十一日　午　晴　今日ヨリ開帳、智明、慧了剃髪法ヲナス、今夕永昌院へ皈、

運松寺、前行

十二日　未　晴　今朝受日シテ長能（名古）へ皈ル、仲右衛門齋、父勘蔵今日ヨリ前行、』

十三日　未　晴　ヤハタ吉川齋、溜屋へヨル、丸田屋金兵衛へ立ヨル、

石碑開眼、説法

十四日　申　晴　嶋田荒井清右衛門斎、石碑開眼、説法一坐、誓願寺へ立ヨル、

十五日　酉　晴　吉右衛門齋、

北方村

十六日　戌　晴　北方村矢澤七郎左衛門齋、

十七日　亥　晴　入齋、

正授戒一八六人
永昌院に帰る、

十八日 子 晴 佐内斎、當夜正授戒、受者百八拾六人、當夜永昌院ヘ帰ル、八ツ時ナリ、

説法再開

十九日 丑 晴 當夜ヨリ説法、和泉屋九十郎對ス、

廿 日 寅 晴

廿一日 卯 晴

廿二日 辰 晴

廿三日 巳 晴

正道母カシの十三回忌
別時念仏

廿四日 午 晴 母〔十〕三回忌
當日ヨリ観音堂ニシテ尼衆ヲ頼、二夜三日ノ別時念佛、

尼十八人に短冊渡す、

廿五日 未 晴 當夜短冊ヲ遣ス尼』衆十八人、

母十三回忌、二五〇人
放生会

廿六日 申 晴 當日母カシ十三回正當、客二百五十人、放生會勤ル、

廿七日 酉 晴

殿岡

廿八日 戌 晴 當日殿岡ヘ至ル、恒右衛門斎、斎後平澤代蔵隠居ヘ引移ル、

命名

廿九日 亥 晴 庄右衛門斎、平澤代蔵子ニ名ヲ健蔵ト付ル、

初夜回向

晦 日 子 晴 當日代蔵斎、初夜囬向始終群参、

七月 小

説法

朔日　丒晴　米山母齋、斎後帰寺（永昌院）、當夜ヨリ説法、

二日　寅晴

三日　卯晴

今枚

四日　辰晴　今枚齋、

五日　巳晴

六日　午晴　大卜齋、

七日　未晴

八日　申晴

九日　酉晴

西教寺

十日　戌晴　西教寺（飯田・伝馬）齋、

十一日　亥晴

十二日　子雨

二間屋

十三日　丑晴　二間屋齋、

十四日　寅晴

十五日　卯晴

十六日　辰晴

十七日　巳晴

永昌院授戒、前行

正授戒四四〇人

十八日　午晴

十九日　未晴

廿　日　申晴

廿一日　酉晴

廿二日　戌晴　授戒、前行、』

廿三日　亥晴

廿四日　子晴

廿五日　丑晴

廿六日　寅晴

廿七日　夘晴

廿八日　辰晴　正授戒四百四拾人、

廿九日　巳晴

八月　大

朔　日　午晴　足袋屋理八斎、

二　日　未晴　當日ヲ客多シ、

松仙十三回忌
三日　申晴　客多シ、

結願、放生会
四日　酉晴　故和上(松仙)拾三回正當、當寺結願、放生會、

飯田出立
追分、片切斎、説法、田嶋
赤須泊り、
五日　戊晴　今日飯田出立、西教寺和尚町端迠送ル、来迎寺和尚黒田迠送ル、其送人大勢、牛牧(現・明照寺)へ立寄、市田迠近所世話人等送ル、追分』綿屋茶菓子、同家病人シヨ變病、片切(上伊那・中川村・片桐)青苔寺ニテ齋、説法、田嶋ヨリ参詣、對面ス、赤須(駒ヶ根赤穂)止宿、

松島泊り
六日　亥晴　上穂(駒ヶ根)与一右衛門へ立寄、五十兵衛、小太郎田切川向フマテ送ル、次ノ駅マテ赤須ヨリ迎ニ出ル、松嶋(箕輪町・松島)止宿、喜惣治殿會、

宮木
生安寺蝕頭なり、
生安寺泊り
塩尻、諏訪
七日　子晴　宮木(辰野町)茶菓子、宮木駅先マテ松本生安寺(天文廿二年開創・明治五年県知事勧諭により廃寺)使僧、講中出迎ヒ、止宿ヲ願フ、穀屋九兵衛処立ヨル、塩尻斎、諏方(訪)同行三人出迎ヒ會フ、生安寺止宿、今村庄屋塩尻迠來ル、

麻績止宿
八日　丑晴　會田(四賀村)迠生安寺ヨリ御斎持出シ、苧ミ(麻績)止宿、

稲荷山、追分、道々十念
丹波島丹生寺
浄念、寛慶寺、十念寺
寛慶寺十五日間の教化
九日　寅晴　稲荷山(千曲市)迠諦了兄迎ニ来ル、追分斎、道々十念、追々迎、丹波嶋丹生寺和尚、講中迎ニ出ル、丹生寺(丹波島)へ立寄、大吉処へ立寄、浄念ニ會フ、河向フへ同行大勢、段々迎ニ出ル、寛慶寺(東之門町)使僧、十念寺和尚石堂迠迎ニ出ル、十念寺(後町)へ立寄、七ツ前寛慶寺着、』

彼岸、開扉、小消息
十日　卯晴　入彼岸、晨朝開闢、小消息日中説法、

淵之坊

向仏坊

放生会

大勧進

綿内正満寺説法約す、

西町、西方寺

正授戒二七〇人

総回向

後町十念寺に移る、十四日間の教化

開講

十一日　辰　晴　淵之坊(善光寺)齋、
十二日　巳　晴　静林齋、
十四日　午　晴　向佛坊(善光寺)齋、放生會、
十五日　未　晴　小又屋吉左衛門齋、
十六日　申　晴
十七日　酉　晴　當日放生會、始終群参、
十八日　戌　晴　大勧進(善光寺)へ出ル、
十九日　亥　晴　小舛屋多兵衛齋、
廿　日　子　晴　高橋重右衛門斎、當日ヨリ前行、
廿一日　丑　雨　粟畑庵室単立、単瑞、
廿二日　寅　晴　櫻屋惣左衛門齋、
廿三日　卯　晴　御釜金右衛門齋、
廿四日　辰　晴　長野理海齋、綿内(正)(若穂)勝満寺法類来テ丹生寺(丹波島)ノ後、説法ヲ約ス、
廿五日　巳　晴　大門藤屋平五郎齋、西方寺(西町)和尚ニ對ス、當夜正授戒、受者二百
七拾人、』
廿五日　午　晴　當日惣回向、
廿六日　未　晴　當日斎後十念寺へ引移ル、當夜開講、

穀屋新兵衛
近江屋御兵衛
前行
正授戒二二〇人
頼朝山総囬向

廿七日　申　晴　穀屋新兵衛齋、
廿八日　酉　晴　近江屋五兵衛齋、
廿九日　戌　晴　玄道内齋、
晦　日　亥　晴

九月

朔　日　子　晴
二　日　丑　晴　當日ヨリ前行、
三　日　寅　晴
四　日　卯　晴
五　日　辰　晴
六　日　巳　晴
七　日　午　晴
八　日　未　晴　當夜正授戒、受者二百廿人、」
九　日　申　雨　頼朝山惣囬向、
十　日　酉　雨

松代
丹生寺教化
天光院、善導寺、常然寺
ボタ餅
大英寺（触頭）教化・四
日目に中断、十一月三日
再開

十一日 戌晴 今日松代ニ至ル、舟留を知ラスシテ行、河原ニテ大ニ待ツ、丹生寺へ頼ミテ齋、河原沾士へ（マヽ）一人迎ニ来ル、丹生寺（丹波島）沾天光院和尚来ル、善導寺（稲里下氷鉋）ヨリボタ餅来ル、善導寺隠居へ立寄、善導寺へ立ヨル、小嶋田ヨリ丹生寺沾使僧来、常念寺（小島田）へ立寄、筑摩川（千曲）沾檀方四人迎ニ出ル、當日開闢、

十二日 亥晴
十三日 子晴
十四日 丑晴

松代藩主内室真松院殿没
し、説法中断

十五日 寅晴 真松院殿（眞田幸弘内室）他界ニ付、説法止ム、願行寺（松代）訪、

渋温泉、日の入方
湯本宿

十六日 卯晴 當日シブ（渋）ノ温泉へ行く、士へ（マヽ）一人使僧一人、福嶋（須坂市）西福寺齋、日ノ入方ニ着ス、湯本喜四郎宿、』

十七日 辰晴

奇勝地獄谷

十八日 巳晴 地獄ト云処へ行テ見ル、

大湯
温泉寺、龍神

十九日 午晴 宿ノ直下ニ大湯アリ、上ニ小湯・瀧湯アリ、下ニ小湯アリ、温泉寺大寺、住寺（持）無縫塔、奥山ノ大池ヨリ自然ト流レ出ル、開山上人ヨリ血脉ヲ龍神授リテ、其報謝ノ為ニ代々石塔ヲ出スト云云、
廿　日 未晴
廿一日 申雨

廿二日　酉　晴

廿三日　戌　晴

廿四日　亥　晴

寛慶寺、西方寺、大英寺

廿五日　子　晴　寛慶寺ヨリ見舞トシテ大梁西堂来ル、西方寺（西町）ヨリモ見舞ノ使僧来ル、大英寺（松代、触頭）ヨリモ使僧来ル、

諦了兄

廿六日　丑　晴　諦了兄来、

廿七日　寅　晴

西方寺教化、十六日間

廿八日　卯　晴　今日善光寺へ帰ル、途中迠尼衆、西方寺旦方迎ニ出ル、

布薩開講

廿九日　辰　晴　當布薩開講、

十月　小　』

朔日　巳　晴

二日　午　晴　藤井伊右衛門齋、

三日　未　晴　永井助七齋、

四日　申　晴　永井喜右衛門齋、

五日　酉　晴　永井藤兵衛齋、

六日 戌晴 アミタ井ン孫左衛門齋、

七日 亥晴 戸谷吉九郎齋、

八日 子晴 清水名三右衛門齋、

九日 丑晴 池田屋庄兵衛斎、當日ヨリ前行、

十日 寅晴 岩石町何某齋、

十一日 卯晴 立岩磯右衛門齋、

十二日 辰晴 金具屋十右衛門齋、

十三日 巳雨 駿河屋齋、

十四日 午晴 能登屋政右衛門〔齋〕、

正授戒四四〇人

十五日 未晴 當日正授戒四百四十人、

綿内正満寺教化、十五日間

十六日 申晴風 當日齋後綿内(若穂)正満寺引移、迎来、河井(川合)新田ニテ中休、七半着、

開扉

十七日 酉晴 當日開闢、

十八日 戌晴

十九日 亥晴

廿日 子晴

廿一日 丑晴

廿二日　寅　晴

廿三日　卯　晴

前行

廿四日　辰　晴　當日ヨリ前行、

廿五日　巳　晴

廿六日　午　晴

廿七日　未　晴

廿八日　申　晴

廿九日　酉　晴

十一月　大

正授戒

朔　日　戌　晴夜雨　當日正授戒、

結願

二　日　亥　晴　當日結願、

松代、大英寺に移る、

三　日　子　晴　當日松代へ移ル、

開扉
記録、ここに了

四　日　丑　晴　當日開闢、」

漢方方剤

一、コクヒ　　三拾目

以下、備忘録ならん

一、紅花　十文目
一、河原サイコ　十文目
一、莪木　十文目
一、甘草　五文目
　合薬　七帖
洗方、大薬椀三杯入テ二盃トル、二番二杯入テ一盃半トル、
癰《はれもの》ノ大妙薬

早見書状大全　一　大坂吉文字屋
寛政七年新版　改正道中行程細見記　一
父母恩重経繪抄　三
近世見聞　南紀往生傳　三
地獄實有説　京寺町四條下ル二丁目　一
念佛口傳抄　赤井長兵衛　一
浄業勧誡　故和《松仙》上
三才圖繪　三田尻　専称寺
谷響集　嶋地　観宗寺
」

波野　大恩寺
下松　周慶寺

山城守役
増戸武兵衛　佐藤此右衛門　村上七左衛門　奥山幸三郎　鈴木助吉
先觸　越後通、羽州玉川越ニ而赤湯へ出、最上山形迠、
唐紙　心齋橋筋伏見町角　』

花屋槌之助　西大寺屋市兵衛　木綿屋松之助　銭屋吉兵衛　魚屋伊太郎　若松屋
林兵衛　正月屋久太夫　佐渡屋甚六

玄霜院　智雲院　慈泉院　明生院

京御池烏丸東へ入　増田庄兵衛内　平井善三郎

祇園町石壇下南カワ　井筒屋新兵衛　』
六角前烏丸東へ入所　天マ庄衛
大坂中ノ嶋西新町松平壹岐守留主居　町田兵右衛門

禅祖念佛集　二巻
浄智
埋木屋一入　大坂天満堀川寺町　鴻池屋甚兵衛
上京室町頭柳原東へ入かべや町筆工　富岡庄二郎
三国屋久米之助
□（破損）坂テルメル横堀相生橋西詰　山本屋茂兵衛

解説

田中　祥雄

一、本書の概要と浄土律

誕生寺は法然上人が、長承二年（一一三三）に誕生された地、岡山県久米郡久米南町に位置する。上人が九歳の時、保延七年（一一四一）明石源内武者定明の夜襲に遭って、父の漆間時国は非業の最期を遂げた。上人の幸せな少年時代は急転し、母の弟観覚の寺、菩提寺（勝田郡奈義町）に行くことになった。六年後、上人は観覚の勧めにより母と別れ、比叡山での修学の途についた。これが上人の幼少期のことである。誕生寺の紹介書などでは、上人誕生の旧邸地に、蓮生法師（熊谷直実）が寺を建て誕生寺としたとしている。このような草創の因縁により、浄土宗では特別寺院として尊重している。しかし、長い時間的乖離の中から、史実として如何に継承されてきたか。またこのような事柄が、誕生寺の史料や記録として如何に遺されているか。

誕生寺史料の刊行としては、『美作誕生寺文書』（『岡山県古文書』第四輯所収、藤井駿・水野恭一郎先生編）、『美作誕生寺所蔵近世文書』（『仏教文化研究』第二十二号所収、平祐史先生編）、この文書集では、所蔵文書五十九点を翻刻されている。また著書として主なものは、『美作誕生寺の歴史』（『武家社会の歴史像』所収、水野恭一郎先生著）、『誕生寺の草創』（『岡山県史』第四巻、中世一）、『誕生寺』（『津山市史』第二巻、中世）などがある。『武家社会の歴史像』のなかで一部、誕生寺の記録を使用さ

れているが、所蔵されている記録類全体としては未刊であった。その記録類を翻刻し刊行を企てたものが本書である。

本書の特色を述べると、概ね以下の三点になる。

(一) 元禄七年(一六九四)から九年にかけて住職の通誉学潔上人が、誕生寺の現存する史料について検証を加え、史料の保存や疑問点について諸説を展開したこと。また、元禄十五年(一七〇二)の鐘鋳にかかる記録である。通誉学潔は、元禄八年に本堂の再建をはじめとして寺領の拝領、桂昌院殿の位牌の安置、練供養の再興などの業績を残した住職である。記録から見ると、多岐にわたる寺の護持についての業績は「元禄の大甦生」といって差し支えない。

(二) 歴代のうち第二十一代随誉松仙から誕生寺は奉律により寺勢が保たれた。しかし、すべて律寺化したということではなく法然上人の根本史跡としての体面を守るということには変わりがなかった。

(三) 幕府の寺院統制の一つとして触頭制度が挙げられるが、津山門葉十二カ寺の触頭で津山泰安寺と二カ寺で、その任に当たった。これは奉律を敷いてからも代わることはなかった。触頭寺院の地方《ぢかた》での活動資料として良質の記録である。

このなかで、「奉律」により誕生寺が護持されたという点は注目されることと思う。ここでいう律とは浄土律を指すが、その浄土律とはなにか、最初に同一視されがちの捨世派などとの共通点や相違点についで少し説明をしておきたい。

『徳本行者全集』全六巻の編纂以来、捨世ということについて考えてきたが、今回の『誕生寺古記録

集成』（以下古記録集成）の編纂に当たり、浄土律とどのように違うのか、私の中で大きい課題となった。古記録集成のなか、とりわけ奉律以降においては「律教」という表現が多出する。これは特定の経典を根拠として、その趣旨を明確にしたものではなく、律行の概念として使用しているように思われる。近世末期の記録には、東大寺の戒壇院における受戒（弘化四年白雄の例ほか、四四七頁）も散見されるが、律教という表現は律僧としてのよりどころ、としての表現のように思う。一方、捨世教という表現は管見にない。捨世僧ということであり捨世寺である。結論付けるにはまだまだ時間を要するが「僧」と「寺」という視点である。まず、寺内規約を比べてみる。誕生寺奉律初祖の松仙和上（以下、和上、上人等の称呼を省くがご理解いただきたい。）は、誕生寺に律制を敷くために、師跡の庭田円満寺から「尼衆規約」（本書二二五頁）を持ち込んだ。それによると普通の寺内法度で五カ条からなり、寛政四年（一七九二）十月の成立になる法度である。男子禁制、不如法僧との交流禁止、僧尼同道、在家止宿などの禁止で、至極当然な如法なる修行生活を奨励する内容である。部分的であるが、きわめて具体的な条項としては、

火燵ヲ囲ミ、或は髪を剃、灸をすへ、浴室を同して垢かき、或は看病按摩、或ハ戯談戯笑等之事堅く停止すべし、

とある。これもいわば一般的な禁止事項といえる。また、財色食の区別のないものが俗人であり、僧尼はその区別が厳格でなくてはならない、ともいう。円満寺には常時尼衆が百人近くいたというから、如法な寺院修行・生活を定めた規制が必要であったことは当然のことであろう。この中に律としての特殊

性が見当るだろうか。

一方、捨世寺の岡崎市荒井山九品院の規約の中で代表的なものは、七カ條法度で庫裏の中央に大衆に告知するように掲げられている。それによると、

規定

一、恭敬三宝敬上慈下同入和合之事、

一、方丈御規約之條数急度相守可申事、

一、昼夜五時勤行無懈怠精修可有之事、

附、随従之輩、日課三万称以上可相勤候、勿論先師徳本行者御遺誡勇猛可為勤修之事、

一、法王殿（本堂）勿論諸堂境内等之表裏掃除尋常不可油断之事、

附、常恒知院内席床浄触、仮令結界之内といへ共禁脱衣、

一、常懐慙愧報国師父母之四恩可為慈悲、柔和善順之事、

附、不得譏佞仳人説其過悪之事、

一、諸山住侶於有横入随従者勿論、仮令雖為老年不構法臘、及拝綸席初登山後三年衆中可為末座之事、

附、随従之間、其四威儀三業及其器量如不□称名策励見届転□可有之事、

一、於院内知音之僧俗者勿論父母たり共、止宿者堅可相断、若無拠致止宿候ハ旅籠屋江可致案内之事、

附、若房中有病僧者、無嫌有其臭穢常経営薬湯飯食之知好者、数除糞穢可念仏加祐使病為去之事、

（下略）

とある。この条文は一般寺院の寺内清規と大きく変わりなく、一日三万遍以上の念仏、初登山から三年は末座にいること等が具体的なところである。また浄土律の碧南市中山貞照院史料には、僧尼の法度が多く含まれるが、これも浄土律の法度という特色はなく一般的な寺内法度であるように思う。律寺に話を戻すが、庭田円満寺所蔵の『持戒念仏至要録』の「浄宗律儀問答」の冒頭に、

問、何ガ故ゾ浄土律儀トイフヤ、
答、浄土ヲ本宗トシ律儀ヲ兼学ス故ニ浄土律儀トイフ、
問、兼学ノ律ハ大小ノ中ニハ何ゾヤ、
答、大小兼用ナリ、
（下略）

とある。この本は、安永五年（一七七六）大坂龍興寺の出版本であり、まさしく可円の因縁の寺であることから可円流派の律に関する浄土律の根幹といってよい。つまり浄土宗宗侶として律も兼ねるということである。

では、浄土宗の総録所増上寺としてはどう見ていたか、『増上寺日鑑』第一巻（宇高良哲先生編）の安永四年三月廿日の条を見ると、

牧野越中守様ヨリ御呼状ニ付、順東参上之処、谷蔵之進を以御尋有之候趣、相州塔峰阿弥陀寺世代前来律僧致住職来候哉、当代初て律僧致住職来候哉之旨、相糾書付差出、左之通、

覚

相州塔峰阿弥陀寺世代之内、古来ヨリ律僧住職仕来候哉之旨、御尋御座候、

此段相糾候処、元禄年中捨世寺に相定候、以来先住悦運ハ沙弥ニテ住職、当住欖光ハ大僧にて住職、右之外律僧住職仕候儀、無御座候旨、阿弥陀寺申出候、

右依御尋申上候、以上、

三月　　　　　　　増上寺役者

右律院庵寺等之訳、一通相知候処、御書付被下候様被相願候ニ付、手控ニいたし差出ス、左之通、

凡仏教に経と律と論との三ツ御座候、此中ニおゐて正しく経論之二ツを旨として、兼テ律文を修学するもの是を教旨ト申候、則今の官寺ニテ御座候、将又専律文を宗として、傍ら経論を学するものを律僧と申候、此律僧の中に二類御座候、二百五十戒を護持いたし候者を大僧ト申、十戒を致護持候僧を沙弥と申候、

とある。塔澤阿弥陀寺は、捨世同心の修行により弾誓（一五五一～一六一三）が、小田原城主大久保忠隣の外護を受けて草創した寺（『弾誓上人絵詞伝』）。増上寺の第三十四世雲臥が捨世寺とした寺である。この寺の問い合わせがあり、増上寺の役者は手控として官寺僧と律僧の区別を記している。浄土律においては律が中心で経論は傍らに置く修行、という解釈をしている。前掲の『持戒念仏至要録』にあったように「念仏が先にある」、ついで、この浄土律がある、主張に違いがあるように見られるが、そうではない。双方が浄土律の説明になっていると思う。称名念仏ということからすれば、捨世も浄土律も専修ということで一つである。石橋誡道師も自ら律僧であって、以上述べたことと同じように結論づけておられる（『臨照院誌』）。一方、大島泰信師は、捨世は隠遁専念主義であるが、宗祖の遺風を固

守することで、一定の規律があるわけではない。祖風の復興に意義があった。律は仏制の興隆とすべき（『浄土宗史』『浄全』所収）。と述べている。

有栖川家の外護により照臨院（京都市聖護院西町）が、近衛家の外護で西光院（京都市北野、現城陽市）が律寺として草創する。公家や権門の外護による草創の特色もある。荒井山九品院（岡崎市）は、大樹寺（同）の住職が寺領のなかに捨世地として定め徳住を迎え捨世寺とした。こうした草創の原因に、律寺と捨世寺とは異なる場合もあったともいえよう。しかし、誕生寺の浄土律化は総本山知恩院の意向によったのである。この律と捨世といふ深遠なる問題は、愚生の課題でもあり、さらに史料を凌駕したい。

二、浄土律、可円・松仙の系譜

浄土律を考える場合、美濃の庭田円満寺（海津市南濃町）を再興し、その奉律初祖となった可円の業績を忘れてはならない。誕生寺奉律初祖松仙は、可円の門弟である。この二人の法系が浄土律系譜の中心であるといってよい。

浄土律系譜の研究史においても庭田円満寺の石川良舟師と弟子良宣師が浄土律系譜を系統立てて作成されたのが最初であるといってよい。それが『律法相伝係統』である。公刊されていないが深い研究の跡が偲ばれる。現在の住職は石川一仁師。その業績を基として石橋誡道師（一八七八～一九六五、清浄華院第七十六世）が研究成果により増補したのが、『浄土宗鎮西派律法相伝略譜』（『照臨院誌』所収）

である。また、それらの業績を整理したのが大橋俊雄先生の『江戸時代における浄土律とその展開』(『藤原弘道先生古稀記念史学仏教学論集』乾所収)である。この大橋師作成の系譜が一番新しい公刊された業績ということができよう。

石川師の『律法相伝係統』においては、

○菩薩戒通受三国傳通次第
○傳律祖裔次第
○南都唐招提寺律法再興
○南京西大寺通別二受律法相伝
○浄土宗鎮西派自誓通受律法相伝

などの構成になっていて、南都仏教の律法系譜を述べた後、浄土律への流れを書いておられる。石橋師は三河中山貞照院(碧南市霞浦町)において浄土律の修行をした僧。同寺では大島徹水師(一八七一〜一九四五、増上寺第八十一世法主、京都家政高等女学校校長)と同門で七歳違いである。このふたりを最後の律僧と宗内でいう場合がある。『青風払明月』という本があるが、これは石橋師の米寿を期して編纂されていた本である。ところが、その本ができる前に師が亡くなってしまった。その経過から「米寿・遺稿・追慕」とされた稀有な本であり人柄は十分に表されている。大橋師がその本の年譜を担当されているが、金沢文庫において一緒に史料調査をされた縁からであろう。

ここでは石橋系譜(『照臨院誌』所収、東海学園大学斎藤蒙光先生蔵)を抄録として紹介する。

浄土宗鎮西派律法相傳略譜

近江安養寺第一世戒山慧堅

近江安養寺第二世湛堂慧淑（真言律宗）

靈潭性澂 肥前伊萬里産、西岡氏、湛堂和上ヲ證明師トシテ受具、寶永六年奥州相馬郡興仁寺ニ住ス、享保五年洛東聖臨菴ヲ開ク、又洛西福壽寺ノ中興トナル、享保十九年十一月三日、聖臨庵ニ寂ス

- 湛慧信倍 洛西長時院中興奉律祖享保十年靈潭玄門二師ノ證明ニテ受具、延享四年二月十九日長時院ニ寂ス七十二歳
- 默龍性潜 霊潭ニ従ヒ受具ス備後ノ尾道ニ安養軒ヲ開ク、延享四年三月寂ス
  - 義雲 霊潭ニ従ヒ受具ス尾道ノ安養軒第二世
    - 慧梁 安養軒第三世
  - 忍照智寂 備後ノ産默龍ニ従ツテ受具、湖東浄土寺ヲ律院トナス
    - 慧燈 安養軒ニ往ツテ受具シ其主トナル
- 德巖智高 越中ノ人、霊潭ヲ證明師トシテ自誓受具、聖臨菴第二世、三河貞照院第七世、岡崎市昌光寺奉律ノ祖、明和八年八月十日昌光寺ニ寂ス、年七十七歳
  - （以下の系譜略す。）
- 義燈慧燃 華浪ノ人靈潭ヲ證明師トシテ自誓受具三河深見ノ崇福寺ニ住ス關通ノ請ニ依ツテ尾張一色圓成寺ノ奉律第二世トナル延享二年六月十七日圓成寺ニ寂ス五十二歳
  - △（次頁に續く）
- 珠關性通 聖臨菴第五世
- 體眞元如尼 肥前松浦ノ人靈潭ニ従ツテ受具ス
  - 慈忍義甲尼 深草ノ培忍和上ノ下ニ進具ス
  - 元明一如尼
- 普俊元慧尼

△

- **徳門道光** 伊勢國桑名眞宗源流寺ノ息、元文三年聖臨庵ニ止リ、又近江浄土寺ニ住ス、長時院湛慧歿後肖像ノ前ニテ法隆寺ノ法澤深覺ニ和上ノ下ニ自誓受具、長時院ノ第二世トナリ、延享五年京都成等菴ヲ開キ、寶暦十二年江戸目黒長泉院第三世トナル、天明元年十月十四日長泉院ニ寂ス、七十五歳
  - **戒如僧尾** 成等菴第四世江戸慧照院第七世、寛政五年正月朔日寂
    - **道性慧愷** 慧照院第八世、享和三年五月十二日寂
    - **慧梁大椿** 慧愷ノ俗弟慧照院第九世、文化三年九月二十日寂
    - **性璞旭釧** 僧尾和上ノ末弟、歿後受具慧照院、第十世文化十一年十二月十八日寂
      - **耀阿拳明** 第十一世
        - **普門圓通** 第十二世
          - **華藏賢道** 第十三世
  - **大心僧敦** 初メ長泉院ニ居リ後長時院ノ第三世トナル、文化二年八月三日寂
    - **白辨大愚** 靈門ノ證明ニテ進具長時院第四世文化十年九月七日寂
      - **的肇** 長時院第五世
        - **慧戒** 長時院第六世此時長時院焼失、明治十七年五月五日寂
  - **僧光旭忍** 成等庵第五世、文化十年十一月十八日寂
    - **欣求浄因** 成等菴第六世弘化五年十二月十五日寂
      - **慧日** 成等菴第七世
        - **良善** 同第八世
- **可圓慧恭** 信濃國ノ人、義燈和上ニ従ツテ沙彌戒ヲ受ケ圓成寺奉律第三世トナル、湛慧ノ歿後影前ニ於テ自誓受具ス、美濃海津郡城山村庭田ノ圓滿寺、大阪北野兎我野町龍興寺、同深江法明寺、洛西北野西光院等ヲ再興シテ奉律ノ始祖トナル、宇治平等院、大和東福寺、同吉田寺等ハ和上及其法孫ノ感化ニ依ツテ律院トナル、安永九年六月二十九日寂
  - ×（次頁に續く）

（可円像、飯田市西教寺蔵）

×

- 海音慧梵 圓成寺第四世
- **松仙慧風** 圓滿寺第二世 美作誕生寺奉律ノ祖
  - 闡瑞慧極 圓滿寺第三世
    - 諦門慧戒 圓滿寺第四世
    - 寛冏慧隆 尾張海部郡八開村譽田住今跡ナシ
    - 玄達 深江法明寺住
    - 諦存
  - 梵岌慧暢 和州東福寺住
  - 通然慧闢 尾張丹羽郡犬山善光寺住
  - **正道慧剛** 美作誕生寺第二祖
- 大圓慧融 大阪龍興寺第二世
- 仰信慧巖 昌光寺第六世
- 大愍慧琢 圓成寺第五世
  - 大法慧水 圓成寺第六世
    - 大僊慧戒 圓滿寺第五世 圓成寺第七世
      - 法順慧隨 宇治平等院住
      - 大空 圓成寺第八世
        - 僧倫 尾張一ノ宮阿彌陀寺住
        - 實然 信州飯田明榮寺住
        - 法順 尾張佐屋阿彌陀寺住
    - 榮城慧法 圓成寺住
- 一道慧實 西光院第二世
  - 性戒 宇治平等院住
    - 念戒
    - 孝戒
  - 諦道慧聽 西光院第三世
    - 靜智慧諦 西光院第四世
      - 仙隆慧賢 西光院第五世
    - 諦淳慧戒 性戒和上ノ證明ニテ進具宇治平等院末寺淨土ニ住ス
- 慈賢慧愍 大阪法明寺住
  - 圓戒慧頓 圓滿寺第六世
    - 靈淳慧戒 法順和上ノ證明ニテ進具、近江淨土寺住
    - 德門慧入 圓滿寺第七世
      - 隆勤慧信 圓滿寺第八世
        - 是戒慧應 圓滿寺第九世 美濃志津村善教寺住七十八歳寂
          - 泰然慧動 圓滿寺第十世
            - 淨岸 圓滿寺第十一世
              - 良舟慧海 圓滿寺第十二世

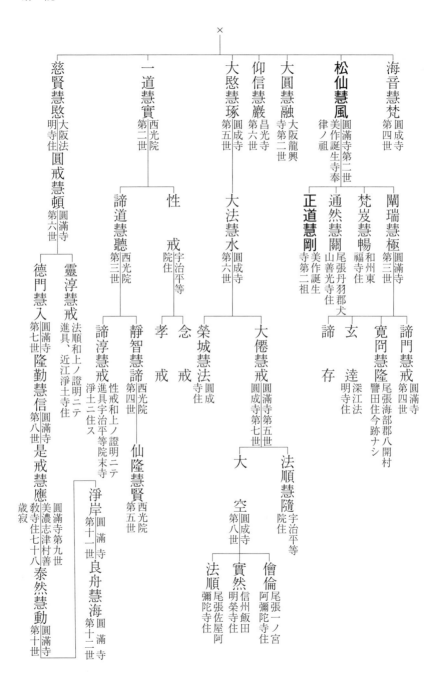

可円の流れを大別すると、

・美濃庭田円満寺（海津郡南陽町）系
・三河岡崎昌光律寺（岡崎市伊賀町）系
・三河中山貞照院（碧南市霞浦町）系
・尾張中一色円成寺（津島市中一色町）系
・京都北野西光院（北野から移転、城陽市寺田大川原）系

あくまでも概略であるが、主な流派とみていただきたい。しかし強固なものではなく融合離反しながら浄土律は続いたのである。この分類からすると、誕生寺の律譜は庭田円満寺系となる。明治期まで飛躍するが、貞照院からは大島徹水師・石橋誡道師が輩出されている。大島師は増上寺第八十一世法主、京都家政高等女学校長（三十五年）。石橋師は仏教専門学校教授。清浄華院第七十六世法主。円成寺からは山下現有師、師は知恩院第七十九代門主。また、浄土宗学校愛知支校（現、東海学園）の初代校長の武田芳淳師は、円成寺の影響を受けた律僧。胆力の僧。トイレの内側からのサンで開かないようにするが、これが師の発明であると東海学園に伝わっている。第二代の桑門秀我師も律僧である。同学園の初期は律僧によるところが大きかった。このほかに枚挙に遑のないほど律僧の活躍があった。教育面での功績は極めて大きい。

三、誕生寺古記録集成概説

（二）『見聞雑書記』『見聞雑記』『栃社山誕生寺略記』『明見変治』と通誉学潔

通誉学潔は、津山藩主森家の家臣本城氏の出自、慶安元年（一六四六）の生まれで、津山涅槃寺（その後に泰安寺となる。）に入り増上寺において修行した。元禄四年（一六九一）四十四歳にして誕生寺の住職になり、元禄の本堂再建をはじめ、寺領の取得、桂昌院殿位牌の安置、練供養の復活などを行った。歴代の中でも残された業績はしっかりとしたものばかりである。そうした中にあって、誕生寺の歴史と歴史史料の確認と保存をしなければならないという責任感が一連の記録になったように思う。歴代上人の確定も通誉に依るところが大きい。ついで各記録の概要の説明をする。

『見聞雑書記』（本書三頁）においては、冒頭の記載で元禄七年（一六九四）の記述であることがわかる。元禄六年（一六九三）に法然上人の尊像を、両国回向院において開帳をした。いわゆる出開帳である。この出開帳において報謝金の収入があり、その金員で大阪において材木を購入し、翌年五月に本堂改築の材木を受け取り工事にかかった。報謝金の額は書かれていないが、後述するが、宝暦十年（一七六〇）の出開帳においては、収支計算後、一六〇〇両の残金の記載があり、一度の出開帳において相当の収益があり、誕生寺の堂舎再建の資金源に成っていたことがわかる。元禄期の再建も同様であったものであろう。元禄七年七月二十八日に棟上をした工事の棟梁は領主森家の大工保田長兵衛であった。宮殿は津山の太布屋六郎左衛門が寄進している。工事における奇瑞なども記されている。

ついで「本山記録」、「本山格式」に移り、正親町天皇の毀破綸旨《きはりんじ》、知恩院と本山三カ寺の綸旨の発給に及ぶ。三カ寺は小本寺であり結局、知恩院が総本山として格式を持っていく経過である。宗侶として

承知していなくてはならないこととして、通誉が記録したものであろう。また、寛文十年（一六七〇）の知恩院知鑑の文書においては、熊本の心光寺の五智如来を巡った異安心の問題と大本山善導寺の拘わり、さらには元和の浄土宗諸法度に及んでいる。

『見聞雑記』（本書二七頁）においては、法然上人の伝歴と誕生寺伝来の諸史料の検討である。まず。法然上人の伝暦を通誉がどのように承知していたか、である。いわば誕生寺の寺誌としての法然上人の年表で、このことについては、次の『誕生寺略記』に、構文をたて史料紹介がされているので、『見聞雑記』の十一項目については次の『誕生寺略記』において紹介する。十一項目は、簡素な年表であるが、異説を紹介していることや記録に『旧記』を見て、という記載もあり通誉の記載態度は現代の歴史学における史料操作法に通ずるものがある。以下に寺誌として項目順に要約する。

通譽が四十二歳とする秦氏の没年については、本記録には三十九歳（本書四七二頁）とする箇所もある。また法然上人の真影は、上人自身の作であること。ついで里方の薬師堂にあった永享五年（一四三三）二月の刊記により大般若経所蔵の経過をはっきりさせている。弘治二年（一五五六）津山城主原田貞佐から寺領百石が寄進されたこと、永禄十二年（一五六九）の棟札により御影堂が同年に棟上がなされたこと。その八年後の天正四年（一五七六）、御影堂の建立棟札も紹介している。天正四年の建立には大工五百人の人工が寄附されたことなど。また同年四月七日の棟札には、御影堂の外陣三間の工事内容が書かれ、永禄十二年から天正四年にかけた一連の長期間にわたる作事と見るべきであろう。この天正の棟札の裏面に伝法の血脈が書かれていたようで、それにより天正期の誕生寺住職は知恩寺の法系で

あることがわかる。

『栃社山浄土院誕生寺略記』（本書三七頁）に移る。この記録こそ通誉が全力で編纂に当たった寺誌で一連の見聞類の記録から見ると充実した内容になっている。所謂「誕生寺誌」である。構文を立て、史料の吟味にまで及んでいて記載の客観性にこころを砕いている。記事的には、前述の『見聞雑書記』や『見聞雑記』と重複するところも有るがやむをえない。誕生寺の起立から始め、元禄十四年（一七〇一）が記録の下限であるので、表題のように誕生寺略記に相応しい内容である。法然上人の年譜なども『見聞雑記』の記載と重複するが、通誉の意図を尊重した。「当寺起立之由来」として起筆され構文も五十項目に及ぶ。長承二年（一一三三）四月七日午の刻に法然上人が誕生し、多くの奇瑞があったが、時国は幡降の椋木の許に寺を建て、本尊を安置し誕生寺といったということだ、から始まる。以下文の内容。上人異説や参考資料は記録当該箇所を参照されたい。

○開山移住　上人の誕生と同年、同時に門前の浄土院を現在の地に移し、誕生寺を開山した。

○時国逝去　保延七年（一一四一）三月十五日に明石源内定明の夜討ちに遭い、その日に没した。時国は四十三歳。浄土院は元天台宗で慈覚大師有縁の霊地であった。下って天正六年（一五七八）宇喜多直家の兵火により寺は隠滅した。本尊は阿弥陀如来であった。

○上人菩提寺へ　九歳にして父時国と別れ、百カ日の追善の後、遺言により菩提寺観覚得業の室に入る。智鏡房観覚のもとで二典について修学した。

○上人十三歳叡峯に登る　久安元年春（一一四五）、智鏡房の計らいにより叡山の西塔北谷持宝房源光

の室に入り、三年の修学をした。十一月に剃髪し円明房善弘と言ったという説や、叡山入山十四歳説、十六歳受戒説なども紹介している。

○上人十五歳剃髪　久安三年（一一四七）に功徳院肥後阿闍梨皇円の弟子になり剃髪。

○秦氏没　久安三年十一月十二日。四十二歳（前出三十九歳説）、時国没から七年後に当る。

○上人三大部修学　上人十六歳の久安四年春から三年間、玄義・文句・止観三大部を諳ず。

○上人黒谷へ隠居　十八歳、久安六年九月十二日西塔黒谷に隠居。叡空の指南を受け円頓戒戒脈を相承し南嶽袈裟と妙楽の『十二門戒義』などを受取る。

○上人二十四歳　保元元年（一一五六）嵯峨清涼寺に七日参籠し凡夫入報土を祈る。ついで南都の蔵俊に法相を、醍醐の寛雅に三論を学んだ後、再び叡山に帰り報恩蔵において一切経論釈を閲す。

○上人浄土宗を興起　承安四年（一一七四）。

○上人の真影誕生寺に下す　上人四十三歳にして、一向念仏門を弘む。自作の真影を蓮生法師（熊谷真実）供奉し誕生寺に送る。蓮生熊谷三十日逗留す。釈迦堂を建て本尊を移し、本堂へ真影を安置す。

○上人遷化　建暦二年正月二十五日、知恩教院において八十歳入滅す。

○応永の五輪　通誉は山名持豊の五輪塔か、とも書くが、古跡改めの時、赤松則実の墓とした。

○永享の大般若経　刊記に大谷村薬師堂常住、永享五年（一四三三）二月九日とあり。天文十五年（一五四六）二月八日本山寺（天台宗）の松本坊が施入したもの。

○弘治の寄進状　弘治二年（一五五六）三月、原田貞佐が寺領百石を施入す。後筆で二百石とあるが、

二百の「二」は衍字であろう。
○永禄の建立　永禄十二年（一五六九）三月廿六日に御影堂の棟上があった。願主は原田貞佐、住職は第七世光天祐玉であった。
○元亀の中興　永禄の建立棟札の裏書に元亀元年（一五七〇）十一月二十五日とある。それは同建立の翌年であり、永禄十二年と同一の工事であろう。
○天正の造作　天正四年（一五七六）四月七日の棟札、本堂外陣三間の増設、大工は新左衛門、その棟札には大工五百人の人工の寄進が書かれている。また、棟札の裏に、円頓戒の血脈、すなわち源空上人から岌州上人に至る系譜が書かれている。岌州は誕生寺にあっては第八代の歴代であり、京都知恩寺から岌州魯耕が円頓戒の血脈を持ち込んだものであろう。つまり天正期においては知恩寺の法系が住職になったことがわかる。このことは天正三年十月二十五日付けの宣旨を通誉が記載していることなどから明らかなことである。そこには傳奏の日野輝資が知恩寺に宛てた宣旨が書かれてある。それは知恩寺の岌州、岌善が奥州に行ったとき、日蓮宗との法論があり、その処理についての宣旨である。知恩寺の血脈については、岌州の後住、誕生寺岌然から受戒の受者に授ける伝書作成の紙型であったものか。
○日下不傳の狼藉　天正六年（一五七八）五月二十六日に日蓮宗の日下開山の不傳が誕生寺にきて御影堂須弥壇の法然上人真影に言い掛かりをつけた。浄土宗の寺であれば本尊は阿弥陀如来であるべし。真影を寺庭に投げ捨てた。領主原田貞佐は裸馬に乗り急行し不傳の行動を制した、と通誉は書く。し

かし誕生寺に資した以八（一五三二～一六一四）の傳暦『光明院開基以八上人行状記』には不傳ではなく、宇喜多直家の仕業としている。信頼の置かれている『作陽誌』なども宇喜多とする。結局、通誉が見た資料の問題であるが、寺としては不傳の仕業と伝えてきたものか。ここでは両説あり、としておく。

○備前生れの宗貞が誕生寺第十一代となる。第十代は祐賢であったが、天正年中のこととして祐賢の就任を記している。それも「祐賢を指のけて」と通誉は書く。祐賢は、天台宗の僧であった。誕生寺に入寺してからも天台宗の勤行をしていたようで、天台の本山寺などとの交流が活発であったことがわかる。通誉は歴代の考証も随所で行なっているが、元禄期に誕生寺の歴代が確認できたことは、この『略記』による成果としてもよい。宗貞は天正二十年十一月二十二日に没している。

○原田一族、法然上人真影の宮殿建立　天正十二年（一五八四）三月十五日、誕生寺の法然上人真影の宮殿（厨子）が原田一族十六人により作られている。寺領安堵から宮殿の作成に至る原田一族による外護と誕生寺に寄せる信仰には確かなものがあったことがわかる。原田貞佐（田原院殿は天正十四年十二月二十八日に没。）

○慶長九年（一六〇四）三月十一日付、森忠政の寺領安堵状　領主が目まぐるしく変わる津山であるが、森忠政が領主になった。三十石の寺領安堵、同年の十一月二日には五十石の安堵に改めている。

○大坂冬陣、森忠政陣に陣中見舞い　天台宗の本山寺と誕生寺と一緒。五人の一行はほら貝をもち山伏姿であった。

○鐘擣堂建立　元和三年（一六一七）源誉長源代。源誉は源誉存応が増上寺の住職になったことにより深誉に改めた。本記録にも江戸時代末まで散見するが、これを謙譲という。深誉長源は、元和八年六月二十七日付で香衣の綸旨を授かる。彼は、前述の宗貞が誕生寺に入寺のとき一緒に入った僧で、宗貞と同様に天台宗で、二十歳の天正十年の入寺であった。これも前述の以八の弟子弁西に薫陶を受けた浄僧である。知恩院の取持により綸旨を授けられた。女房奉書、知恩院添状も遺されている。これを誕生寺が強固な地盤を作り上げていく一つの過程とみたい。長源は慶安四年（一六五一）八月一日に没した。

○生光院殿没　寛永四年（一六二七）四月十四日没。領主森忠政の養母である。翌五年十月十四日に誕生寺に御霊屋が作られ、その棟札がある。下って元禄七年（一六九四）にその御霊屋の屋根の葺替えがあり、その棟札の紹介がされている。その御霊屋が完成してから慶安年間と延宝六年（一六七八）には屋根の葺替え、修理が行こなわれている。森家は赤穂藩に改易になるが、改易の後も誕生寺への供養料を欠かすことがなかった。

○津山藩森長成の寺領五十石安堵　元禄元年（一六八八）十一月一日付安堵状がある。森忠政が津山藩に入ったのは慶長八年（一六〇三）のことで、翌九年三月には寺領三十五石が寄進され、半年後に五十石に加増された。長成の安堵状は約八十年後ということになる。森氏については『津山市史』に、また誕生寺との関係は『郷土の法然上人と誕生寺今昔物語』に詳しい。文書の様式は折紙である。なお元禄十二年（一六九九）九月二十六日に寺社奉行永井直敬・井上正岑から五十石安堵の伝達を受け

ている。神尾氏が浄土三部経・心経などを施入したことが散見される。奥書を見ると、元勝、元珍、元清、広定等の名前が見られる。この神尾氏は、徳川家康の妻妾の一人、飯田氏阿茶局の末裔である。

○秦氏　『新撰姓氏録』の秦氏の項目を引用している。秦氏が諸郡に分置し、絹織物を貢いでいたことなど。この『新撰姓氏録』については、文化九年の浪華加賀屋発行版と校合しておいた。

○三の丸年礼　献上物に次いで、同日十三人の同席衆の名を記している。増上寺使僧役者見超、浅草誓願寺龍学、生実大巌寺祐天、浅草安養寺、誕生寺通誉、浅草正覚寺、誓願寺寺家花楽院などである。これらの寺院中、誕生寺も同列であったと見るべきであろう。

このほかに津山涅槃寺（後、泰安寺）の信阿が元禄十四年に没したが、通誉の門弟であったこと。津山藩の元禄期の仕置衆、誓習、宗旨奉行などの名前。また張子地蔵趣意書、誕生椋正観音のことなどが記されている。

『明見孌治』（本書七五五頁）に移る。前述の『誕生寺略記』と一部重複するところもあるが、誕生寺誌としての重要度は高い。

○永禄十二年三月二十六日に上人堂の棟上式が行われた。上人堂は現在の御影堂である。その奉加帳を冒頭に載せている。

本願　当寺住持比丘光天祐玉

願主　原田三河守貞佐

貞佐夫妻の施入が十貫文、嫡子尚佐が馬一匹、高野山集阿弥柱一本一貫文というように記されている。池上、延吉、菊丸、浦上、難波、友任などの名前が見られ、合計五十七人に及ぶ。これも一部にすぎない。このように誕生寺においては、原田一族の外護は見逃してはならないことである。また大工の人工も棟上までに二千五百人、岡引五百人、杣方八百人と工事の規模がわかる。ついで上人堂の永禄十二年、天正四年の工事などに及び、ついで原田家の系図・歴代や没年に及んでいる。

○元和三年（一六一七）三月の鐘撞堂棟札。
○万治二年（一六五九）三月二十日の加茂大妙神宮の造立。
○寛文五年（一六六五）七月講堂、宮殿再興。日蓮徒不傳の襲込。
○正徳六年（一七一六）五月の大門建立など。

（二）鐘鋳日鑑（本書九五頁）

これも通譽学璨による元禄鐘鋳造の記録である。元禄十五年（一七〇二）九月十八日から十月二十一日までの記事からなっている。新鐘は古鐘の約三倍の大きさ、百二十貫文の重量であった。勧募の体制、工事の体制と大まかに分かれていて、奉加帳を村々に廻し、その記帳については講元のほか誕生寺門弟や寺僧が当たった。地区別に担当の区割ができていたようで、工事には津山の金屋が当たり、鋳込みなどは境内で行われている。寄附物の中には古鏡などもあり、一緒に鋳込んでいる。この記録は、単に誕生寺の鐘撞堂を造ったことからも、元禄期にあって通誉の活躍、隣寺の関係、誕生寺を奉賛する津山一帯の人的構成が如実に示されている。

以上が通誉学璨の自筆記録で誕生寺の元禄十五年の鐘つき堂造営までの寺誌である。

(三)『宝暦十辰稔江戸開帳撮要記録』(本書一一二三頁)

江戸両国の回向院における出開帳の記録である。記述者は誕生寺第十九代源成で、真影が宝暦十年(一七六〇)二月十二日に誕生寺を出て、岡山への帰路に着くのが六月八日のこと。四カ月に及ぶ行程であった。法然上人真影の出開帳は、五回に及んでいる。その概略を示す。

① 元禄六年の記録のところで述べたように、江戸回向院での開帳で、元禄六年(一六九三)三月から六月まで。加えて京都東山長楽寺において一カ月。ここで、元禄の出開帳の行列図が所蔵されているので紹介しておく。御輿を中心として、前に誕生寺、後に会所の回向院、月光院、願行寺などが続

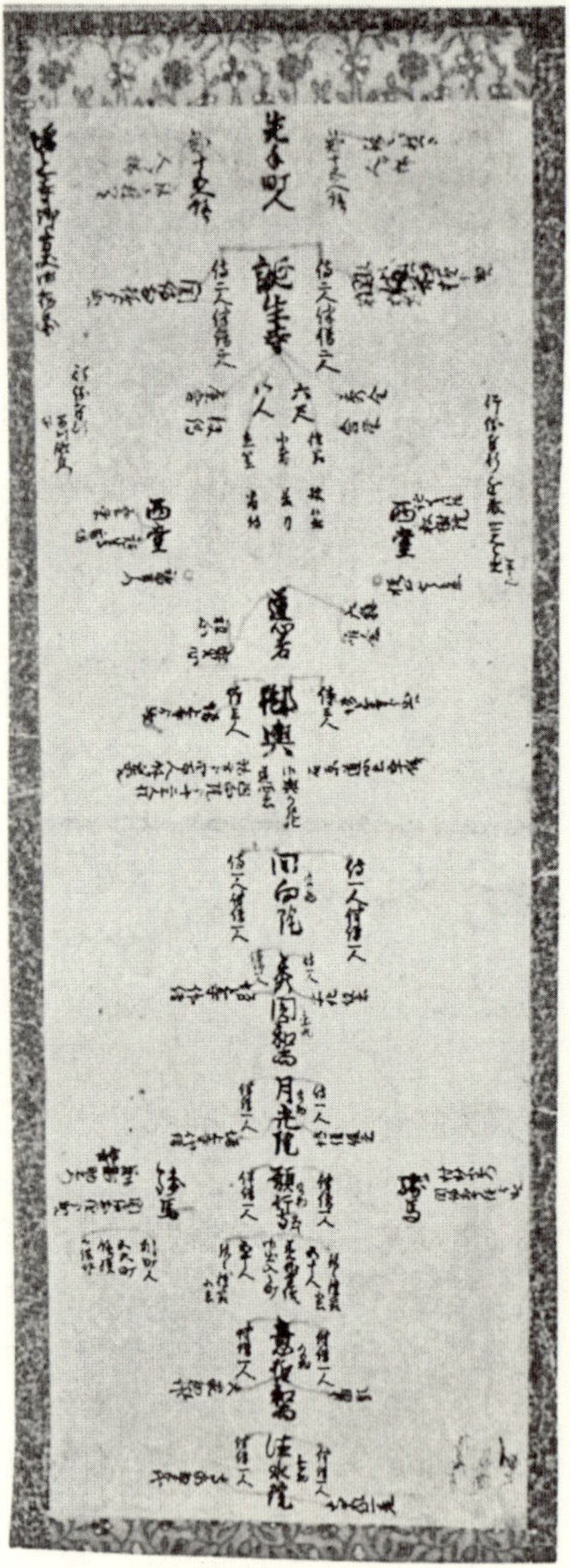

(開帳行列図、誕生寺蔵)

き、賑々しい様子を知ることができる。

②　江戸回向院において享保十七年（一七三二）二月十五日から五十五日間に及んだ。第十七代津海が住職の時である。この時の収益が一番多く、堂舎の整備をしても残額が四百両というから大成功の開帳といえる。この時の真影奉賛の行列も賑々しいものであった。収益金も知恩院の命により大坂四カ寺で預かった。

③　宝暦十年（後述）

④　安永六年（一七七七）三月に大坂における開帳。

⑤　各地の場所と期間を定めて開帳するというのではなく、山陽山陰地域の備中、備後、安芸、出雲、伯耆の巡回教化活動として真影の開帳である。勧誡と開帳が抱き合わせになっていたのである。このことについても後述する（三二七頁『栃社記』）。

このほかにも、⑤の山陽山陰教化のように、勧誡と開帳併せた教化活動は、記録には何回か記録されているが、それぞれの記録のところで述べる。

③の宝暦十年（一七六〇）の開帳に話を戻す。記録の趣旨は、源成が後々の住職が出開帳をするための手引きとして要用を記す、とある。東海道各地での真影鳳輦の宿坊についても適不適を書き、浜松や名古屋・岡崎の土地柄にまで筆が及んでいる。宝暦の開帳の手本は、享保十七年（一七三二）の回向院での開帳にあった。会所の回向院は当然のことながら、奉行所や主要寺院、増上寺などの根回しは無論のことであるが、二十七年の時間差があり、思う様にことが進まない場合もあった。物入りも多く繁昌

望めず、と嘆く。自らの不徳、とも書く。源成は半年も早く江戸入りして宿舎を借りて準備に当たった。愚痴っぽい彼の筆は各書に散見する。結局、この開帳は一六〇両の収益になり、寺の借金返済に当てられたようだ。この開帳は不運なことに、宝暦十年二月五日の神田・深川の大火災に遭遇したのである。誕生寺を出発して直ぐにその情報を得たが開帳を強行したのである。彼の開帳に当たってのポリシーは、どんなことがあっても真影の開扉さえすれば成就する。当然のことながら開帳は開扉である。開扉によって参詣者を増やす、というのが源成の信念であったように思う。後住が江戸において出開帳しようとした場合に参考となるように、源成が詳細に土地柄や寺院の対応などを書いたものである。東海道筋、江戸の出開帳の又と無い参考書である。また、この記録に回向院のコメントとして、大開帳の三ヶ所が挙げられているので紹介しておく。

一、信州善光寺の如来
二、嵯峨二尊院の瑞像
三、作州誕生寺宗祖の御影

(四)『誕生寺松仙和上転住之砌入訳書記』(本書一四一頁)

松仙は可円の弟子である。美濃庭田円満寺(海津市南濃町)は、奉律第一代が可円、第二代が松仙で律僧として名声を博した人である。この記録は松仙の事歴を考えるについては極めて重要で、前半が信州教化で、ついで誕生寺入寺の経過を記している。

松仙は寛政三年(一七九一)七月二十九日に円満寺を発ち、信州善光寺の請待による教化に向かっ

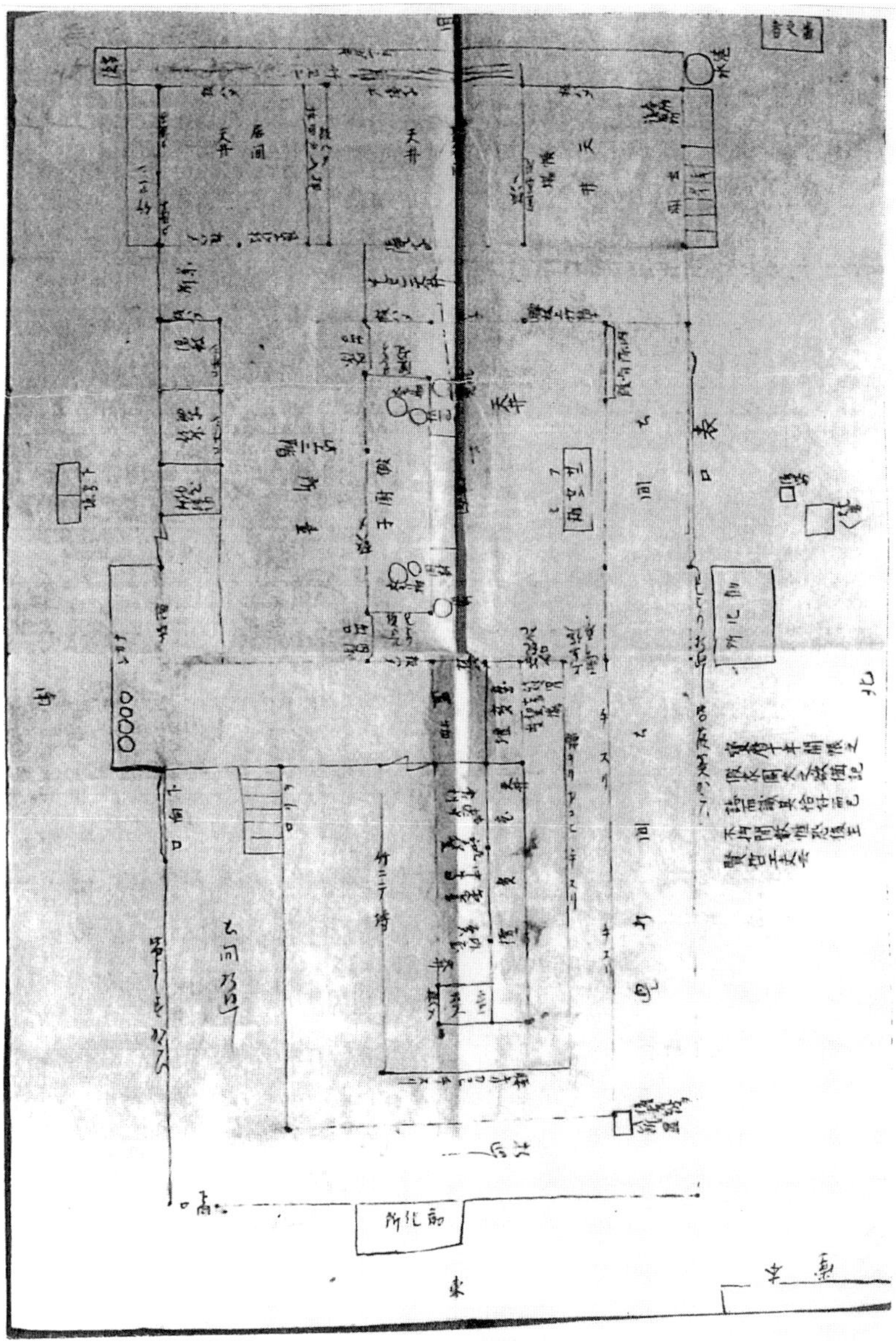

▽宝暦十年回向院開帳仮屋図

た。八月五日松本浄林寺（中央一）に着いた。授戒をして十一日から前行、十八日に正授戒、終わって長野寛慶寺（東之門町）に向かった。その後、信州・甲府を巡回した。飯田牛牧明永寺、同西教寺、上穂安楽寺、甲府天然寺、田中随蓮寺（東八代郡一宮町）、下神内河西称院、甲府天然寺・尊躰寺などの教化を終えて江戸深川霊巌寺に向かった。霊巌寺をはじめ品川法禅寺、増上寺、相州二之宮知足寺、駿府法伝寺・宝題寺を経て十月十四日庭田に戻った。一カ月半の教化日程であった。

翌寛政四年二月には大垣城主戸田氏成から律兼学神妙ということで、褒美として米五俵を貰っている。この年は可円の十三回忌で、京都北野西光院に一門が結集した。この記録が終わって、知恩院の話に移っている。六月十四日に松仙は知恩院大僧正から請待があった。斎の接待があり、美作誕生寺が無住だから入ってほしい、ということだった。八月十七日に松仙は登嶺して断った。しかし九月九日になると本山寮主祝然が請待状を持ち、知恩院の使者として円満寺を訪れた。この経緯が、松仙が誕生寺に入寺する因縁になったのである。十月九日、彼は円満寺を発って京都北野西光院へ。そして美作誕生寺に向かった。入院は知恩院の意向であった。しかし、津山門中はそれを受け入れなかった。回文の受取り拒否、主要門中寺院は畳に頭をつけて断った、と記録する。

表向きは手続きの問題とするが、それは律僧が入寺することに対する抵抗であった。入院式には全員出勤しない、というものだった。解決の糸口は、金襴の袈裟を入院式に被着するならばよい、つまり一般僧の衣鉢で式に臨むということで、律僧の松仙にしてみれば耐えられないできないことである。入院式にでたならば津山門中は世間から笑われよう、というもの。松仙一門だけの入院式になってしま

た。以上がこの記録の概要である。門中の抵抗は暫く続くのである。

（五）『誕生寺諸記録』其一（本書一四七頁）

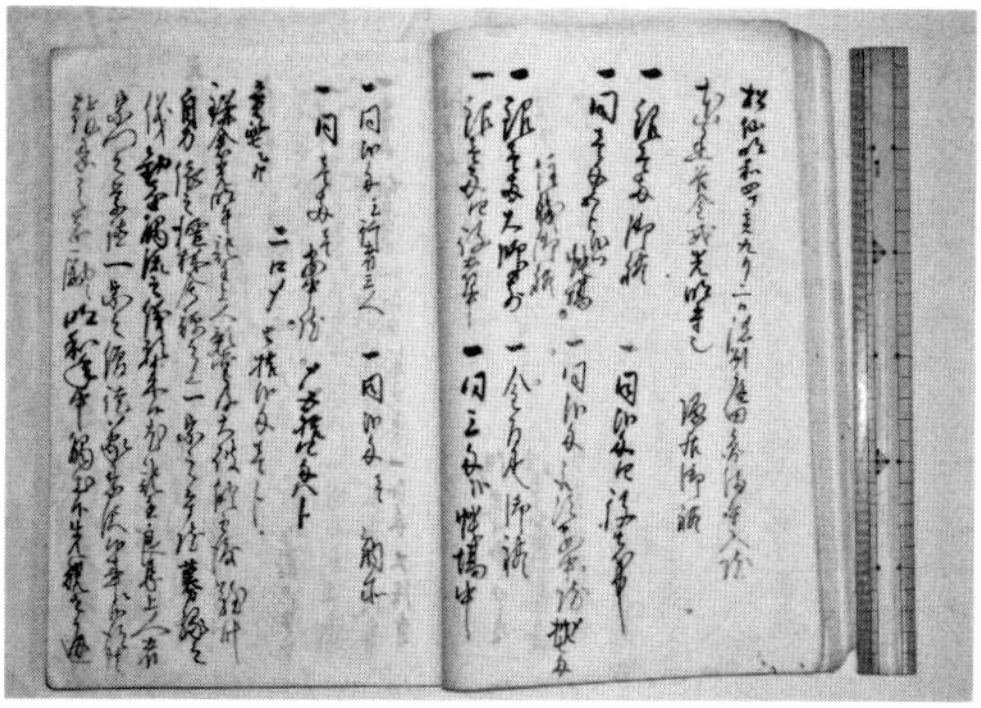

奉律初祖として入院した松仙の自筆記録である。表紙には寛政八年（一七九六）と書かれているが、記事内容は寛政八年以前から始まっている。この記録の特色としては、三点挙げられる。

一、誕生寺の奉律化と律寺改格法度

二、触頭としての機能

三、朱印地を巡った領主古河藩との確執

まず、知恩院の肝煎りで誕生寺に入寺した松仙の初仕事は、知恩院に対しての御礼式と住職継目の御礼であった。銀五両の報謝金を始めとして役者・山役八カ院への表礼、ついで内礼等が書かれている。記載の金額には内規があったのであろうが、「極大寺格」扱いであった。注意しなければならないのは、寛政四年（一七九二）十一月付の知恩院が誕生寺に宛てた「律寺改格法度」である。八カ条からなっていて、法然上人の旧跡は余寺に混じることなく、このたび松仙律師に住職を仰せ付けられた、から始まり檀方との和合、律僧が住職する事になっても誕生寺は触頭として役務があり、同じ触頭の津山泰安寺と相談し、本山用弁に支障を来たさないこと。律僧であっても寺門の作法はこれまで官僧が務めてきたように懈怠なく行うこと。山内末庵にいたるまで不如法にならないこと、な

どである。先住智源が不足の儀により隠居したが山内に居住させないように。祠堂金などしっかり守護し後住に渡すこと。借財などせず。住職が律僧であるということのほかは一般寺院の継目時の引継ぎと何ら変わりがない。官寺から律寺に変わっても、その当初は従来の作法による運営であった。しかし律僧が続くことにより寺内法度などの点で浄土律としての寺院形成がなされていったものであろう。最初は松仙の入院について津山門中は受け入れなかったが、徐々に認められていく経過はわかるが、律寺改格が容易でなかったこともわかる。松仙が門中の寺院に入院挨拶状を出すのであるが、知恩院大僧正定説の好身による因縁によることを理由にしている。

記録は宝暦四年（一七五四）に遡る。誕生寺と泰安寺の二カ寺が津山門中の触頭であった。この触頭制度は、幕府の教団統制政策の一つで寺社奉行の下達を宗派の主要寺院が受けて地方寺院に伝達するのが役目であった。この制度については宇高良哲先生の関係業績を参照されたいが、『近世浄土宗教団の足跡』が分かりやすい。誕生寺の析社記も半分以上は触頭としての記録であり、本山知恩院からの下達による津山門中への諸事に渡る徹底である。大僧正の入院にあたり門末の報謝金や祝金の徴収、その方法も寺格によるもの、在寺する僧侶の頭数により算出する方法があった。知恩院門跡運営上の報謝金なども同様であった。また津山門中の住職交代について知恩院登嶺の作法と報謝金、当該寺院への入寺方法、また都合により山号寺号院号をすべて変更した、などという場合の手続方法も記されている。また、触頭の職責であるが、大僧正の就任に際して、当該の住職が大僧正と同じ誉号や僧名であった場合、謙譲として変更することが慣例であったことなどもわかる。

松仙は晩年、眼病を患う。それは心労が原因であったと思われる。それは文化元年（一八〇四）六月二十五日付の土井家弓削陣屋からの書状に端を発した。誕生寺は五十石の朱印地であり、分郷ということだ。しかし、これからは朱印の書替えについては古河藩弓削役所を通すこと。宗旨人別帳も扱う。役所を地頭と心得て諸般の手続きをされたい、というのが概要であった。松仙は従来どおり、朱印地独領は土井家の支配を受けないことを主張する。これについて知恩院の応援を得る手続きを始め、役所との交渉の記録が続く。この件は古河藩の言うとおりに寺社奉行が判断したことにより、結局誕生寺の主張は通らなかった。誕生寺では、禁制の富くじが行われていると古河藩は、誕生寺の管理体制をその理由の一つにしているが、その有無については、この記録だけで明かすことはできない。この決着に対して松仙の落胆は大きかった。

松仙は文章に長けた教養の豊かな僧である。記録の語彙用語が大変豊富で、高度な用字もあり解読に当惑すること屢であった。それにより庭田円満寺での修学の深さを知ることができる。『律宗□□（虫損）口決集私記』の奥書に、

維持明和第七龍集庚寅林鐘□（虫損）七日、於美濃州庭田聚落円満寺奉律二世受菩薩戒□□（虫損）
松仙慧風　拝□□（虫損）

とある。これは大和法隆寺北室の本で、松仙が法隆寺で菩薩戒を受けたことが分かる。円満寺に所蔵されている書物類を見て松仙の学識は、しかるべしと思った。

（六）『栃社記』其二（二四一頁）

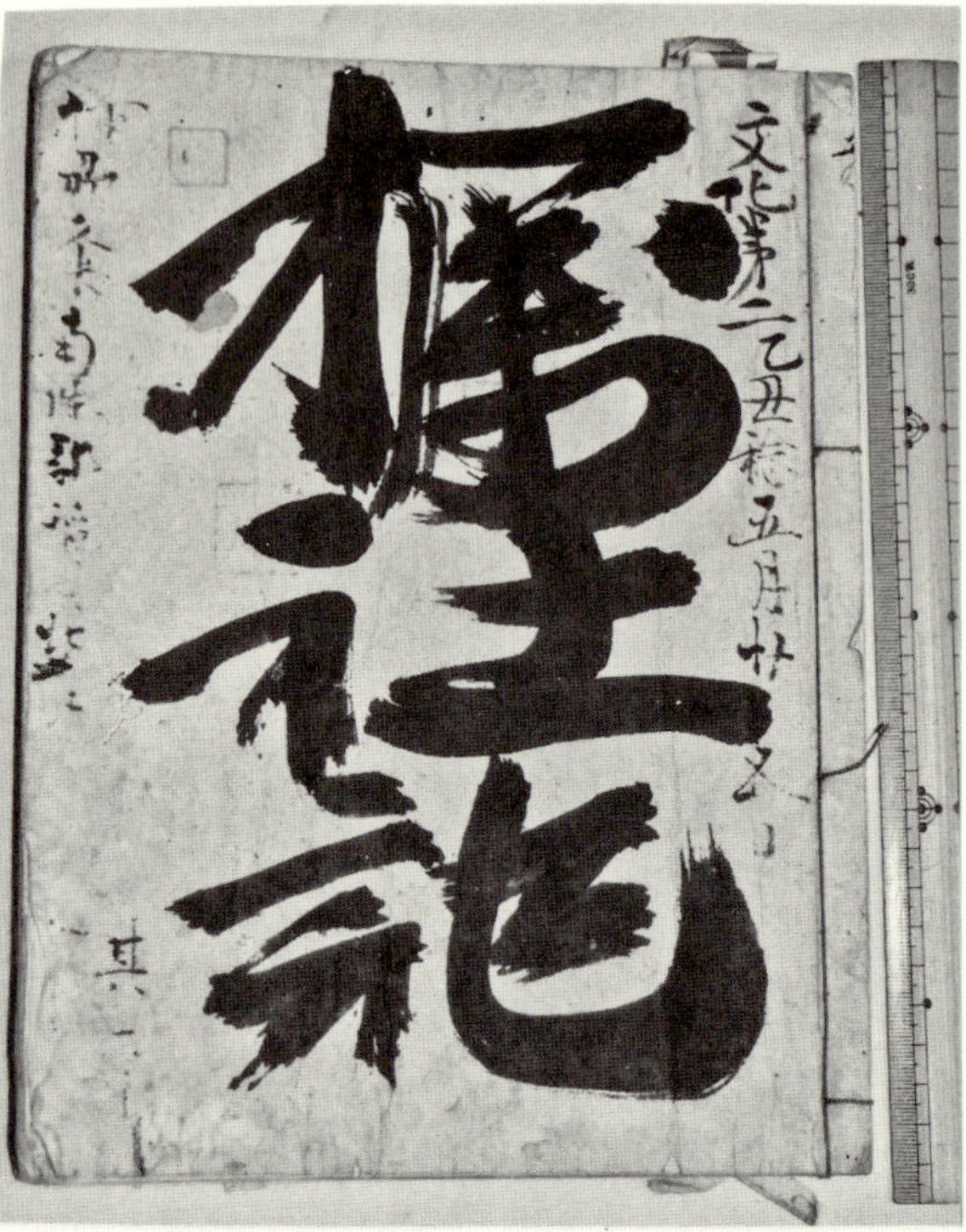

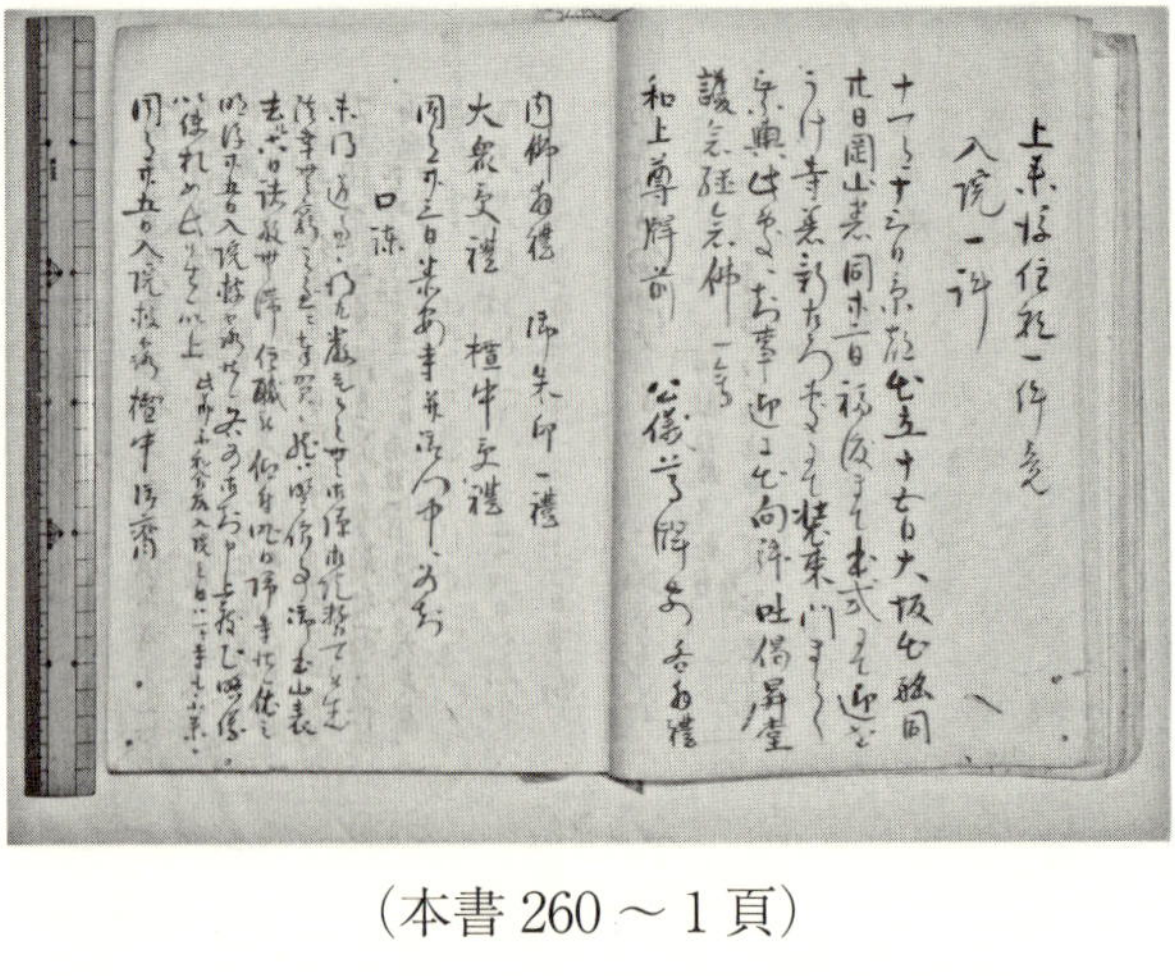

（本書 260 ～ 1 頁）

奉律第二代勝誉正道の自筆記録で、文化二年（一八〇五）五月二十五日（表紙）から文政三年（一八二〇）四月まで十五年間の記録である。正道は律僧であり、優れた教化者でもあった。正道については袖山榮眞先生の解説稿（六七八頁）を見ていただきたい。

この記録の特色としては、

①　先代松仙の葬儀と正道の入寺式、つまり律寺の葬儀・入寺式である。
②　飯田永昌院の律寺への改格について、誕生寺と本寺西教寺を含めた三カ寺の関係の出来方。
③　法然上人六百回遠忌、律寺として遠忌。

まず、松仙の葬儀である。松仙は文化二年（一八〇五）八月四日に没した。知恩院への遷化届には長病という表現をしている。密葬が七日、本葬は九月二十日で、導師は津山泰安寺であった。同じ触頭であり、この時は互焼香の関係にあった。法類として美濃庭田円満寺闡瑞、大坂深江法明寺旭仙、尾張中一色円成寺大法、京都北野西光院一道、石見大田大願寺の五カ寺が参勤した。これらの寺院は松仙の師可円の門弟であり、松仙にとっては兄弟僧で律僧であった。遺弟席には正道と闡瑞が座し、葬儀も法類による役配になっている。知恩院への回向料、御礼などが記されている。

正道入院式について、彼は十一月十三日に京都をたって大坂、岡山を経て二十二日に福渡についた。この間、船旅である。本式に迎えを受け、新左衛門宅にて装束改め、門まで乗輿、知事迎え、御影堂向拝にて吐偈、昇堂、護念経、念仏一会、和上位牌・公儀尊牌・内仏拝礼と続き、大衆・檀中受礼と続いた。しかし、松仙入寺時ほど厳しくはなかったが、門中の抵抗は相変わらずであった。

信州飯田の永昌寺は、可円が浄土律院に取り立てたいという希望があった。可円は飯田座光寺の生まれ、子孫宅は現在も隆々とされている。本寺は近くの西教寺（飯田市伝馬町）である。記録には永く宗門持律の僧による護持が認められ、本寺西教寺へは百両の報謝金、寺門の経営は「準律教」とする。後任住職については誕生寺法類から推挙、西教寺の指引きはならない等五カ条の規程が記されている。可

円の意向が強かったといえるが、末文において衣食住の慎み、三業四威儀の慎み、世の機嫌をそこなわないこと等、準律教の厳守を記している。ついで西教寺から永昌院に当てたと思われる四カ条の規約、ついで善光寺後町十念寺正道名で西教寺に当てた律院改格の報謝料百両の納付状が書かれている。

文化八年（一八一一）は法然上人六百回御遠忌の年で「弘覚大師」の諡号が下がった。津山門中からは五百十三匁の本山上納金を取次の良正院からいってきた。それを門中で割り振った記録である。八六・誕生寺、七〇・泰安寺、六〇・成道寺、六〇・安養寺、五〇・重願寺、四〇・成覚寺、五〇・大信寺、三〇・本覚寺、三〇・栄巌寺、四、三・延命寺、五・浄土院、一二・称念寺、一二・念仏寺などである〈単位匁略〉。これにより門中の寺勢がわかる。泰誉在心が知恩院に傳通院から昇任したのが文化六年のこと、翌七年が御忌の仕度と尊超法親王の得度、八年が御忌祥当と、門中の祝金など支出も大変であったことが想像される。

誕生寺の御忌は三月十九日から二十五日までということで弓削役所に届け出た。当日の法事式によると、

十九日　開闢
廿　日　歌舞迎接会　観音勢至二菩薩歓喜踊躍の舞、役者岡山から招く。至極良し。
廿一日　百八燈滅罪会
廿二日　百味飲食献供会　大坂満足講員等十日前から供養
廿三日　廿五菩薩練供養　加茂社まで練る。

廿四日　放生会
廿五日　総回向

と記されている。現在のお会式は、法然上人御両親追恩二十五菩薩天童迎接練供養式大法要といわれ、毎年四月第三日曜日に勤められているが、文化年間には御忌会に行われていたことがわかる。御忌会の集会僧は百十名余を数え、大坂講中（御戸張講・満足講・専修講）・岡山講中・倉敷講中・津山講中・弓削講中・久世講中・鳥取講中・檀方などの取持ち状況も記されている。廿日の歌舞迎接会の行列を見ると、賑々しいことが伝わってくる。

また、京都北野の西光院は近衛家が外護した寺であることなどが記録から分かる。このことは聖護院西町の照臨院の成立なども考え合わせると、重要なことである。泰安寺住職の葬式の記事もあり、互焼香の寺院の相互扶助が見られる。記録の「其二」では、奉律第二代正道の自筆の記録であるが、正道の自筆『日鑑』（五四三頁）の記事と比べてみると『栃社記』は誕生寺住職の公日記、いわば表日記ということが出来る。触頭の役割、法然上人の由緒寺院としての役割などを書き、勧誡などの記事はない。『日鑑』は彼の教化日記ということができる。

（七）『栃社記』其三（三二七頁）

正道は、文政三年（一八二〇）四月十一日に没した。葬儀は五月二日、導師は安養寺であった。記載の法類は、岡山本願寺・同大雲寺・倉敷誓願寺・平福正覚寺・三州放光寺の五カ寺、遺弟には門満寺霊浩・塔頭浄土院性漸、縁故寺院として鳥取正定寺玉山・大坂北野龍興寺察厳等の名が見える。先代松仙

の取巻きと異なることは、庭田円満寺の直接の法系ではないということである。後任住職には備中門満寺の霊浩が選ばれた。「寺日意味合あり」とあることから就任に際しては、松仙・正道の時と同様に問題があったのであろう。また律僧は行の独自性から僧階の綸旨がない。入寺書類を整えるには綸旨を得てから本山に申請することが常態となっていた。

文政十三年（一八二八）三月に華頂御殿の改修について門末から扶翼献金を集めることになり、使者が来寺した。記録の往復書簡写しを見ていると、御殿では誕生寺三十両の腹積もりをしていたが、誕生寺も客殿再建中と言うことで十両、それも分納とした。使者の落胆振りが書かれている。天保三年（一八三二）になって華頂門主は誕生寺に染筆額を寄附することになった。それが現在の御影堂向拝見上げにかかる「誕生律寺」の竪額である。

霊浩は多病を理由に天保三年七月に隠居願いを出し、翌四年五月七日没した。葬儀の導師は泰安寺であった。

（八）『栃社記』其四（三九五頁）

奉律第四祖察厳が、天保三年（一八三二）七月二十七日に没し、翌日密葬、本葬は九月四日であった。春以来の病気によるものだった。後継は、塔頭浄土院の戒定に決まった。彼は備中賀陽郡形部村の出自、弓削役所の届出も済み、知恩院からの住職申し渡しは、天保十三年九月二十八日であった。「戒律堅固如法専務寺檀和合」という歴代入院時の申し渡しと変わっていない。戒定入院の記事は極めて多い。同じように西幸村・里方村の了解が得られなく頼元村の三村和談にいたるために託籤による決定が

なされている。

天保十四年（一八四三）二月五日、拝綸以上の僧徒には領帽の被着が勅許によって許されている。同年七月、中本山達書が泰安寺から送付されてきた。触頭としての書簡である。寺社奉行達、本山触の書状である。内容は破戒不律の取り締まりなどで如法清修、被着、伝法など佛家倫理の徹底であり、天明・寛政・文政と申し渡された内容と一緒である。触頭・老分の監督徹底の指令である。七カ条の箇条書になっている。概要にして記す。

一、添状なくして香衣着用すべからず。
一、宗制の法服着用のこと。
一、分限相応の袈裟被着のこと。
一、制禁の諸服停止のこと。
一、入院、その登嶺等手軽にし、格録相当のこと。
一、不浄説法・附法停止のこと。
一、本山参拝不登嶺なきこと。

などで、不如法は女犯のみにあらず、とあり如法であること等の徹底である。触頭・組・法類の連帯責任も主張している。また別に寺社奉行仰渡書として宗風の綱紀粛正策励怠りなく如法誠実な僧侶の奨励も記されている。

一、住職交代、継目登嶺等礼式、従前どおり。

一、金銭による後住契約の禁止
一、朱印寺、先納年貢、隠居時持退くを禁ず。借財禁止。
一、住職中の借財、後住に引き受けさせることを禁止。当人・法類にて引き受ること。
などである。綱紀粛正、宗風の刷新など徹底が図られたのである。関係記録は続く。

戒定は、弘化元年(一八四四)六月十八日に没した。翌日密葬荼毘、巨海を後住に決めた。彼は備前形瀬村の出自。入院に当たって檀方三村不和にて、先代同様に籤にて印を決している。弘化三年(一八三六)六月誕生寺から増上寺に宛てた願書が注目される。誕生寺の本堂を修復したいので関東寺院、江戸府内寺院の協力を願うべく触達を出してほしいというものである。増上寺はそれを受けて府内寺院に触を出した。法然上人根本の旧跡、格別の霊場である。誕生寺役僧巡行勧化に応じられたし、という内容。本寺・触頭・組頭に当てられたのである。全国的な勧化であった。浄土宗を挙げての大勧募体制がしかれた。その集材も増上寺から津山藩経由泰安寺というルートであった。記録に寄附額一二五両、六〇両などが散見されるがより詳しい金員の集約には及んでいない。

工事の規模は、嘉永二年(一八四九)正月十三日の誕生寺から弓削役所への本堂修理願書によると、七間に八間、二重作りとあることから現在の御影堂(本堂)であろう。重層とあることから屋根の二重層をいうのである。この重層の特色は律寺に多く見られるところである。また、法然上人真影の宮殿も完成し三月八日に組み立てが完了している。

嘉永四年(一八五一)三月十九日に入仏供養が行われた。法然上人の両親七百回遠忌併修であった。

十九日　入仏供養音楽
廿　日　十種供養
廿一日　大師上人両親七百回遠忌練供養
廿二日　滅罪会
廿三日　例年の練供養
廿四日　放生会
廿五日　総回向日中に御廟参拝

という日程であった。ここでも会式とあわせ行われている。この記録では法要中の音楽次第も書かれていて久世重願寺の肝いりで岡山の楽人が呼ばれている。記録の中に、米の値段が上がり当惑している様子等も記されている。一石当たり一七〇匁とある。

(九)『栃社記』其五（四八七頁）

奉律第七祖聚誉定厳入寺以降の、嘉永四年（一八五一）五月から記録されている。赤穂の大運寺経由で知恩院に行き、役者護念院から誕生寺住職を申し渡され、ついで大坂講中・元祖講中に挨拶をしている。定厳になってからであるが、三河行福寺との交流が記録に散見されるが、同寺が律寺であったかは、本尊の様式、境内に大仏堂があることなどから律寺であったことも想像されるが、これから調べてみたい。住職披露の記載が、記録の中で一番詳しい。出入りの畳屋に扇子を配ったことまで記録している。十一月十六日の記録に、触頭でもある津山泰安寺の住職に誕生寺の弟子白雄が入寺していることが

記されている。この時は、領主松平斉民が江戸詰めにより、評決できず往復四十八日飛脚により決裁を仰いでいる。住職は生涯三人扶持とある。白雄は律名、泰安寺後住になって綸旨名国誉泰冏を名乗り律名を名乗ることはなかった。泰安寺は津山藩松平家の菩提所で格式もあり、一代限りのことながら院家、翠松樹院として遇された。

定厳が就任して明石の光明寺において受戒会を行っている。授者百人余とあり、正道のように法然上人の真影を開扉したという記載はない。文久元年（一八六一）は法然上人六百五十回遠忌で報謝金の津山門中の取り集めなど触頭の役割であった。この度は十年の年賦とある。知恩院では大塔・廟所彩色・桜馬場入口大門・茶所・集会所など修理建立などが御恩忌記念事業であった。嘉永七年（一八五四）八月は御朱印改の年、詳細な手続きを記録しているが、手続きに手間のかかること、と落胆の記述も見られる。

嘉永七年（一八五一）は誕生寺の運営面で重要記録があることに注意しなければならない。増上寺を始めとする関東寺院は、誕生寺の管理運営には好意的な態度を示し、「万代不朽永続」の誕生寺を主張している。増上寺前大僧正智典、前天徳寺澤榮、霊巌寺大宣などは各百両の寄附を申し出ている。堂舎の修理に対し誕生寺から何回となく寄付依頼がある。なんとか大額の金員を用意し、その利息の運用により誕生寺の修理などが出来ないものか、と考えられたことで、そのかわり二度と勧財帳面は廻さない約束、その経過が記録されている。結局、七百両という大金を増上寺は預かり、その利息運用により年八朱を誕生寺に渡すようにする、というものであった。こうした金の運用は、増上寺に膨大な大名の借

金証文が残されていることからも理解されることで、江戸末期の幕府経済の一端も理解されるのであるが、盤石な資金運用・運営ではなかった。

（十）正道『日鑑』（五四三頁）

記録は文化十一年（一八一四）十二月一日から同十四年十一月に至る三カ年にわたる正道の自筆日記である。『栃社記』其二のところで解説したように、『栃社記』は寺の公式記録、いわば表記録であり、この『日鑑』は教化記録ということができる。勧誡の方法は、法然上人の真影と同道していることである。その教化方法は、勧誡の後授戒会、正授戒会の形をとり、正授戒会には百人、二百人というかなりの受者集まった。それと平行して、本日開扉という記事があり、毎日ではないが真影を多くの授者が拝んでいたのである。これこそ真影を背景とする強力な誕生寺の布教教化方法であった。一つの例として周防の沖家室の教化をみてみる。文化十三年九月十九日に始まる教化関係の記事を拾い出すと、

九月十九日　初夜開講、昼万徳章、夜小消息
十月　四日　今日開扉（法然上人真影の宝殿厨子の扉をあけ参拝者が拝すること）
　　六日　今日閉扉、三日とも群参
　　七日　当日前行
　十三日　当日正授戒、受者四六八人
　十四日　十夜　通夜多し
　十五日　当日結願

正授戒の受者の多いことに圧倒されるが、ほかの教化では布薩戒の話なども散見する。開講と記して小消息が圧倒的に多い。六回に及ぶ教化を略表にしておく。

	期間	主な教化地（寺院・場所・授者等）	備考
一	今治教化 文化十二年三月廿八日～五月四日	○今治光明寺、四月廿一日、授戒二〇六人、二十一日間、	随伴五人
二	備後・周防教化 文化十二年八月六日から十二月十五日 （百二十六日間）	○上関西方寺、真影開扉再三、前行・結縁作法、九月五日正授戒七十六人、二十一日間、 ○嵯峨心光寺、九月二十一日正授戒七十五人、十五日間、 ○久賀阿弥陀寺、開扉、前行、十一月十七日正授戒、 ○日遠崎、開扉、十一月七日正授戒、二四六人、 ○大島西方、開扉、十一月二十六日正授戒三六八人、	鯨供養
三	備中倉敷教化 文化十三年一月二十六日～二月十九日	○備中倉敷誓願寺、授戒・前行、正授戒一〇八人、放生会、	
四	津山・因幡教化 二月二十六日～六月末日ならん、	○津山栄巌寺、前行、四月十六日正授戒一二五人、	施物等栄巌寺に寄附
五	周防教化 九月十八日～十二月十六日 （八十八日間）	○沖家室泊清寺、開扉・前行、十月十三日正授戒四六八人、 ○上関室沖西方寺、十月十八日日課六〇〇人、 ○今市正覚寺、授戒、開扉、十一月三日正授戒二三〇人、 ○徳山無量寺、開扉、十一月十三日正授戒二五〇人、 ○久賀阿弥陀寺、 ○油宇浄西寺、前行開扉、十二月八日正授戒七五人、	鰐地蔵

六	信州教化 三月二十八日～十一月四日（記録途中で終る。）	○大阪法善寺、四月二十五日正授戒新受一〇二人再授一二〇人、○飯田永昌院、授戒、前行、七月二十八日正授戒四四〇人、○長野後町十念寺、前行、九月八日正授戒二二〇人、○長野西方寺、布薩、開扉、前行、正授戒、	正道母の十三回忌、放生会

附、住職就退任一覧

世代 第世略	住職名	就任 年月	就任 年齢	退任遷化 年月	退任遷化 年齢	
一	熊谷蓮生	建久　四年（一一九三）				
二～六						
七	光天祐玉			元亀　元年（一五七〇）		
八	岌州魯耕	天正四年（一五七六）の頃短期間在職（推定）				
九	岌然旭子					
十	比丘祐賢					
十一	空山宗貞			天正二十年（一五九二）		
十二	深誉長源	天正二十年（一五九二）	三十	慶安　四年（一六五一）	八九	住職六十年　在寺七十年
十三	願誉寿笛	慶安　四年（一六五一）	三七	延宝　三年（一六七五）	六一	住職二十五年　隠居十五年　在寺六十九年 元禄二年（一六八九）寂七十五歳
十四	精誉寿徳	延宝　三年（一六七五）	三六	元禄　三年（一六九〇）	五一	住職十六年
○十五	通誉学璨	元禄　四年（一六九一）	四四	正徳　三年（一七一三）	六六	住職二十三年
十六	光誉万済			享保十三年（一七二八）		
十七	門誉津海			宝暦　四年（一七五四）		

	十八	徴誉信也			宝暦　五年（一七五五）		
	十九	徴誉源成	宝暦五～六年（推定）一七五五～一七五六		明和　六年（一七六九）		住職十四～十五年（推定）
	二　十	功誉智源			寛政　四年（一七九二）		隠居その後不詳
○	第二十一世 奉律初祖	随誉松仙	寛政　四年（一七九二）	五五	文化　二年（一八〇五）	六八	住職十四年
○	二十二 奉律二	勝誉正道	文化　二年（一八〇五）	四六	文政　三年（一八二〇）	六十	住職十六年
○	二十三 奉律三	現誉霊浩	文政　三年（一八二〇）	四九	天保　三年（一八三二）	六一	住職十三年　隠居十一箇月 天保四年五月寂六十二歳
○	二十四 奉律四	鏡誉察厳	天保　三年（一八三二）	五一	天保十三年（一八四二）	六一	住職十一年
	二十五 奉律五	進誉戒定	天保十三年（一八四二）	四八	天保十五年（一八四四）	五十	住職三年　住職就任前在寺
	二十六 奉律六	宝誉巨海	弘化　二年（一八四五）	五九	嘉永　四年（一八五一）	六五	住職七年　隠居十三年 元治元年（一八六四）寂七十八歳
○	二十七 奉律七	聚誉定厳	嘉永　四年（一八五一）	四三	安政　四年（一八五七）	四九	住職七年　隠居五箇月 住職就任前在寺
	二十八 奉律八	金誉玉潭	安政　四年（一八五七）	三四	安政　五年（一八五八）	三五	住職実期間五箇月
	二十九 奉律九	二十七世 再任	安政　五年（一八五八）	五十	明治　二年（一八六九）	六一	住職十二年
	三　十 奉律十	忍誉勧励	明治　二年（一八六九）		明治十二年（一八七九）	六一	住職十一年 住職就任前在寺約二十年（推定）
	三十一 奉律十一	植誉徳厳	明治十三年（一八八〇）	三六	大正　六年（一九一七）	七三	住職三十七年

三十二 奉律十二	梅誉徳定	大正　六年（一九一七）	四九	昭和十九年（一九四四）	七六	住職二十八年
三十三 奉律十三	純誉正徳	昭和十九年（一九四四）	二九	昭和四一年（一九六六）	五一	住職二十三年
三十四 奉律十四	証誉徳然	昭和四二年（一九六七）		（現住）		

上記○印、本記録所収の歴祖、この一覧表は、北山敏雄氏著『郷土の法然上人と誕生寺今昔物語』をもとにしました。

『拾遺・正道和上行業記』（解題に替えて）

袖山　榮眞

本書編集の楽屋話しから始めるならば、当初検討された課題の中に、第二十二世正道慧剛大和上の半生をテーマとする「稀覯書」の名に恥じぬ『正道大和上行業記』（誕生寺蔵、写真１）収録の当否が論じられたが、下巻未発見の「巻の上」のみであること、作者不詳の「伝記」であって「古記録」とはジャンルを異にすること、出生地、出自など重要事項の克明さと裏腹な、年月記録の杜撰さ等が批判されたが、筆者としては自身が住職する旧善光寺村十念寺への言及が過多であるとの不公平感（遠慮）から「否」に加担し、それが結論となった経過に鑑み、「解題」の紙幅を拝借して、後日何らかの型での上梓が期待される『行業記』を補填する「落穂拾い」を以って、和上及び誕生寺歴代諸和上への鑽仰としたい。

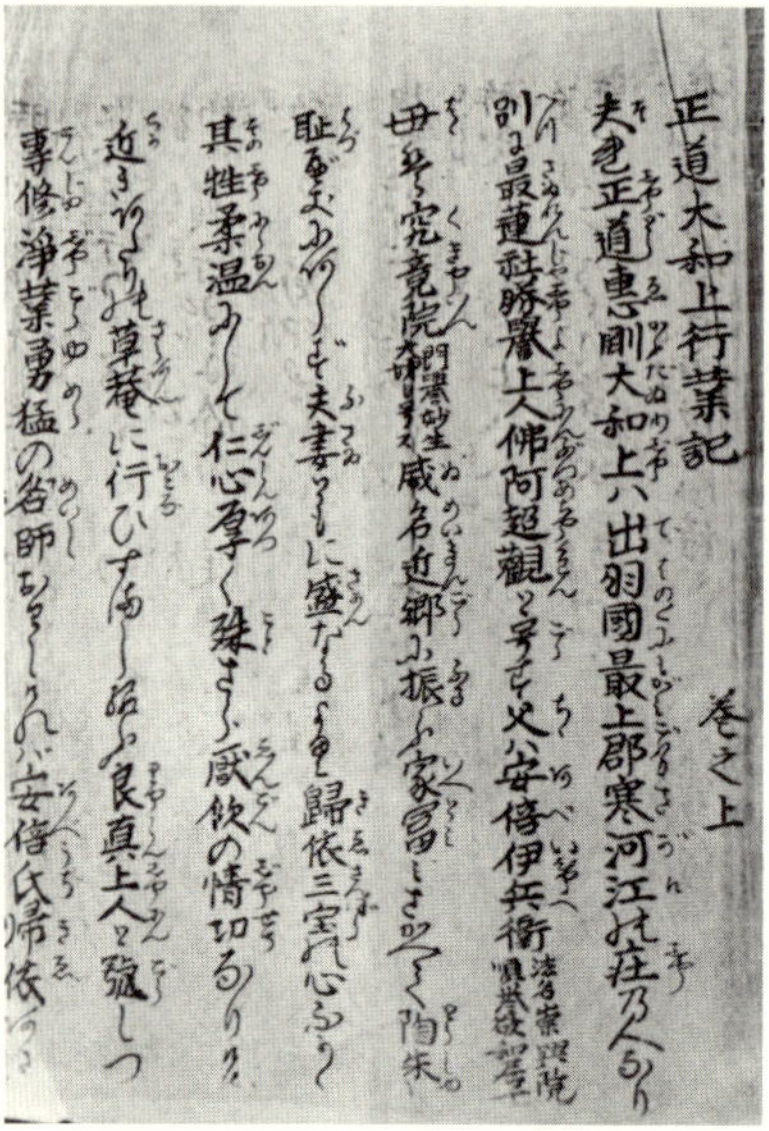

写真１　『行業記』冒頭

十念寺には歴代住職墓域の至近距離に全高約二メートルの墓碑が、東面して護持されている（写真２）。最上部の卵塔部分表面には「正道慧剛大和上」の六文字が、そして蓮台、反花を支える二重の正六角柱部分には左記の文字群が陰刻されている。

写真２　十念寺の墓塔

①　上段西面
文政三庚辰年
四月十有一日寂
②　〃南々西面
美作國稲岡庄
誕生寺
③　〃北々西面
夏臘十七年
住職十六年

写真３　誕生寺の墓塔

世壽六十歳
④　下段西面
授戒二万五千
五百人
日課十八万八千
四百六十人
⑤　下段南々西面
法臘四十六年
律臘二十九年

比丘僧六人　六百六十六人
⑥〃南々東面　結縁剃度一千
沙彌十八人　五百七十九人
剃髪弟子　⑧〃北々東面
八十四人　生涯化度
⑦〃北々西面　説法一万一千
八斎戒二千　四十八座

誕生寺御歴代墓地の第二十二世正道和上墓碑（写真3）のスタイルが、完璧なまでに踏襲されている右陰刻群中、①の「文政三年」と③の「世寿」から、正道の在世は「一七六一～一八二〇」と算定され、同様に⑤の「法臘四十六年」から、彼の浄土宗僧侶資格伝授は一七七五年（安政四年）、同じく「律臘二十九年」から浄土律僧資格伝授が一七九二年（寛政四年）、③の「夏臘」と「住職」から具足戒伝授が一八〇四年（文化元年）、住職就任は翌年に当ることも判明する。

右のデータを骨子として、本書所収の『栃社記』其二・其三、『日鑑』に依って『行業記』記事の誤謬を修正し、更に本稿後述の「落穂拾い」内容を先取りして、記事の疎密アンバランスの侭、次の「正道大和上年表」を試作したが、今後の補充が待望される。

宝暦十一（一七六一）年（一歳）
出羽國最上郡寒河江（現・山形県寒河江市）に出生。父安倍（現・阿部）伊兵衛の懇請をうけ出生時、菩提寺・正覚寺十四世良真上人了端より「霊端法子」と命名される。
明和二（一七六五）年（五歳）
右記良真上人を師僧として剃度。
安永四（一七七五）年（十五歳）
江戸増上寺にて浄土宗僧侶資格相承。
安永八（一七七九）年（十九歳）
最上郡左沢《あてらざわ》・法界寺（現・山形県西村山郡大江町左沢）住職就任
天明六（一七八六）年（二十六歳）
父伊兵衛の大往生を機に諸国行脚の生活に入る。
寛政四（一七九二）年（三十二歳）
松仙慧風が誕生寺第二十一世として入寺する前後に門弟となり律僧名「正道」を公称。
寛政七（一七九五）年（三十五歳）
この頃から、信州善光寺村十念寺の末庵・延命庵を拠点として「善光寺留錫沙門」（写真6）自称のもと、北信・中信地域に自行化他・専修念佛の活動を展開する。
寛政九（一七九七）年（三十七歳）

信州安曇郡吉野地域を中心に十三基の自筆・名号碑が建立される。
寛政十一（一七九九）年（三十九歳）
前記十念寺境内に丈六阿弥陀佛坐像を建立。（写真4）
文化一（一八〇四）年（四十四歳）
具足戒伝受。
文化二（一八〇五）年（四十五歳）
閏八月四日、誕生寺第二十一世松仙慧風遷化。
閏八月中～下旬、信州筑摩郡和田・無極寺本堂に「誕生寺現住」として棟札揮毫。（写真8）
十一月二十五日　第二十二世として誕生寺入寺。
文化三（一八〇六）年（四十六歳）
七～十一月、誕生寺新任記念信州各地巡錫。
文化十二（一八一五）年（五十五歳）
三月二十八日～五月四日、伊予・讃岐各地巡錫。
八月六日～十二月二十九日、周防各地巡錫。
文化十三（一八一六）年（五十六歳）
一月二十六日～三月十八日、備中各地巡錫。三月
二十六日～四月十八日、美作教化。四月十八日～

写真4　十念寺丈六阿弥陀仏

七月四日、因州各地巡錫。八月十四日～二十八日、周防各地巡錫。
文化十四（一八一七）年（五十七歳）
三月二十八日～十二月三十日、信州各地巡錫。
文化十五（一八一八）年（五十八歳）
一月一日～二月　善光寺近郊留錫。（写真12右）
四月二日改元、文政元年十一月　羽州巡錫。（写真12左）
文政三年（一八二〇）年（六十歳）
四月十一日遷化。

以上

いよいよ「年表」に先立って予告した「落穂拾い」にとりかかる事としよう。九十九パーセントまで、長野県内で発見されている正道の遺墨であるが、年表に註記されている順序（つまり年代順）に提示・解説する。

一・六字名号軸（安曇野市豊科町中曽根、宮沢家蔵）（写真5）

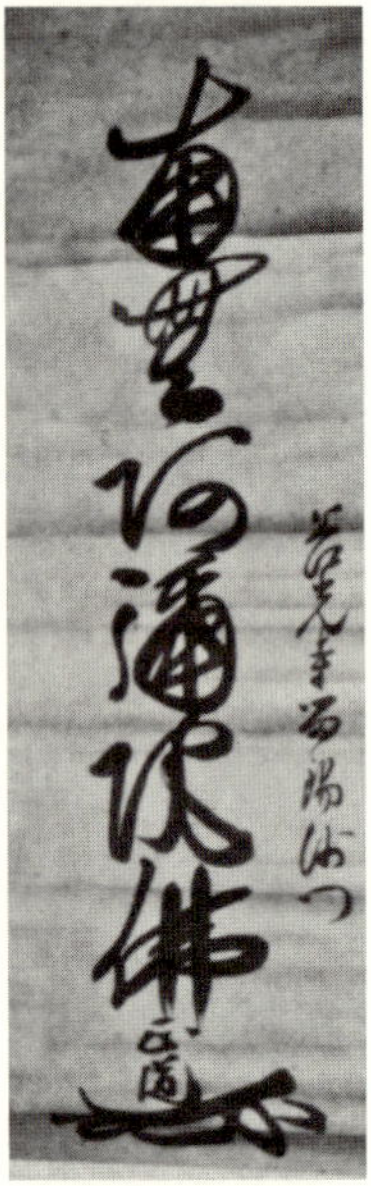

写真5　六字名号
正道筆

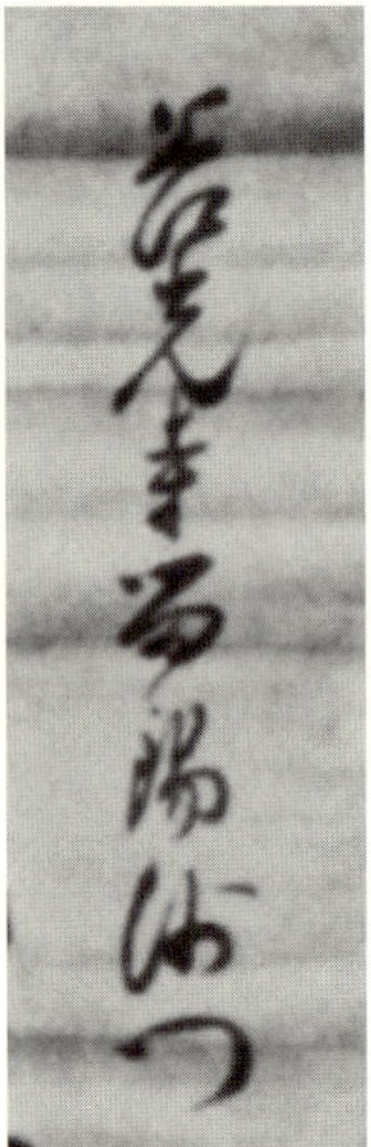

写真6

現在の安曇野市豊科町を構成する十三地区には文政九年中の建立年月を伝える、「日課念佛講中」名義・正道筆の石造名号碑が十三基保存されている。中曽根地区宮沢家旧蔵の正道筆名号軸（写真5）に躍動する「善光寺留錫沙門」の七文字（写真6）は、日課弟子たちに対する彼の教化エネルギーの源泉を暗示するかに思われる。

二・丈六阿弥陀如来像胎内願文木札（長野市西後町十念寺境内大佛堂本尊胎内）（写真7）

筆者に「正道大和上の還相《げんそう》回向《えこう》」を信解せしめた、本史料発見の経過は旧拙著『甘露水』（昭和六十三年十月、十念寺刊）記述の通りであるが、『行業記』が「善光寺にぞ詣でられける。五丁（後町）十念寺の大愚和尚は年頃久しき同法なりければ尋ね到り給ふ。（中略）十念寺和尚に錫を留めん事を語りて御蔵小路の菴室（現・長野市問御所町延命庵）にぞ閑居し給ひけり。しかりしよりこのかた勇猛精進篤勤精苦」のプロセスにおいて「大身の阿弥陀如来忽然として空中に現じ給」を感見し「十念寺の境内に大佛の弥陀を造立」せんと発願、いつしか「財宝そこばく集り諸縁速かに具足し金色丈六の尊像儼然として出現したまへり」と伝える仏像・胎内願文札である。この木札が、建立年月、願主名、出身地、

梵字

随喜扶護　　願主合力

現譽上人香順和尚　　達元法師

恢譽上人真成和尚　　西順法子

霊順法子

御首施主

金子新八

羽刕村山郡最上庄寒河江産

各々衆等業障滅盡　願主

南無阿弥陀佛

法種増長哀愍摂受

正道（花押）

武刕江戸神田

法橋善慶

佛工　信刕住

村上形部

寛政十一己未六月　理兵衛

小林茂左衛門　雨宮友七

長八　山田善助

世話人　太七　松本金十郎

永井助七　池田庄蔵

立岩礒右衛門　青沼文四郎

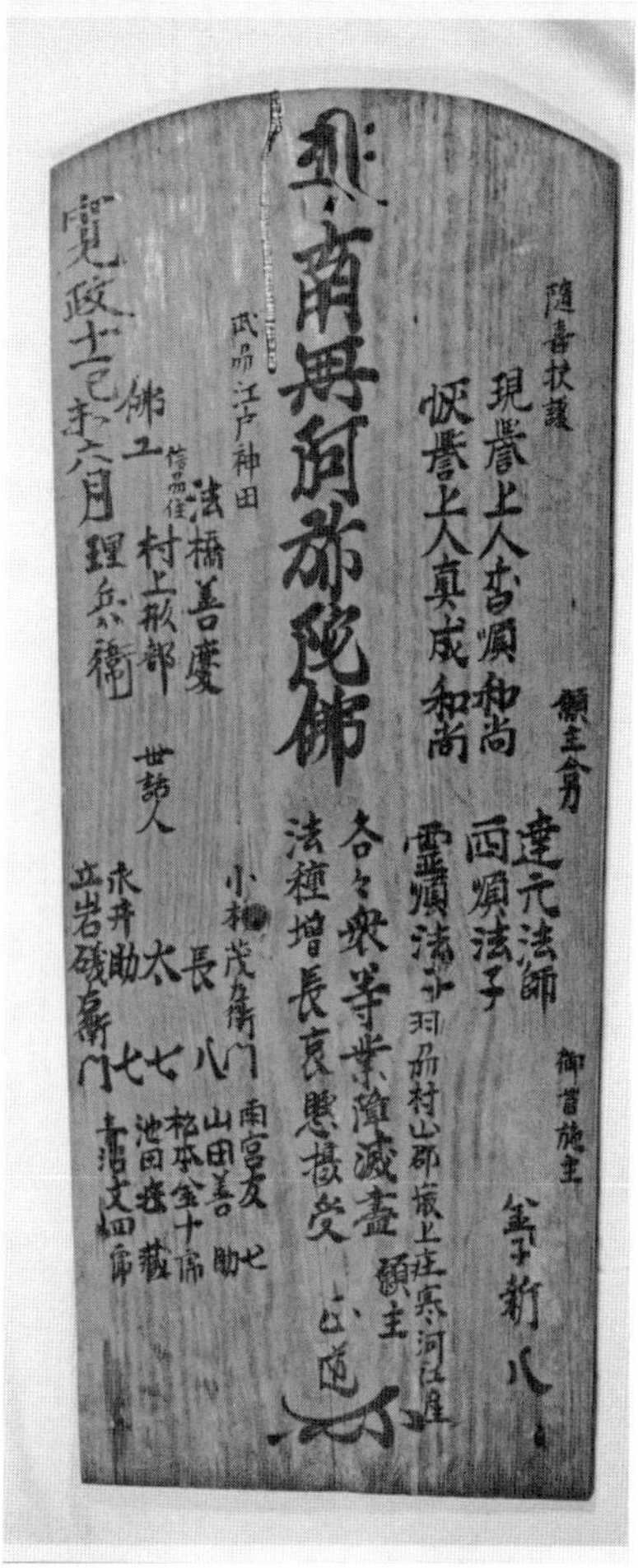

写真７　十念寺阿弥陀像胎内札

江戸仏師、信州仏工、世話人名等々と共に顕彰する大浄業の成就こそ、六年後の誕生寺住職に「出世」を遂げられる跳躍台であるとの俗見から「出世大仏」の異名を得るに至った仏像の胎内願文である。

三、本堂棟札（松本市和田・無極寺）（写真8）

（表面上段）

観無量壽経水想觀曰

次作水想見水澂清亦令明了無分散意既
見水已當起冰想見冰映徹作瑠璃想此想
成已見瑠璃地内外映徹下有金剛七寶金
幢擎瑠璃地其幢八方八楞具足一一方面
百寶所成一一寶珠有千光明一一光明八
萬四千色映瑠璃地如億千日不可具見瑠
璃地上以黄金縄雜廁間錯以七寶界分斎
分明一一寶中有五百色光其光如華又似
星月懸處虚空成光明臺樓閣千萬百寶合
成於臺兩邊各有百億華幢無量樂器以為
莊嚴八種清風従光明出鼓此樂器演説苦
空無常無我之音是為水想名第二觀

棟　札

（表面下段）　當寺中興向蓮社念譽上人専冏大和尚

施主

惣檀中

（裏面上段）

時于

寛政十二龍集庚申年

十二月二十五日

文化二乙丑年仲秋

作州誕生寺現住

正道書

（裏面下段）

同國上諏訪

立川内匠

棟梁　同　和茂

同　四郎治

藤森藤蔵

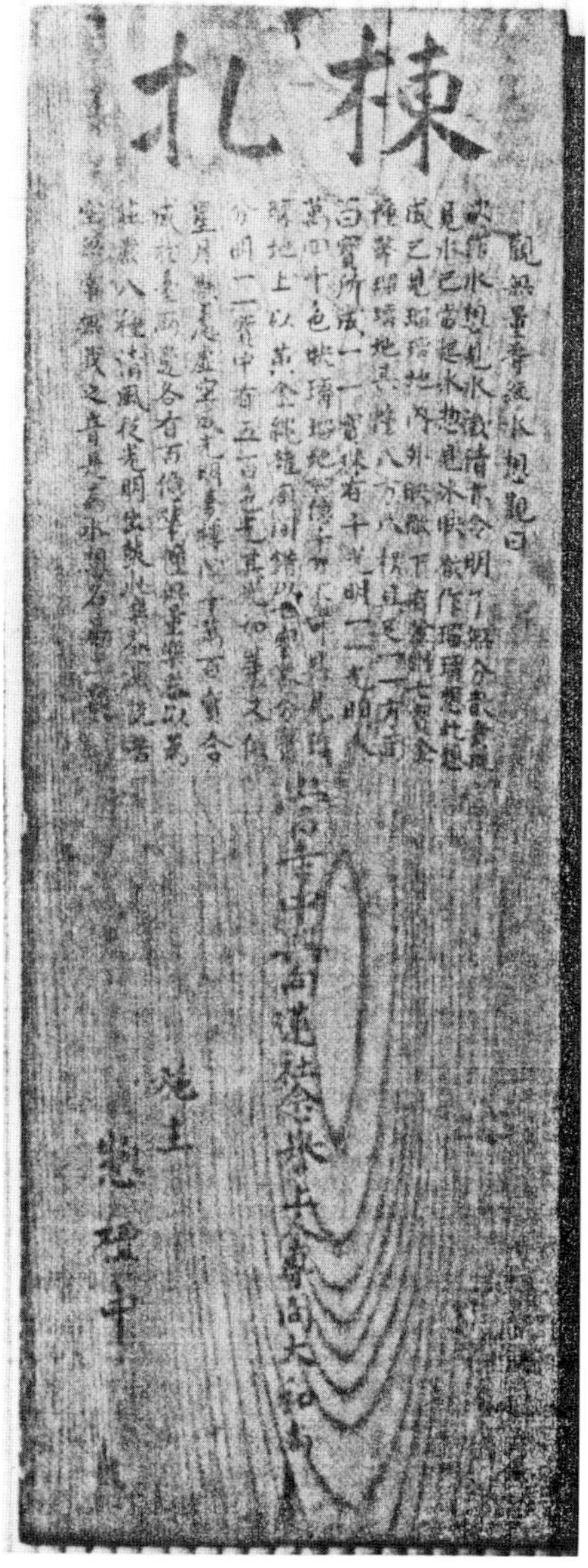

写真８　無極寺本堂棟札表面

棟札の眼目たる「建立常然」の理念が当面の災厄と想定する「火難」に対して「火と水」の効験を祈念して『観無量寿経』の「水想観文」が活用される類例は寡聞にして未聞であるが、正道の独創とすれば彼の行実に散見される、当意即妙な「心配り」の一端を窺知すべきであろう。蛇足めくが、前記「善光寺留錫沙門・正道」の安曇野教化の中心に位置する法蔵寺と、無極寺とは直線距離十キロ足らずに立地しており、十念寺丈六大仏建立とほぼ同時進行の無極寺本堂再建の所縁から、再建後五年後に執行された落慶式に「誕生寺現住」としての棟札揮毫が現成したものと思われる。

執筆時の「仲秋」は通常旧暦八月を指すが、この場合「閏八月中・下旬」と解すべきであろう。というのは先住松仙大和上の遷化は文化二年閏八月四日であり、この訃報に接してから正道は自署に「作州

誕生寺現住」と肩書きしたものと推測されるからである。思うに前年の具足戒伝授の段階で当事者間では、正道が法灯後継者である事は自明の理であっただろうが、部外者には必ずしも了解されず、それが正道の「入院」を十一月二十五日迄延引せしめた主因であろう。

四． 過去帳表紙裏書き（長野市・十念寺蔵）（写真9）

文化三丙寅七月改之
厭譽大愚代
誕生寺正道和上随身
玉山求寂書之

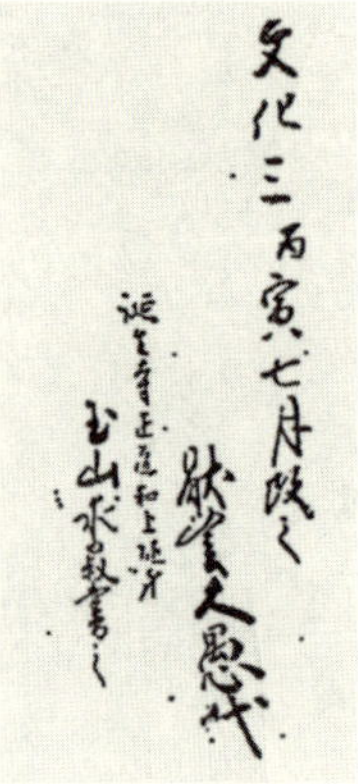
写真9　過去帳裏書

十念寺参道両脇の石造永代常夜灯に「文化五戊辰正月」「厭譽大愚代」と陰刻される十念寺十二世住職は、第二項の解説に紹介されるとおり、正道の出世街道開通のキーパーソンであるが、誕生寺入院の翌年「第二の故郷に錦を飾る」巡錫の途上、旧友への土産代りに随身僧の「能筆」を呈上した成果が二冊の過去帳として現存する。

玉山は文化二年六月七日付書状に松仙弟子として初登場し、文政三年五月二日の正道表葬に「周州丸山正定寺住職」として列席する迄誕生寺二代に亘る陰徳が本書中に散見される。

五． 戒牒（長野市青木島町大塚・安養寺蔵）（写真10）

戒牒
夫菩薩戒者、運善之

初章却悪之先陣、直
道而帰生源可盡声聞、
小行尚自珍敬木叉
大士兼懐寧不精持
戒品乎、爰有佛子
承譽隆傳正慶大心
固請隨予受此大戒
余雖凉徳不能黙止、
信濃州川中嶋真嶋村
善法寺本尊前
為事未御仰請、従今
已降専精修奉行
乃趣極果之勝因勤
道場之妙業也、于時
文化三丙寅　季仲秋
中十日

安養寺第十七世承譽隆傳が、近隣の善法寺（長野市真島町真島）

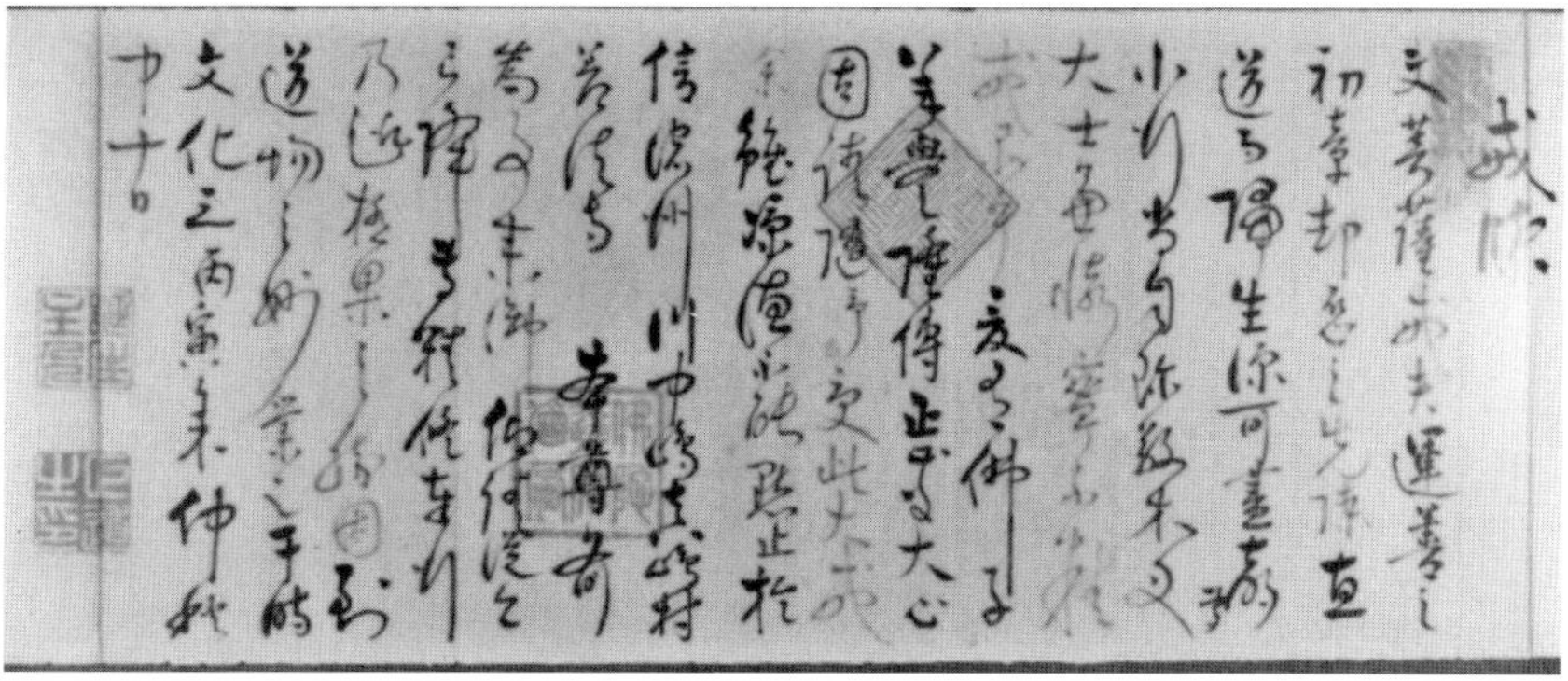

写真10　戒牒（安養寺蔵）

で、正道を戒師として開筵された授戒会で伝授された、文化三年八月二十日付の戒牒であり、前項記述の「第二の故郷への旅行」が「錦を飾る」以上の意図を含んでいた事は、本史料の存在と『栃社記・其二』に記録される永昌院（飯田市・伝馬町）の律院への流派変更が立証する。文化十四・五年の本書記述を彩る信州摂化大旅行の成満も、このように周到な布石の機縁成熟の成果と拝察される。ついでながら承譽隆傳は、後の増上寺第六十九世温譽大宣剃度時の師僧である。天台智顗述『菩薩戒義疏』冒頭の四十四文字転写に始まる本史料に直接の言及はないが、誕生寺二十一世松仙が宣揚して已まなかった「布薩戒」に対して、曽孫弟子たる大宣の法灯継承者、立譽行誠が根本的な疑義を表明するに到るのも、皮肉な因縁と言わねばなるまい。

六．念佛講掟書（長野市元善町　正信坊蔵）（写真11）

念佛講掟書

謹て有縁の同行念佛の
信者に告す生死事大無常
迅速なり頭然を拂ふか如く
しきりに念仏して餘事に
渡らす佛の知見を恐れて
雑談高笑すへからす

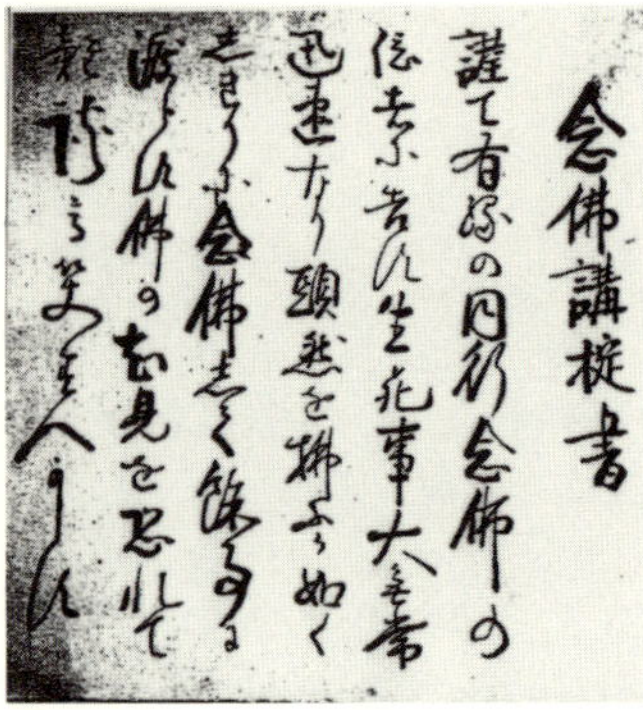
写真11　掟書　冒頭部（正信坊蔵）

一臨終の事自他共に肝要の／事に候兼て要法をならひ／常にゆるかせにすへから／さる事

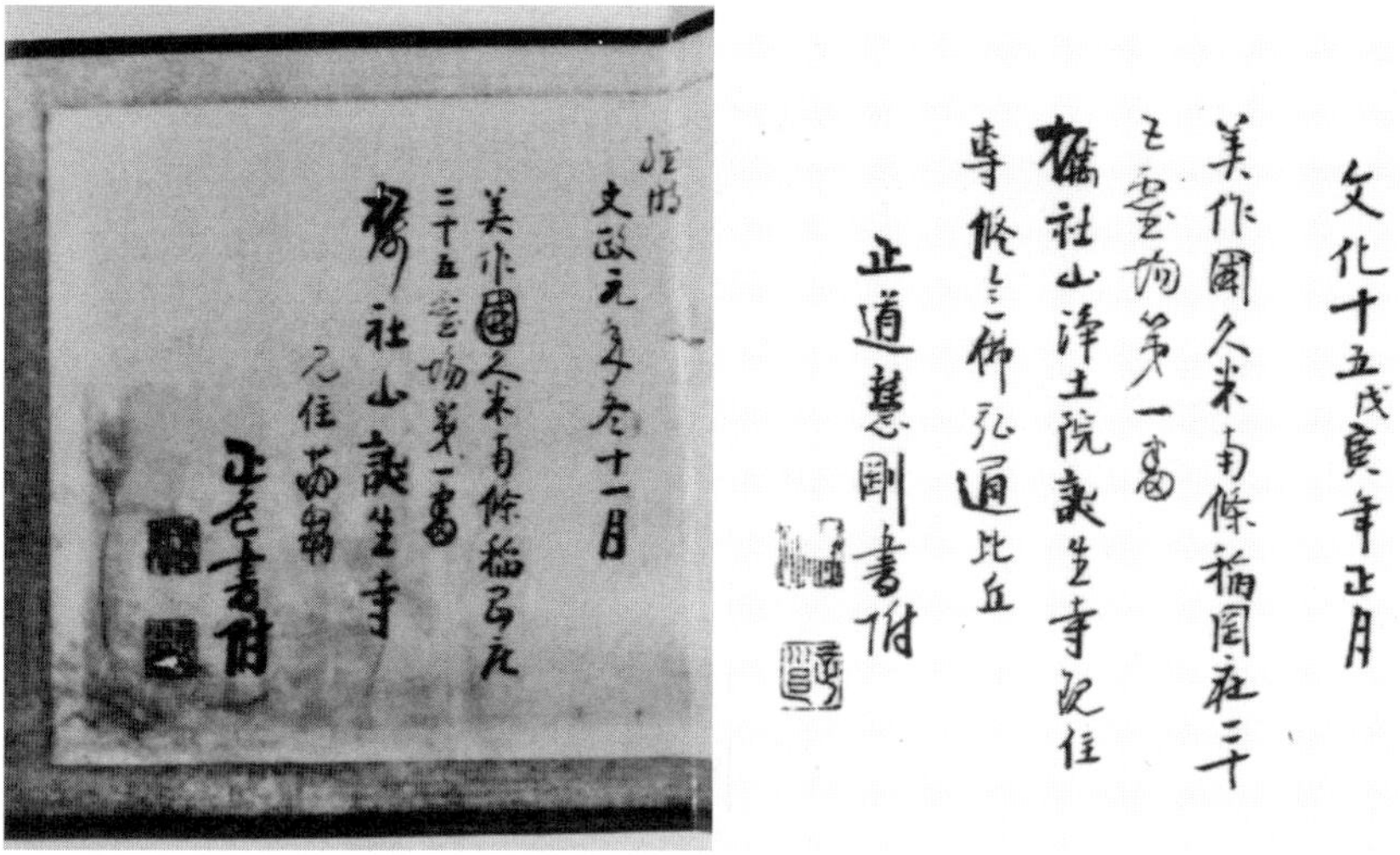

写真12　念仏講掟書奥書（左・正覚寺、右・正信坊）

一香花燈明佛前の掃除／叮嚀たるへき事
一上を敬ひ下を慈み機嫌を／はかり時のよろしきに随ひ／放逸の働きなきやうに相／慎ミあふへき事
一日課念佛同行の交り真實にいたし互に警策を／加ひ心行怠慢なきやうに／相続され一佛浄土の／本懐を遂らるへき事
一深く本願を信し兼て／因果を弁へ廃悪修善の／旨を守り身持如法たる／へき事
一常に如法の知識に隋ひ或は／深心の同行に交り安心／起行僻謬なきやうに用心／せらるへき事
一他師の勤めはけしきを見聞／して自ら疑惑を生し安心／決定し難き人ハ選擇集／勅修御伝語燈録三部秘／抄一言芳談等拝見して／安心決定すへし／若シ其の器量なき人は如法／親切の同行に随ひ尋ね／問はるへし出離生死の一大／事念佛往生の安心に／過たるはあるへからす必す／なをさりにすへからさる事
一選擇御傳等に違する／勧化ハ他門の師ハ勿論／たとひ

一宗の知者学匠／たりとも一向に信用すべ／からざる事
一日課念佛誓約の同行別して／専修帰依の行者は永く／子孫に至るまで念佛怠轉／なく相続致やうに伝ひ／おかるへき事
一念佛講連衆の内死去候／時は中陰の間　各相集り／念佛回向心切たるべき／事
右の條々は古賢の跡を慕ひ／日課念佛同行中に記し／贈る　伏願くは各々念佛／講と號し集曾の時此／趣を相心得　相続の一助に／備ひ勇進念佛せらるへき／ものなり
于時
文化十五戊寅年正月
美作国久米南條稲岡庄二十五霊場第一番
櫔社山浄土院誕生寺現住
専修念佛弘通比丘
正道慧剛　書附　印　印

第一項に先述の如く「善光寺留錫沙門」として「専修念佛弘通比丘」の教化活動を始めた正道が、遷化を約二年後に控えた此の時期に「法然上人御遺跡」と伝えられる正信坊に遺訓にも喩える

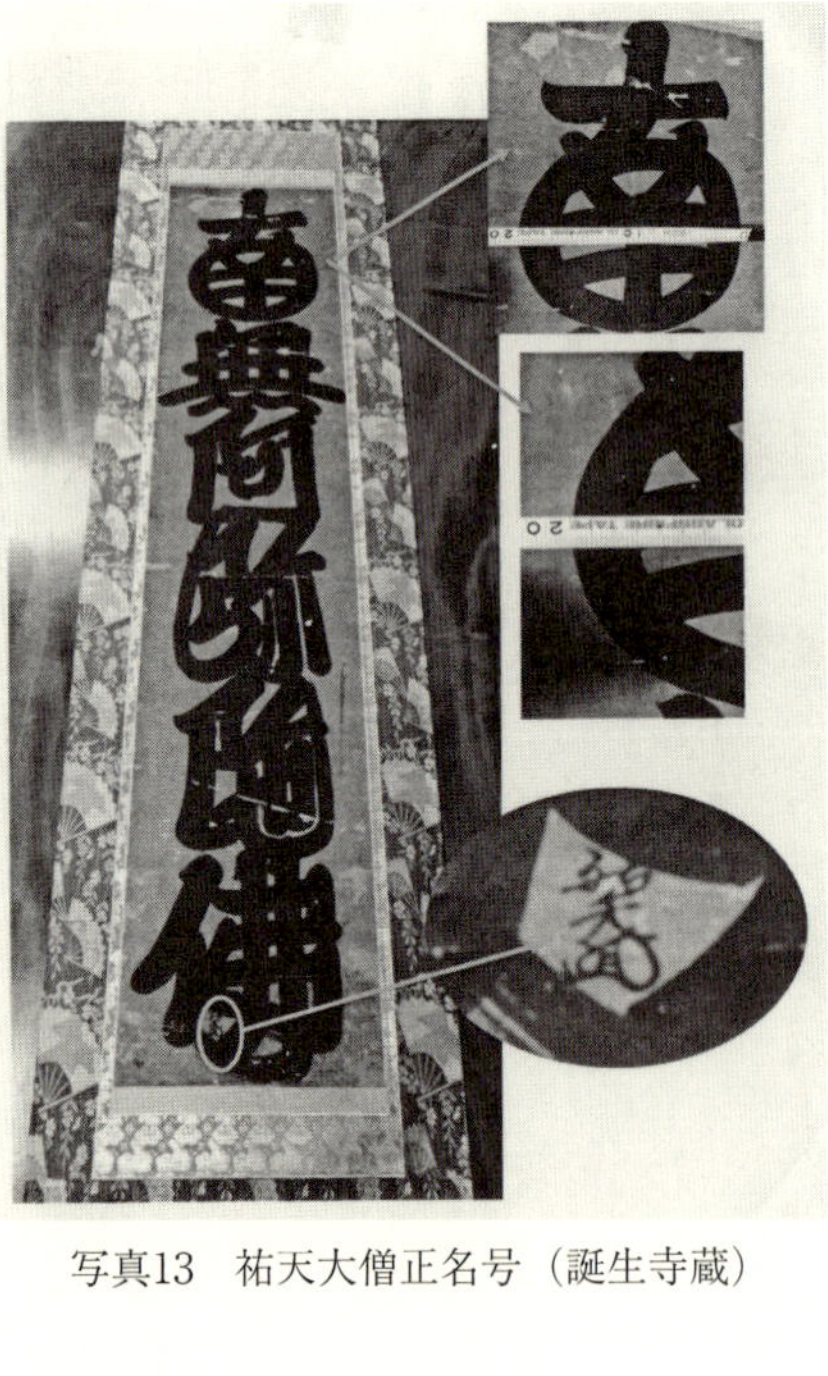

写真13　祐天大僧正名号（誕生寺蔵）

べき、半切横接二枚の扁額を遺されたのも、単なる偶然ではあるまい。蛇足めくが右十条の第三、第八を略し、後書き部分に若干の変更を加えた全文八条の「掟書」が、寒河江市本町・正覚寺客殿に墨痕淋璃と躍動していることも付記せねばなるまい。この年仲春迄に第二の故郷摂化を成満せしめた正道は歳末近く、正真正銘の故郷への巡錫を以って「専修念佛弘通苾蒭」生涯の棹尾を荘厳されたものと拝察される。

七．證牒（長野市・十念寺蔵）（写真14）

證牒

祐天大僧正
一大字御名號（附箋別記）一幅
右當寺江御寄附被成候上者、従今已降永加寺寳致護持、其家先祖代々諸精霊過去帳ニ記置、永世年忌月忌懇ニ御囬願可申候、為後證如件、
于時
文化十五年次戊寅仲春
美作国久米南條稲岡庄

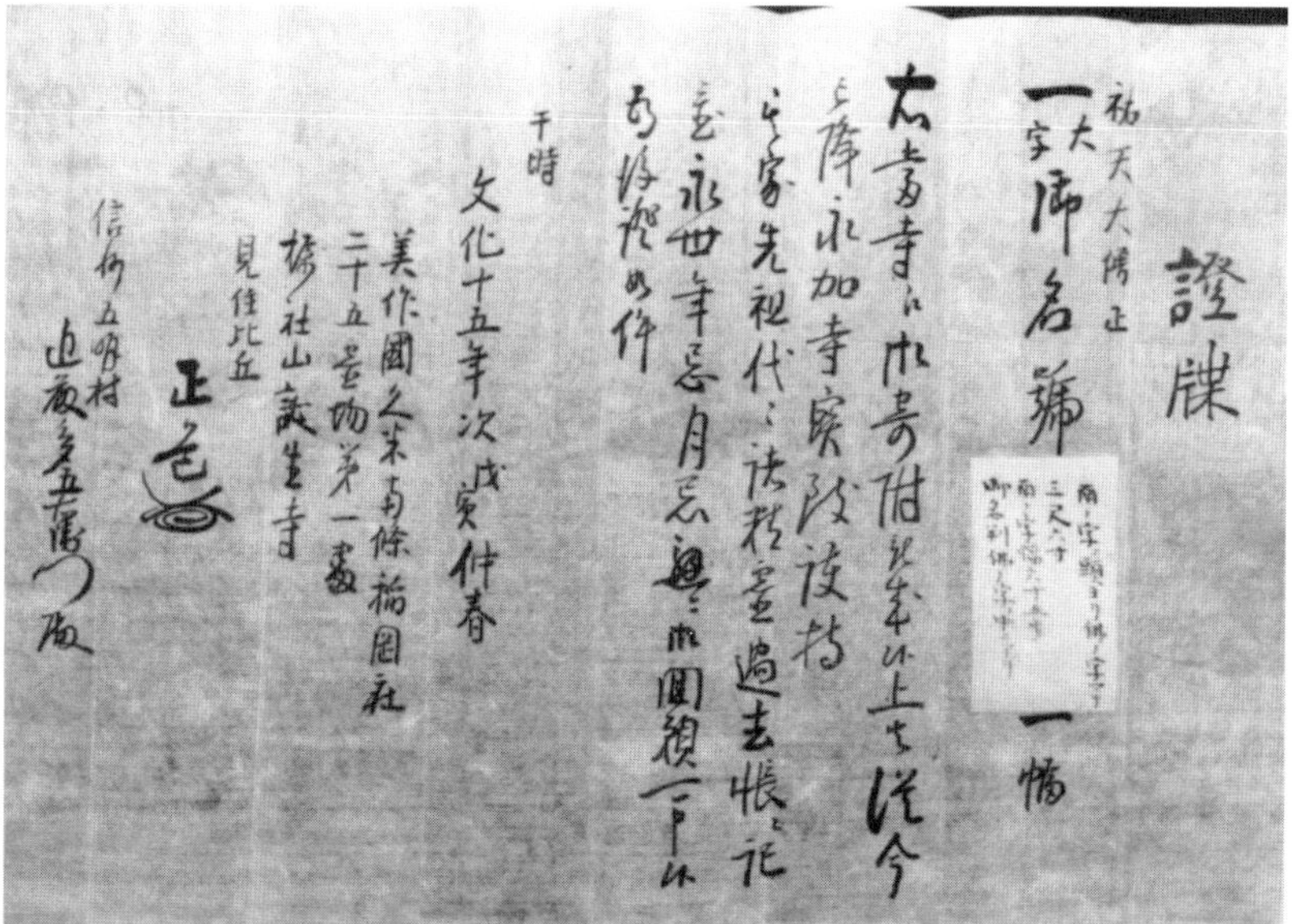

写真14　證牒（十念寺蔵）

二十五霊場第一番
櫔社山誕生寺
見住比丘
　正道（花押）
信州五明村
　　近藤多五右衛門殿

（附箋別記）
南ノ字ノ頭ヨリ佛ノ字マテ
三尺六寸
南ノ字幅六寸五分
御名判　佛ノ字ノ中ニアリ、
（写真13参照）

本書編集開始まもなく偶然、長野市布施五明のクリニック院長・草間律氏の厚志により、十念寺什物に加わることとなった新資料である。信州五明村、近藤名五右衛門から誕生寺に寄進された祐天大僧正の名号軸を寺宝に加え、施主家先祖代々諸精霊の戒名を過去帳に記入し永代、年忌月忌回願を継続する旨の誓約書である。早速、誕生寺の漆間徳然師に調査を依頼したところ旬日ならずして、当該名号軸の写真と、永代過去帳「一日」から「二十九日」に至る十二日分の頁に「祐天上人、名号一幅入」と付記された戒名が十五例発見された旨のご返信を得た。「證牒」文面の「信州五明村」を手掛りに早速、「長野県埴科郡坂城上五明・西教寺」の中西慶康師に問い合わせると、これも旬日を経ずして右記十五例の中、万治元（一六五六）年から文化四（一八〇七）年まで約百五十年間の十三霊は、西教寺歴代伝来の過去帳群に記録ありとの吉報を得た。正道の几帳面なる品格が、両山においても堅持されていることに安堵と畏敬の念を深めることができ、甚深の敬意と謝意を表明したい。彼の几帳面さに話題を戻すと、

この記録は（二十七・五×四十一センチ）のサイズで「御名號」と「一幅」との中間は当初は空白だった。ここに四・四×七・四センチの附箋を貼り付けて、前記四行の補足が行われ、名号の寸法及び祐天のサインと花押の個所を指示しているのだ。誕生寺・執事安田勇哲師提供の前々頁コピー（写真13）に図示される通りで、一読「謎かけ」めいている四行目を、パソコン機能を駆使して「一見にしかざる」イメージに加工した、当意即妙ぶりも「正道ゆずり」と讃辞を呈上申し上げたい。

番外

『正道大和上行業記・巻之上』仮表紙（誕生寺蔵・写真15）

この行業記は、昭和四十八年七月十二日古書籍整理中発見、鏝をあててしわもつれを伸し綴り直したもの、幸にして虫害なく一枚の紙も加除することなく原型のままに直し得たことをよろこぶものなり、下巻末発見、

この表紙は新に付け加えたもの

北山敏雄

「落穂拾い・番外」として紹介する本史料は『郷土の法然上人と誕生寺今昔物語』（久米南町偉人顕彰会刊・一九七六）著者の報告で、その内容は単純明快であ

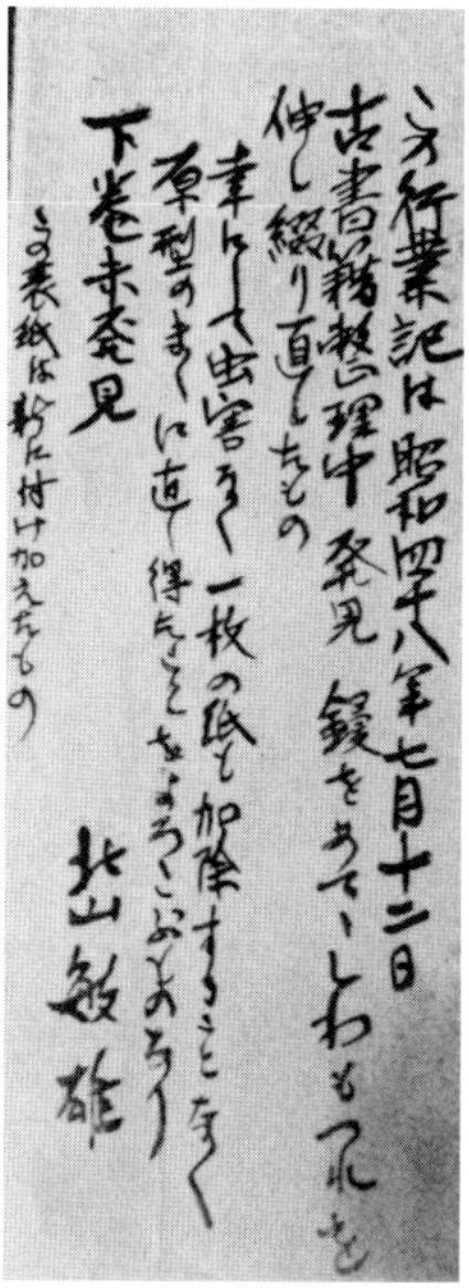
この行業記は昭和四十八年七月十二日
古書籍整理中発見　鏝をあてゝしわもつれを
伸し綴り直したもの
幸にして虫害なく一枚の紙も加除することなく
原型のまゝに直し得たことをよろこぶものなり
下巻末発見
この表紙は新に付け加えたもの
北山敏雄

写真15　北山敏雄氏筆

るが、「発見　鏝をあてて」から「よろこぶ」まで一気に読み至って、大いなる「よろこび」を共有する至福の中で、人は「発信人正道・宛先北山氏」の、死者から生者へのメッセージの存在を想定するのではあるまいか。

この種の超自然的実感こそ、本稿第二項の劈頭に敢えて「正道大和上の還相《げんそう》回向《えこう》」なる浄土学専門用語に託して表現を試みた体験なのだが、本書編集開始以後に突発した「證牒」の発見、及び本稿第七項に詳述される「発信人正道」メッセージの伝達力・重層性を心ゆくまで賞味する時、生者と死者との「ともいき」の境地が感得されるだろう。

番外二　『正道大和上六字名号碑』

（十念寺大仏堂　南東）

右側面　文政二己卯年七月佛縁日

左〃〃　願主　卓道

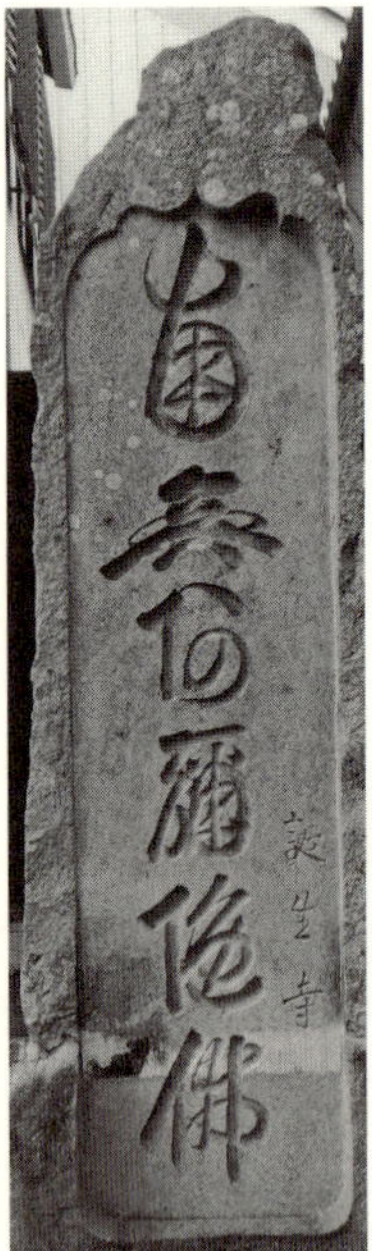

写真16
正道和上名号碑

本書中唯一の、正道真筆による六字名号碑を「番外」扱いするのには根拠がある。「御名判」、つまり六九三頁・写真14の末尾三行目に明記される極めて個性的な自署「正道」と「花押」とを欠く、欠陥史料にすぎないからだ。ついでながら「善光寺留錫沙門」期の正道は六八四・五頁の写真5・7の花押を常用していたが、誕生寺住職としては特に名号染筆に際しては必ず、写真14の花押を用いており、この

点からも「證牒」に籠められた誓約の重みが推量できるのだが、なぜこのようなトレードマーク欠落の欠陥商品の如き名号碑が現存するのか略説を試みれば、この名号碑は平成二十（二〇〇八）年四月、国宝善光寺本堂の北東三〇〇メートルの地点に「地湧の宝塔」の如く、上の四字のみ地上に露出した状態で筆者の知るところとなり、紆余曲折を経て正道有縁の十念寺大仏堂の傍らに安置すべく撥遣法要の後、移転作業に入ったところ「佛」の字以下の欠損が発覚し、十念寺什物の正道和上名号軸の「佛」をコピーし、サイズに微調整を加えて陰刻補充する善後策が採用され、翌年三月二十九日、誕生寺現住職和上による開眼法要厳修に至った。

以上の経緯及び法要後に発見された「欠落部分」に関する詳細は『市誌研究ながの』17号（長野市公文書館二〇一〇）拙稿に譲るとして、石碑そのものの発見、及び右記断片の発見と度重なる「偶然」にも前記「還相回向」が痛感されるにつけ、本書六八四～五頁記載の「胎内願文」の発見（一九七五）に始まる「還相回向」のメッセンジャー役を演じられた『信濃の聖と木食行者』（角川書房一九八三）の著者・故宮島潤子氏、寒河江正覚寺の先々代・故鈴木快翁師、消息不明の「田中編集室」主宰・田中松子氏に遅ればせ乍ら満腔の謝意を呈上して、「落穂拾い」の結びとしたい。

あとがき

ジャーナリストの田中松子さんのお誘いで袖山、田中両名が、誕生寺に伺ったのは二十年以上も前のことであった。それまでも何回か参詣させてもらったものの、山門をくぐり境内に一歩踏み込ませてもらった時の感動は忘れることができない。それは、その都度新たな感激であった。誕生寺は法然上人が生誕され幼少の生活をされた聖地である。草木一つにして神々しく新鮮に見えた。

その時に見せてもらった古記録類は、元禄期住職の通誉学瀯上人自筆記録と『栃社記』三冊であった。通誉は元禄期にあって江戸での出開帳を始め、本堂の再建、桂昌院殿からの寺領、鐘撞堂の再建、寺内の整備などの業績は並の住職の業力ではないと、そのとき思った。また、寛政五年から始まる日鑑の『栃社記』其一を見せてもらい驚嘆した。松仙和上は知恩院の大僧正の意向により誕生寺に入寺し奉律初祖になった律僧。師籍は美濃庭田の円満寺、師範は可円和上である。浄土律の律僧が誕生寺に入寺し、以降同寺は律僧が相続する。松仙は津山門中からでもなく世代を代表する僧でもなかった。記録を読み進み、入寺時の門中の激しい抵抗を始め、古河藩からの難題の吹っかけ、しかし心労で眼病になっても松仙は屈しなかった。こうした誕生寺の律化の記事を読み進み一代の律僧の壮絶な戦いに言葉をなくした。

所蔵される記録類を公刊する、という誕生寺住職の熱意を、私たちは喜んで拝受するところとなった。しかし長い時間を浪費してしまい、なんとも申し訳なかったと思っている。

この間、浄土律の理解を深めようと信州飯田西教寺、美濃庭田円満寺、城陽市寺田常光庵・西光院、尾張中一色円成

寺、そして幾分古時になるが碧南市中山貞照院など、可円和上の法系の寺にお世話になり指導を受けた。それは今回の誕生寺の浄土律としての法系は可円和上に連なることによるものである。さらに残念なことは、奉律第二祖正道和上の『正道和上行業記』の下巻を探し当てられなかったことである。また、誕生寺の住職を始めご寺族や職員の方々、とりわけ執事の安田勇哲師には地名を始め全編のチェックもお願いした。さらに東海学園大学教授瀬川久志氏、同名誉教授三宅章介氏には「秦氏の研究調査」を通して多くの学恩をいただいた。また、大正大学名誉教授宇高良哲師の校訂された『増上寺日鑑』及び触頭の諸論には大変お世話になった。また史料検索については東海学園大学図書館の協力をえた。

編集を終わって、重層の御影堂の前で静かに合掌し、記録の校訂をさせていただいた佛恩とお世話になった多くの方々の因縁に深く感謝する次第である。

平成二十九年一月十七日

袖山榮眞
田中祥雄

校訂編集者プロフィル

袖山榮眞

昭和 10 年 1 月 17 日生まれ、十念寺住職
東京大学大学院修士課程修了（英語英文学）
東京都立大学教授、浄土宗において長野教区教区長、教学局長、東京事務所長、開教振興協会理事長、（公財）浄土宗ともいき財団理事長等歴任
現在、（学法）東海学園理事長、首都大学東京名誉教授

田中祥雄

昭和 18 年 1 月 18 日生まれ、高月院住職
学部・大学院（修・博、仏教史）ともに大正大学
現在、東海学園常任理事、同大学学監、豊田市文化財保護審議委員会・同市史編纂調査会・松平親氏公顕彰会等の会長ほか

美作誕生寺古記録集成

平成29年 4 月16日第一刷　発行

発行者　©誕生寺
校訂編集者　袖山榮眞
同　田中祥雄
発行者　浅地康平

発行所　株式会社　山喜房佛書林
東京都文京区本郷5-28-5
電話 03-3811-5361代　FAX 03-3815-5554

Printed in Japan　ISBN978-4-7963-0453-5　C3015